国防科技图书出版基金

水下航行器协同导航技术

Cooperative Navigation Technology for Underwater Vehicles

刘明雍　著

国防工业出版社
·北京·

图书在版编目(CIP)数据

水下航行器协同导航技术 / 刘明雍著. —北京:
国防工业出版社,2014.4
ISBN 978-7-118-09235-6

Ⅰ.①水... Ⅱ.①刘... Ⅲ.①可潜器-协同-导航-
研究 Ⅳ.①U674.941.03

中国版本图书馆 CIP 数据核字(2014)第 043483 号

※

国防工業出版社出版发行
(北京市海淀区紫竹院南路 23 号　邮政编码 100048)
国防工业出版社印刷厂印刷
新华书店经售
*
开本 880×1230　1/32　**印张** 8⅜　**字数** 228 千字
2014 年 4 月第 1 版第 1 次印刷　**印数** 1—2000 册　　**定价** 86.00 元

国防书店:(010)88540777　　发行邮购:(010)88540776
发行传真:(010)88540755　　发行业务:(010)88540717

致　读　者

本书由国防科技图书出版基金资助出版。

国防科技图书出版工作是国防科技事业的一个重要方面。优秀的国防科技图书既是国防科技成果的一部分，又是国防科技水平的重要标志。为了促进国防科技和武器装备建设事业的发展，加强社会主义物质文明和精神文明建设，培养优秀科技人才，确保国防科技优秀图书的出版，原国防科工委于 1988 年初决定每年拨出专款，设立国防科技图书出版基金，成立评审委员会，扶持、审定出版国防科技优秀图书。

国防科技图书出版基金资助的对象是：

1. 在国防科学技术领域中，学术水平高，内容有创见，在学科上居领先地位的基础科学理论图书；在工程技术理论方面有突破的应用科学专著。

2. 学术思想新颖，内容具体、实用，对国防科技和武器装备发展具有较大推动作用的专著；密切结合国防现代化和武器装备现代化需要的高新技术内容的专著。

3. 有重要发展前景和有重大开拓使用价值，密切结合国防现代化和武器装备现代化需要的新工艺、新材料内容的专著。

4. 填补目前我国科技领域空白并具有军事应用前景的薄弱学科和边缘学科的科技图书。

国防科技图书出版基金评审委员会在总装备部的领导下开展工作，负责掌握出版基金的使用方向，评审受理的图书选题，决定资助的图书选题和资助金额，以及决定中断或取消资助等。经评审给予资助的图书,由总装备部国防工业出版社列选出版。

国防科技事业已经取得了举世瞩目的成就。国防科技图书承担着记载和弘扬这些成就,积累和传播科技知识的使命。在改革开放的新形势下,原国防科工委率先设立出版基金,扶持出版科技图书,这是一项具有深远意义的创举。此举势必促使国防科技图书的出版随着国防科技事业的发展更加兴旺。

设立出版基金是一件新生事物,是对出版工作的一项改革。因而,评审工作需要不断地摸索、认真地总结和及时地改进,这样,才能使有限的基金发挥出巨大的效能。评审工作更需要国防科技和武器装备建设战线广大科技工作者、专家、教授,以及社会各界朋友的热情支持。

让我们携起手来,为祖国昌盛、科技腾飞、出版繁荣而共同奋斗!

国防科技图书出版基金
评审委员会

国防科技图书出版基金
第七届评审委员会组成人员

前　言

21 世纪是人类向海洋进军的世纪，是全世界大规模开发利用海洋资源、扩大海洋产业、发展海洋经济和争夺海上权益的新时期。我国是海洋大国，拥有广阔的海洋国土和绵长的海岸线，周边海域丰富的海洋生物和海底矿藏资源为我国经济和社会的可持续发展提供了重要的物质保证。然而，近年来我国海洋安全日益受到威胁，周边国家与我国在东海、南海因岛屿争端摩擦不断，监管力量薄弱，海域不断受到蚕食。海洋问题事关国家的全局战略，加强对海洋的探测与监控对维护我国主权和领土完整、实现中华民族的伟大复兴具有十分重要的意义。

令人遗憾的是，受海洋苛刻的自然条件及人自身的生理条件所限，人类对海洋的探索还处于比较肤浅的阶段。因此，必须借助于现代科技的力量，延伸人类在海洋中的“触角”。国家在“十二五”规划中明确提出要提高海洋科技水平，增强海洋开发利用和海洋权益维护能力。自主水下航行器（AUV）作为海洋探测力量的倍增器，可以在人类无法达到的大深度危险区域进行科学考察和军事活动，受到了世界各国的广泛重视，已投入大量人力物力从事 AUV 的研究工作。

作为发展自主水下航行器的关键技术之一，水下导航技术也随着科技的进步取得了长足的发展。自主水下航行器的协同导航是最近十年发展起来的新兴技术，在降低 AUV 系统配置、增强 AUV 间信息共享性、提高导航精度等方面具有独特的优势，但是目前相应的著作和文献还比较少见，未成体系。本书结合作者近年来的科研成果，力求对自主水下航行器协同导航技术进行全面、系统的介绍。

本书共分 8 章。第 1 章绪论,介绍了自主水下航行器的发展历史、几种传统的水下导航与定位技术、水下协同导航技术的发展概况及几种多 AUV 协作系统的应用实例。第 2 章介绍了协同导航所用到的数学基础知识,并给出了其数学模型。第 3 章研究了以移动长基线协同导航为代表的多领航者协同导航算法。第 4、5 章分别介绍了单领航者距离和方位测量以及单领航者测距的协同导航方法,并详细探讨了导航算法的设计和导航系统的可观测性、稳定性、定位精度等问题。第 6 章介绍了洋流干扰下的单领航者测距协同导航方法,并重点讨论了洋流估计方法以及洋流对协同定位精度的影响。第 7 章介绍了在通信数据丢包时的导航与定位方法,给出了量测数据服从 Markov 随机丢失下的改进扩展 Kalman 滤波协同导航算法。第 8 章从通信时延的角度出发,建立了协同导航系统的时延模型,研究了探测定常时延的辨识方法,并讨论了通信时延下协同导航中的滤波问题。

张立川副教授、李闻白博士、姚尧博士为本书的形成做出了卓越的贡献。在本书的写作过程中,杨盼盼博士、刘坤博士、雷小康博士、李红博士等也做了大量的工作。本书的写作得到了西北工业大学徐德民院士、贺昱曜教授,长安大学闫茂德教授的热情帮助,西安交通大学的高峰教授对原书稿进行了详细认真的审阅并提出了许多宝贵意见。此外,本书的写作还得到了国防科技图书出版基金评审委员会的资助和国防工业出版社的大力支持及具体指导,书中所涉及的研究工作得到了国家自然科学基金的资助,在此一并表示感谢。

由于作者水平有限,错误和不妥之处在所难免,衷心希望各位读者不吝批评指正。

作　者

2013. 12. 28

目　录

Contents

第1章 绪 论

海洋覆盖了地球大约2/3的地表面积，蕴藏有大量的资源，是人类社会可持续发展的宝库。令人遗憾的是，人类对海洋探索的广度和深度还处于比较肤浅的阶段。尽管目前的技术可以使人类登上月球，使机器人登上火星，但在海洋中作同样的旅行却非常困难。海洋与陆地不同，其自然条件十分苛刻，除海面上的惊涛骇浪之外，随着海水深度的增加而产生的压力和温度的变化，也给人类开发海洋带来极大的困难。此外，水下通信也不像空中方便，电磁波由于在水下衰减很快，难以作为水下信息传播载体，水声通信又受到带宽及传输速率等因素的限制。由于受这些苛刻的自然条件和人的生理条件所限，只凭人本身是很难去征服和利用海洋的，因此必须借助于现代科技的力量延伸人在海洋中的“触角”。

随着微电子、计算机、人工智能、小型导航设备、高精度控制系统、高性能软件等技术的发展，自主水下航行器（Autonomous Underwater Vehicles，AUV）已成为发达国家海洋技术研究的前沿领域，它具有航程远、智能化、隐蔽性、机动性、使命重构性及经济性等特点，无论在民用还是军事方面都有广泛的应用。民用方面如海洋资源勘察与开发、海洋环境时空变化的监测、海底地形地貌调查与勘测、水下设施检查、海洋救险和深海打捞等。军事方面如战区侦察、探测及扫除水雷、潜航对抗、海上预警、封锁航线或港口、攻击敌舰船或潜艇、破坏敌石油设施及通信网络、水下中继通信等。AUV是海洋工程技术发展的新兴领域，具有重大的经济和军事价值。

1.1 自主水下航行器的发展概况

自主水下航行器是一种由动力系统推进、机载计算机控制与导航，能在水下三维空间自由机动的自主航行载体[1]。AUV 从诞生到现在已经经历了一百多年的历史,期间随着科学技术水平的不断进步,AUV 也获得了长足的发展,如今成为人类从事海洋活动不可或缺的工具。

1.1.1 AUV 发展历史

人类第一艘自主水下航行器可以追溯到英国工程师 Robert Whitehead 研制的“白头鱼雷”(Whitehead Automobile Fish Torpedo)[1],它采用压缩空气驱动,航速为 3m/s,航程 180m ~ 640m。该鱼雷于 1886 年在澳大利亚完成了设计、制造和测试工作,虽然“白头鱼雷”的任务是利用自身携带的炸药击沉舰艇,但它依然被认为是现代 AUV 的雏形。

华盛顿大学应用物理实验室(Applied Physics Laboratory of the University of Washington)的 Stan Murphy、Bob Francois 以及 Terry Ewart 在 20 世纪 50 年代末经过不懈努力,研制成功第一款真正意义上的 AUV——SPURV(The Self Propelled Underwater Research Vehicle)[2]。SPURV Ⅰ型 AUV 重 480kg,通过水面舰艇水声控制的方式可在水下以 2.2m/s 的速度连续行驶 5.5h,在沿等压线 CT 测量和湍流扩散现象观测等领域的研究中发挥了重要的作用。SPURV Ⅰ 的改进型 SPURV Ⅱ 性能更加强大,在 20 世纪 70—80 年代被广泛用于利用染色示踪剂研究潜艇尾流的散布情况。

在水下搜救及海洋打捞领域,AUV 同样发挥了的重要作用。1973 年,为了应对“长尾鲨”号(USS Thresher)和“天蝎”号(USS Scorpion)核潜艇的沉没事件以及“帕洛玛雷斯”氢弹丢失(H bomb loss of Palomares)事件,美国海军海洋系统中心(Naval Ocean System Center,即现在的 SPAWAR)开始了 AUSS(Advanced Unmanned Search System)[3]的研发工作。该 AUV 重 907kg,携带能量为 20kW/h 的银锌电池,可通过水声通信系统将水下视频信号传输给水面控制中心。自从 1983 年首次下水以来,AUSS 共完成了 114 次下潜任务,并且在此过程中逐渐诞生了利用多个 AUV 协同工作以提高系统性能的概念。

在整个 20 世纪 90 年代,利用 AUV 进行海洋探测在学术研究领域得到了更加广泛的重视。麻省理工学院海洋基金自主水下航行器实验室(Sea Grant AUV lab)研发了 6 台 Odyssay[4]水下航行器。此 AUV 重

160kg,可以1.5m/s的航速行驶6h。Odyssey于1994年曾从事冰下作业,并于1995年在公海1.4km深处进行了3h的水下作业工作。在此期间,Odyssey也被用于海洋自主采样网络的实验研究。

与此同时,伍兹霍尔海洋地理研究所(Woods Hole Oceangraphic Institution,WHOI)也开展了ABE(Autonomous Benthic Explorer)[5]的研制工作,ABE重680kg,航速0.75m/s,可在水下连续工作34h,其携带的6个推进器可使其在水下三维空间中灵活机动,这些特性使ABE成为复杂海底环境调查中的优良平台。ABE于1994年完成了第一次科学实验任务,期间共执行了80次下潜任务,其中一次下潜在2.2km的水深处持续了30h,最深下潜深度可达4km。

另一方面,在国家自然科学基金(NSF)和美国国家海洋和大气管理局(National Oceanic and Atmospheric Administration,NOOA)的资助下,WHIO开发了另一款AUV——REMUS[6],用于新泽西州外海内陆架的长期环境观测。REMUS重36kg,可以在水下以1.5m/s的速度连续行驶20h,下潜深度为100m。目前,有20种不同配置的约50多艘REMUS被9个大学、3个美国海军实验室、1个英国国防实验室和3个美国海军的分支机构使用,是商业化程度最高的一款AUV。

英国在AUV研发领域也不甘落后,20世纪90年代早期由南安普敦海洋地理中心(South Hampton Oceanography Center)研制的Autosub[7]为科技人员从事海洋观测研究工作提供了一种新的途径。Autosub重1700kg,可以3kn的航速行驶6天。自1998年Autosub投入使用以来,一共完成了数百次科学实验任务。

除此之外,俄罗斯、法国、德国、挪威、加拿大、澳大利亚、日本等传统海洋强国也投入大量人力物力从事AUV及其相关技术的研究工作,研制出的几型AUV已在海洋科学研究及军事应用领域发挥了重要的作用。

进入21世纪以来,随着人类对海洋环境探测与资源开发力度的不断增大,作为海洋探测的先驱,自主水下航行器受到了越来越多的重视,各种新技术在AUV上得到了广泛应用,在可以预见的未来,AUV必将成为海洋工程领域优先发展的技术之一。

1.1.2 国外发展概况

国外的 AUV 基本上是沿着军、民两大渠道发展起来的，二者各自独立发展，又在技术上互相支持和促进。目前，美国、英国、德国、法国、加拿大、俄罗斯、丹麦、瑞典、挪威、意大利、乌克兰、日本、韩国、澳大利亚等国已有较多的机构和人力投入到 AUV 的研究和开发工作中，制造了上百种 AUV。

美国海军历来重视 AUV 的研发工作，将其作为制海和夺取水下优势的海上力量倍增器而列入重点研制计划，并将其视为一种未来新概念武器。1994 年，在国会的授权下，美海军制定了一份 AUV 的发展计算，确定了 AUV 发展的四个阶段。在这个计划的指导下，美海军在海底探测、水雷侦察、布雷排雷等领域重点进行 AUV 技术的研究，并成功研发了诸如“海马”(Seahorse)[8]、Bluefin[9]、MANTA[10]等一系列功能各异的无人水下航行器，在海底测绘、水文调查、环境监控、水雷搜索、水下无人作战等方面大大提升了美海军的综合作战能力。

英国也积极开展 AUV 的研制工作，在政府相关资金的资助下，开发出一型新的 AUV，该 AUV 主体由鱼雷壳体改进而成，技术目标是开展极地冰下研究，收集近海海洋学信息。另外，英国还参加了欧盟的合作研究方案，例如英国正为欧盟研究一型被称为“海豚”(Dolphin)号的试验型航行器，该航行器能深潜 6000m，具有很长的续航能力，据称它将有能力从英国航行到美国，收集海洋数据。

苏联在 20 世纪 70 年代开始研制 AUV，虽然在冷战期间受到西方技术封锁，缺少先进的电子和计算机技术设备，但是苏联在研制 AUV 方面仍然取得了一定的成就，并积累了相当的经验。特别是在水下航行器的结构材料方面取得了惊人的成就，在钛合金加工制造和焊接方面具有世界先进水平。苏联解体后，这些技术优势主要被俄罗斯和乌克兰继承，目前俄罗斯和乌克兰两国在国际市场积极出售 AUV 产品和相关技术，如中国研制的“蛟龙”号 7000m 载人潜水器壳体就是采用俄罗斯技术制造。

挪威研制了一种流体阻力较小的 AUV，它原来用于军事侦察，现在则用于海洋研究工作。该 AUV 采用镁－海水电池作为动力能源，通过水声链进行遥控，遥控距离达到110n mile。若采用新型镁－海水电池，其潜在航程可达1100～1200n mile，这种电池是目前比能最高的电池之一。

在亚洲，日本和韩国在AUV的研究工作中处于领先地位，其中日本在使用AUV进行地震预报和海洋开发等民用领域具有传统优势，日本海军也在积极开展军用型AUV的研发工作。韩国与俄罗斯通过技术合作，成功研制出一型OKPL－6000AUV，主要用于深海探测、搜索及海底观察等科学研究工作。

1.1.3 国内发展概况

我国于20世纪70年代开始进行AUV及其相关技术的研究，几十年来，在水下工程探测技术方面已经取得了很多成就。中国科学院（简称中科院）沈阳自动化研究所、哈尔滨工程大学、上海交通大学、天津大学、西北工业大学以及中国船舶工业总公司下属研究所先后研制成功了可实现人员和物资转移的救生型航行器、ROV、AUV等十几艘潜水器。

沈阳自动化研究所与俄罗斯联合研制的CR－01型6000m水下机器人[11]，能适应深海底平坦地形的多金属结核矿区工作环境，并于1997年在太平洋中国矿区完成了各项海底试验调查任务，取得了大量数据和资料。该型AUV达到了国际20世纪90年代先进水平。

天津大学在“温差能驱动的海洋监测平台关键技术研究”项目中研制成功了一种新型的水下航行器。它利用系统浮力变化和可更换的翼板，实现垂直剖面运动和水下滑翔运动。此型AUV采用海水表面与水体一定深度的温度差所产生的温差能量作为驱动能源，具有噪声小、续航时间长、成本低等优点，可应用于海洋动力环境监测、海洋赤潮监测、海洋资源探测，并可用于构建立体监测网络系统。

哈尔滨工程大学在智能水下机器人的研究中取得了一系列成果，研制成功了“智水”系列水下机器人。西北工业大学于20世纪90年代成立了“水下航行器研究所”，研制成功多型智能水下航行器。

总的说来，我国在AUV总体设计技术和一些特定用途水下航行器的关键技术方面已取得一定成果，但与国外先进AUV技术尚存在一定的差距。

表1－1列出了近年来国内外出现的部分水下航行器的相关情况。

表1－1 国内外部分水下航行器

型号	制造单位	年份	用途	导航系统
MANTA	美国NUWC和EB公司	1999	水下作战	声纳，水声导航
Sea Glider	美国华盛顿大学	1999	海洋物理、化学、生物学研究，战术海洋调查，海洋环境监测	GPS，航位推算系统，高度计射频调制解调器，铱星系统，ARGOS紧急定位器
REMUS 100－S	美国Kongsberg Maritime公司	2001	海洋环境监测，沿海搜索	惯性测量单元，导航处理单元，GPS
HUGIN 1000	挪威	2003	反水雷、反潜、环境鉴定	惯性导航系统、差分GPS系统及声定位系统
DeepC	德国	2007	情报搜集、海域监视通信中继、武器投放	惯导系统和罗经
AutoSub 6000	英国南安普敦大学	2008	深海探测	声学多普勒剖面流速仪，惯导系统
Alister 100	法国ECA公司	2012	水下作战 水下侦察	惯导，多普勒测速计，差分GPS，长基线或超短基线应答器，高精度水深传感器
“探索者”水下机器人	沈阳自动化研究所、中船重工702所、哈尔滨工程大学等	1994	防险救生作业海底资源考察	GPS、USBL、SBL、多普勒测速系统、磁通门罗盘和方向陀螺
CR－01型水下机器人	中科院沈阳自动化研究所	1997	海底矿产资源探测	长基线声学定位系统和GPS
“海卫”－3型水下航行器	西北工业大学	2007	海底观测 定点作业 科学实验	惯导、多普勒测速计和GPS

尽管 AUV 技术已经取得了长足的进步,但就当前的发展而言,还有很多关键技术问题亟待突破。其中,导航问题就是 AUV 所面临的主要技术挑战之一[12]。导航系统必须提供远距离及长时间范围内的精确导航、速度及姿态信息,受体积、重量、能源的限制及水介质的特殊性、隐蔽性等因素的影响,实现 AUV 的精确导航仍是一项艰难的任务。

1.2 导航与定位技术概述

导航是伴随着人类社会的发展而发展起来的一门古老的技术,从远古时期的山川、河流导航到后来的日月星辰导航,再到后来地磁罗盘、指南针的出现,导航技术对拓展古人的生存空间、促进古代社会的发展都发挥了十分重要的作用。到了近代,随着人类活动空间的日益扩大,导航的应用范围更加广泛,尤其在舰船、飞机、导弹、宇宙飞船等各种航行器上,导航系统已作为保证航行任务完成所不可缺少的重要装备。

陆基无线电导航系统是 20 世纪 20 年代伴随着第一次世界大战而发展起来的一种导航方式,其技术手段主要采用无线电信标,首先应用在海上航行的舰船的导航,后又逐渐扩展到航空领域。舰船和飞机接收信标的发射信号,通过方向图调制测量相对信标的方位,从而确定自身的航向,这时的导航主要侧重测向,定位能力比较差。第二次世界大战期间及战后,无线电导航定位系统飞速发展,出现了许多新的系统,主要有“罗兰” – A(Loran – A)、“罗兰” – C(Loran – C)、“台卡”(Decca – A)、“奥米伽”系统、“伏尔” + 测距器(DME)和“塔康”(Tacan)等。陆基导航定位系统虽然具有价格低、可靠性高等优点,但它依赖于电磁波在空中的传播,系统的生存能力、抗干扰能力和抗欺骗能力较弱,已渐渐淡出历史舞台。

卫星导航系统是 20 世纪 60 年代中期发展起来的一种新型导航系统。到了 90 年代,卫星导航进入全运行和盛行时期,除了用于陆上、海上和空中的航行引导外,几乎扩展到军事和经济的各个方面。目前,比较有代表性的卫星导航系统主要有美国的 GPS(全球定位系统)、俄罗斯的 GLONASS(全球导航卫星系统),欧盟的伽利略(Galileo)系统以及中国研制的北斗卫星导航定位系统[13]。

GPS 是从美国海军的“子午卫星系统”发展起来的卫星导航系统。1958 年底,美国海军着手建立“子午卫星系统”为军舰提供导航服务,但由于当时的卫星数目少,定位精度差,无法实时提供三维导航定位功能。所以,1973 年美国国防部开始研究建立新的卫星系统,就是现在的“授时与测距导航系统/全球定位系统”,简称“全球定位系统”(Global Position System, GPS)。经过几十年的发展及几代升级改造,GPS 系统目前已拥有 32 颗卫星,具备全球覆盖能力,能为用户提供准确的三维位置、三维速度和时间,位置精度 15m、速度精度 0.3m/s,时间精度 1μs,且具有实时高数据率、设备简单、价格低廉等突出特点,因而成为当今最为广泛使用的导航定位手段。

GLONASS 系统是俄罗斯国防部独立研制和控制的一种星基定位、测速和定时系统,由地面控制部分、空间部分和用户接收机三大部分组成。GLONASS 从 20 世纪 70 年代中期开始研究和设计,于 1996 年 1 月 18 日全面投入使用。期间由于苏联的解体、俄罗斯政府财政支持困难等原因,造成 GLONASS 的发展缓慢,设备陈旧,严重制约了系统的导航性能的提高。直到 2000 年以后,俄罗斯政府重新给予 GLONASS 计划财政支持,连续发射了多颗补网卫星,推动了导航系统的优化,使 GLONASS 成为继 GPS 之后另一个投入实用的卫星导航系统。

伽利略系统是欧盟为了打破美国在卫星导航领域的垄断而决定研发的一种民用导航系统。欧盟从 1994 年起历经 5 年探索论证,于 1999 年 2 月提出了伽利略全球卫星导航计划,其目的是建立共享的独立于 GPS 的无增强条件下的适于海陆空的卫星导航系统。系统由 30 颗高轨道卫星组成,分布在轨道高度为 2.4×10^4km、倾角为 56°的 3 个轨道面上,每个轨道面部署 9 颗工作星和一颗在轨备份星。伽利略系统的基础设施包括天基和地基两部分,导航卫星将为用户提供精确的时间和误差不超过 1m 的全球精确定位服务。

“北斗卫星导航定位系统”(简称“北斗系统”)是我国自行研制的新一代卫星导航系统,系统由空间端、地面端和用户端组成,可在全球范围内全天候、全天时为各类用户提供高精度、高可靠定位、导航、授时服务,并具有短报文通信能力,已经初步具备区域导航、定位和授时能力,定位精度优于20m,授时精度优于100ns。2012年12月27日,北斗系统空间信号接口控制文件正式版正式公布,北斗导航业务正式对亚太地区提供无源定位、导航、授时服务。从投入应用至今,整个“北斗系统”运行稳定,工作状态良好,已在测绘、电信、水利、交通运输、勘探和国家安全等储多领域开始逐步发挥重要作用。

1.3 水下导航与定位技术简介

随着陆上与空中导航定位技术的飞速发展,水下导航与定位技术也相应得到了长足的发展,精度越来越高,应用越来越广泛。但由于水下环境的特殊性,其定位和导航与陆上相比,具有动态性、不可重复性等特点,使得定位精度比陆上低,系统也较陆上复杂。就目前来看,在水下环境中还没有一种导航方式能与空中的全球定位系统相媲美,导航问题已经成为发展自主水下航行器技术所面临的重要挑战[14]。

目前在水下环境中,AUV主要有两类导航方式:基于自身传感器(Proprioceptive Sensor)的自主导航和基于外部信号(Exteroceptive Sensor)的非自主导航。根据工作方式的不同,又可以分为航位推算、惯性导航、无线电、光学、声学、地磁辅助导航、重力场辅助导航、地形匹配导航、协同导航、仿生导航等多种导航方式。根据使用区域不同,又可以分为近海面区域导航、中间层区域导航、海底区域导航、海底区域导航。近海面区域可以使用的导航技术有无线电和卫星导航,如GPS、GLONASS、北斗卫星等;海底区域可以利用海底地形匹配导航;中间层区域指距离水面和海底都较远,向上接收不到卫星无线电信号,向下难以获得地形信息数据,并且水声学导航也因时间延迟过大而无法使用,导航问题较另两层更加困难,可以利用的导航技术有惯性导航、地磁辅助导航、重力场辅助导航、多AUV协同导航等。

1.3.1 航位推算与惯性导航方法

航位推算法(Dead Reckoning)是应用最早的导航方法,其基本原理是根据已知的航行器位姿及航行器的航向、速度和时间来推算出新的位置信息。因此,该导航方法的应用需要实时测得AUV的航向和速度,通常采用罗经和计程仪作为航向和速度测量传感器。航位推算导航无需借助其他参考基准,可独立完成导航任务,设备简单。但由于测速仪器有较大的测速误差并受到洋流等因素的影响,使得航位推算导航的累积误差随时间不断增加,尤其在低速长时间航行情况下,将产生较大的定位误差。

惯性导航(Inertial Navigation System,INS)[15]技术通过将加速度信息对时间两次积分来获得航行器的位置,无需其他外部信号,自主性和隐蔽性好。目前 INS 主要有两种形式:平台式 INS 和捷联式 INS。平台式 INS 用机电控制方法建立起物理实体平台,用于模拟所要求的导航坐标系,机械结构复杂,体积大,重量重,可靠性差;捷联式 INS 依靠算法建立起导航坐标系,利用数学平台代替复杂的物理实体平台,结构简单,体积小,重量轻,成本低,维护简便,可靠性高,还可以通过余度技术提高系统的容错能力。较之于平台式惯导,捷联式惯导省去了复杂的机电平台,具有结构简单、体积小、重量轻、成本低、维护简单、可靠性高等优点,成为当前 AUV 的主要惯性导航方式。

1.3.2 水声导航方法

声学导航利用水声信号在水下传播来完成 AUV 的导航。AUV 采用的声学导航主要有长基线(Long Base Line,LBL)、短基线(Short Base Line,SBL)和超短基线(Ultra Short Base Line,USBL)导航三种形式。大多数 LBL 系统的工作频率大约在 10kHz,作用距离大概在几千米,定位精度约为几米。SBL 定位系统的精度约为距离的 1% ~3%。USBL 定位系统的精度略低于 SBL 系统。从定位精度的角度来看,LBL 系统最好,它有很高的定位精度,但是要获得这样的精度,就必须要精确地知道布放在海底的应答器阵的相互位置,为此必须花费很长的时间进行基阵间距离的测量。此外,布放和回收应答器也是一件很复杂事情,对操作者的要求比较高。在 USBL 导航系统中,水下航行器上装有由多个阵元组成的接收器阵,每个阵元可以测量其到声学信标的距离与角度,从而可以确定航行器相对于信标的位置。这种方式特别适用于水下航行器的导引和回收。

对于上述三种水声导航方式,都需要外部的换能器或换能器阵才能实现导航,且存在基线作用距离有限、不适用大面积区域导航、受海洋噪声和混响影响较大等缺点。因此这种方式主要适用于科学研究及民用领域。

1.3.3 地球物理导航方法

所谓的"地球物理导航",就是通过对地球物理参数(如深度、磁场、重力)的测量,并将这些数据与先验的环境测绘图进行匹配,从而实现对AUV位置的估计,达到导航的目的。地球物理导航是一种完全自主的导航形式,理论上可实现水下全球导航。根据所采用的地球物理参数的不同,该导航方法主要有以下几种。

1. 基于地磁的导航[16]

地磁场是地球的固有资源,磁场强度具有随着纬度以及周围人工或自然的物体的变化而变化的特点。即使在水下,深度每变化1000m,其磁场强度也会随其所在位置的不同而增加6~30nT,而且磁场强度每天也会因时间的不同有微小的变化。因此,由卫星或水面船只生成的磁场测绘图,在考虑了每天的磁场变化和深度变化后,就可将选定海域地磁场的某种特征值制成参考图储存在AUV的计算机中。当AUV经过这些海域时,AUV所搭载的传感器实时测定地磁场的相关特征值,并构成实时图,实时图与预存的参考图在计算机中进行相关匹配,确定实时图在参考图中的最相似点,从而计算出AUV的精确实时位置,达到精确导航的目的。

2. 基于重力场的导航[17]

通过对地球重力场的研究表明,地球重力场不是绝对均匀分布的,而是存在一个变化的拓扑结构,这些变化主要是由当地拓扑结构和密度不均匀性造成的。对于INS来说,当地重力场的变化对于加速度计自身来说是不能区分的,为此美国海军曾经为了校正INS的误差对重力场进行了测绘。Gerber提出采用重力梯度计来作为INS的辅助导航工具,也有人研究采用重力梯度计模型完成导航系统的仿真,得到了很好的结果。这种方法要考虑的主要因素是梯度计的体积、成本及复杂度,而且梯度计必须安装在惯性空间稳定而且隔振的平台上。

3. 基于测绘图的导航方法[18]

所有基于测绘图的导航,均是受声学导航的启发而发展起来的。由于这种导航方法不需要额外的开锁,而且不需要安装人工信标,理论上可以实现全球导航。但是,由于 AUV 需要将测量到的数据与先验的测绘图或数据库进行匹配,这就存在两个主要问题:一是生成这些先验测绘图的成本与难度;二是在 n 维相关参数空间中,随着维数的增加,寻找匹配锋值的计算复杂度呈指数级增长。一般来讲,测绘图制作的成本不仅取决于数据的类型,而且取决于数据的分辨率,而数据的分辨率也将直接决定搜索空间的规模和大小。由于水下航行器相对于最初的数据集来说,可以有许多种位置和方位,因此需要对每一个可能的位置和方位进行搜索,从而组成了一个巨大的搜索空间,增加了搜索时间。

1.3.4 仿生学导航方法

仿生学导航是未来导航技术新的发展方向,通过模仿生物系统的导航功能来研发出适用于水下航行器的深海远程导航方案已经引起人们极大的兴趣。生物具有超强的导航能力,能够实现远程迁徙和精确归巢。生物学家的研究表明:动物能够在无先验地图的情况下,从任意位置出发,利用自身对环境的感知,完成导航行为。动物可用来导航的线索很多,如太阳及某些星体的位置、偏振光、某些气味、风向、声音以及地球磁场等,都有一定的利用价值。

动物仅需明确目的地的环境特征,通过自身在行走过程中对特征差异的有效搜索,实现任意环境中的导航行为。这种方式能够有效解决地磁或重力匹配导航中,环境地图获取困难的问题;同时该方法在导航过程中不关注时间序列上的航位信息,因此能够有效解决惯性导航系统累计误差的问题。模拟动物的导航感应能力而研制的检测物质种类和浓度的生物传感器、参照动物导航功能开发的能够模仿大脑活动的计算机等一系列的生物技术工程,将会由科学家的设想变为现实,并进入水下导航领域,模仿海洋动物的仿生学导航将会为人类的导航事业做出更大的贡献。

1.3.5 组合导航方法

上述各种导航方法适用于各种不同航行载体及导航场合,它们各自都有其优点,但也有固有的不足之处。如惯性导航系统具有很高的自主性,它不受外界干扰,相对精度比较高,能输出多种较高精度的导航参数(位置、航向、姿态等),但却有误差随时间积累的缺点;地球物理导航虽然在理论上可实现全球范围的水下导航,但存在先验环境地图测绘困难、绘制成本高、匹配计算量大等缺点。因此,单一导航系统很难满足现代水下航行的导航要求,所以要求有一种具备各种导航方式优点且准确、迅速、稳定、可靠的导航系统,这就是“组合导航”系统[19]。

组合导航针对每种单一导航系统都有各自的独特性能和局限性,把几种不同的单一系统组合在一起,就能利用多种信息源,互相补充,构成一种有多余度和导航准确度更高的多功能系统。组合导航实际上是以计算机为中心,将各种导航传感器送来的信息加以综合和最优化数学处理,然后进行综合显示的一种导航方法。新的数据处理方法,特别是 Kalman(卡尔曼)滤波方法的应用是实现组合导航的关键。Kalman 滤波是一种线性、无偏、以误差方差最小为准则的最优估计算法,其算法是递进的,可用于对多维随机过程的估计,Kalman 滤波器的每次运算,只要求前一时刻的估计数据和当前的量测数据,不必存储历史数据,大大减少了对导航计算机的要求。

1.4 水下航行器协同导航技术简介

当前,人类对海洋的探索与开发活动越来越深入,使命需求日益复杂化和多样化,仅仅通过追求单体 AUV 某些性能指标的最优已经远远不能满足要求,于是研究人员把目光投向了由多台 AUV 组成的协作系统。多 AUV 协作系统具有空间分布、功能分布、时间分布的特点,能够扩展单体 AUV 的感知范围,提高工作效率,实现单体 AUV 无法或难以完成的复杂任务,在海洋自主采样、海底勘探、水下目标搜索等许多方面有着广阔的应用前景。

随着水下滑翔器编队、水下漂流器编队甚至蜂群式 AUV 等小型化、低成本 AUV 的大批量使用,不可能为每个 AUV 配备完善的导航系统。因此,利用多个 AUV 进行协同导航(Cooperative Navigation,CN)是可行途径[20],它使得导航信息能够共享,而且也摆脱了基阵或水面船只的束缚,使用区域更加灵活。多 AUV 协同导航技术是基于网络的导航形式,利用各 AUV 携带的导航传感器,结合水声通信技术,共享传感器的量测信息,通过对 AUV 间的相对位置关系进行融合提高导航与定位精度[21]。已有的研究表明,多 AUV 协同导航能够有效抑制航位推算的自主导航误差对协同定位精度的影响,使导航系统的整体定位误差有界,从而解决了导航误差随时间逐步累积的问题。多 AUV 协同导航技术使得导航信息能够共享,且摆脱了基阵的束缚,作业区域更加灵活,适用于 AUV 进行远航程、大范围的海洋活动。

随着海洋开发的日益深入,协同导航技术已经成为西方发达国家 AUV 技术研究领域的前沿,但大部分成果尚处于理论探索和原理验证阶段,还有很多技术难点及关键问题亟待突破。多 AUV 协同导航技术是未来海洋活动中不可缺少的一部分,也是我国 AUV 导航技术储备中最弱的一环,需要大力发展。

1.5 水下航行器协同导航技术研究现状

通常情况下,AUV 的协同导航有两种方式:①并行式(Parallel mode),群体中的每个 AUV 具有同等地位与配置,通常要求 AUV 与多个邻居通信,受水声通信频带的限制较大;②主从式(Leader - Follower mode),仅要求领航者和跟随者之间通信,理论上从 AUV 的数量不受限制,通常采用 2 ~ 3 个主 AUV 的形式,系统比较复杂。

1.5.1 并行式协同导航

并行式协同导航系统如图 1 - 1(a)所示,由多个配置相同的 AUV 组成,AUV 利用配备的分布式 Kalman 滤波器(Distributed Kalman Filter,DKF)对自身的位置进行更新,并通过与周围邻居进行通信,实现导航信息的共享。典型的并行式 AUV 协同导航系统如

图1-1(b)所示,为弗吉尼亚理工大学(Virginia Tech)研究团队开发的协同导航系统。该系统采用475AUV,每台AUV重约8.2kg,利用内置的同步时钟确定声波信号的传播时间差(Time-of-Flight,TOF),并通过装备的WHIO Micro-Modems以水声广播通信的方式向周围邻居发送位置信息。

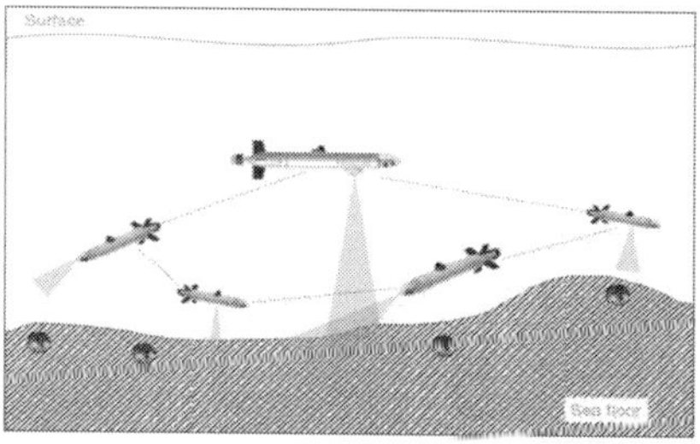

(a)并行式协同导航系统示意图

(b)弗吉尼亚理工大学的多AUV协同系统

图1-1 并行式多AUV协同导航系统

然而,由于并行式多AUV协同导航系统要求每个AUV均与其邻居通信,对水声通信的要求高,带宽限制制约导航性能的发展。即使目前世界先进的WHOI水声Modem[22],较可靠的通信率也只有32B/10s,难以满足要求。研究表明,水声通信受限下的窄带宽和传播延迟使得信道很难传输Kalman滤波更新所必需的方差阵,因此并行式协同导航只适合于AUV数量固定且有限的场合。

1.5.2 主从式协同导航

与并行式不同,主从式协同导航放宽了对通信的限制,是目前多AUV协同导航研究的热点。典型的主从式多AUV协同导航系统如葡萄牙波尔图大学(University of Porto)N. Cruz研究小组的移动基线系统[23]和美国麻省理工学院(MIT)的CADRE系统(Cooperative Autonomy for Distributed Reconnaissance and Exploration System)[24]等,它们均采用双领航者配置,AUV可以相异并且性能互补(图1-2)。

MIT的CADRE系统由三种不同类型的AUV组成,其中C/NA(Communications/NavigationAid AUV,C/NA)2条,导航精度高;跟随者的导航精度低,其中3条SCM(Search-Classify-Map AUV)用于粗搜

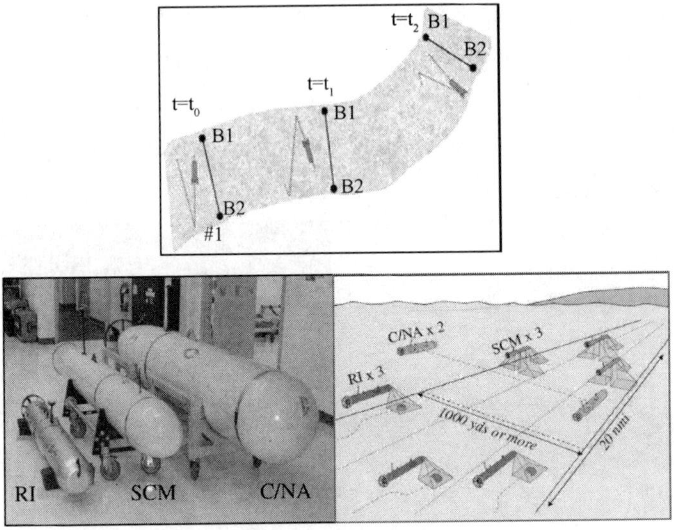

图 1-2　波尔图大学的移动基线系统(上)和麻省理工学院的 CADRE 系统(下)

索,3 条 RI(Reacquire - Identify AUV)用于细搜索。该系统于 2006 年结合水面船舶模拟进行了演示试验(图 1-3)。

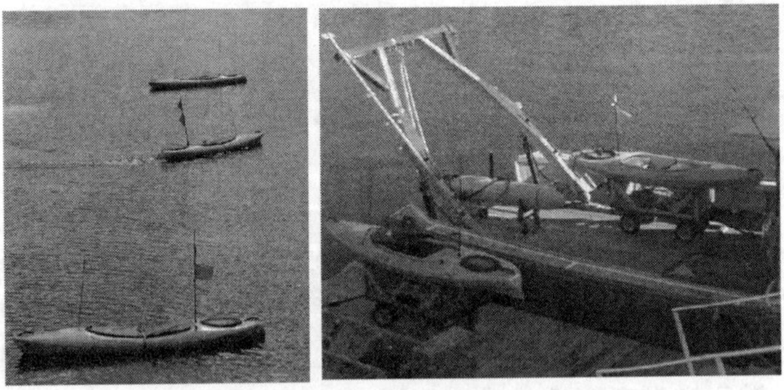

图 1-3　结合水面船的协同导航试验

采用双领航者配置时,从 AUV 需与两个领航者通信,对通信的同步、识别以及时序要求较高,在复杂水声环境条件下易形成“通信混乱”,而且需要领航者 AUV 间具有配合能力。

为简化系统,研究人员尝试只使用一个领航者,如 Idaho 大学的

C. Reeder[25]等采用两个相距1m(基线)的双水听器形成“双耳听觉”,通过水声信号接收的相位差得到AUV间的相对方位,并结合距离信息确定跟随者的位置。但由于水下环境的复杂性,依靠水声手段来测量方位是一个极大的难点,而且因为基线长度有限,会产生“听觉模糊”,甚至无法得到方位信息。为避免方位测量,人们进一步提出了基于单AUV领航者,仅利用距离信息的协同导航方法[26,27]。它将系统复杂度以及对量测手段的要求等减到最小程度,无需布放基阵,作业形式及活动区域灵活,适应大量应用场合,如海洋立体调查、大范围搜索、水雷远程布放和探雷灭雷等。

1.5.3 其他协同导航方法

基于固定单信标的导航方法(Fixed Single - Beacon Navigation,FSBN)也是目前发展AUV协同导航技术的重要研究方向之一。与传统的LBL等水下导航方法相比,该方法无需事先布放海底基阵和水面船只等辅助设备,能够有效降低导航系统的硬件复杂度,使用成本较低,适用于AUV在有限区域内执行各种任务的需求。在FSBN方法中,AUV周期性地和导航信标进行通信,利用声信号脉冲解算它与信标之间的相对距离。但是,单个距离信息对AUV的位置求解并不充分,AUV在t_k时刻的所有可能位置分布在以导航信标为圆心、r_k为半径的圆周。因此,为实现对AUV在各采样时刻的准确定位,仍需在距离量测信息的基础上结合AUV自身的适当机动以获取充分的定位求解条件[28]。另一方面,A. Gadre[29]的研究表明,AUV不同特性的机动路径将对导航系统的可观测性(Observability)产生重要影响。由于导航系统自身的强非线性因素,如何选取AUV的有效机动路径,分析机动轨迹与系统可观测性之间的关系成为FSBN方法中的难点。

除此之外,对于多AUV协同导航方法的研究,还有长基线法(Long Base line,LBL)、短基线法(Short Baseline,SBL)、超短基线法(Ultra Short Baseline,USBL)以及移动长基线(Moving Long Baseline,MLBL)方法等。其中,上述前三种方法将基线系统(应答器)事先布置在海底或安装在静止的大型水面船舶底部,基阵位置已知,AUV通过量测与基阵之间的相对位置并进行相应的解算即可确定自身的位置,但具有海底基阵布置困难、导航区域有限等缺点。而移动长基线方法旨在克服传统长基线导航方法中需要布放海底应答器的弊端,其基本思想是在一些大型 AUV 上布设移动的应答器,利用相对距离量测信息解算被定位 AUV 的位置。

1.6 水下航行器协作系统典型应用实例

目前世界各国在多 AUV 系统方面投入了大量的人力物力,经过多年的技术积累,已取得了一些突破性进展。我国由于 AUV 的一些暂时无法解决的瓶颈问题,使得多 AUV 的研究工作多处于先期的理论研究、计算机仿真及特定环境下的试验阶段,还无法投入实际应用当中。而在国外一些发达国家,相应的研究计划正在如火如荼地进行,并且已经开发出一些能够投入实际应用的多 AUV 系统,多 AUV 系统在民用和军事领域都得到了越来越广泛的应用。下面,对近年来最具代表性的多 AUV 协作系统及其应用实例进行简要介绍。

1.6.1 欧盟"GREX"项目

欧盟于 2006 年组织了德国、意大利、葡萄牙、挪威、法国等国家联合开展了主题为"Coordination and Control of Cooperating Unmanned Systems"(协作无人系统的协调和控制)的"The European GREX Project"项目[32],整个系统包括人机界面部分、控制系统、协同定位系统、通信系统等,其主要任务是基于多个异构无人水下航行器的协作完成海底地图测绘,研究核心是解决多 AUV 的协同定位、航路规划及编队控制、通信等问题。

"GREX"项目始于 2006 年 6 月,结题于 2009 年 10 月,主要进行了 2 个特定任务的海试。2008 年夏季,进行了第一次海洋试验,主要目标是收集实际 AUV 航行时的各种数据,用于未来的研究和试验,在此次试验中,采用图 1-4 所示的两种 AUV,即 AUVortex 和 Asterx。二者的协调方式如图 1-5 的左上图所示,AUVortex 在水面航行,Asterx 在海底航行,二者通过水声通信进行协调作业。2009 年 11 月的第二次海试成功完成了多 AUV 协作下的海洋环境绘图任务,如图 1-5 的右上图所示,其中参与协作的 AUV 包括自主水面航行器(Autonomous Surface Vehicle, ASV)、遥控无人航行器(ROV)以及自主无人航行器(AUV),AUV 之间通过光缆或者水声通信实现协同定位和控制。

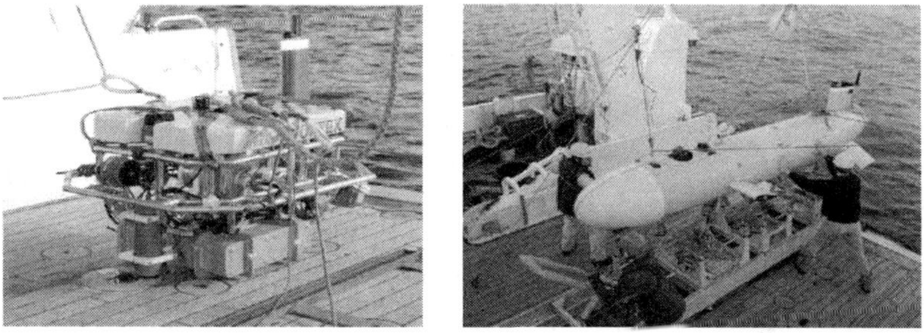

图1-4 AUVortex 和 Asterx

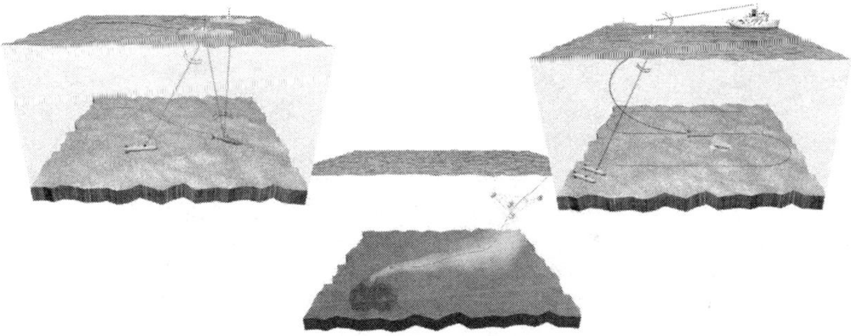

图1-5 欧盟"GREX"项目

1.6.2 美国自主海洋采样网络

美国的自主海洋采样网络(Autonomous Ocean Sampling Network, AOSN)项目是多 AUV 系统用于科学考察的最典型案例[33]。"AOSN Ⅰ"项目,作为最有影响的多 AUV 系统的基础应用研究,又被称作 MURI/AOSN(MultiDisciplinary University Research Initiative/AOSN,多学科大学先导研究/AOSN)项目,由美国麻省理工学院海洋实验室、伍兹霍尔海洋研究所、华盛顿大学应用物理实验室等多家研究机构共同参与完成。该项目始于 1995 年,为期 5 年,目标是建立一个由多个携带有探测传感器的低成本、智能 AUV 系统组成的 AOSN 网络。

基于"MURI/AOSN"的概念,"AOSNⅡ"项目由美国蒙特利湾海洋研究所(Monterey Bay Aquarium Research Institute,MBARI)领导,美国海洋研究局资助,因此又称之为"MBARI/AOSN"项目。该项目的目的是对一个范围的海洋空间进行长时间的数据收集,预测海洋的物理性,主要实现方式是利用多个 AUV 搭载不同类型的传感器,在同一时刻测量不同区域或不同深度下的海洋参数,并将多 AUV 平台与先进的海洋预测模型结合起来用以增强对海洋的观测和预测能力,即采取适当的控制策略并充分利用海流预测进行布局结构调整,把海洋探测传感器合理布置,使得网络中的每个 AUV 成员能够在最重要的区域进行信息收集。图 1-6 和图 1-7 分别为 2003 年和 2006 年在蒙特利湾附近海域进行的多 AUV 组成的"AOSNⅡ"现场试验示意图。试验研究了多 AUV 之间的水声通信及协同定位问题,基于 AUV 和 ASV 构建了一套多 AUV 协同定位与编队控制的试验系统,并利用该系统完成了多项后续试验。

图 1-6 2003 年"AOSNⅡ"试验示意图

图 1-7 2006 年"AOSNⅡ"试验示意图

1.6.3 美国新泽西大陆架观测系统

图 1-8 为美国新泽西海湾布设的大陆架观测系统(New Jersey Shelf Observing System)。在该系统中,水面雷达、水下滑翔 AUV、空中飞机以及卫星组成了节点的观测系统。该系统利用多个 AUV 在长期无人值守的情况下自主进行海洋调查工作,经过 4 年的运行试验,已充分证明了多 AUV 作为其中关键的部分在沿岸水域快速生态评估、物理

化学要素分析等方面发挥了不可替代的作用。

1.6.4 伊拉克战争 AUV 联合扫雷

在军事应用领域，多 AUV 协同系统也渐渐崭露头角，如图 1－9 所示的多 AUV 联合扫雷系统。2003 年 3 月，美国发动的“伊拉克战争”军事行动期间，REMUS 100 AUV 在美国海军首次登台亮相[34]。由海军特种作战站第一扫雷队带入海湾北部并与海洋哺乳动物一同使用，利用 REMUS 携带的侧扫声纳搜索驶向乌姆盖斯尔港的航道，对港口航道进行了系统的测绘。当回收 REMUS 航行体，并对其声纳图像处理后，就会放出经过特殊训练的海豚，对潜在目标进行检查。美海军在强海流和低能见度条件下使用了此新型 AUV，并利用多 AUV 之间协同作业，使一般需要连续潜水 21 天的作业量在 16h 内完成，搜索水域面积达 250 万 m^2，AUV 成功地减少了战术时间，使雷区对人的威胁降到最低限度，并改善整个使命效率。这次任务的成功执行首次证实了 AUV 协同作业对舰队作战具有明显的意义。

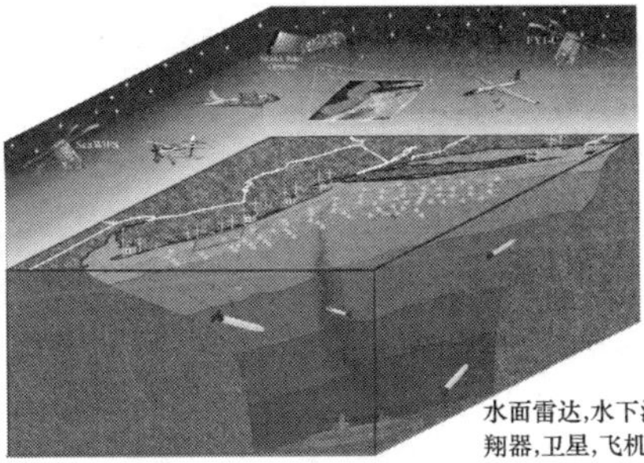

图 1－8 美国新泽西大陆架观测系统

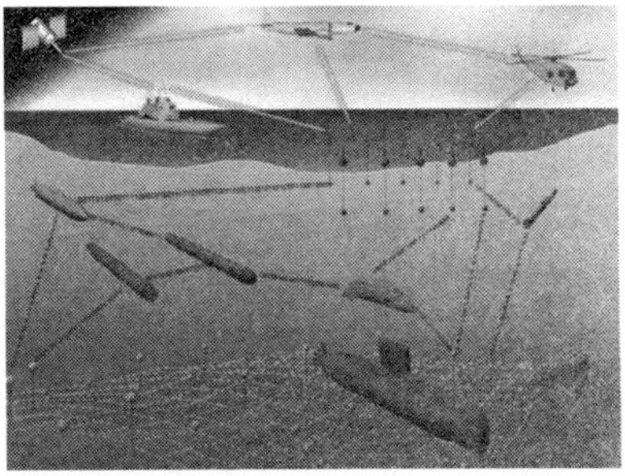

图 1－9 多 AUV 联合扫雷示意图

参考文献

[1] Von Alt Christopher. Autonomous underwater vehicles. Autonomous Underwater Lagrangian Platform and Sensors, 2003: 1－5.

[2] Ewart T E. Observations from straight line isobaric runs of SPURV. Joint Oceanography Assembly, Edinburgh (UK), 1976, 13(9).

[3] Endicoot D L, Khul G R. The fast area search system, Naval Command Control and Ocean Surveillance Center. Technical Report 1562, 1992.

[4] Bellingham J G, Consi C T, Chryssostomidis C. A small long range autonomous vehicle for deep ocean exploration. Proceedings of the 2nd International Offshore and Polar Engineering Conference, 1992: 148 - 155.

[5] Bradley A, Yoerger D R. Design and testing of the aotonomous benthic explorer. Proceedings of the 20th Annual Symposium of the Association of Unmanned Vehicle Systems, 1993: 1044 - 1055.

[6] Von Alt C, Allen C J, Stokey T. Remote environment measuring units. Autonomous Underwater Vehicle Conference, 1994.

[7] Griffiths G, Birch K. Oceanographic surveys with a 50 hour endurance autonomous underwater vehicle. Proceedings of the Offshore Technology Conference, 2000.

[8] Dzielski J E, Bregar M J, McDowell D L. NAVOCEANO seahorse AUV participation in the giant shadow experiment. OCEANS 2003. Proceedings, 2003: 1127 - 1131.

[9] Willcox S, Bondaryk J, Streitlien K. A Bluefin - 12 based system solution for the US Navy's Surface Mine Counter Measures Unmanned Underwater Vehicle Program: Increment 2 (SMCM/UUV - 2). Technical Report, Bluefin Robotics Corporation.

[10] Ricard M, Keegan M. Intelligent autonomy for the Manta Test Vehicle. OCEANS 2000 MTS/IEEE Conference and Exhibition, 2000: 1265 - 1271.

[11] 封锡盛. 从有缆遥控水下机器人到自治水下机器人. 中国工程科学, 2000, 2(12): 29 - 33.

[12] 徐德民. 自主水下航行器的发展与关键技术. 北京:高等教育出版社, 2004.

[13] 王永刚, 刘玉文. 军事卫星及应用概论. 北京:国防工业出版社, 2003.

[14] 田坦. 水下定位与导航技术. 北京:国防工业出版社, 2007.

[15] 秦永元. 惯性导航. 北京:科学出版社, 2006.

[16] 郝燕玲, 赵亚凤, 胡峻峰. 地磁匹配用于水下载体导航的初步分析. 地球物理学进展, 2008, 23(2): 594 - 598.

[17] 郭有光, 钟斌, 边少锋. 地球重力场确定与重力匹配导航. 海洋测绘, 2003, 23(5): 61 - 64.

[18] 李临. 海底地形匹配辅助导航技术现状及发展. 舰船电子工程, 2008, 28(2): 17 - 20.

[19] Pang Yongjie, Sun Yushan, Gan Yong, et al. An integrated GPS/DR navigation system for AUV. Journal of Marine Science and Application, 2006, 5(4): 8 - 13.

[20] 徐玉如, 庞永杰, 甘永, 等. 智能水下机器人技术展望. 智能系统学报, 2006, 1(1): 9 - 16.

[21] Paglia J, Wyman W. DARPA's autonomous minehunting and mapping technologies (AMMT)

program: an overview. Proceedings of the IEEE/MTS OCEANS Conference and Exhibition, 1996:794 – 799.

[22] Freitag L, Grund M, Singh S, et al. The WHOI micro – modem: an acoustic communications and navigation system for multiple platforms. Proceedings of the IEEE/MTS OCEANS Conference and Exhibition. 2005:1086 – 1092.

[23] Matos A, Cruz N. AUV navigation and guidance in a moving acoustic network. Proceedings of the IEEE/MTS OCEANS Conference and Exhibition, 2005.

[24] Vaganay J, Leonard J, Curcio J, et al. Experimental validation of the moving long base line navigation concept. Proceedings of the IEEE/OES AUV Conference. 2004:59 – 65.

[25] Reeder C, Okamoto A, Anderson M, et al. Two – hydrophone heading and range sensor applied to formation flying for underwater UUVs. Proceedings of the IEEE/MTS OCEANS Conference and Exhibition, 2004:517 – 523.

[26] James C. Kinsey, Ryan M. Eustice, Louis L. Whitcomb. A survey of underwater vehicle navigation: recent advances and new challenges. IFAC Conference on Manoeuvring and control of marine craft, 2006:1 – 2.

[27] Chanserasekhar V, Winston S, Yoo C, et al. Localization in underwater sensor networks: survey and challenges. Proceedings of the 1st ACM International Workshop on Underwater Networks, 2006:33 – 40.

[28] Lee P, Jun B, Kim K. Simulation of an inertial acoustic navigation system with range aiding for an autonomous underwater vehicle. IEEE Journal of Oceanic Engineering. 2007, 32(2):327 – 345.

[29] Gadre A. Observability Analysis in Navigation Systems with an Underwater Vehicle Application [Ph. D. Dissertation]. Virginia Polytechnic Institute and State University, 2007.

[30] Alcocer A, Oliveira P, Pascoal A, et al. Maximum likelihood attitude and position estimation from pseudo – range measurements using geometric descent optimization. Proceedings of the IEEE International Conference on Decision and Control, 2006:3754 – 3759.

[31] 王权，程鹏飞，章传银．差分 GPS 水下立体定位系统．测绘科学，2006，31(5)：18 – 21.

[32] Kalwa J. The GREX – Project: coordination and control of cooperating heterogeneous unmanned systems in uncertain environments. Proceedings of the IEEE/MTS OCEANS Conference and Exhibition, 2009.

[33] Schofield O, Chant R, Kohut J, et al. The growth of the New Jersey Shelf Observing System for monitoring plumes and blooms on the Mid – Atlantic continental shelf. OCEANS' 04. MTTS/IEEE TECHNO – OCEAN' 04. 2004, 1.

[34] Paul J Ryan. Mine countermeasures a success. U. S. Naval Institute Proceedings. 2003, 129(5):52.

第2章　水下航行器协同导航数学基础与模型

多 AUV 协同导航系统是由 AUV、水声通信、水声探测和自主导航系统等组成的一个复杂的大系统[1]，涉及到的内容和知识也较为繁杂。本章主要介绍水下航行器协同导航研究过程中用到的数学基础知识及相关协同导航系统模型，对于从事水下航行器应用研究的读者来说，仅需对后面章节中经常用到的一些重点概念有所了解即可。本章的内容在各种介绍线性系统理论、Kalman 滤波理论、概率论及水下航行器建模的教材和专著中都有介绍，有兴趣的读者可参考文献[2－13]等进行更为深入的了解。

2.1　水下协同导航数学基础

2.1.1　线性系统理论基础

多 AUV 协同导航系统模型在本质上是非线性的，但是为了研究方便，科技人员通常在某些特定情况下将其简化成线性系统模型，利用现有的线性系统的相关知识对其进行分析研究。因此，本节简要回顾线性系统理论当中的部分概念和基础知识，为后续多 AUV 协同导航算法设计和导航性能分析提供理论支持。有关这部分内容更为深入的讨论，参见文献[3－5]等。

1. 非线性系统的线性化

考虑下列由非线性常微分方程确定的系统：

$$\begin{cases} \dot{\boldsymbol{x}}(t) = f(\boldsymbol{x}(t), \boldsymbol{u}(t), t), \ t \geqslant t_0, \boldsymbol{x}(t_0) = \boldsymbol{x}_0 \\ \boldsymbol{y}(t) = g(\boldsymbol{x}(t), \boldsymbol{u}(t)) \end{cases} \tag{2.1}$$

其中,状态向量 $\boldsymbol{x}(t)\in\mathbb{R}^{n}$;输入向量 $\boldsymbol{u}(t)\in\mathbb{R}^{m}$;输出向量 $\boldsymbol{y}(t)\in\mathbb{R}^{p}$,且非线性函数 f,g 二阶连续可微。利用线性化方法可以对非线性模型(2.1)做局部的线性近似。对给定的一组状态和输入 $\boldsymbol{x}_0(t)$ 和 $\boldsymbol{u}_0(t)$,与式(2.1)相应的线性化系统为

$$\begin{cases}\dot{\boldsymbol{x}}_\delta(t)=\boldsymbol{A}_0(t)\boldsymbol{x}_\delta(t)+\boldsymbol{B}_0(t)\boldsymbol{u}_\delta(t),t\geqslant t_0,\boldsymbol{x}_\delta(t_0)=\boldsymbol{x}_{\delta 0}\\ \boldsymbol{y}_\delta(t)=\boldsymbol{C}_0(t)\boldsymbol{x}_\delta(t)+\boldsymbol{D}_0(t)\boldsymbol{u}_\delta(t)\end{cases}\tag{2.2}$$

其中

$$\begin{cases}\boldsymbol{A}_0(t)=\left.\dfrac{\partial f(\boldsymbol{x}(t),\boldsymbol{u}(t),t)}{\partial x(t)}\right|_{\boldsymbol{x}_0(t),\boldsymbol{u}_0(t)}\\ \boldsymbol{B}_0(t)=\left.\dfrac{\partial f(\boldsymbol{x}(t),\boldsymbol{u}(t),t)}{\partial u(t)}\right|_{\boldsymbol{x}_0(t),\boldsymbol{u}_0(t)}\\ \boldsymbol{C}_0(t)=\left.\dfrac{\partial y(\boldsymbol{x}(t),\boldsymbol{u}(t),t)}{\partial x(t)}\right|_{\boldsymbol{x}_0(t),\boldsymbol{u}_0(t)}\\ \boldsymbol{D}_0(t)=\left.\dfrac{\partial y(\boldsymbol{x}(t),\boldsymbol{u}(t),t)}{\partial u(t)}\right|_{\boldsymbol{x}_0(t),\boldsymbol{u}_0(t)}\end{cases}\tag{2.3}$$

并且 $\boldsymbol{x}_\delta(t)=\boldsymbol{x}(t)-\boldsymbol{x}_0(t),\boldsymbol{u}_\delta(t)=\boldsymbol{u}(t)-\boldsymbol{u}_0(t),\boldsymbol{y}_\delta(t)=\boldsymbol{y}(t)-\boldsymbol{y}_0(t)$。

2. 线性状态方程的求解

一般线性时变系统可以表示为

$$\begin{cases}\dot{\boldsymbol{x}}(t)=\boldsymbol{A}(t)\boldsymbol{x}(t)+\boldsymbol{B}(t)\boldsymbol{u}(t),\boldsymbol{x}(t_0)=\boldsymbol{x}_0\\ \boldsymbol{y}(t)=\boldsymbol{C}(t)\boldsymbol{x}(t)+\boldsymbol{D}(t)\boldsymbol{u}(t)\end{cases}\tag{2.4}$$

其中,$\boldsymbol{A}(t)\in\mathbb{R}^{n\times n}$;$\boldsymbol{B}(t)\in\mathbb{R}^{n\times m}$;$\boldsymbol{C}(t)\in\mathbb{R}^{p\times n}$;$\boldsymbol{D}(t)\in\mathbb{R}^{p\times m}$,并且上述系数矩阵均有界且连续。对任一初始时刻 t_0 和初始状态 $\boldsymbol{x}_0$,状态方程(2.4)的解可以表示为

$$\boldsymbol{x}(t)=\boldsymbol{\Phi}(t,t_0)\boldsymbol{x}_0+\int_{t_0}^{t}\boldsymbol{\Phi}(t,\sigma)\boldsymbol{B}(\sigma)\boldsymbol{u}(\sigma)\mathrm{d}\sigma\tag{2.5}$$

其中,$\boldsymbol{\Phi}(t,t_0)$ 是与 $\boldsymbol{A}(t)$ 相对应的状态转移矩阵,它是下列矩阵微分方程

$$\dot{\boldsymbol{\Phi}}(t,t_0)=\boldsymbol{A}(t)\boldsymbol{\Phi}(t,t_0),\boldsymbol{\Phi}(t_0,t_0)=\boldsymbol{I},t\geqslant t_0\tag{2.6}$$

的唯一解，并且满足

$$\begin{cases}\dfrac{\mathrm{d}}{\mathrm{d}t}\boldsymbol{\Phi}(t,\tau) = \boldsymbol{A}(t)\boldsymbol{\Phi}(t,\tau) \\ \dfrac{\mathrm{d}}{\mathrm{d}\tau}\boldsymbol{\Phi}(t,\tau) = -\boldsymbol{\Phi}(t,\tau)\boldsymbol{A}(\tau)\end{cases} \tag{2.7}$$

3. 线性系统的稳定性

定义 2.1 线性时变系统(2.4)满足一致指数稳定性，如果存在有限的正常数 $\gamma>1$ 和 $\lambda>0$，使得对所有的 t_0 和 $\boldsymbol{x}_0$ 都成立

$$\|\boldsymbol{x}(t)\| \leqslant \gamma \mathrm{e}^{-\lambda(t-t_0)}\|\boldsymbol{x}_0\|, t \geqslant t_0 \tag{2.8}$$

定理 2.2 线性时变系统(2.4)满足一致指数稳定性，如果存在连续可微的对称矩阵 $\boldsymbol{Q}(t)$ 和正常数 $\eta,\rho,\upsilon>0$，使得

$$\begin{cases}\eta\boldsymbol{I} \leqslant \boldsymbol{Q}(t) \leqslant \rho(t) \\ \boldsymbol{A}^{\mathrm{T}}\boldsymbol{Q}(t) + \boldsymbol{Q}(t)\boldsymbol{A}(t) + \dot{\boldsymbol{Q}}(t) \leqslant -\upsilon\boldsymbol{I}\end{cases} \tag{2.9}$$

定义 2.3 线性时变系统(2.4)满足一致渐近稳定性，如果其一致稳定并且对任意的正常数 $\delta>0$，存在正数 $T>0$ 使得对所有的 t_0 和 $\boldsymbol{x}_0$ 都成立

$$\|\boldsymbol{x}(t)\| \leqslant \delta\|\boldsymbol{x}_0\|, t \geqslant t_0 + T \tag{2.10}$$

可以证明，线性时变系统(2.4)是一致指数稳定的当且仅当其满足一致渐近稳定性，即定义 2.1 和定义 2.3 中所描述的两种稳定性是等价的。

4. 线性系统的可观测性

定义 2.4 线性时变系统(2.4)在有限区间$[t_0,t_f]$内满足可观测性，如果其初始状态 $x(t_0)$ 可以由输入 $u(t)$ 和输出 $y(t)$ 唯一确定，其中，t 取遍$[t_0,t_f]$。

定理 2.5 线性时变系统(2.4)在有限区间$[t_0,t_f]$内满足可观测性，当且仅当下列可观测性 Gram 矩阵

$$\boldsymbol{M}(t_0,t_f) = \int_{t_0}^{t_f}\boldsymbol{\Phi}^{\mathrm{T}}(t,t_0)\boldsymbol{C}^{\mathrm{T}}(t)\boldsymbol{C}(t)\boldsymbol{\Phi}(t,t_0)\mathrm{d}t \tag{2.11}$$

满秩。

在实际应用中,利用定义 2.4 和定理 2.5 分析系统的可观测性较为困难,常用的方法是使用下列可观测性判定的充分条件。

定理 2.6　设 $q \leqslant n-1$ 是一正整数,使得系数矩阵 $\boldsymbol{C}(t)$ 至少 q 次连续可微,$\boldsymbol{A}(t)$ 至少 $q-1$ 次连续可微,则线性时变系数(2.4)在有限区间 $[t_0, t_f]$ 内满足可观测性,如果对全体 $t \in [t_0, t_f]$ 有 $\operatorname{rank}\boldsymbol{O}(t) = n$ 成立,其中

$$
\begin{cases}
\boldsymbol{O}(t) = \begin{bmatrix} \boldsymbol{L}_0(t) \\ \vdots \\ \boldsymbol{L}_q(t) \end{bmatrix}, \\
\boldsymbol{L}_0(t) = \boldsymbol{C}(t), \\
\boldsymbol{L}_j(t) = \boldsymbol{L}_{j-1}(t)\boldsymbol{A}(t) + \dot{\boldsymbol{L}}_{j-1}(t)
\end{cases}
\tag{2.12}
$$

由可观测性的定义 2.4 可知,线性时变系统的可观测性依赖于有限区间 $[t_0, t_f]$ 的选取。系统在其中的一个有限区间内满足可观测性,并不意味着系统在其他的有限区间内也满足可观测性。但是,如果线性时变系统在有限区间 $[t_0, t_f]$ 内满足可观测性,则其在 $[t_0, t_f]$ 的任意子区间内仍可观测。

一类更强的可观测性定义是下列给出的所谓一致可观测性。

定义 2.7　线性时变系统(2.4)满足一致可观测性,如果存在正常数 $\delta, \alpha_1, \alpha_2 > 0$ 使得

$$
0 < \alpha_1 \boldsymbol{I} \leqslant \boldsymbol{M}(t, t+\delta) \leqslant \alpha_2 \boldsymbol{I}
\tag{2.13}
$$

对所有的 $t \geqslant t_0$ 成立,其中,$\boldsymbol{M}(t, t+\delta)$ 是由式(2.11)给出的可观测性 Gram 矩阵。

5. 非线性系统的局部可观测性

考虑下列由状态空间形式描述的具有 m 个输入 $u_1, \cdots, u_m$ 和 p 个输出 $y_1, \cdots, y_p$ 的多变量非线性系统

$$
\begin{cases}
\dot{\boldsymbol{x}} = f(\boldsymbol{x}) + \sum_{i=1}^{m} g_i(\boldsymbol{x}) u_i \\
\boldsymbol{y} = h(\boldsymbol{x})
\end{cases}
\tag{2.14}
$$

其中,$\boldsymbol{x}=(x_1,\cdots,x_n)^{\mathrm{T}}\in\mathbb{R}^n$ 为状态向量;$\boldsymbol{u}=(u_1,\cdots,u_m)^{\mathrm{T}}\in\mathbb{R}^m$ 为控制输入向量;$\boldsymbol{y}=(y_1,\cdots,y_p)^{\mathrm{T}}\in\mathbb{R}^p$ 为量测输出向量,并且 $y_k=h_k(\boldsymbol{x})$,$k=1,\cdots,p$。

为分析非线性系统的局部可观测性,首先介绍微分流形中的 Lie 导数运算。设 λ 为一实值函数,f 为一光滑向量场,两者均在$\mathbb{R}^n$ 的某个子集 U 中有定义,则 λ 沿 f 的 Lie 导数 $L_f\lambda$ 定义了一个新的光滑实值函数,其在 U 中每个点 $\boldsymbol{x}$ 的取值对应于内积$\langle \mathrm{d}\lambda(\boldsymbol{x}),f(\boldsymbol{x})\rangle$,即

$$\begin{aligned}L_f\lambda(\boldsymbol{x}) &= \langle \mathrm{d}\lambda(\boldsymbol{x}),f(\boldsymbol{x})\rangle\\ &=\frac{\partial\lambda(\boldsymbol{x})}{\partial\boldsymbol{x}}f(\boldsymbol{x}) = \sum_{i=1}^{n}\frac{\partial\lambda(\boldsymbol{x})}{\partial x_i}f_i(\boldsymbol{x})\end{aligned}\tag{2.15}$$

式(2.15)定义了 λ 沿 f 的一阶 Lie 导数。如果将 λ 沿向量场 f 微分 k 次,则由上述运算法则容易得到 k 阶 Lie 导数的递推表达式

$$L_f^k\lambda(\boldsymbol{x}) = \frac{\partial(L_f^{k-1}\lambda(\boldsymbol{x}))}{\partial\boldsymbol{x}}f(\boldsymbol{x})\tag{2.16}$$

此外,任意函数的零阶 Lie 导数为其自身,即 $L_f^0\lambda(\boldsymbol{x})=\lambda(\boldsymbol{x})$。

利用式(2.15)及式(2.16)可以定义 Lie 导数的复合运算。设 λ 为实值函数,f,g 为光滑向量场,则先取 λ 沿向量场 f 的 Lie 导数,再取沿向量场 g 的 Lie 导数所得的实值函数为

$$\begin{aligned}L_gL_f\lambda(\boldsymbol{x}) &= \frac{\partial(L_f\lambda(\boldsymbol{x}))}{\partial\boldsymbol{x}}g(\boldsymbol{x})\\ &=\nabla_x(L_f\lambda(\boldsymbol{x}))g(\boldsymbol{x})\end{aligned}\tag{2.17}$$

其中,∇_x表示关于变量 x 的梯度算子。

进一步,设 f, g_1, $\cdots$, g_m 是一组光滑向量场,$\Delta=\mathrm{span}\left\{\frac{\partial h_1}{\partial\boldsymbol{x}},\cdots,\frac{\partial h_p}{\partial\boldsymbol{x}}\right\}$是一光滑分布。此外,设$\breve{\Omega}$为包含分布 Δ 且关于 f,g_1,$\cdots,g_m$ 不变的分布全体组成的集合,则$\breve{\Omega}$中存在极小元,记为

$$\Omega\triangleq\left\langle f,g_1,\cdots,g_m\,\middle|\,\mathrm{span}\left\{\frac{\partial h_1}{\partial\boldsymbol{x}},\cdots,\frac{\partial h_p}{\partial\boldsymbol{x}}\right\}\right\rangle\tag{2.18}$$

显然,Ω 也是光滑分布,并称其为对偶光滑分布。

下面给出非线性系统(2.14)的可观测性秩条件的定义，以及判定其满足局部可观测性的充分条件。

定义 2.8　如果对偶分布(2.18)在 $\boldsymbol{x}_0 \in U$ 处是满秩的，即

$$\dim(\Omega) = n \tag{2.19}$$

则称非线性系统(2.14)在 $\boldsymbol{x}_0$ 处满足可观测性秩条件。

定理 2.9　如果非线性系统(2.14)在 $\boldsymbol{x}_0 \in U$ 处满足可观测性秩条件，则其在 $\boldsymbol{x}_0$ 处是局部弱可观测的。

在实际应用中，采用定义 2.8 和定理 2.9 分析非线性系统的局部可观测性较为困难，常用的方法是使用下列局部可观测性判定的充分条件。

定理 2.10　如果非线性系统(2.14)的可观测性矩阵

$$\mathcal{O} \triangleq \{ \nabla L_{v1,\cdots,v_r}^r h_k(\boldsymbol{x}) \mid k = 1,\cdots,p; r \in \mathbb{N} \} \tag{2.20}$$

满秩，即 $\text{rank}\,\mathcal{O} = n$，则系统(2.14)满足局部弱可观测性，其中 r 依次取遍 $0,1,\cdots,n-1$；向量场 $v_1,\cdots,v_r \in \{f, g_1,\cdots,g_m\}$。

2.1.2　Kalman 滤波理论

Kalman 滤波是 1960 年由美籍匈牙利数学家 R. E. Kalman 提出的一种线性最小方差估计方法，在控制理论研究和工程实际中具有广泛的应用。本节简要回顾线性 Kalman 滤波(Kalman Filter，KF)和扩展 Kalman 滤波(Extended Kalman Filter，EKF)的相关理论，有关这部分内容更为深入的讨论，参见文献[6-10]等。

1. 线性 Kalman 滤波

考虑下列离散时间的线性动态系统：

$$\boldsymbol{x}_{k+1} = \boldsymbol{A}_k \boldsymbol{x}_k + \boldsymbol{w}_k \tag{2.21}$$

$$\boldsymbol{y}_k = \boldsymbol{C}_k \boldsymbol{x}_k + \boldsymbol{v}_k \tag{2.22}$$

其中，$\boldsymbol{x}_k \in \mathbb{R}^n$ 是状态向量；$\boldsymbol{y}_k \in \mathbb{R}^m$ 是输出向量；$\boldsymbol{A}_k \in \mathbb{R}^{n\times n}$ 和 $\boldsymbol{C}_k \in \mathbb{R}^{m\times n}$ 分别是系统的状态矩阵和量测矩阵；$\{\boldsymbol{w}_k, k \geqslant 0\}$ 和 $\{\boldsymbol{v}_k, k \geqslant 1\}$ 分别是具有零均值的 Gauss 白噪声，且满足

$$
\begin{cases}
\mathbb{C}\mathrm{ov}\{\boldsymbol{w}_k\boldsymbol{w}_j\} = \mathbb{E}\{\boldsymbol{w}_k\boldsymbol{w}_j^{\mathrm{T}}\} = \boldsymbol{Q}_k\delta_{kj} \\
\mathbb{C}\mathrm{ov}\{\boldsymbol{v}_k\ \boldsymbol{v}_j\} = \mathbb{E}\{\boldsymbol{v}_k\boldsymbol{v}_j^{\mathrm{T}}\} = \boldsymbol{R}_k\delta_{kj} \\
\mathbb{C}\mathrm{ov}\{\boldsymbol{w}_k\boldsymbol{v}_j\} = \mathbb{E}\{\boldsymbol{w}_k\boldsymbol{v}_j^{\mathrm{T}}\} = 0
\end{cases}
\tag{2.23}
$$

其中

$$
\delta_{kj} = \begin{cases} 1, k = j \\ 0, k \neq j \end{cases}
\tag{2.24}
$$

是 Kronecker Delta 函数;$\boldsymbol{Q}_k \geqslant 0$ 是系统噪声序列的方差矩阵;$\boldsymbol{R}_k > 0$ 是量测噪声序列的方差矩阵。

定理 2.11 如果被估计状态 $\boldsymbol{x}_k$ 满足式(2.21),对 $\boldsymbol{x}_k$ 的量测满足式(2.22),系统噪声$\boldsymbol{w}_k$和量测噪声$\boldsymbol{v}_k$满足式(2.23),且系统噪声方差阵 $\boldsymbol{Q}_k$ 非负定,量测噪声方差阵 $\boldsymbol{R}_k$ 正定,k 时刻的量测值为 $\boldsymbol{y}_k$,并记 $\boldsymbol{y}_k = (\boldsymbol{y}_0, \cdots, \boldsymbol{y}_k)^{\mathrm{T}}$,则 $\boldsymbol{x}_k$ 的估计 $\hat{\boldsymbol{x}}_k$ 可按下述方程求解:

状态一步预测

$$
\hat{\boldsymbol{x}}_{k+1|k} \triangleq \mathbb{E}\{\boldsymbol{x}_{k+1} \mid \boldsymbol{y}_k\} = \boldsymbol{A}_k\boldsymbol{x}_{k|k}
\tag{2.25}
$$

状态估计(更新)

$$
\begin{aligned}
\hat{\boldsymbol{x}}_{k+1|k+1} &\triangleq \mathbb{E}\{\boldsymbol{x}_{k+1} | \boldsymbol{y}_{k+1}\} \\
&= \boldsymbol{x}_{k+1|k} + \boldsymbol{K}_{k+1}(\boldsymbol{y}_{k+1} - \boldsymbol{C}_{k+1}\boldsymbol{x}_{k+1|k})
\end{aligned}
\tag{2.26}
$$

滤波增益

$$
\boldsymbol{K}_{k+1} = \boldsymbol{P}_{k+1|k}\boldsymbol{C}_{k+1}^{\mathrm{T}}(\boldsymbol{C}_{k+1}\boldsymbol{P}_{k+1|k}\boldsymbol{C}_{k+1}^{\mathrm{T}} + \boldsymbol{R}_{k+1})^{-1}
\tag{2.27}
$$

一步预测均方误差

$$
\begin{aligned}
\boldsymbol{P}_{k+1|k} &\triangleq \mathbb{E}\{(\boldsymbol{x}_{k+1} - \hat{\boldsymbol{x}}_{k+1|k})(\boldsymbol{x}_{k+1} - \hat{\boldsymbol{x}}_{k+1|k})^{\mathrm{T}} | \boldsymbol{y}_k\} \\
&= \boldsymbol{A}_k\boldsymbol{P}_{k|k}\boldsymbol{A}_k^{\mathrm{T}} + \boldsymbol{Q}_k
\end{aligned}
\tag{2.28}
$$

均方误差估计(更新)

$$
\begin{aligned}
\boldsymbol{P}_{k+1|k+1} &\triangleq \mathbb{E}\{(\boldsymbol{x}_{k+1} - \hat{\boldsymbol{x}}_{k+1|k+1})(\boldsymbol{x}_{k+1} - \hat{\boldsymbol{x}}_{k+1|k+1})^{\mathrm{T}} | \boldsymbol{y}_{k+1}\} \\
&= (\boldsymbol{I} - \boldsymbol{K}_{k+1}\boldsymbol{C}_{k+1})\boldsymbol{P}_{k+1|k}
\end{aligned}
\tag{2.29}
$$

式(2.25)~式(2.29)称为线性 Kalman 滤波的基本方程,只要给定初值 $\hat{\boldsymbol{x}}_0$ 和 $\boldsymbol{P}_0$,根据 k 时刻的量测值 $\boldsymbol{y}_k$,就可以递推计算得到 k 时刻

的状态估计 $\hat{\boldsymbol{x}}_k$。

2. 扩展 Kalman 滤波

上述所讨论的 Kalman 滤波问题均是假设物理系统(动态系统和量测系统)的数学模型是线性的。但是,工程实践中所遇到物理系统的数学模型则往往是非线性的,如飞机和舰船的惯性导航系统、导弹的制导系统和其他的工业控制系统等。本节介绍随机非线性系统的最优估计问题,即所谓扩展 Kalman 滤波。

考虑下列离散时间的非线性动态系统:

$$\boldsymbol{x}_{k+1} = f(\boldsymbol{x}_k, \boldsymbol{u}_k) + \boldsymbol{w}_k \tag{2.30}$$

$$\boldsymbol{y}_k = h(\boldsymbol{x}_k) + \boldsymbol{v}_k \tag{2.31}$$

其中,$\boldsymbol{x}_k \in \mathbb{R}^n$ 是状态向量;$\boldsymbol{u}_k \in \mathbb{R}^p$ 是输入向量;$\boldsymbol{y}_k \in \mathbb{R}^m$ 是输出向量;f 和 h 分别是二阶连续可微的非线性函数;$\{\boldsymbol{w}_k, k \geqslant 0\}$ 和 $\{\boldsymbol{v}_k, k \geqslant 1\}$ 是具有零均值的 Gauss 白噪声,且满足式(2.23)。由于 f, g 的光滑性,可将其分别展开为

$$\begin{cases} f(\boldsymbol{x}_k, \boldsymbol{u}_k) = f(\hat{\boldsymbol{x}}_{k|k}, \boldsymbol{u}_k) + \boldsymbol{A}_k(\boldsymbol{x}_k - \hat{\boldsymbol{x}}_{k|k}) + o(\boldsymbol{x}_k - \hat{\boldsymbol{x}}_{k|k}) \\ h(\boldsymbol{x}_k) = h(\hat{\boldsymbol{x}}_{k|k-1}) + \boldsymbol{C}_k(\boldsymbol{x}_k - \hat{\boldsymbol{x}}_{k|k-1}) + o(\boldsymbol{x}_k - \hat{\boldsymbol{x}}_{k|k-1}) \end{cases} \tag{2.32}$$

其中,Jacobian 矩阵

$$\boldsymbol{A}_k = \frac{\partial f}{\partial x}(\hat{\boldsymbol{x}}_{k|k}, \boldsymbol{u}_k), \boldsymbol{C}_k = \frac{\partial h}{\partial x}(\hat{\boldsymbol{x}}_{k|k-1}) \tag{2.33}$$

利用式(2.32),可将非线性系统方程(2.30)、(2.31)线性化为

$$\boldsymbol{x}_{k+1} = \boldsymbol{A}_k(\boldsymbol{x}_k - \hat{\boldsymbol{x}}_{k|k}) + f(\hat{\boldsymbol{x}}_{k|k}, \boldsymbol{u}_k) + \boldsymbol{w}_k \tag{2.34}$$

$$\boldsymbol{y}_k = \boldsymbol{C}_k(\boldsymbol{x}_k - \hat{\boldsymbol{x}}_{k|k-1}) + h(\hat{\boldsymbol{x}}_{k|k-1}) + \boldsymbol{v}_k \tag{2.35}$$

至此,使用与线性 Kalman 滤波器类似的方法可得扩展 Kalman 滤波的基本方程为

状态估计

$$\hat{\boldsymbol{x}}_{k+1|k} = f(\hat{\boldsymbol{x}}_{k|k}, u_k) \tag{2.36}$$

$$\hat{\boldsymbol{x}}_{k+1|k+1} = \hat{\boldsymbol{x}}_{k+1|k} + \boldsymbol{K}_{k+1}(\boldsymbol{y}_{k+1} - h(\hat{\boldsymbol{x}}_{k+1|k})) \tag{2.37}$$

均方误差估计

$$\boldsymbol{P}_{k+1|k} = \boldsymbol{A}_k \boldsymbol{P}_{k|k} \boldsymbol{A}_k^{\mathrm{T}} + \boldsymbol{Q}_k \tag{2.38}$$

$$\boldsymbol{P}_{k+1|k+1} = \boldsymbol{P}_{k+1|k} - \boldsymbol{K}_{k+1} \boldsymbol{C}_{k+1} \boldsymbol{P}_{k+1|k} \tag{2.39}$$

滤波增益

$$\boldsymbol{K}_{k+1} = \boldsymbol{P}_{k+1|k} \boldsymbol{C}_{k+1}^{\mathrm{T}} (\boldsymbol{C}_{k+1} \boldsymbol{P}_{k+1|k} \boldsymbol{C}_{k+1}^{\mathrm{T}} + \boldsymbol{R}_k)^{-1} \tag{2.40}$$

与线性 Kalman 滤波方法一样，只要给定非线性系统(2.30)～(2.31)的初始状态 $\hat{\boldsymbol{x}}_0$ 和初始方差 $\boldsymbol{P}_0$，根据 k 时刻的量测值 $\boldsymbol{y}_k$，就可以递推计算得到 k 时刻的状态估计 $\hat{\boldsymbol{x}}_k$。

2.1.3 高等概率论基础

本节简要介绍高等概率论中的部分基础理论，包括概率、数学期望、随机过程和鞅等。有关这部分内容更为深入的讨论，参见文献[11－13]等。

1. 概率和数学期望

定义 2.12 设 Ω 是样本空间，$\mathscr{F}$是 Ω 中的一个 σ－代数($\mathscr{F}$ 称为事件域)，$\mathbb{P}(A)$，$A \in \mathscr{F}$是定义在 $\mathscr{F}$上的实值集函数。如果$\mathbb{P}(A)$满足：

(1)（非负性）对任意的 $A \in \mathscr{F}$，有 $0 \leqslant \mathbb{P}(A) \leqslant 1$；

(2)（归一性）$\mathbb{P}(\Omega) \equiv 1$；

(3)（可数可加性）如果 $A_k \in \mathscr{F}$，$m=1,2,\cdots$，且 $A_i \cap A_j = \varnothing$，$i \neq j$，则

$$\mathbb{P}\left(\sum_{k=1}^{\infty} A_k\right) = \sum_{k=1}^{\infty} \mathbb{P}(A_k) \tag{2.41}$$

则称$\mathbb{P}$是事件域 $\mathscr{F}$上的概率。

一般称三元总体(Ω,$\mathscr{F}$,$\mathbb{P}$)为概率空间，其中，Ω 是样本空间，$\mathscr{F}$是事件域，$\mathbb{P}$是概率。在实际问题中，如何选定 Ω、怎样构造 $\mathscr{F}$ 以及怎样给定$\mathbb{P}$，则要视具体情况而定。

定义 2.13 设(Ω,$\mathscr{F}$,$\mathbb{P}$)是一概率空间，$X(\omega)$是定义在 Ω 上的 Borel 函数。如果对任意的 $x \in \mathbb{R}$，都有

$$\{\omega : X(\omega) \leqslant x\} \in \mathscr{F} \tag{2.42}$$

则称 X 为 Ω 上的一个随机变量。

简而言之,随机变量就是定义在样本空间 Ω 上的 $\mathscr{F}$- 可测函数。

定义 2.14　设 $(\Omega,\mathscr{F},\mathbb{P})$ 是概率空间,X 是一随机变量且满足

$$\| X \|_p \triangleq \left(\int_\Omega | X |^p \mathrm{d}\,\mathbb{P}\right)^{\frac{1}{p}} < \infty \tag{2.43}$$

则称 X 在 Ω 上 p 次可积。由满足式(2.43)的全体 X 构成的集合称为 Ω 上的p 次可积函数空间,记为 $\mathscr{F}^p(\Omega,\mathscr{F},\mathbb{P})$。

定义 2.15　设 $X\in\mathscr{F}^1(\Omega,\mathscr{F},\mathbb{P})$ 是一随机变量,则 X 的数学期望 $\mathbb{E}(X)$ 定义为

$$\mathbb{E}(X) \triangleq \int_\Omega X\mathrm{d}P = \int_{\mathbb{R}} x(\mathbb{P}\circ X^{-1})(\mathrm{d}x) \tag{2.44}$$

其中,$\mathrm{d}x$ 表示实直线$\mathbb{R}$ 上的 Lebesgue 测度。

特别地,当 X 为离散型随机变量时,式(2.44)等价于

$$\mathbb{E}(X) = \sum_{k=1}^{\infty} x_k p_k \tag{2.45}$$

其中,$p_k = \mathbb{P}(X = x_k)$,$k = 1,2,\cdots$,称为离散型随机变量 X 的分布律。

当 X 为连续型随机变量时,式(2.44)等价于

$$\mathbb{E}(X) = \int_{-\infty}^{\infty} xf(x)\mathrm{d}x \tag{2.46}$$

其中,$f(x)$ 称为连续型随机变量 X 的概率密度函数。

2. 随机过程基础

定义 2.16　设 $(\Omega,\mathscr{F},\mathbb{P})$ 是概率空间,$(E,\mathscr{E})$ 为可测空间,$T\subset\mathbb{R}$,如果对任何 $t\in T$ 有 $X_t:\Omega\mapsto E$,且 X_t 关于 $\mathscr{F},\mathscr{E}$是可测的,$X_t^{-1}(\mathscr{E})\subset\mathscr{F}$,则称 $\{X_t,t\in T\}$ 是定义$(\Omega,\mathscr{F},\mathbb{P})$上取值于 E 的随机过程,称$(E,\mathscr{E})$为其相空间,称 T 为其时间域或时间参数集,对每个 $\omega\in\Omega$,$X_t(\omega)$ 称为相应于 ω 的轨道。实质上,每个 X_t 都是一个 E 值随机元。在无混淆的情况下,简称 $X_t,t\in T$ 为随机过程,并简记为 X_t 或 $X(t)$。

一类在理论和实际应用中都十分重要的随机过程称为 Markov(马尔可夫)过程,它是由俄罗斯数学家 A. A. Markov 首次提出并进行研究的。Markov 过程在工程系统中的噪声和信号分析、通信网络模拟、人工智能和神经网络训练等诸多学科具有广泛应用。

定义 2.17 设$\{X(t),t\in T\}$是定义在概率空间$(\Omega,\mathscr{F},\mathbb{P})$上,取值于$E$中的随机过程。如果对任意的正整数$n,t_1<t_2<\cdots<t_n<t_{n+1},t_k\in T,k=1,2,\cdots,n+1$及状态$x_1,x_2,\cdots,x_{n+1}\in E$,都有

$$\begin{aligned}&\mathbb{P}\{X(t_{n+1})\leqslant x_{n+1}\mid X(t_1)=x_1,X(t_2)=x_2,\cdots,X(t_n)=x_n)\}\\&\quad=\mathbb{P}\{X(t_{n+1})\leqslant x_{n+1}\mid X(t_n)=x_n\}\end{aligned}\tag{2.47}$$

则称随机过程$\{X(t),t\in T\}$为 Markov 过程,称性质(2.47)为 Markov 性,也称为无后效性。

Markov 过程可按参数集T和状态空间E是离散集或连续集进行分类。特别地,称参数集T和状态空间E均为离散集的 Markov 过程为 Markov 链。

定义 2.18 设$\{X_n,n=1,2,\cdots\}$是定义在概率空间$(\Omega,\mathscr{F},\mathbb{P})$上取值于可数集$E$中的随机序列。如果对任意非负整数$n$及状态$i_0,i_1,\cdots,i_n,i_{n+1}\in E$,都有

$$\begin{aligned}&\mathbb{P}\{X_{n+1}=i_{n+1}\mid X_0=i_0,X_1=i_1,\cdots,X_n=i_n\}\\&\quad=\mathbb{P}\{X_{n+1}=i_{n+1}\mid X_n=i_n\}\end{aligned}\tag{2.48}$$

则称随机序列$\{X_n,n=1,2,\cdots\}$为 Markov 链,记为$\{X_n,n\geqslant 0\}$。

定义 2.19 设$\{X_n,n=1,2,\cdots\}$为 Markov 链,称条件概率

$$p_{ij}(m,m+k)=\mathbb{P}\{X_{m+k}=j\mid X_m=i\}\tag{2.49}$$

为 Markov 链$\{X_n,n=1,2,\cdots\}$在m时刻的k步转移概率,称矩阵

$$\boldsymbol{P}^{(k)}(m)=[p_{ij}(m,m+k)]_{i,j\in E}\tag{2.50}$$

为 Markov 链$\{X_n,n=1,2,\cdots\}$在m时刻的k步转移概率矩阵。

Markov 链的k步转移概率给出了 Markov 链在时刻m处于状态i的条件下,经过k步转移,在时刻$m+k$到达状态j的条件概率,记为$p_{ij}^{(k)}(m)$。

定理 2.20 设$p_{ij}^{(k)}(m)$为 Markov 链$\{X_n,n=1,2,\cdots\}$的转移概率,则它具有如下性质:

(1) $0\leqslant p_{ij}^{(k)}(m)\leqslant 1$;

(2) $\sum_{j\in E}p_{ij}^{(k)}(m)=1$;

(3) Chapmain – Kolmogorov 方程

$$p_{ij}^{(k+n)}(m) = \sum_{r \in E} p_{ir}^{(k)}(m) p_{rj}^{(n)}(m+k), m, n, k \geqslant 0, i, j \in E \tag{2.51}$$

$$\mathbb{P}^{k+n}(m) = \mathbb{P}^{k}(m)\mathbb{P}^{n}(m+k), m, n, k \geqslant 0 \tag{2.52}$$

Chapman－Kolmogorov 方程(2.51)及(2.52)指出,高步转移概率可以用低步(以至一步)的转移概率来表示。

3. 条件数学期望和鞅

定义 2.21　设$(\Omega,\mathscr{F},\mathbb{P})$是概率空间,$X$是一随机变量且满足$\mathbb{E}(|X|)<\infty$。设$\mathscr{G}$是包含于$\mathscr{F}$的子$\sigma$－代数,则存在随机变量$Y$使得:

(1) Y是$\mathscr{G}$可测的;

(2) $\mathbb{E}(|X|)<\infty$;

(3) 对任意的$G\in\mathscr{G}$都有$\int_G Y\mathrm{d}\,\mathbb{P}-\int_G X\mathrm{d}\,\mathbb{P}$。

满足上述条件(1)～(3)的随机变量Y称为随机变量X在给定$\mathscr{G}$下的条件数学期望,记为$Y=\mathbb{E}(X|\mathscr{G})$,a. s. 。①

注 2.22:如果$\mathbb{E}(X^2)<\infty$,则条件数学期望$Y=\mathbb{E}(X|\mathscr{G})$可以看成是随机变量$X$在空间$\mathscr{L}^2(\Omega,\mathscr{G},\mathbb{P})$中的正交投影。因此,$Y$是在$\mathscr{G}$可测函数类中对$X$的最小二乘估计,它使得$\mathbb{E}\{(Y-X)^2\}$达到最小。正是因为这一性质,条件数学期望在最优估计和控制理论(如Kalman滤波、网络控制等)中起着重要作用。

定理 2.23　设$(\Omega,\mathscr{F},\mathbb{P})$是概率空间,$X$是一随机变量且满足$\mathbb{E}(|X|)<\infty$。设$\mathscr{G},\mathscr{H}$是包含于$\mathscr{F}$的子$\sigma$－代数,则条件数学期望$\mathbb{E}(X|\mathscr{G})$具有下列性质:

(1)(线性)设$a_1,a_2\in\mathbb{R}$,X_1,X_2为随机变量,则

$$\mathbb{E}(a_1X_1+a_2X_2|\mathscr{G}) = a_1\mathbb{E}(X_1|\mathscr{G})+a_2\mathbb{E}(X_2|\mathscr{G}) \tag{2.53}$$

(2)(非负性)如果$X\geqslant 0$,则$\mathbb{E}(X|\mathscr{G})\geqslant 0$,a. s. 。

① a. s. (almost surely)表示几乎必然成立。

(3)(塔形等式)设 $\mathscr{H}$ 是 $\mathscr{G}$ 的子 σ-代数,则

$$\mathbb{E}\{\mathbb{E}(X|\mathscr{G})|\mathscr{H}\}=\mathbb{E}(X|\mathscr{H}) \tag{2.54}$$

(4) 如果 $Y=\mathbb{E}(X|\mathscr{G})$,则 $\mathbb{E}(Y)=\mathbb{E}(X)$,a. s.。

(5) 如果 X 是 $\mathscr{G}$ 可测的,则 $\mathbb{E}(X|\mathscr{G})=X$,a. s.。

(6) 如果 X 与 $\mathscr{G}$ 独立,则 $\mathbb{E}(X|\mathscr{G})=\mathbb{E}(X)$,a. s.。

定义 2.24 设 $(\Omega,\mathscr{F},\mathbb{P})$ 是概率空间,$\{\mathscr{F}_n\}$ 是 $\mathscr{F}$ 中的一族单调非降的子 σ-代数,即 $\mathscr{F}_0\subset\mathscr{F}_1\subset\cdots\subset\mathscr{F}$,如果对每个 n,X_n 是 $\mathscr{F}_n$ 可测的,则随机过程 $\{X_n,n=0,1,\cdots\}$ 称为是适应于 $\{\mathscr{F}_n\}$ 的。

定义 2.25 设 $(\Omega,\mathscr{F},\mathbb{P})$ 是概率空间,$\{\mathscr{F}_n\}$ 是 $\mathscr{F}$ 中的一族单调非降的子 σ-代数,$\{X_n,n=0,1,\cdots\}$ 是适应于 $\{\mathscr{F}_n\}$ 的随机过程,且 $\mathbb{E}(|X_n|)<\infty,n=0,1,\cdots$,如果

$$\mathbb{E}(X_n|\mathscr{F}_{n-1})\leqslant X_{n-1},\text{a. s. },n\geqslant 1 \tag{2.55}$$

则称 $\{X_n,n=0,1,\cdots\}$ 是上鞅。如果式(2.55)代之以

$$\mathbb{E}(X_n|\mathscr{F}_{n-1})\geqslant X_{n-1},\text{a. s. },n\geqslant 1 \tag{2.56}$$

则称 $\{X_n,n=0,1,\cdots\}$ 是下鞅。既是上鞅又是下鞅者,称之为鞅。

对于上鞅 $\{X_n,n=0,1,\cdots\}$,如果 $m<n$,利用条件数学期望的塔形等式(2.54),显然有

$$\begin{aligned}\mathbb{E}(X_n|\mathscr{F}_m)&=\mathbb{E}(X_n|\mathscr{F}_{n-1}|\mathscr{F}_m)\leqslant\mathbb{E}(X_{n-1}|\mathscr{F}_m)\\&\leqslant\cdots\leqslant X_m,\text{a. s.}\end{aligned} \tag{2.57}$$

在随机过程的理论及应用中,停时是一个十分重要的概念,特别是在强 Markov 理论和鞅论中,对停时的研究显得尤为重要。

定义 2.26 设 $(\Omega,\mathscr{F})$ 是一个可测空间,$\{\mathscr{F}_n\}$ 是 $\mathscr{F}$ 中的一族单调非降的子 σ-代数。映射 $T:\Omega\mapsto\{0,1,2,\cdots;\infty\}$ 称为停时,如果

$$\{T\leqslant n\}=\{\omega:T(\omega)\leqslant n\}\in\mathscr{F}_n,\forall n\leqslant\infty \tag{2.58}$$

或者等价地,有

$$\{T=n\}=\{\omega:T(\omega)=n\}\in\mathscr{F}_n,\forall n\leqslant\infty \tag{2.59}$$

注意到停时 T 可以取 ∞。

2.2　导航系统常用坐标系及其相互关系

为了确切地描述 AUV 的运动状态,需要采用合理的坐标系作为参考。一般来说,坐标系的选择是任意的,但选择恰当的坐标系能让所研究的问题更加清晰、简单,本书采用了几种常用的坐标系[2,14],即:①地心惯性坐标系;②地球坐标系;③地理坐标系;④载体坐标系;⑤导航坐标系;⑥平移坐标系。本节将介绍这些坐标系及它们之间的转换关系。

2.2.1　导航系统的常用坐标系定义

1. 地心惯性坐标系(i 系,$O_iX_iY_iZ_i$)

原点:地球地心;

O_iX_i 轴:指向春分点;

O_iZ_i 轴:与地球自转轴重合;

O_iY_i 轴:与 O_iX_i、O_iZ_i 轴构成右手坐标系。

位于赤道平面内的 O_iX_i、O_iY_i 轴方向不随地球的自转而改变,此坐标系是惯性元件测量的参考基准。

2. 地球坐标系(e 系,$O_eX_eY_eZ_e$)

原点:地球地心;

O_eX_e 轴:指向格林尼治本初子午线;

O_eZ_e 轴:与地球自转轴重合;

O_eY_e 轴:与 O_eX_e、O_eZ_e 轴构成右手坐标系。

地球坐标系为固连在地球上的坐标系,随地球一起运动,又称地球固连坐标系。该坐标系中位于赤道平面内的 O_eX_e、O_eY_e 轴方向随地球的自转而改变,因此地球坐标系相对惯性坐标系的运动就是地球的自转角速度 ω_{ie}^{e}。

3. 地理坐标系(t 系,$O_tX_tY_tZ_t$)

原点:AUV 浮心;

O_tX_t 轴:指向地理北;

O_tY_t 轴:指向地理东;

O_tZ_t 轴:指向地心。

地理坐标系即导航系统常用的东北地(NED)坐标系,亦称为当地地理坐标系,其相对于地球标系的关系为 AUV 所处地理位置经度 λ 和纬度 α。

4. 载体坐标系(b 系,$O_bX_bY_bZ_b$)

原点:AUV 浮心;

O_bX_b 轴:沿 AUV 纵轴指向前方;

O_bZ_b 轴:沿 AUV 纵平面向下;

O_bY_b 轴:与 O_bX_b、O_bZ_b 轴构成右手坐标系。

载体坐标系为固连在 AUV 上的坐标系,如图 2-1 所示,其相对于地理坐标系的方位为 AUV 的姿态。

5. 导航坐标系(n 系,$O_nX_nY_nZ_n$)

导航坐标系是在导航时根据导航系统工作的需要而选取的作为导航基准的坐标系,通常以当地地理坐标系为导航坐标系。导航坐标系相对于地球固连坐标系的旋转角速率取决于 O_t 点相对于地球的运动,通常称为转移速率。

本书中采用如下定义:

原点:地面某处,例如 AUV 入水处或发射点;

O_nX_n 轴:AUV 入水或发射的纵轴方向在水平面的投影方向,又称参考航向;

O_nZ_n 轴:垂直向下;

O_nY_n 轴:与 O_bX_b、O_bY_b 轴构成右手坐标系,与 O_nX_n 轴同在水平面内。

6. 平移坐标系(p 系,$O_pX_pY_pZ_p$)

原点:AUV 浮心;

O_pX_p 轴:与导航坐标系中 O_nX_n 轴平行;

O_pY_p 轴:与导航坐标系中 O_nY_n 轴平行;

O_pZ_p 轴:与导航坐标系中 O_nZ_n 轴平行。

平移坐标系是随 AUV 浮心运动而平移的动坐标系,是为研究 AUV 旋转运动而定义的坐标系,由定义可知,其相对于导航坐标系的关系为 AUV 浮心在导航坐标系的位置。

导航坐标系、截体坐标系、平移坐标系的关系如图 2-1 所示,其中 φ 和 θ 分别为偏航角和俯仰角,2.2.2 节将详细介绍。

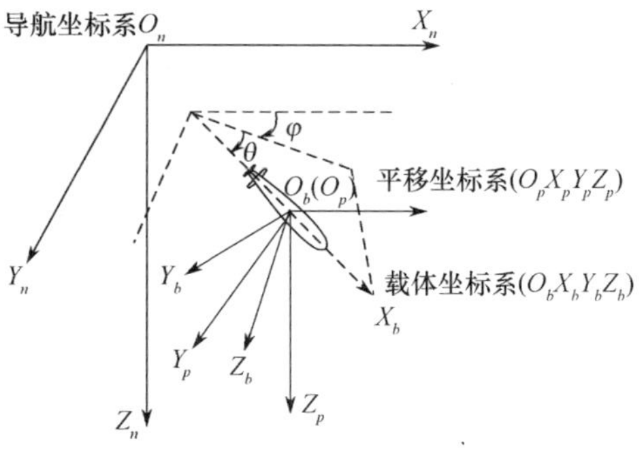

图 2－1　导航坐标系、载体坐标系和平移坐标系

2.2.2　AUV 运动参数定义

AUV 航行于水下 3 维空间中，具有 6 个运动自由度，包括浮心的 3 个空间线运动自由度和绕刚体浮心的 3 个角运动自由度[15]，如表2－1所列，AUV 的运动参数定义如下。

表 2－1　AUV 的运动自由度

自由度	运动描述	简称	线、角速度	位置及欧拉角
1	沿 X 方向的运动	进退(Surge)	u	$x(\lambda)$
2	沿 Y 方向的运动	侧移(Sway)	v	$y(\alpha)$
3	沿 Z 方向的运动	升沉(Heave)	w	z
4	绕 X 轴旋转	横滚(Roll)	p	γ
5	绕 Y 轴旋转	俯仰(Pitch)	q	θ
6	绕 Z 轴旋转	偏航(Yaw)	γ	φ

1. 位置变量

位置变量描述了 AUV 浮心的空间运动位置，根据采用的导航坐标系不同，主要有如下两种定义：

(1) (λ,α,z)：AUV 的浮心在地理坐标系中的坐标，其中 λ 和 α 分别表示 AUV 所处位置的经度和纬度，z 表示 AUV 的航行深度。

(2) (x,y,z)：表示 AUV 的浮心在导航坐标系中的坐标。

2. 姿态变量

姿态变量描述了航行器的旋转运动,通常由如下一组欧拉角描述:

(1) 横滚角 γ:航行器立轴与过航行器纵轴的铅垂面之间的夹角,规定从航行器尾部向前看,顺时针滚动为正,范围为$(-180°, +180°)$。

(2) 俯仰角 θ:航行器纵轴与水平面之间的夹角,规定纵轴偏离水平面向上为正,范围为$(-90°, +90°)$。

(3) 偏航角 φ:航行器纵轴在水平面的投影与参考航向之间的夹角,规定左偏航为正,范围为$(-180°, +180°)$。

可见,AUV 的姿态变量描述了其载体坐标系对平移坐标系的相对旋转。

3. 速度变量

(1) 速度矢量(u,v,w):AUV 浮心相对于导航坐标系的运动速度矢量。

(2) 角速度矢量(p,q,r):AUV 相对于导航坐标系的角速度矢量。

2.2.3 坐标系之间的转换

前述任意两个坐标系之间的转换,都可用两坐标系之间的相对旋转和平移来描述,也可用旋转四元数来表示[16]。此处仅给出载体坐标系与平移坐标系之间的坐标转换矩阵及平移坐标系与导航坐标系之间的坐标平移变换。

1. 坐标转换矩阵 $\boldsymbol{C}_b^p$ 和 $\boldsymbol{C}_p^b$

如图 2-2 所示,将平移坐标系按下列顺序旋转即可与载体坐标系重合:先绕 O_pZ_p 轴转动角度 φ(图 2-2(a)),再绕旋转后的 $O_pY'_p$ 轴转动角度 θ(图 2-2(b)),最后绕二次旋转后的 $O_pX''_p$ 轴转动角度 γ(图 2-2(c))。

则平移坐标系到载体坐标系的坐标转换矩阵为[15]

$$\boldsymbol{C}_b^p=\begin{bmatrix}\cos\psi\cos\theta & \sin\varphi\cos\theta & -\sin\theta\\ -\sin\varphi\cos\gamma+\cos\varphi\sin\theta\sin\gamma & \cos\varphi\cos\gamma+\sin\gamma\sin\theta\sin\varphi & \cos\theta\sin\gamma\\ \sin\varphi\sin\gamma+\cos\varphi\cos\gamma\sin\theta & -\cos\varphi\sin\gamma+\sin\theta\sin\varphi\cos\gamma & \cos\theta\cos\gamma\end{bmatrix}\tag{2.60}$$

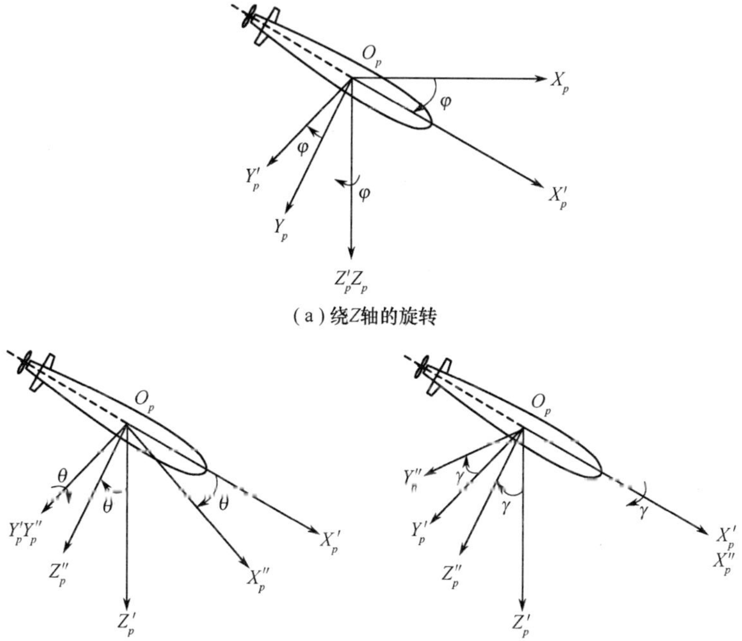

(a) 绕Z轴的旋转

(b) 绕Y轴的旋转　　(c) 绕X轴的旋转

图 2-2　载体坐标系到平移坐标系的旋转

坐标转换矩阵 $\boldsymbol{C}_b^p$ 的元素皆为航行器姿态角 ψ,θ,φ 的函数，因此该矩阵又被称作姿态矩阵。载体坐标系到平移坐标系的坐标转换矩阵为

$$\boldsymbol{C}_p^b=(\boldsymbol{C}_b^p)^{\mathrm{T}} \tag{2.61}$$

2. 坐标平移变换

由前述坐标系定义可知，平移坐标系（p 系）为动坐标系，导航坐标系（n 系）为定坐标系，且 p 系可由 n 系平移得到。若 p 系的原点在 n 系下的坐标为 $\boldsymbol{p}_o=[o_{px}\quad o_{py}\quad o_{pz}]^{\mathrm{T}}$，则 p 系内的质点 $A(x_p,y_p,z_p)$ 在 n 系下的坐标计算公式为

$$\boldsymbol{X}_n=\begin{bmatrix}x_n\\y_n\\z_n\end{bmatrix}=\begin{bmatrix}x_p\\y_p\\z_p\end{bmatrix}+\begin{bmatrix}o_{px}\\o_{py}\\o_{pz}\end{bmatrix}=\boldsymbol{X}_p+\boldsymbol{p}_o \tag{2.62}$$

类似地，n 系的质点 $B(x_n',y_n',z_n')$ 在 p 系下的坐标计算公式为

$$\boldsymbol{X}_p' = \boldsymbol{X}_n' - \boldsymbol{p}_o \tag{2.63}$$

2.3 协同导航系统的感知传感器

多 AUV 协同导航系统的感知传感器包括各种自主导航传感器和通信探测传感器，是协同导航系统的主要信息来源，也是其必不可少的硬件组成。按照传感器信息所描述的对象分类，多 AUV 协同导航系统的感知传感器可分为内部传感器和外部传感器；而按照传感器的作用分类，又可分为导航传感器和通信传感器。本节将对这些传感器作一简单介绍。

2.3.1 内部传感器

内部传感器，是指用于测量 AUV 自身运动参数的传感器，主要包括 AUV 的自主导航传感器。常用的内部传感器有如下几种[17]：

(1) 惯性测量传感器：IMU(Inertial Measurement Unit，惯性测量元件)，由惯性元件陀螺仪和加速度计组成，可测得 AUV 的转动角速度和运动加速度。

(2) 速度测量传感器：DVL(Doppler Velocity Log，多普勒测速仪)，可测得航行器相对于海底的速度。

(3) 航向测量传感器：陀螺，罗经，可测得航行器的航向信息。

(4) 深度测量传感器：压力深度计，可测得航行器的航行深度。

(5) 绝对位置测量传感器：GPS 接收机、北斗定位系统接收机等属于卫星导航传感器，可用于航行器浮出水面时的位置校正和时间校准。

2.3.2 外部传感器

外部传感器，是指 AUV 用于感知外界信息的传感器，主要包括用于实现水声探测功能和水声通信功能的传感器[19-22,26]。

1. 水声探测传感器

按工作方式分类，水声探测传感器可分为主动声纳和被动声纳。

(1) 主动声纳：首先由声纳发射设备向海洋空间发射具有一定特性的水声信号，即发出探测声波，并通过接收到的回波信号的时间延迟

与方位判断目标的相对运动信息(距离、方位)。

(2) 被动声纳:不发射声信号,仅通过接收目标所辐射的噪声来确定物体是否存在,以及获得其他信息(相对方位)。

按照声纳基阵的安装方式及作用分类,水声探测传感器又可分为声信标、应答器、水听器、询问器等。

2. 水声通信传感器

水声通信声纳用于完成 AUV 与舰艇或其他 AUV 的相互通信联络,主要由如下部件组成:

(1) 换能器:将信号辐射到海洋空间;

(2) 接收机:接收信号;

(3) 水声 Modem(调制解调器):用于水声信号发送时的调制和接收时的解调。

3. 时钟同步装置

脉冲同步时钟(Pulse Per Second,PPS):用于声波接收器及发射器的时间同步。

2.4　多 AUV 运动学模型

AUV 运动的数学模型包括运动学模型和动力学模型,运动学模型用于描述在一定坐标系下的位移、姿态角、(角)速度等运动学参数之间的几何关系,而动力学模型则描述外力(矩)对 AUV 的作用,即外力、外力矩和(角)加速度之间的关系。本书重点研究多 AUV 协作系统的导航性能,未涉及其动力学系统,故在此仅对 AUV 的运动学模型进行建模,不考虑其动力学模型。在建立 AUV 的运动学模型之前,做如下假设:

(1) AUV 是刚体;

(2) 运动模型中不考虑其形体影响,仅作为空间节点看待。

在本节讨论的运动学模型中,主要考虑导航定位系统,因此仅需建立与位置相关的方程即可。

2.4.1　单 AUV 三维空间运动学模型

AUV 在导航坐标系下的三个位置状态为(x,y,z),分别表示以导航原点为参考点的 AUV 的水平面位置和深度。此外,导航坐标系下与 AUV 运动相关的两个姿态角为(φ,θ),分别表示 AUV 的偏航角、俯仰角。定义 t_k 时刻 AUV 的运动状态为 $\boldsymbol{X}(k)=[x(k)\quad y(k)\quad z(k)\quad \varphi(k)]^{\mathrm{T}}$,根据图 2-3 所示 AUV 空间运动模型可建立如下采样周期为 T 的空间离散运动学方程

$$\begin{cases}x(k+1)=x(k)+V(k)\cdot T\cdot\cos(\varphi(k))\cdot\cos(\theta(k))\\ y(k+1)=y(k)+V(k)\cdot T\cdot\sin(\varphi(k))\cdot\cos(\theta(k))\\ z(k+1)=z(k)+V(k)\cdot T\cdot\sin(\theta(k))\\ \varphi(k+1)=\varphi(k)+T\cdot\omega(k)\end{cases} \tag{2.64}$$

其中,传感器输入 $\boldsymbol{u}(k)=[V(k)\quad z(k)\quad \omega(k)\quad \theta(k)]^{\mathrm{T}}$,分别为 AUV 的前向速度、航行深度、偏航角速度和俯仰角。

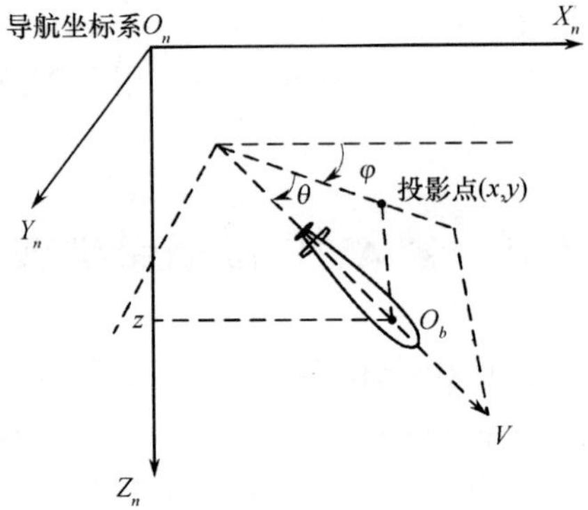

图 2-3　AUV 三维空间运动模型

式(2.64)可简写为

$$\boldsymbol{X}(k+1)=f_3(\boldsymbol{X}(k),\boldsymbol{u}(k)) \tag{2.65}$$

图 2-3 所示为理想情况下的 AUV 运动学模型,实际情况下,输入测量值 $\boldsymbol{u}$ 是受噪声干扰的。假设其干扰为高斯白噪声序列$\overline{\boldsymbol{\omega}}(k)$,则真实输入可表示为 $\boldsymbol{u}(k)=\boldsymbol{u}_m(k)+\overline{\boldsymbol{\omega}}(k)$,其中,$\boldsymbol{u}_m(k)$为带误差的传感器量测值,$\boldsymbol{u}(k)$为真实值,$\overline{\boldsymbol{\omega}}(k)$为高斯白噪声干扰,噪声协方差为 $\boldsymbol{Q}(k)$,可分别表示为

$$
\boldsymbol{u}_m(k)=\begin{bmatrix} V_m(k) \\ z_m(k) \\ \omega_m(k) \\ \theta_m(k) \end{bmatrix},\boldsymbol{u}(k)=\begin{bmatrix} V(k) \\ z(k) \\ \omega(k) \\ \theta(k) \end{bmatrix},\overline{\boldsymbol{\omega}}(k)=\begin{bmatrix} \overline{\omega}_V(k) \\ \overline{\omega}_z(k) \\ \overline{\omega}_\omega(k) \\ \overline{\omega}_\theta(k) \end{bmatrix},
$$

$$
\boldsymbol{Q}(k)=E\{\overline{\boldsymbol{\omega}}(k)\overline{\boldsymbol{\omega}}(k)^{\mathrm{T}}\}=\begin{bmatrix} \sigma_V^2(k) & 0 & 0 & 0 \\ 0 & \sigma_z^2(k) & 0 & 0 \\ 0 & 0 & \sigma_\omega^2(k) & 0 \\ 0 & 0 & 0 & \sigma_\theta^2(k) \end{bmatrix} \tag{2.66}
$$

则根据式(2.65)及式(2.66)，可得实际的 AUV 三维运动方程为

$$
\boldsymbol{X}(k+1)=f_3(\boldsymbol{X}(k),\boldsymbol{u}_m(k),\overline{\boldsymbol{\omega}}(k)) \tag{2.67}
$$

2.4.2　单 AUV 二维平面运动学模型

由于深度 z 可由压力深度计直接测得，无需进行运动学模型解算，为简化运动学模型，减小递推状态的维数，可不考虑深度项，但在进行 AUV 间的相对距离解算时，需将深度信息代入。此外，由于 AUV 在稳态运动时的俯仰角 θ(即平衡攻角)较小，可近似认为 $\cos\theta\approx1$。因此可将三维运动模型(2.64)简化为二维运动学模型。如图 2－4 所示，定义 AUV 平面运动状态为 $\boldsymbol{X}(k)=[x(k)\quad y(k)\quad \varphi(k)]^{\mathrm{T}}$，分别表示 AUV 在导航坐标系下的位置坐标和偏航角，则采样周期为 T 的二维离散运动学模型为

$$
\begin{cases} x(k+1)=x(k)+V(k)\cdot T\cdot\cos(\varphi(k)) \\ y(k+1)=y(k)+V(k)\cdot T\cdot\sin(\varphi(k)) \\ \varphi(k+1)=\varphi(k)+T\cdot\omega(k) \end{cases} \tag{2.68}
$$

其中，输入 $V(k)$ 和 $\omega(k)$ 分别为 AUV 的前向速度和偏航角速度。与三维运动模型(2.64)类似，方程(2.68)为理想情况下的 AUV 运动学模

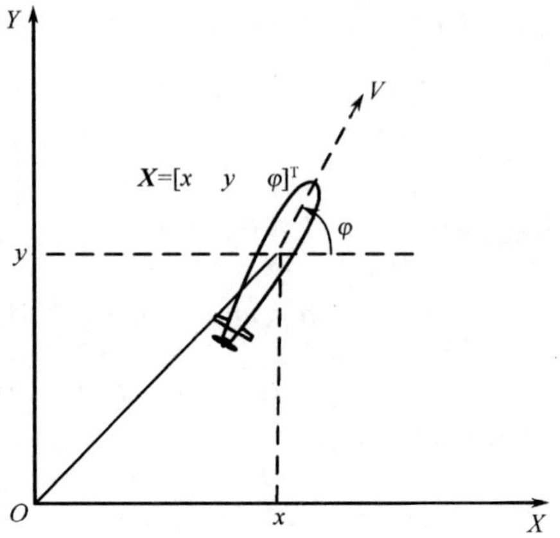

图 2-4　AUV 二维空间运动模型

型,假设实际模型中的传感器量测输入均遭受高斯白噪声干扰,则量测输入、真实输入、传感器噪声分别为

$$\boldsymbol{u}_m(k)=\begin{bmatrix}V_m(k)\\ \omega_m(k)\end{bmatrix},\boldsymbol{u}(k)=\begin{bmatrix}V(k)\\ \omega(k)\end{bmatrix},\overline{\boldsymbol{\omega}}(k)=\begin{bmatrix}\overline{\omega}_V(k)\\ \overline{\omega}_\omega(k)\end{bmatrix}$$

且满足 $\boldsymbol{u}(k)=\boldsymbol{u}_m(k)+\overline{\boldsymbol{\omega}}(K)$,噪声协方差为

$$\boldsymbol{Q}(k)=E\{\overline{\boldsymbol{\omega}}(k)\overline{\boldsymbol{\omega}}(k)^{\mathrm{T}}\}=\begin{bmatrix}\sigma_V^2(k) & 0\\ 0 & \sigma_\omega^2(k)\end{bmatrix}$$

AUV 的二维运动学方程可简写为

$$\begin{aligned}\boldsymbol{X}(k+1)&=f(\boldsymbol{X}(k),\boldsymbol{u}_m(k),\overline{\boldsymbol{\omega}}(k))\\ &=\boldsymbol{X}(k)+\boldsymbol{\psi}(k)\cdot[\boldsymbol{u}_m(k)+\overline{\boldsymbol{\omega}}(k)]\end{aligned}\tag{2.69}$$

其中

$$\boldsymbol{\psi}(k)=\begin{bmatrix}T\cdot\cos(\varphi(k)) & 0\\ T\cdot\sin(\varphi(k)) & 0\\ 0 & T\end{bmatrix}$$

后面将应用扩展 Kalman 滤波进行协同导航滤波解算,在此推导

AUV 的线性化误差状态方程。

定义 t_k 时刻的状态误差为

$$\tilde{\boldsymbol{X}}(k+1)=\boldsymbol{X}(k+1)-\hat{\boldsymbol{X}}(k+1) \tag{2.70}$$

其中，$X(k+1)$ 为真实状态；$\hat{\boldsymbol{X}}(k+1)$ 为估计状态，则状态误差的预测方程为

$$\tilde{\boldsymbol{X}}(k+1)=\boldsymbol{\Phi}(k+1,k)\cdot\tilde{\boldsymbol{X}}(k)+\boldsymbol{\Gamma}(k)\cdot\overline{\boldsymbol{\omega}}(k) \tag{2.71}$$

式中，$\boldsymbol{\Phi}(k+1,k)$ 和 $\boldsymbol{\Gamma}(k)$ 分别为 AUV 运动学模型(2-69)中状态预测函数 f 关于状态和输入噪声的 Jacobian 矩阵[23,24]，如下：

$$\boldsymbol{\Phi}(k+1,k)=\left.\frac{\partial f}{\partial\boldsymbol{X}}\right|_{\boldsymbol{u}=\boldsymbol{u}_m(k),\overline{\boldsymbol{\omega}}=0}=\begin{bmatrix}1 & 0 & -V_m(k)\cdot T\cdot\sin(\hat{\varphi}(k))\\ 0 & 1 & V_m(k)\cdot T\cdot\cos(\hat{\varphi}(k))\\ 0 & 0 & 1\end{bmatrix}$$

$$\boldsymbol{\Gamma}(k)=\left.\frac{\partial f}{\partial\overline{\boldsymbol{\omega}}}\right|_{\boldsymbol{u}=\boldsymbol{u}_m(k),\boldsymbol{X}=\hat{\boldsymbol{X}}(k)}=\begin{bmatrix}T\cdot\cos(\hat{\varphi}(k)) & 0\\ T\cdot\sin(\hat{\varphi}(k)) & 0\\ 0 & T\end{bmatrix} \tag{2.72}$$

2.4.3　多 AUV 运动学模型

本节研究多 AUV 的运动学模型，由于 AUV 通常在定深稳态控制下航行，因此如无特别说明，本书的协同导航算法主要以 AUV 的二维运动学模型为研究对象。假设有 N 个 AUV 组成的多 AUV 系统编队航行，t_k 时刻第 i 个 AUV 的状态为 $\boldsymbol{X}_i(k)=[x_i(k)\ \ y_i(k)\ \ \varphi_i(k)]^{\mathrm{T}}$，由式(2.69)所示单 AUV 的运动学模型，可得到由单 AUV 运动组合而成的集群式多 AUV 运动方程：

$$\begin{aligned}\boldsymbol{X}(k+1)&=f^c(\boldsymbol{X}(k),\boldsymbol{u}_m(k),\overline{\boldsymbol{\omega}}(k))\\&=\boldsymbol{\Psi}(k)\cdot[\boldsymbol{u}_m(k)+\overline{\boldsymbol{\omega}}(k)]+\boldsymbol{X}'(k)\end{aligned} \tag{2.73}$$

其中

$$\boldsymbol{X}(k+1)=[\boldsymbol{X}_1(k+1)^{\mathrm{T}},\cdots,\boldsymbol{X}_N(k+1)^{\mathrm{T}}]^{\mathrm{T}}$$

$$\boldsymbol{u}_m(k)=[\boldsymbol{u}_{1m}(k)^{\mathrm{T}},\cdots,\boldsymbol{u}_{Nm}(k)^{\mathrm{T}}]^{\mathrm{T}}$$

$$\overline{\boldsymbol{\omega}}(k)=[\overline{\boldsymbol{\omega}}_1(k),\cdots,\overline{\boldsymbol{\omega}}_m(k)]^{\mathrm{T}}$$

$$\boldsymbol{X}'(k)=[\boldsymbol{X}_1'(k)^{\mathrm{T}},\cdots,\boldsymbol{X}_N'(k)^{\mathrm{T}}]^{\mathrm{T}}$$

$$\boldsymbol{\Psi}(k)=\begin{bmatrix}\psi_1(k) & 0 & \cdots & 0\\ 0 & \psi_2(k) & \cdots & 0\\ \vdots & \vdots & \ddots & \vdots\\ 0 & 0 & \cdots & \psi_N(k)\end{bmatrix}$$

$$=\mathrm{blkdiag}(\psi_1(k),\cdots,\psi_N(k))$$

其中,blkdiag(·)为块对角函数,函数返回值为以各输入矩阵为对角元素的块对角矩阵。

此时的输入噪声协方差为

$$\boldsymbol{Q}(k)=E\,\overline{\boldsymbol{\omega}}(k)\overline{\boldsymbol{\omega}}(k)^{\mathrm{T}}=\mathrm{blkdiag}(\boldsymbol{Q}_1(K),\cdots,\boldsymbol{Q}_N(k))$$

下面计算多 AUV 系统集中式状态的误差方程。

定义 t_k 时刻的集中式多 AUV 误差状态为

$$\widetilde{\boldsymbol{X}}(k+1)=\boldsymbol{X}(k+1)-\hat{\boldsymbol{X}}(k+1) \tag{2.74}$$

式(2.74)中,误差状态可表示为

$$\widetilde{\boldsymbol{X}}(k+1)=[\widetilde{\boldsymbol{X}}_1(k+1)^{\mathrm{T}},\cdots,\widetilde{\boldsymbol{X}}_N(k+1)^{\mathrm{T}}]^{\mathrm{T}}$$

估计状态可表示为

$$\widetilde{\boldsymbol{X}}(k+1)=[\widetilde{\boldsymbol{X}}_1(k+1)^{\mathrm{T}},\cdots,\hat{\boldsymbol{X}}_N(k+1)^{\mathrm{T}}]^{\mathrm{T}}$$

真实状态可表示为

$$\boldsymbol{X}(k+1)=[\boldsymbol{X}_1(k+1)^{\mathrm{T}},\cdots,\boldsymbol{X}_N(k+1)^{\mathrm{T}}]^{\mathrm{T}}$$

则多 AUV 系统的误差状态方程为

$$\hat{\boldsymbol{X}}(k+1)=\boldsymbol{\Phi}(k+1,k)\cdot\widetilde{\boldsymbol{X}}(k)+\boldsymbol{\Gamma}(k)\cdot\overline{\boldsymbol{\omega}}(k) \tag{2.75}$$

其中,$\boldsymbol{\Phi}(k+1,k)$和$\boldsymbol{\Gamma}(k)$分别为多 AUV 运动学模型(2.73)中状态预

测函数 f^c 关于状态和输入噪声的 Jacobian 矩阵，表示如下：

$$\begin{aligned}\boldsymbol{\Phi}(k+1,k) &= \text{blkdiag}(\boldsymbol{\Phi}_1(k+1,k),\cdots,\boldsymbol{\Phi}_N(k+1,k)) \\ \boldsymbol{\Gamma}(k) &= \text{blkdiag}(\boldsymbol{\Gamma}_1(k),\cdots,\boldsymbol{\Gamma}_N(k))\end{aligned} \tag{2.76}$$

2.5　多 AUV 水声网络模型

从网络角度来看，多 AUV 协同导航系统由两部分网络组成，即 UVA 的水声探测网和水声通信网[25-27]。广义上讲，水下环境中，多节点之间与声信号有关的行为都可称之为通信，而狭义上讲，水下通信仅包括调制解调的水声探测和有调制解调、有数据包发送和接收的水声通信。

水声探测过程可描述为声源发射声脉冲，声信号在水中传播，接收端接收并检测声信号的过程。根据测量声纳的不同，可分为主动声纳量测和被动声纳量测；根据声脉冲发射端和接收端时钟是否同步，可分为同步式量测和非同步式量测；根据测量信息的不同，又可分为相对距离量测和相对方位量测。

2.5.1　相对距离探测

声纳测距主要有以下两种方式[28-30]：

（1）非同步工作模式下，AUV 通过主动声纳发出声脉冲，并由接收到的回波信号的传播时间差（Time - of - Flight，TOF）来计算其与被测 AUV 间的相对距离信息。主动声纳测得的 TOF 为声波的传播往返时间，则单程传播时间差为 $t_f=\tau_{\text{tof}}/2$。

（2）同步工作模式下，测量 AUV 通过计算被动声纳或主动声纳接收到的带发射时间或预知发射时间信号的单程传播时间差（One - Way - Travel - Time，OWTT）来获取被测 AUV 的相对距离信息。

若已测得声信号单程传播时间为 t_f，且已知水下声速为 C，则相对距离为

$$\text{Range} = t_f \cdot C \tag{2.77}$$

若 TOF 测量方差为 σ_t^2，则距离测量方差为 $\sigma_\rho^2 = C^2 \cdot \sigma_t^2$。由

式(2.77)可知,距离量测与时间差量测始终成正比,从信息量来看,距离量测和时间差量测给协同定位系统带来了同样多的信息。因此,为计算方便,后面将使用相对距离量测代替时间差量测作为协同导航系统的一类外部量测信息。

假设 t_k 时刻 AUV i 测得其与 AUV j 之间的相对距离为 $Z_{ij}^{\rho}(k)$,如图 2-5 所示,则距离量测方程为

$$\begin{aligned} Z_{ij}^{\rho}(k) &= \| \boldsymbol{X}_i(k) - \boldsymbol{X}_j(k) \| + \nu_{\rho}(k) \\ &= \sqrt{(x_i(k) - x_j(k))^2 + (y_i(k) - y_j(k))^2} + \nu_{\rho}(k) \end{aligned} \tag{2.78}$$

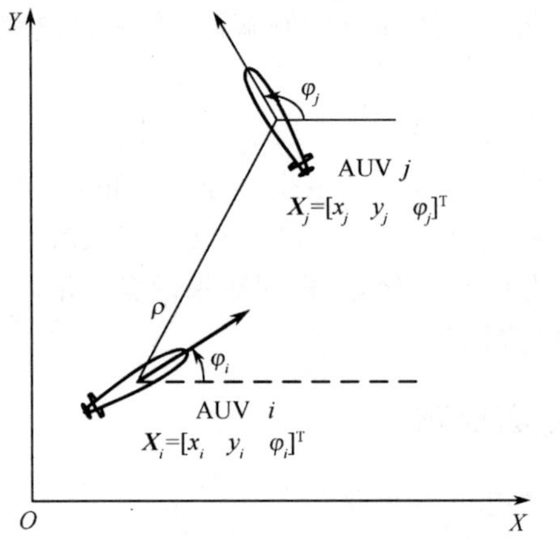

图 2-5 相对距离示意图

其中,量测噪声 ν_ρ 服从方差为 $R(k) = \sigma_\rho^2$ 的高斯白噪声分布。式(2.78)可简写为

$$Z_{ij}^{\rho}(k) = g_\rho(\boldsymbol{X}_i(k), \boldsymbol{X}_j(k), \nu_\rho(k)) = g_\rho^c(\boldsymbol{X}(k), \nu_\rho(k)) \tag{2.79}$$

从而得到线性化量测误差方程为

$$\begin{aligned} \widetilde{Z}_{ij}^{\rho}(k) &= \boldsymbol{h}_i(k) \cdot \widetilde{\boldsymbol{X}}_i(k) + \boldsymbol{h}_j(k) \cdot \widetilde{\boldsymbol{X}}_j(k) + \nu_\rho(k) \\ &= \boldsymbol{H}(k) \cdot \widetilde{\boldsymbol{X}}(k) + \nu_\rho(k) \end{aligned} \tag{2.80}$$

其中,量测矩阵 $\boldsymbol{H}$ 为测距函数 g_ρ^c 关于多 AUV 状态的 Jacobian 矩阵;子

矩阵 $\boldsymbol{h}_i$ 和 $\boldsymbol{h}_j$ 分别为测距函数 g_ρ 关于航行器 i 状态和航行器 j 状态的 Jacobian 矩阵。求解 Jacobian 矩阵，可得量测矩阵

$$\boldsymbol{h}_i(k)=\frac{\partial g_\rho}{\partial \boldsymbol{X}_i}=\left[\frac{-\Delta x}{\sqrt{(\Delta x)^2+(\Delta y)^2}}\frac{-\Delta y}{\sqrt{(\Delta x)^2+(\Delta y)^2}}0\right]$$

$$\boldsymbol{h}_j(k)=\frac{\partial g_\rho}{\partial \boldsymbol{X}_j}=\left[\frac{-\Delta x}{\sqrt{(\Delta x)^2+(\Delta y)^2}}\frac{-\Delta y}{\sqrt{(\Delta x)^2+(\Delta y)^2}}0\right]$$

$$\boldsymbol{h}_l(k)=\frac{\partial g_\rho}{\partial \boldsymbol{X}_l}=[0\ 0\ 0],\{l\in 1,\cdots,n\mid l\neq i,j\}$$

$$\begin{aligned}\boldsymbol{H}(k)&=[\boldsymbol{h}_1(k),\cdots,\boldsymbol{h}_n(k)]\\&=[0,\cdots,0,\boldsymbol{h}_i(k),0,\cdots,0,\boldsymbol{h}_j(k),0,\cdots,0]\end{aligned}$$

其中

$$\begin{cases}\Delta x=x_j(k)-x_i(k)\\\Delta y=y_j(k)-y_i(k)\end{cases}\tag{2.81}$$

2.5.2　相对方位量测

由前述可知，非同步工作模式下，仅靠被动声纳无法获取 AUV 之间的相对距离信息，必须由主动声纳发送探测声信号，并接收回波信息以获取距离信息。但是，由于声纳组成的特殊性，不管是被动声纳还是主动声纳皆可通过声纳不同阵元间接收到信号的时延差来判断被测目标的方位。声纳获取被测目标方位的基本原理图如图 2－6 所示。

图 2－6 中，两等效阵元 A 与 B 的间距为 D，T 为被测目标，且通常情况下被测目标与测量声纳间的距离满足 $TA\gg D$。定义目标方位角 β 为被测目标与测量者连线在测量者坐标系中与 Y 轴正向的夹角，以顺时针旋转为正，则 β 可由下式计算：

$$\beta=\arcsin(\tau_{AB}\cdot C/D)\tag{2.82}$$

其中，τ_{AB} 为 A 阵元和 B 阵元接收信号的相互时间差；C 为水下声速。

假设 t_k 时刻航行器 i 测得其与航行器 j 之间的相对方位为 $Z_{ij}^{\beta}(k)$，

如图 2 - 7 所示，则方位量测方程为

$$Z_{ij}^{\beta} = \arctan(x_i(k) - x_j(k), y_i(k) - y_j(k)) + \nu_\beta(k) \tag{2.83}$$

其中，量测噪声 $\mu_\beta(k)$ 服从方差为 $R(k) = \sigma_\beta^2$ 的高斯白噪声分布，式(2.83)可简写为

$$Z_{ij}^{\beta}(k) = g_\beta(\boldsymbol{X}_i(k), \boldsymbol{X}_j(k), \nu_\beta(k)) = g_\beta^c(\boldsymbol{X}(k), \nu_\beta(k)) \tag{2.84}$$

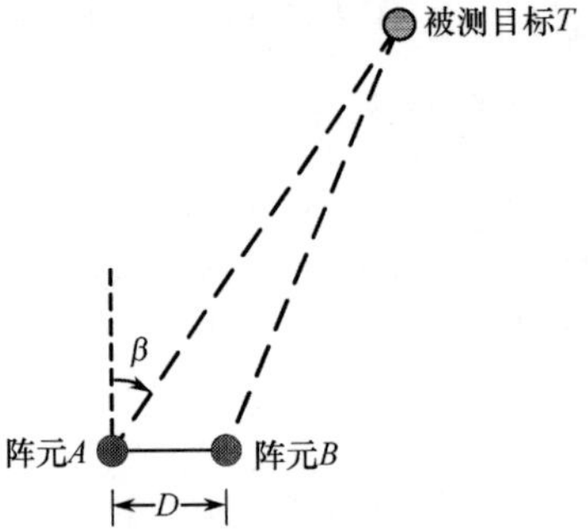

图 2 - 6　声纳测向原理

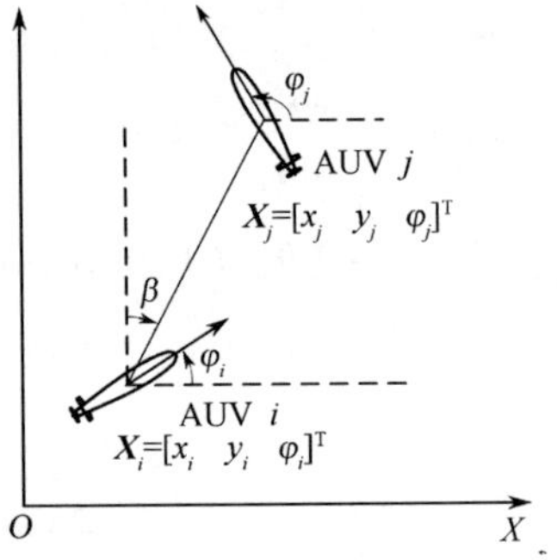

图 2 - 7　相对方位示意图

从而得到线性化量测误差方程为

$$\begin{aligned}\widetilde{Z}_{ij}^{\beta}(k) &= \boldsymbol{h}_i(k) \cdot \widetilde{\boldsymbol{X}}_i(k) + \boldsymbol{h}_j(k) \cdot \widetilde{\boldsymbol{X}}_j(k) + \nu_\beta(k) \\ &= \boldsymbol{H}(k) \cdot \widetilde{\boldsymbol{X}}(k) + \nu_\beta(k)\end{aligned} \tag{2.85}$$

求解雅可比矩阵，得到式(2.85)中的量测矩阵表达式为

$$\boldsymbol{h}_i(k) = \frac{\partial g_\beta}{\partial \boldsymbol{X}_i} = \left[\frac{-\Delta x}{\sqrt{(\Delta x)^2 + (\Delta y)^2}} \frac{-\Delta y}{\sqrt{(\Delta x)^2 + (\Delta y)^2}} 0\right]$$

$$\boldsymbol{h}_j(k) = \frac{\partial g_\beta}{\partial \boldsymbol{X}_j} = \left[\frac{-\Delta x}{\sqrt{(\Delta x)^2 + (\Delta y)^2}} \frac{-\Delta y}{\sqrt{(\Delta x)^2 + (\Delta y)^2}} 0\right]$$

$$\boldsymbol{h}_l(l) = \frac{\partial g_\beta}{\partial \boldsymbol{X}_l} = [0\ 0\ 0], \{l \in 1, \cdots, n \mid l \neq i, j\}$$

$$\begin{aligned}\boldsymbol{H}(k) &= [\boldsymbol{h}_1(k), \cdots, \boldsymbol{h}_n(k)] \\ &= [0, \cdots, 0, \boldsymbol{h}_i(k), 0, \cdots, 0, \boldsymbol{h}_j(k), 0, \cdots, 0]\end{aligned}$$

其中

$$\begin{cases}\Delta x = x_j(k) - x_i(k) \\ \Delta y = y_j(k) - y_i(k)\end{cases} \tag{2.86}$$

2.6 本章小结

本章首先介绍了水下航行器协同导航所常用的数学理论,包括线性系统理论、Kalman 滤波理论、高等概率论、随机过程和鞅等相关知识,这些内容将为后面章节中 AUV 协同导航算法的设计、协同导航系统的可观测性和稳定性研究以及协同导航方法的定位性能分析等提供必要的理论基础。此外,分析了多 AUV 协同导航系统的数学模型,主要包括以下几个方面:

(1) 导航系统常用坐标系及其相互关系;

(2) 多 AUV 协同导航系统的感知传感器;

(3) 单 AUV 的三维空间和二维平面运动模型以及多 AUV 协同导航系统的运动学模型;

(4) 多 AUV 水声网络模型,主要包括水声测距和测向模型的建立。

参考文献

[1] 徐德民. 自主水下航行器的发展与关键技术. 北京:高等教育出版社,2004.

[2] 徐德民,等. 鱼雷自动控制系统. 2 版. 西安:西北工业大学出版社,2001.

[3] 郑大钟. 线性系统理论. 2 版. 北京:清华大学出版社,2002.

[4] Kailath T, Sayed A, Hassibi B. Linear Estimation. Upper Saddle River: Prentice – Hall, 1984.

[5] Jean – Jacques E Stoline, Weiping Li. 应用非线性控制. 程代展,等译. 北京:机械工业出版社,2006.

[6] 秦永元,张洪钺,汪叔华. 卡尔曼滤波与组合导航原理. 西安:西北工业大学出版社,1998.

[7] Anderson B, Moore J. Optimal Filtering. Englewood Cliffs: Prentice – Hall, 1979.

[8] Kalman R. A new approach to linear filtering and prediction problems. Transactions of the ASME – Journal of Basic Engineering, 1960, 82(D): 35 – 45.

[9] Kalman R. New Methods in Wiener Filtering Theory. NewYork: John Wiley & Sons Inc, 1963.

[10] Julier S J, Uhlmann J K. A new extension of the Kalman Filter to nonlinear system. The 11th International Symposiums on AeroSense/Defense Sensing, Simulation and Controls, 1997.

[11] 胡迪鹤. 高等概率论及其应用. 北京:高等教育出版社,2008.

[12] 田铮,秦超英. 随机过程与应用. 北京:科学出版社,2007.

[13] Williams D. Probability with Martingales. Cambridge: Cambridge University Press, 1991.

[14] 吴旭光,徐德民. 水下自主航行器动力学模型. 西安:西北工业大学出版社,1998.

[15] Fossen T I. Guidance and Control of Ocean Vehicles. Chichester: John Wiley & Sons Inc, 1994.

[16] 詹志祥,陈景熙. 鱼雷航行力学. 西安:西北工业大学出版社,1990.

[17] Bahr A. Cooperative localization for autonomous underwater vehicles, Massachusetts Institute of Technology, 2009.

[26] Freitag L, Johnson M, Grund M, et al. Integrated acoustic communication and navigation for multiple UUVs. IEEE Oceans Conference Record, 2001: 2065 – 2070.

[19] Singh S, Grund M, Bingham B, et al. Underwater acoustic navigation with the WHOI micro – modem. OCEANS, 2006: 1 – 4.

[20] Freitag L, Grund M, Singh S, et al. The WHOI micro – modem: an acoustic communications and navigation system for multiple platforms, 2005: 1086 – 1092.

[21] Kussat N H, Chadwell C D, Zimmerman R. Absolute positioning of an autonomous underwater vehicle using GPS and acoustic measurements. IEEE Journal of Oceanic Engineering, 2005, 30(1): 153 – 164.

[22] Fallon M F. A measurement distribution framework for cooperative navigation using multiple AUVs. 2010 IEEE International Conference on Robotics and Automation, 2010: 4256 – 4263.

[23] Roumeliotis S I, Bekey G A. Distributed multirobot localization. IEEE Transactions on Robotics and Automation, 2002, 18(5): 781 – 795.

[24] Roumeliotis S I, Bekey G A. Collective Localization: A distributed Kalman Filter approach to localization of groups of mobile robots. IEEE International Conference on Robotics and Automation, 2000: 2958 – 2965.

[25] Akyildiz Ian F, Pompili Dario, Melodia Tommaso. Underwater acoustic sensor networks: research challenges. Ad Hoc Networks, 2005, 3: 257 – 279.

[26] Freitag L, Johnson M, Grund M, et al. Integrated acoustic communication and navigation for multiple UUVs. IEEE Oceans Conference Record, 2001, 4: 2065 – 2070.

[27] Partan J, Kurose J, Levine B N. A survy of practical issues in underwater networks. WUWNet'06, 2006.

[28] Li Q, Song P, Li K. Passive acoustic localization technology using arrays with special geography for wireless sensor networks. IEEE International Conference on Mechatronics and Automation, 2009: 1140 - 1144.

[29] Chen H H, Wang C C, Optimal localization of a seafloor transponder in shallow water using acoustic ranging and GPS observations. Ocean Engineering, 2007, 34: 2385 - 2399.

[30] Eustice R M, Whitcomb L L, Singh H, et al. Recent advance in synchronous - clock - one - way - travel - time acoustic navigation. IEEE/MTS OCEANS Conference and Exhibition, 2006: 1 - 6.

第3章 多移动领航者的协同导航

由于电磁波在水中衰减很快,仅仅穿透数米就会丢失所有能量,故目前基于 GPS 的空中和陆上定位方式难以在水下航行器的导航中得到有效作用;而声波能传播几百千米而没有明显的吸收损失,因此水下声学定位方式仍是 AUV 导航定位所采用的主要方法[1,2]。根据声基线的距离不同,可将水下声学定位系统分为长基线系统(LBL)、短基线系统(SBL)和超短基线系统(USBL)三种[3]。长基线系统的基线长度一般为 100 ~ 6000m,定位精度达到亚米级水平;短基线系统的基线长度为 1 ~ 50m,定位精度达到米级水平;超短基线的基线长度小于 1m,定位精度达到几十米级[5]。这些定位系统均可用于局部区域的精确定位导航,就目前的发展情况来看,长基线导航系统是水声导航中最为常用的一种方式。

但是,由于水下声学基线系统是事先安装在海底固定位置的,仅能实现局部区域内对 AUV 的精确导航,严重限制了 AUV 的水下活动范围。为解决这个问题,一方面可以通过在水底大面积地布置基线系统扩大其覆盖范围,但这势必增加了系统的成本,尤其在某些未知区域,安装基线系统甚至是不现实的;另一方面,可以将基线系统安装在舰艇底部,随着舰艇的运动而实时移动,形成移动的声学导航基线[7,8]。从某种意义上讲,可将这些移动的基线看成多个领航者,AUV 间通过协同配合完成导航与定位过程。

本章研究以移动长基线为基础的多移动领航者协同导航方法,将具备精准的定位信息的移动基阵安装在多个主移动领航者上,主从 AUV 通过水声通信实现信息交换,并在对信息进行融合的基础上利用设计的协同导航算法实现从 AUV 的实时导航与定位。

3.1　长基线水声定位系统

长基线水声定位系统是最常用的水声定位系统,如图3-1所示,由安装在海底的应答器阵和安装在被定位载体上的问答器组成,它利用海底应答器来确定载体的位置,定出的位置坐标是相对于海底应答器阵的相对坐标,并在已知海底应答器阵的绝对地理坐标的前提下,通过坐标转换得到载体在大地坐标系的绝对位置坐标[3]。一般来说,长基线系统中各个应答器的回答频率不同,载体上的水声接收器接收不同频率的信号便可区分不同的海底应答器,通常应答器的应答距离可达到10~20km。长基线系统的基元也可以是水面无线电浮标[9],此时被定位的目标上装有同步或非同步声信标,诸基元接收的声信号需调制为无线电信号发到一只母船上进行处理,从而完成对水下航行器的定位。由于无线电浮标在海面上不固定,因此必须利用装载其上的GPS接收机定时地测定自身位置,与定位信号一起发至母船。

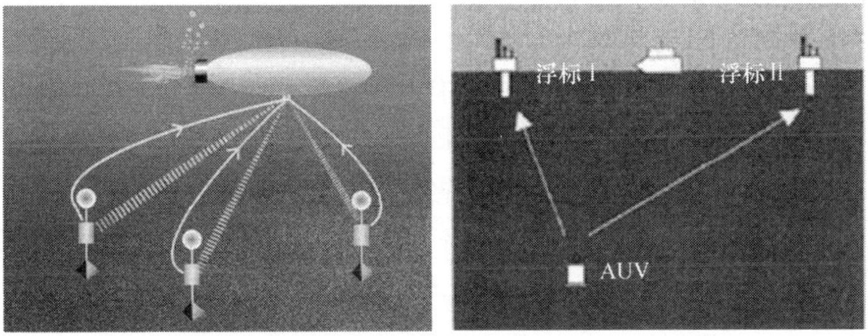

(a)海底应答基阵　　　　(b)水面无线电信标

图3-1　长基线水声定位系统

长基线导航定位系统有几种应用模式:舰船导航模式、有缆潜器(Tethered Submersible,TTS)导航模式以及无缆潜器(Free Swimming Submersible,FSS)导航模式[3]。在舰船导航模式中,由安装在船上的问答器对应答器进行询问,应答器接收到询问信号后,以不同的频率发射应答信号,从而算出船与应答器之间的距离,通过定位方程解算出船在应答器阵中的相对位置坐标。在有缆潜器导航模式中,母船上只有接收机，而在有缆潜器上装有问答器，海底布设应答器，有缆潜器发射询问信号，应答器收到询问信号后进行应答，母船接收应答信号，从而可获得有缆潜器的位置信息。在无缆潜器导航模式中，在海底布设应答器，并已知应答器的绝对位置坐标，无缆潜器上安装问答器，并发射询问信号，应答器收到询问信号后进行应答，无缆潜器根据与应答器的相对位置坐标解算出其绝对位置坐标。

作为一种成熟的水下定位方式，长基线水声定位系统可在局部海域对水下或水面载体进行精确导航定位，在海洋资源开发、海底光缆铺设、水下石油勘测、海底打捞、水下载体定位等方面有广泛应用。若与水面上的 GPS 信号配合使用，可以实现水下航行器的高精度准确定位。

3.1.1 长基线水声定位原理

以安装在海底的应答基阵为例对长基线水声定位的基本原理进行介绍，如图 3－2 所示，问答器安装在 AUV 上，需要定位的时候，问答器以频率 F_0 发射询问信号。T_1、T_2 和 T_3 为安装在海底的应答器，海底应答器接收到询问信号后，以 F_1、F_2 和 F_3 的应答频率信号进行应答。AUV 接收到应答信号后，解算出 AUV 与应答器之间的距离，从而得到 AUV 与应答器的相对位置关系，由于应答器的精确绝对位置坐标已知，通过坐标变换最终得到 AUV 的绝对位置坐标。

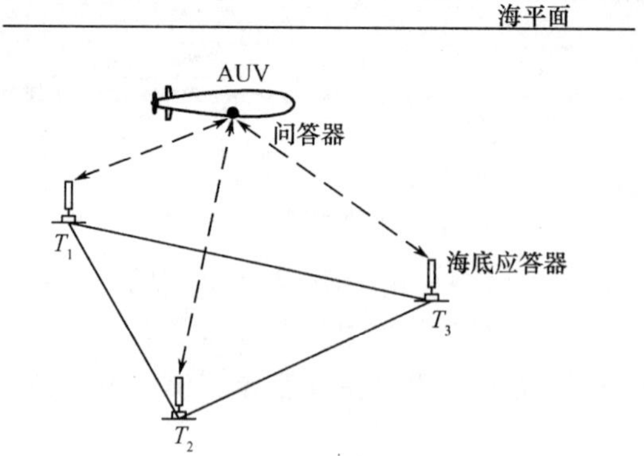

图 3－2　长基线定位系统示意图

3.1.2　长基线水声定位基本算法

长基线水声定位在实际应用中，海底应答器个数可以是 2 个、3 个、4 个或更多，定位算法有球面交会法、双曲线法和双曲面法等，以球面交会法应用最多。本节介绍利用 3 个应答器进行导航定位的算法，作为后续章节中以长基线为基本原理的多移动领航者协同导航方法的理论基础。

如图 3－3 所示，假设应答器的深度已知，由投影关系可以将三维位置关系转换为二维平面位置关系。在水平面内，应答器的坐标分别为 $T_1(x_1,y_1)$、$T_2(x_2,y_2)$ 和 $T_3(x_3,y_3)$，设应答器斜距分别为 r_1、r_2 和 r_3，应答器深度分别为 z_1、z_2 和 z_3，则根据几何位置关系，解算方程可表示为

$$\begin{cases}(x-x_1)^2+(y-y_1)^2=p_1^2\\(x-x_2)^2+(y-y_2)^2=p_2^2\\(x-x_3)^2+(y-y_3)^2=p_3^2\end{cases}\tag{3.1}$$

其中，p_1，p_2 和 p_3 分别为被定位载体与应答器之间的水平距离。根据斜距和深度信息，有

$$\begin{cases}p_1^2=r_1^2-(z-z_1)^2\\p_2^2=r_2^2-(z-z_2)^2\\p_3^2=r_3^2-(z-z_3)^2\end{cases}\tag{3.2}$$

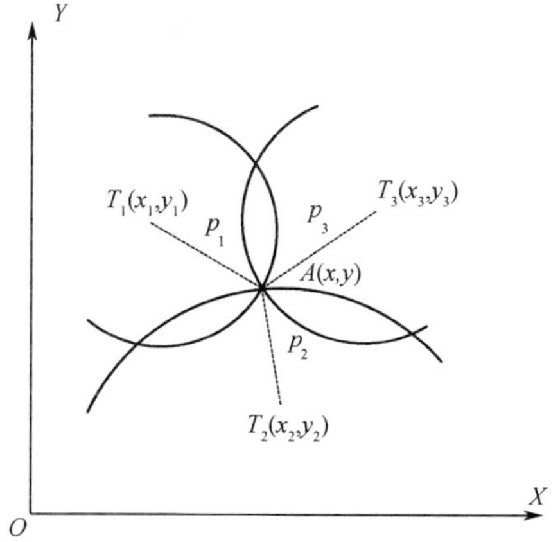

图 3－3　长基线水声定位系统工作示意图

由式(3.1)及式(3.2)可得方程组

$$\begin{cases}(x_2-x_1)x+(y_2-y_1)y=(p_2^2-p_1^2)/2\\(x_3-x_2)x+(y_3-y_2)y=(p_3^2-p_3^2)/2\\(x_1-x_3)x+(y_1-y_3)y=(p_1^2-p_3^2)/2\end{cases} \tag{3.3}$$

对上式进行求解,即可得到长基线水声定位系统的唯一位置解。

3.2 多移动领航者协同导航

为解决长基线水声定位系统覆盖范围有限,在水底安装基阵成本高、工程量大的问题,研究人员提出了一种将应答器安装在移动的大型AUV或水面舰船上,从而构成多个移动领航者的方法。其中,移动长基线协同导航系统(Moving Long Base Line System,MLBL)[10]是多移动领航者协同导航方法中的一个典型代表,它是近年来随着AUV的水声定位需求而发展起来的一种长基线水声导航定位系统,如图3-4所示。

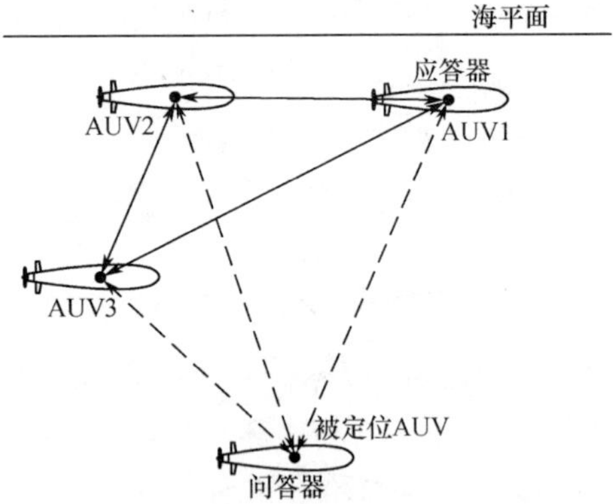

图3-4 移动长基线定位示意图

移动长基线导航定位系统在进行导航定位解算时,假设AUV1、AUV2和AUV3安装高精度导航设备,认为其位置误差很小,作为精确基线AUV。被定位AUV无自主导航传感器,依靠精确基线AUV来获得位置估计。被定位 AUV 发送问答信号，安装应答器的 AUV1、AUV2 和 AUV3 接收到问答信号后，以不同的频率通过水声通信装置（通常是水声 Modem）发送水声信息，此信息包含它们各自的位置状态，被定位 AUV 接收到此水声信息后，可解算出与应答器的相对距离信息，接下来的解算与传统长基线导航定位系统相似，求解方程组即可[12]。

3.2.1　多移动领航者导航原理

多移动领航者导航方法的具体工作原理如图 3－4 所示[13,14]，设 AUV1 和 AUV2 的深度已知，将其三维位置向水平面内投影，则可以将三维位置关系转换为二维平面位置关系，如图 3－5 所示。

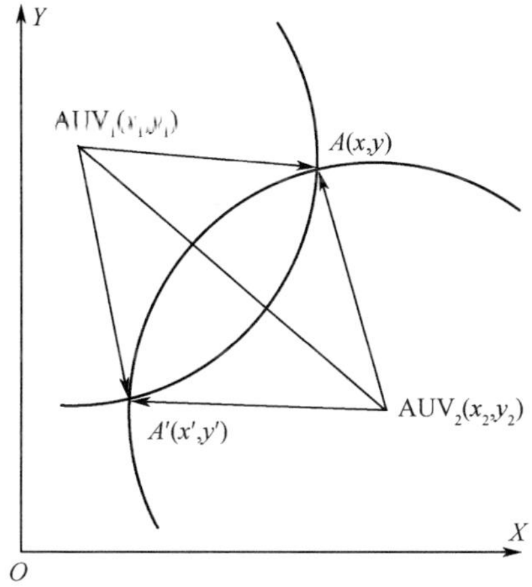

图 3－5　多移动领航者定位原理图

在水平面内，AUV1 和 AUV2 的坐标分别为(x_1, y_1)和(x_2, y_2)。设 AUV1 和 AUV2 之间的距离（通常被称为斜距）分别为 r_1 和 r_2，AUV1 和 AUV2 深度分别为 z_1 和 z_2，则根据几何位置关系有

$$\begin{cases} p_1 = \sqrt{r_1^2 - (z_1 - z)^2} \\ p_2 = \sqrt{r_2^2 - (z_2 - z)^2} \\ p_1^2 = (x - x_1)^2 + (y - y_1)^2 \\ p_2^2 = (x - x_2)^2 + (y - y_2)^2 \end{cases} \tag{3.4}$$

求解上式可得

$$x=\frac{(x_2^2-x_1^2)+(y_2^2-y_1^2)-(p_2^2-p_1^2)-2y(y_2-y_1)}{2(x_2-x_1)} \tag{3.5}$$

对式(3.5)进行简化,令 $Q=(x_2^2-x_1^2)+(y_2^2-y_1^2)-(p_2^2-p_1^2)$,$M=y_2-y_1$,$N=x_2-x_1$,则上式简化为

$$x=\frac{Q-2yM}{2N} \tag{3.6}$$

将式(3.6)代入式(3.4),可得关于 y 的二次方程

$$ay^2+by+c=0 \tag{3.7}$$

解之可得

$$\begin{cases} x=\dfrac{Q-2yM}{2N} \\ y=\dfrac{-b\pm\sqrt{b^2-4ac}}{2a} \end{cases} \tag{3.8}$$

其中

$$\begin{cases} Q=(x_2^2-x_1^2)+(y_2^2-y_1^2)-(p_2^2-p_1^2) \\ M=y_2-y_1 \\ N=x_2-x_1 \\ a=4M^2+4N^2 \\ b=8MN-8N^2y_1-4QM \\ c=4N^2(x_1^2+y_1^2-p_1^2)-4x_1NQ+Q^2 \end{cases} \tag{3.9}$$

式(3.8)和式(3.9)就是多移动领航者导航定位方程组的解。显而易见,上述得到的是双解,被定位 AUV 必须获知应答器是在左边还是右边,辅助以被定位 AUV 上一时刻位置信息,则可以获得唯一位置解。

3.2.2 基于多边定位的多移动领航者协同导航

3.2 节分析了两个精确基线领航 AUV 情况下的多移动领航者协

同导航。值得注意的是，当精确基线 AUV 多于两个的情况下，协同导航算法又该如何实现呢？如果按照上述算法只利用两个基线进行计算，而舍去其余精确基线 AUV 的数据，这时势必损失一些精度。本节研究基于多边定位的多移动领航者协同导航。

多边定位的概念是指利用多个已知基线的信息对被定位 AUV 的位置进行最优估计。如图 3-6 所示，图中的实心圆表示精确基线 AUV，空心圆表示被定位 AUV，多边定位是一个二维拓扑结构，被定位 AUV 要获得最优定位估计，需与尽可能多的精确基线 AUV 建立联系。

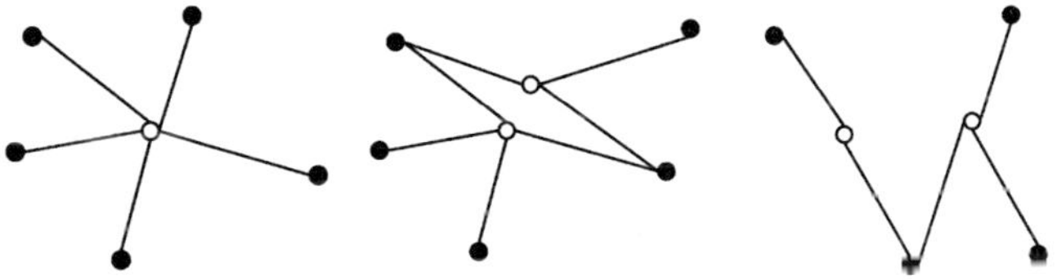

图 3-6　多边定位概念示意图

多边定位方法的基本原理为[15]：设某一被定位 AUV 的水平估计位置为 $\hat{\boldsymbol{X}}$，真实水平位置为 $\boldsymbol{X}=(x,y)^{\mathrm{T}}$，精确基线 AUV 的水平位置为 $\boldsymbol{X}_i=(x_i,y_i)^{\mathrm{T}}, i=1,\cdots,N$，$\boldsymbol{\rho}_i=\|\boldsymbol{X}-\boldsymbol{X}_i\|$ 表示被定位 AUV 与精确基线 AUV 水平面内的真实距离，$\hat{\boldsymbol{\rho}}_i=\|\hat{\boldsymbol{X}}-\boldsymbol{X}_i\|$ 表示被定位 AUV 与精确基线 AUV 水平面内的估计距离。被定位 AUV 的位置估计问题就转化为已知 $\hat{\boldsymbol{\rho}}_i$ 和 $\boldsymbol{X}_i$，求取 $\boldsymbol{X}$。

根据多移动领航者协同导航系统的工作原理，首先计算出被定位 AUV 到精确基线 AUV 在水平面的距离

$$\boldsymbol{\rho}_i=\sqrt{(x_i-x)^2+(y_i-y)^2} \tag{3.10}$$

定义距离修正

$$\Delta\boldsymbol{\rho}=\hat{\boldsymbol{\rho}}_i-\boldsymbol{\rho}_i \tag{3.11}$$

对式(3.11)进行泰勒展开，并忽略二次及以上项，则上式可以表示为

$$\Delta \boldsymbol{\rho} = \hat{\boldsymbol{\rho}}_i - \boldsymbol{\rho}_i \simeq \hat{\boldsymbol{J}}_i \cdot \Delta \boldsymbol{X} \tag{3.12}$$

其中，$\Delta\boldsymbol{X}$ 表示估计位置到实际位置的矢量，即 $\Delta\boldsymbol{X} = \hat{\boldsymbol{X}} - \boldsymbol{X}$，也定义为

$$\Delta \boldsymbol{X} = (\Delta x, \Delta y)^{\mathrm{T}} \tag{3.13}$$

式(3.12)中，$\hat{\boldsymbol{J}}_i$ 为 $\hat{\boldsymbol{\rho}}_i$ 方向的单位矢量，定义为

$$\hat{\boldsymbol{J}}_i = \frac{\hat{\boldsymbol{X}} - \boldsymbol{X}_i}{\boldsymbol{\rho}_i} \tag{3.14}$$

应用距离修正后，可得如下的线性方程组：

$$\Delta \boldsymbol{X} = \boldsymbol{J}^{+} \Delta \boldsymbol{\rho} \tag{3.15}$$

其中，$\boldsymbol{J}^{+}$ 为 $\boldsymbol{J}$ 的广义逆矩阵，表示为

$$\boldsymbol{J}^{+} = (\boldsymbol{J}^{\mathrm{T}} \boldsymbol{J})^{-1} \boldsymbol{J}^{\mathrm{T}} \tag{3.16}$$

根据上述分析，式(3.12)可表示为

$$\begin{bmatrix} \Delta\rho_1 \\ \Delta\rho_2 \\ \vdots \\ \Delta\rho_n \end{bmatrix} = \begin{bmatrix} \hat{J}_{1x} & \hat{J}_{1x} \\ \hat{J}_{2x} & \hat{J}_{2x} \\ \vdots & \vdots \\ \hat{J}_{nx} & \hat{J}_{nx} \end{bmatrix} \begin{bmatrix} \Delta x \\ \Delta y \end{bmatrix} \tag{3.17}$$

当所有的精确基线 AUV 与被定位 AUV 之间的距离测量具有相同的不确定性时，上述线性系统可用最小二乘法回归求解。若假设每个距离估计的误差是相互独立的，且具有相同的统计偏差 $\boldsymbol{\sigma}_i$，则上述系统可以加权最小二乘估计，其权值表示为

$$\boldsymbol{W} = \mathrm{diag}\{\boldsymbol{\sigma}_1^{-1}, \cdots, \boldsymbol{\sigma}_n^{-1}\} = \mathbb{C}\mathrm{ov}(\Delta \boldsymbol{\rho})^{-1} \tag{3.18}$$

此时，矩阵 $\boldsymbol{J}^{+}$ 也相应变为

$$\boldsymbol{J}^{+} = (\boldsymbol{J}^{\mathrm{T}} \boldsymbol{W} \boldsymbol{J})^{-1} \boldsymbol{J}^{\mathrm{T}} \boldsymbol{W} \tag{3.19}$$

由此可以计算 $\Delta\boldsymbol{X}$ 的自相关函数

$$\begin{aligned} \mathbb{C}\mathrm{ov}(\Delta \boldsymbol{X}) &= \mathbb{E}(\Delta \boldsymbol{X} \Delta \boldsymbol{X}^{\mathrm{T}}) = \mathbb{E}(\boldsymbol{J}^{+}(\Delta \boldsymbol{\rho} \Delta \boldsymbol{\rho}^{\mathrm{T}})(\boldsymbol{J}^{+})^{\mathrm{T}}) \\ &= \boldsymbol{J}^{+} \mathbb{C}\mathrm{ov}(\Delta \boldsymbol{\rho})(\boldsymbol{J}^{+})^{\mathrm{T}} = \boldsymbol{J}^{+} \boldsymbol{W}^{-1} (\boldsymbol{J}^{+})^{\mathrm{T}} \end{aligned} \tag{3.20}$$

在每次迭代之后，利用坐标修正 Δx 和 Δy 对当前水平位置坐标进行修正，并进入下一次迭代，直至修正量小于设定的阈值。

3.3 多移动领航者协同定位误差分析

在多移动领航者协同导航方法中，受测量误差及水声传播延迟等的影响，测量的定位参数必然存在一定的误差。对带有误差的测量数据进行处理，被定位 AUV 的位置估计也会偏离真实位置。将估计位置与真实位置之间的欧氏距离称为定位误差，定位误差的大小与所采用的导航算法有直接关系，是衡量定位系统准确性的主要指标。本节对定位误差的相关知识进行介绍，其详细内容可参考文献[16]等。

3.3.1 定位误差的几种表示形式

常用的定位误差表示形式有均方误差(Mean Square Error, MSE)、均方根误差(Root Mean Square Error, RMSE)和圆概率误差(Circular Error Probability, CEP)等。

1. 均方误差

均方误差是对随机定位误差的一种标量表示方法。设被定位 AUV 的真实位置为(x,y)，其估计位置为$(\hat{x},\hat{y})$，则均方误差表示为

$$\sigma^2 = \mathbb{E}[(x-\hat{x})^2+(y-\hat{y})^2] \tag{3.21}$$

2. 均方根误差

均方根误差是均方误差的代数平方根，又称为标准差，表示为

$$\sigma = \sqrt{\mathbb{E}[(x-\hat{x})^2+(y-\hat{y})^2]} \tag{3.22}$$

均方根误差是在后续讨论的定位误差中最常用的一种误差形式。

3. 圆概率误差

这种精度度量法原来是为弹道导弹弹着点位置精度提供的一种简单度量，它定义为围绕实际目标包含 50% 的导弹弹头弹着点的圆的半径；后来球概率误差(Sphere Error Probability, SEP)标准补充了这种精度度量法，以便提供空中爆炸弹头的精度度量，SEP 是围绕实际爆炸点的球的半径，球内包含有 50% 的导弹弹头空中爆炸点在目标上方。这两种描述精度的方法可以用于定义导航精度，水平位置精度的度量用 CEP，三维空间的精度用 SEP。CEP 圆的圆心和 SEP 球的球心是实际

的位置。

圆概率误差可根据两轴间的定位误差均方差计算得到

$$\mathrm{CEP}=0.59(\sigma_x+\sigma_y)\pm 3\%\left(\frac{\sigma_y}{3}<\sigma_x<3\sigma_y\right) \tag{3.23}$$

其中,σ_x 是沿 x 轴定位误差的均方差(标准偏差);σ_y 是沿 y 轴定位误差的均方差(标准偏差)。

若两个轴向的定位误差的均方差是相等的,即 $\sigma_x=\sigma_y=\sigma$,则可以得到

$$\mathrm{CEP}=\sqrt{2\ln(2)}\sigma=1.1774\sigma \tag{3.24}$$

上述式(3.23)和式(3.24)是 CEP 的简单而经常使用的公式。

3.3.2 Cramer - Rao 边界定理

由于量测噪声的存在,量测距离与真实距离之间存在偏差,因此带有误差的量测数据影响被定位 AUV 的位置估计精度,常用预测误差协方差来评价定位性能的优劣。Cramer - Rao 理论上给出了未知参数无偏估计的协方差矩阵下界,这个下界的倒数为 Fisher 信息量。常采用 Fisher 信息描述预测过程量测值所包含的状态变量信息量的大小,Fisher 信息量愈大则总体模型本身提供的信息量愈多,也就降低了不确定性,提高了预测性能。

Cramer - Rao 边界定理(Cramer - Rao 不等式):令$(x_1,\cdots,x_n)$表示样本,若参数估计$\hat{\theta}$是真实参数 θ 的无偏估计,$f(x|\theta)$为密度函数,在满足$\frac{\partial f(x|\theta)}{\partial\theta}$和$\frac{\partial^2 f(x|\theta)}{\partial\theta^2}$存在的条件下,$\hat{\theta}$的均方差所能达到的下界(称为 Cramer - Rao 下界)等于 Fisher 信息矩阵的倒数,即

$$\mathbb{V}\mathrm{ar}(\hat{\theta})=\mathbb{E}(\hat{\theta}-\theta)^2\geqslant J(\theta)^{-1} \tag{3.25}$$

其中,$J(\theta)=\mathbb{E}\left(\frac{\partial\ln f(x|\theta)}{\partial\theta}\right)^2$ 称为 Fisher 信息量,不等式中等号成立的条件为

$$\frac{\partial f}{\partial \theta}\ln f(x|\theta)=K(\theta)(\hat{\theta}-\theta) \tag{3.26}$$

其中，$K(\theta)$是关于θ的某个正函数，并且与样本$(x_1,\cdots,x_n)$无关。

3.3.3　定位误差的方差下界

应用“Cramer－Rao 边界定理”，对基于多边定位的多移动领航者协同定位算法所达到的定位误差的方差下界进行分析。在多移动领航者协同导航算法中，被定位 AUV 的真实位置 $\boldsymbol{X}$ 是从测量的距离信息 $\hat{\boldsymbol{\rho}}$ 来进行解算的。下面根据“Cramer－Rao 边界定理”求解方差下界。过程如下：

根据式(3.10)，求解满足 Cramer－Rao 边界定理的条件，求其一阶和二阶偏导数为

$$\begin{cases}\dfrac{\partial \boldsymbol{\rho}_i}{\partial x}=\dfrac{x-x_i}{\boldsymbol{\rho}_i}\\[2ex]\dfrac{\partial^2 \boldsymbol{\rho}_i}{\partial x^2}=\dfrac{(y-y_i)^2}{\boldsymbol{\rho}_i^3}\end{cases} \tag{3.27}$$

结合式(3.10)和式(3.12)，根据数理统计的知识，可得 $\hat{\boldsymbol{\rho}}$ 的联合密度函数为

$$p(\hat{\boldsymbol{\rho}};x)=\prod_{i=1}^{n}p(\hat{\boldsymbol{\rho}}_i;x)=\prod_{i=1}^{n}\frac{1}{\sqrt{2\pi}\sigma_i}\exp\left(-\frac{\hat{\boldsymbol{\rho}}_i-\boldsymbol{\rho}_i}{2\sigma^2}\right) \tag{3.28}$$

将式(3.18)代入上式，可得

$$p(\hat{\boldsymbol{\rho}};x)=\sqrt{\frac{\det\boldsymbol{W}}{(2\pi)^n}}\exp\left\{-\frac{1}{2}(\hat{\boldsymbol{\rho}}-\boldsymbol{\rho})^{\mathrm{T}}\boldsymbol{W}(\hat{\boldsymbol{\rho}}-\boldsymbol{\rho})\right\} \tag{3.29}$$

于是有

$$\begin{aligned}\ln p(\hat{\boldsymbol{\rho}};x)&=-\frac{1}{2}\{n\ln 2\pi-\ln(\det\boldsymbol{W})+(\hat{\boldsymbol{\rho}}-\boldsymbol{\rho})^{\mathrm{T}}\boldsymbol{W}(\hat{\boldsymbol{\rho}}-\boldsymbol{\rho})\}\\&=-\frac{1}{2}\left\{n\ln 2\pi-\ln(\det\boldsymbol{W})+\sum_{i=1}^{n}\frac{\hat{\boldsymbol{\rho}}_i-\boldsymbol{\rho}_i}{\boldsymbol{\sigma}_i^2}\right\}\end{aligned} \tag{3.30}$$

依据 Fisher 信息量定义，Fisher 矩阵可定义为

$$\boldsymbol{I}(x) = -\int_{-\infty}^{+\infty}\begin{bmatrix} \dfrac{\partial^2 \ln p(\hat{\boldsymbol{\rho}};x)}{\partial x^2} & \dfrac{\partial^2 \ln p(\hat{\boldsymbol{\rho}};x)}{\partial x \partial y} \\ \dfrac{\partial^2 \ln p(\hat{\boldsymbol{\rho}};x)}{\partial x \partial y} & \dfrac{\partial^2 \ln p(\hat{\boldsymbol{\rho}};x)}{\partial y^2} \end{bmatrix} p(\hat{\boldsymbol{\rho}};x)\,\mathrm{d}\,\hat{\boldsymbol{\rho}} \tag{3.31}$$

又因

$$\begin{cases} \dfrac{\partial \ln p(\hat{\boldsymbol{\rho}};x)}{\partial x} = \sum\limits_{i=1}^{n} \dfrac{\hat{\boldsymbol{\rho}}_i - \boldsymbol{\rho}_i}{\sigma_i^2} \cdot \dfrac{\partial \boldsymbol{\rho}_i}{\partial x} \\ \dfrac{\partial^2 \ln p(\hat{\boldsymbol{\rho}};x)}{\partial x^2} = \sum\limits_{i=1}^{n} \dfrac{1}{\sigma_i^2}\left[-\left(\dfrac{\partial \boldsymbol{\rho}_i}{\partial x}\right)^2 + (\hat{\boldsymbol{\rho}}_i - \boldsymbol{\rho}_i)\dfrac{\partial^2 \boldsymbol{\rho}_i}{\partial x^2}\right] \\ \dfrac{\partial^2 \ln p(\hat{\boldsymbol{\rho}};x)}{\partial x \partial y} = \sum\limits_{i=1}^{n} \dfrac{1}{\sigma_i^2}\left[-\dfrac{\partial \boldsymbol{\rho}_i}{\partial x} \cdot \dfrac{\partial \boldsymbol{\rho}_i}{\partial y} + (\hat{\boldsymbol{\rho}}_i - \boldsymbol{\rho}_i)\dfrac{\partial^2 \boldsymbol{\rho}_i}{\partial x \partial y}\right] \end{cases} \tag{3.32}$$

进一步，对式(3.31)进行计算，应用 $\int_{-\infty}^{+\infty} p(\hat{\boldsymbol{\rho}};x)\mathrm{d}\hat{\boldsymbol{\rho}} = 1$ 和 $\int_{-\infty}^{+\infty} \hat{\boldsymbol{\rho}} p(\hat{\boldsymbol{\rho}};x)\mathrm{d}\hat{\boldsymbol{\rho}} = \boldsymbol{\rho}$，可得

$$-\int_{-\infty}^{+\infty} \frac{\partial^2 \ln p(\hat{\boldsymbol{\rho}};x)}{\partial x^2} p(\hat{\boldsymbol{\rho}};x)\mathrm{d}\hat{\boldsymbol{\rho}} = \sum_{i=1}^{n} \frac{(x - x_i)^2}{\sigma_i^2 \boldsymbol{\rho}_i^2} \tag{3.33}$$

利用同样的方法，可得

$$-\int_{-\infty}^{+\infty} \frac{\partial^2 \ln p(\hat{\boldsymbol{\rho}};x)}{\partial x \partial y} p(\hat{\boldsymbol{\rho}};x)\mathrm{d}\hat{\boldsymbol{\rho}} = \sum_{i=1}^{n} \frac{(x - x_i)(y - y_i)}{\sigma_i^2 \hat{\boldsymbol{\rho}}_{\mathrm{i}}^2} \tag{3.34}$$

$$-\int_{-\infty}^{+\infty} \frac{\partial^2 \ln(\hat{\boldsymbol{\rho}};x)}{\partial y^2} p(\hat{\boldsymbol{\rho}};x)\mathrm{d}\hat{\boldsymbol{\rho}} = \sum_{i=1}^{n} \frac{(y - y_i)^2}{\sigma_i^2 \boldsymbol{\rho}_i^2} \tag{3.35}$$

则 Fisher 信息矩阵可以进一步表示为

$$\boldsymbol{I}(x) = \begin{bmatrix} \sum\limits_{i=1}^{n} \dfrac{(x - x_i)^2}{\sigma_i^2 \boldsymbol{\rho}_i^2} & \sum\limits_{i=1}^{n} \dfrac{(x - x_i)(y - y_i)}{\sigma_i^2 \boldsymbol{\rho}_i^2} \\ \sum\limits_{i=1}^{n} \dfrac{(x - x_i)(y - y_i)}{\sigma_i^2 \boldsymbol{\rho}_i^2} & \sum\limits_{i=1}^{n} \dfrac{(y - y_i)^2}{\sigma_i^2 \boldsymbol{\rho}_i^2} \end{bmatrix}$$

$$= \begin{bmatrix} \dfrac{x-x_1}{\boldsymbol{\rho}_1} & \cdots & \dfrac{x-x_n}{\boldsymbol{\rho}_n} \\ \dfrac{y-y_1}{\boldsymbol{\rho}_1} & \cdots & \dfrac{y-y_n}{\boldsymbol{\rho}_n} \end{bmatrix} \boldsymbol{W} \begin{bmatrix} \dfrac{x-x_1}{\boldsymbol{\rho}_1} & \dfrac{y-y_1}{\boldsymbol{\rho}_1} \\ \vdots & \vdots \\ \dfrac{x-x_n}{\boldsymbol{\rho}_n} & \dfrac{y-y_n}{\boldsymbol{\rho}_n} \end{bmatrix} \tag{3.36}$$

在此定义

$$\boldsymbol{J}_0 = \begin{bmatrix} \dfrac{x-x_1}{\boldsymbol{\rho}_1} & \dfrac{y-y_1}{\boldsymbol{\rho}_1} \\ \vdots & \vdots \\ \dfrac{x-x_n}{\boldsymbol{\rho}_n} & \dfrac{y-y_n}{\boldsymbol{\rho}_n} \end{bmatrix} \tag{3.37}$$

则依据 Cramer - Rao 定理，被定位 AUV 位置估计的方差下界为

$$E_{C-R} = (\boldsymbol{J}_0^{\mathrm{T}} \boldsymbol{W} \boldsymbol{J}_0)^{-1} \tag{3.38}$$

其中，$\boldsymbol{W}$ 为水平距离量测误差的方差阵。

3.4　多移动领航者协同导航仿真验证与分析

如图 3 - 7 所示，在仿真实验中，两个主 AUV 沿直线航行，航行深度为 - 20m，两个被定位 AUV 航行深度为 - 50m，AUV3 作回旋运动，AUV4 作斜直线运动，所有 AUV 速度都为 4kn，状态更新频率为

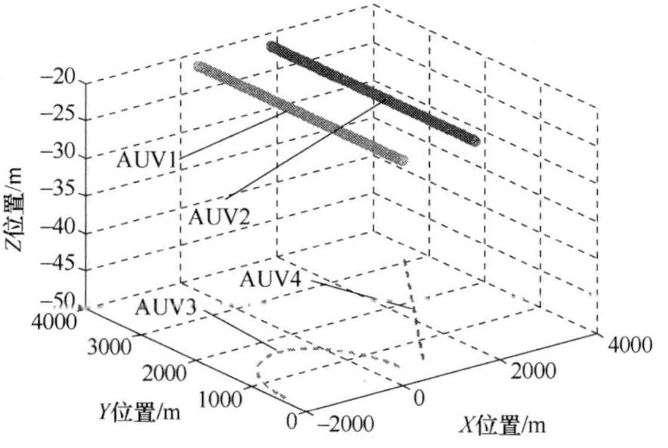

图 3 - 7　AUV 位置关系图

0.1Hz。为便于比较,假设被定位 AUV 在利用多移动领航者协同导航的同时,也利用传统的航位推算算法进行导航,其中用于航位推算导航的速度传感器的测量噪声取为 $\sigma_v^2 \doteq (1\text{kn})^2$ 的零均值高斯白噪声,航向角的测量噪声取为 $\sigma_\phi^2 = (0.3°)^2$ 的零均值高斯白噪声,速度与航向角噪声独立不相关。仿真中还引入水声定位斜距的量测噪声,方差为 $\sigma_R^2 = (10\text{m})^2$,两者独立且不相关,定位误差的计算是重复定位 100 次,取统计平均值。

1. AUV 曲线运动情况

假设被定位 AUV 作曲线回旋运动,作为精确基线的两个 AUV 作直线运动,进行仿真实验,如果如图 3-8 所示。

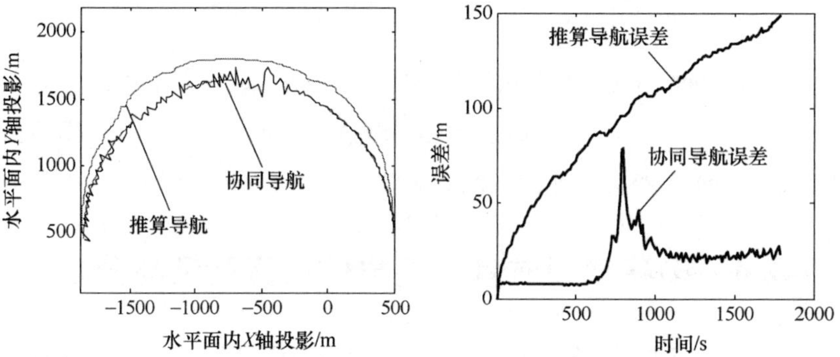

图 3-8　AUV3 协同导航位置及误差曲线

由图 3-8 可以看出,AUV3 作回旋运动,在使用多移动领航者协同导航算法后,位置曲线始终在理想位置曲线周围,而推算导航算法由于误差的不断积累,其位置曲线出现了明显的偏离,多移动领航者协同导航误差明显小于推算导航算法。在误差曲线中,协同导航误差在 500~1000s 内有一个突变,分析原因主要是由于 AUV3 与两个基线 AUV 之间的相对位置关系导致定位性能变差而引起的,该问题将在后续章节中进行深入详细的探讨。

2. AUV 直线运动情况

假设被定位 AUV 作直线运动,作为精确基线的两个 AUV 作直线运动,进行仿真实验,结果如图 3-9 所示。

由图 3-9 可以看出,AUV4 作直线运动,在使用多移动领航者协

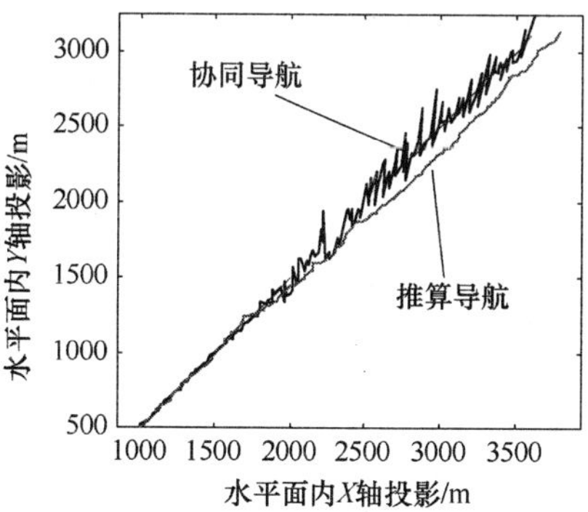

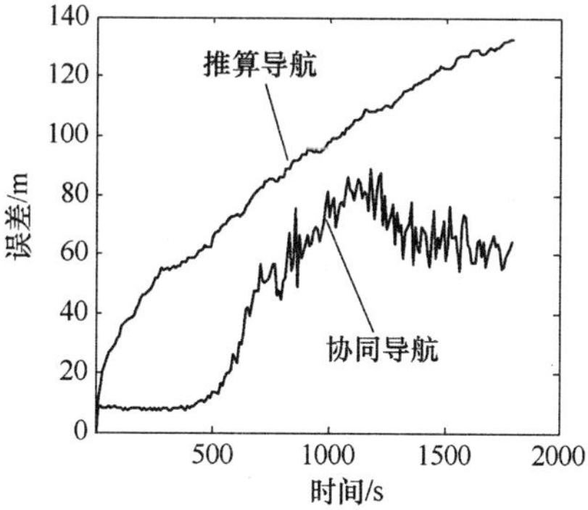

图3-9　AUV4协同导航位置及误差曲线

同导航算法后，位置曲线始终在理想位置曲线周围，而推算导航算法的位置曲线则出现了明显的偏离，协同导航误差明显小于推算导航算法。

分别通过对从AUV作回旋运动和直线运动的仿真实验可以看出，基于多移动领航者的协同导航算法精度上要优于航位推算方法，从而验证了算法的有效性。另外，在仿真曲线中可以看到协同导航曲线均出现不同程度的震荡，这主要是由于数据通信频率过低，噪声对算法产生影响所致。

3.5　非线性滤波在多领航者协同导航中的应用

3.5.1　基于EKF的多移动领航者协同导航

在多移动领航者协同导航算法中，系统模型是非线性的，扩展Kalman滤波（EKF）是针对非线性系统的有效的滤波算法，本节应用扩展Kalman滤波算法[17]推导协同导航算法方程，并进行仿真实验分析。

1. EKF算法

式(3.4)作为EKF的量测信息，量测方程表示如下：

$$\boldsymbol{Z}_k = \boldsymbol{h}(x,y) + w_z = \begin{bmatrix} \boldsymbol{P}_1^2 \\ \boldsymbol{P}_2^2 \end{bmatrix} + w_z$$

$$= \begin{bmatrix} (\boldsymbol{x}_k - \boldsymbol{x}_{1,k})^2 + (\boldsymbol{y}_k - \boldsymbol{y}_{1,k})^2) \\ (\boldsymbol{x}_k - \boldsymbol{x}_{2,k})^2 + (\boldsymbol{y}_k - \boldsymbol{y}_{2,k})^2) \end{bmatrix} + w_z \tag{3.39}$$

其中，w_z 为量测噪声，假设为相互独立不相关的零均值高斯白噪声，其方差为

$$\boldsymbol{R} = E\{\boldsymbol{W}_z \boldsymbol{W}_z^{\mathrm{T}}\} = \begin{bmatrix} \sigma_{P_1^2}^2 & 0 \\ 0 & \sigma_{P_2^2}^2 \end{bmatrix} \tag{3.40}$$

量测方程的 Jacobian 矩阵为

$$\boldsymbol{H}_{k+1} = \frac{\partial \boldsymbol{h}}{\partial \boldsymbol{x}_{k+1}} \bigg|_{\hat{\boldsymbol{x}}_{k+1,k}}$$

$$= \begin{bmatrix} 2(\boldsymbol{x}_{k+1} - \boldsymbol{x}_{1,k+1}) & 2(\boldsymbol{y}_{k+1} - \boldsymbol{y}_{1,k+1}) & 0 \\ 2(\boldsymbol{x}_{k+1} - \boldsymbol{x}_{2,k+1}) & 2(\boldsymbol{y}_{k+1} - \boldsymbol{y}_{2,k+1}) & 0 \end{bmatrix} \tag{3.41}$$

传统的 Kalman 滤波只针对线性系统是统计意义上的最优状态估计，系统(2.68)是一个非线性系统，可以使用扩展 Kalman 滤波来进行状态估计。由 EKF 算法可得状态预测为

$$\hat{\boldsymbol{x}}_{k+1,k} = f(\hat{\boldsymbol{x}}_k, \boldsymbol{u}_k, 0) = \hat{\boldsymbol{x}}_k + \Gamma(\boldsymbol{u}_k) \tag{3.42}$$

预测协方差为

$$\boldsymbol{P}_{k+1,k} = \boldsymbol{F}_x \cdot \boldsymbol{P} \cdot \boldsymbol{F}_x^{\mathrm{T}} + \boldsymbol{F}_u \cdot \boldsymbol{Q}_k \cdot \boldsymbol{F}_u^{\mathrm{T}} \tag{3.43}$$

其中，$\boldsymbol{F}_x$ 是 f 关于 $\boldsymbol{x}_k$ 的 Jacobian 矩阵，$\boldsymbol{F}_u$ 是 f 关于 $\boldsymbol{u}_k$ 的 Jacobian 矩阵。

$$\boldsymbol{F}_x = \frac{\partial f}{\partial \boldsymbol{x}_k} = \begin{bmatrix} 1 & 0 & -T \cdot V(k) \cdot \sin(\varphi(k)) \\ 0 & 1 & T \cdot V(k) \cdot \cos(\varphi(k)) \\ 0 & 0 & 1 \end{bmatrix} \tag{3.44}$$

$$\boldsymbol{F}_u = \frac{\partial f}{\partial \boldsymbol{u}_k} = \begin{bmatrix} T \cdot \cos(\varphi(k)) & 0 \\ T \cdot \sin(\varphi(k)) & 0 \\ 0 & 1 \end{bmatrix} \tag{3.45}$$

Kalman 滤波的状态更新，要求量测方程中必须包含待估计状态的信息。在多 AUV 协同导航中，AUV 间的相对位置关系可以被观测。依据扩展 Kalman 滤波计算公式：

$$P_{k+1} = [I - K_{k+1}H_{k+1}]P_{k+1,k}$$

$$P_{k+1,k} = F_x \cdot P \cdot F_x^{T} + F_u \cdot Q_k \cdot F_u^{T}$$

$$S_{k+1} = H_{k+1}P_{k+1,k}H_{k+1}^{T} + R$$

Kalman 增益为

$$K_{k+1} = P_{k+1,k}H_{k+1}^{T}S_{k+1}^{-1}$$

状态更新为

$$\hat{x}_{k+1} = \hat{x}_{k+1,k} + K_k[Z_{k+1} - h(\hat{x}_{k+1,k})]$$

在获得量测更新后，依据扩展 Kalman 滤波，AUV 的位置状态得到更新。即得到多移动领航者协同导航的位置更新。

2. 仿真分析

在仿真实验中，两个主 AUV 沿直线航行，航行深度为 −20m，两个被定位 AUV 航行在 −50m 深度，AUV3 作回旋运动，AUV4 作斜直线运动，所有 AUV 速度都为 4kn。状态更新频率为 0. 1Hz。假设被定位 AUV 在利用多移动领航者协同导航的同时，也采用传统的航位推算算法进行导航，其中速度传感器的测量噪声取为 $\sigma_V^2 = (2\text{kn})^2$ 的零均值高斯白噪声，航向角的测量噪声取为 $\sigma_\phi^2 = (1°)^2$ 的零均值高斯白噪声，速度与航向角噪声独立不相关。仿真中还引入水声定位斜距的量测噪声，方差为 $\sigma_R^2 = (10\text{m})^2$，两者独立且不相关，定位误差的计算是重复定位 100 次，取统计平均值。采用 EKF 算法和欧氏距离算法分别进行了仿真，回旋运动和直线运动情况下的导航误差对比分别如图 3 − 10 和图 3 − 11 所示。

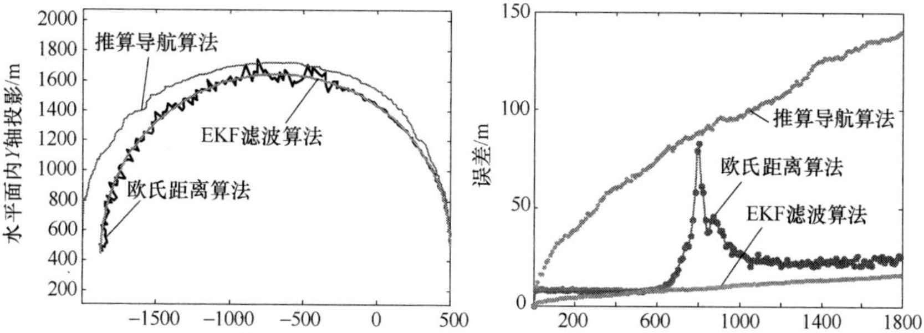

图 3 − 10　AUV3 协同导航位置及误差曲线

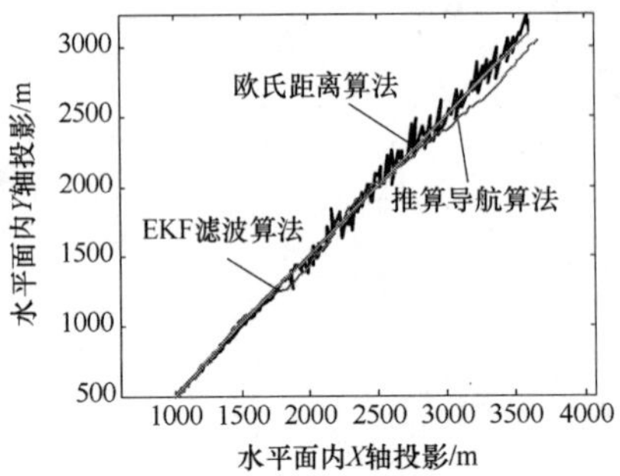

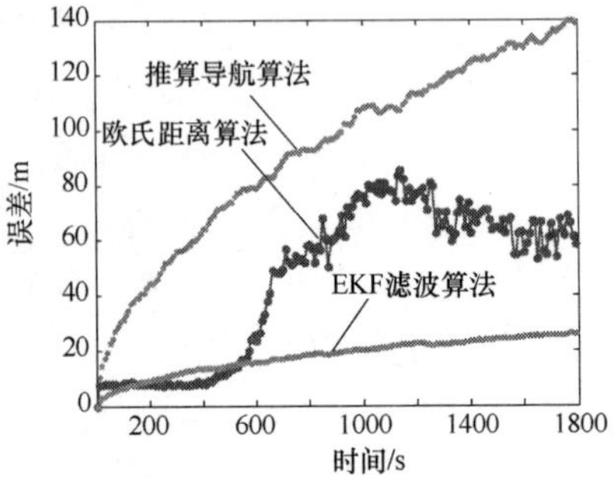

图 3-11　AUV4 协同导航位置及误差曲线

由图 3-10 和图 3-11 可以得到:推算导航算法的位置曲线出现了明显的偏离,欧氏距离算法和 EKF 滤波算法由于应用了协同导航,位置曲线比较吻合;当从 AUV 只依赖内部传感器进行推算导航时,其定位误差不断增大;当利用多移动领航者协同导航定位算法后,导航精度得到显著提高;应用 EKF 滤波协同导航算法的误差要优于欧氏距离协同导航算法。仿真结果表明,EKF 滤波协同导航算法能有效抑制误差的增长。

3.5.2　基于 UKF 的多移动领航者协同导航

将 3.5.1 节研究的扩展 Kalman 滤波器(EKF)应用到多移动领航者水声导航定位算法中,EKF 算法在实际应用中,存在极大的不便利:一是雅可比矩阵十分复杂,计算量较大;二是当局部线性假设不成立时滤波将发散。这两点也是 EKF 算法普遍存在的问题,为了克服这两点,Julier 等人提出了一种无迹 Kalman 滤波(Unscented Kalman Filter,UKF)算法[18-20],通过增加采样点来逼近非线性环节,从而减少非线性函数线性化,实现非线性滤波器的稳定。

1. UKF 算法

UKF 滤波具有经典 Kalman 滤波一样的算法结构,但经典 Kalman 滤波中可以直接通过线性方程确定状态统计量的转移,而 UKF 滤波则借助于计算采样点来演化状态分布特性的转移。UKF 滤波以 UT(Unscented Transform)变换[21]为基础,首先选取有限个采样点来近似系统状态的先验统计特性，再通过非线性方程演化系统状态的后验分布特性。

2. UT 变换

UT 变换是一种计算随机变量非线性变换后统计特性的方法，选取一定数量的可表达系统状态均值和方差的采样点，称为 σ 点（Sigma 点）[22]，将这些采样点进行非线性变换，变换后采样点的分布以 3 阶精度近似于真实均值和方差。

设均值为 $\bar{x}$、方差为 $\boldsymbol{P}_x$ 的 n 维高斯随机向量 $\boldsymbol{x}$ 经过非线性变换 $f(\cdot)$ 映射至 n 维变量 $\boldsymbol{y}$，即

$$\boldsymbol{y}=f(\boldsymbol{x}) \tag{3.46}$$

具体的变换方法可通过图 3－12 表示，选择一组 σ 点集将非线性变换应用于采样的每个 σ 点，得到非线性转换后的点集，$\bar{y}$ 和 P_y 就是变换后 σ 点集的统计信息。

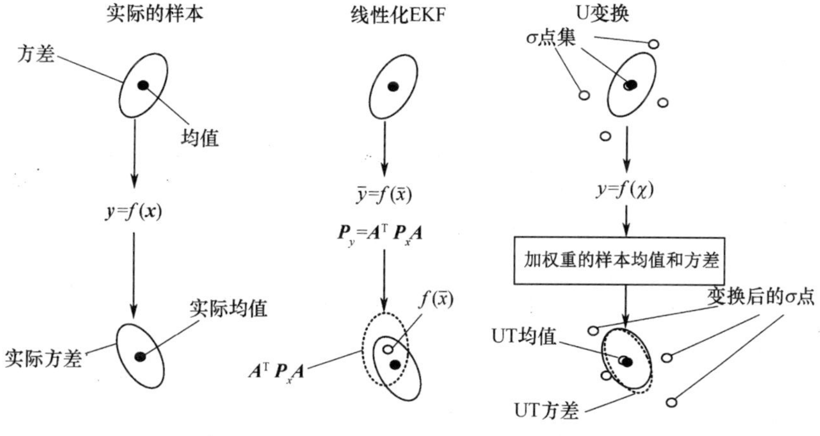

图 3－12　UT 变换示意图

第一步，选取 $2n+1$ 个加权采样 σ 点：

$$\begin{cases}\chi_0=\bar{x}\\ \boldsymbol{\chi}_i=\bar{x}+\left(\sqrt{(n+\lambda)\boldsymbol{P}_x}\right)_i,i=1,\cdots,n\\ \boldsymbol{\chi}_i=\bar{x}-\left(\sqrt{(n+\lambda)\boldsymbol{P}_x}\right)_{i-n},i=n+1,\cdots,2n\end{cases} \tag{3.47}$$

其中，$\lambda = \alpha^2(n+k)-n$，$\alpha$ 通常取一小正值，它影响采样点的散布程度；k 影响分布的四阶及更高阶矩，一般情况下，对于多维系统选取 $k=3-n$ 可以使采样均方误差最小；$(\sqrt{(n+\lambda)\boldsymbol{P}_x})_i$ 表示矩阵 $(n+\lambda)\boldsymbol{P}_x$ 平方根的第 i 列。

第二步，确定加权系数：

$$\begin{cases} W_0^{(m)} = \lambda/(n+\lambda) \\ W_0^{(c)} = \lambda/(n+\lambda)+(1-\alpha^2+\beta) \\ W_i^{(m)} = W_i^{(c)} = 1/2(n+\lambda), i=1,\cdots,2n \end{cases} \tag{3.48}$$

其中，β 描述 x 的前验分布信息，一般情况下，对于高斯分布 β 的最优经验值为 2；$w_0^{(m)}(i=0,\cdots,2n)$ 为求一阶统计特性时的加权系数，$W_i^{(c)}(i=0,\cdots,2n)$ 为求二阶统计特性时的加权系数。

第三步，对所采样的 $\boldsymbol{\sigma}$ 点集进行非线性变换，得到变换后的 $\boldsymbol{\sigma}$ 点集：

$$\boldsymbol{\gamma}_i = f(\boldsymbol{\chi}_i), i=0,\cdots,2n \tag{3.49}$$

第四步，对变换后的 $\boldsymbol{\sigma}$ 点集进行加权处理，得到 $\boldsymbol{y}$ 的统计量 $\bar{y}$ 和 $\boldsymbol{P}_y$：

$$\begin{cases} \bar{y} = \sum_{i=0}^{2n} W_i^{(m)} \boldsymbol{\gamma}_i \\ \boldsymbol{P}_y = \sum_{i=0}^{2n} W_i^{(c)} (\boldsymbol{\gamma}_i - \bar{y})(\boldsymbol{\gamma}_i - \bar{y})^{\mathrm{T}} \end{cases} \tag{3.50}$$

经过以上四步即完成 UT 变换，变换后得到的 $\boldsymbol{\sigma}$ 点集，具有以下性质：

（1）$\boldsymbol{\sigma}$ 点集合的样本均值为 $\bar{x}$，与随机变量 $\boldsymbol{x}$ 的均值相同；

（2）$\boldsymbol{\sigma}$ 点集合的样本方差阵：

$$\begin{aligned} \boldsymbol{P} &= \sum_{i=0}^{2n} W_i (\boldsymbol{\chi}_i - \bar{x})(\boldsymbol{\chi}_i - \bar{x})^{\mathrm{T}} \\ &= \sum_{i=0}^{2n} 2W_i(n+k)(\sqrt{\boldsymbol{P}_x})_i(\sqrt{\boldsymbol{P}_x})_i^{\mathrm{T}} \\ &= \sum_{i=0}^{n} (\sqrt{\boldsymbol{P}_x})_i(\sqrt{\boldsymbol{P}_x})_i^{\mathrm{T}} = \boldsymbol{P}_x \end{aligned} \tag{3.51}$$

与随机变量 $\boldsymbol{x}$ 的方差相同;

(3) σ 点集合具有与 $\boldsymbol{x}$ 相同的高阶奇次中心矩。

需要说明的是,UT 变换中采样 σ 点集的选取具有多种形式,可以使用多种采样策略,不同的采样策略将影响滤波中递推公式计算复杂程度、状态估计精度和计算机存储量。目前已有的 σ 点采样策略有对称采样、单形采样、3 阶矩偏度采样、比例修正采样以及高斯分布四阶矩对称采样等。

3. UKF 协同导航滤波算法

假设离散非线性系统可表示为[23]

$$\begin{cases} \boldsymbol{x}_{k+1} = F(\boldsymbol{x}_k, \boldsymbol{v}_k) \\ \boldsymbol{y}_k = H(\boldsymbol{x}_k, \boldsymbol{n}_k) \end{cases} \tag{3.52}$$

其中,$\boldsymbol{x}_k$ 表示系统状态向量;$\boldsymbol{y}_k$ 为量测向量;$\boldsymbol{v}_k$、$\boldsymbol{n}_k$ 分别为高斯零均值过程噪声和量测噪声,两者独立且不相关。

$$\forall\, i,j, E[\boldsymbol{v}_i\boldsymbol{v}_j^{\mathrm{T}}] = \delta_{ij}\boldsymbol{Q}, E[\boldsymbol{n}_i\boldsymbol{n}_j^{\mathrm{T}}] = \delta_{ij}\boldsymbol{R}, E[\boldsymbol{v}_i\boldsymbol{n}_j^{\mathrm{T}}] = 0$$

(1) $k=1$,滤波初始化,将系统状态和过程噪声、量测噪声组成增广状态向量 $\boldsymbol{x}^a$,维数为 L,方差为 $\boldsymbol{P}^a$,则有

$$\boldsymbol{x}^a = [\boldsymbol{x}^{\mathrm{T}} \quad \boldsymbol{v}^{\mathrm{T}} \quad \boldsymbol{n}^{\mathrm{T}}]^{\mathrm{T}} \tag{3.53}$$

$$\hat{\boldsymbol{x}}_0 = E[\boldsymbol{x}_0] \tag{3.54}$$

$$\boldsymbol{P}_0 = E[(\boldsymbol{x}_0 - \hat{\boldsymbol{x}}_0)(\boldsymbol{x}_0 - \hat{\boldsymbol{x}}_0)^{\mathrm{T}}] \tag{3.55}$$

$$\hat{\boldsymbol{x}}_0^a = [\hat{\boldsymbol{x}}_0^{\mathrm{T}} \quad 0 \quad 0]^{\mathrm{T}} \tag{3.56}$$

$$\boldsymbol{P}_0^a = \begin{bmatrix} \boldsymbol{P}_0 & 0 & 0 \\ 0 & \boldsymbol{Q} & 0 \\ 0 & 0 & \boldsymbol{R} \end{bmatrix} \tag{3.57}$$

(2) 选择采样策略,计算采样 σ 点集:

$$\boldsymbol{\chi}_{k-1}^a = [\hat{\boldsymbol{x}}_{k-1}^a \quad \hat{\boldsymbol{x}}_{k-1}^a \pm \sqrt{(L+\lambda)\boldsymbol{P}_{k-1}^a}] \tag{3.58}$$

其中,$\boldsymbol{\chi}^a = [(\boldsymbol{\chi}^x)^{\mathrm{T}} \quad (\boldsymbol{\chi}^v)^{\mathrm{T}} \quad (\boldsymbol{\chi}^n)^{\mathrm{T}}]^{\mathrm{T}}$。

(3) 时间更新:

计算采样点的非线性一步预测

$$\boldsymbol{\chi}_{k|k-1}^{x} = F(\boldsymbol{\chi}_{k-1}^{x}, \boldsymbol{\chi}_{k-1}^{v}) \tag{3.59}$$

计算采样点加权一步预测

$$\hat{\boldsymbol{x}}_{k|k-1} = \sum_{i=0}^{2L} W_i^{(m)} \boldsymbol{\chi}_{i,k|k-1}^{x} \tag{3.60}$$

计算预测方差矩阵

$$\boldsymbol{P}_{k|k-1} = \sum_{i=0}^{2L} W_i^{(c)} (\boldsymbol{\chi}_{i,k|k-1} - \hat{\boldsymbol{x}}_{k|k-1})(\boldsymbol{\chi}_{i,k|k-1} - \hat{\boldsymbol{x}}_{k|k-1})^{\mathrm{T}} \tag{3.61}$$

计算采样点的一步预测量测

$$\boldsymbol{\gamma}_{k|k-1} = H(\boldsymbol{\chi}_{k|k-1}^{x}, \boldsymbol{\chi}_{k-1}^{n}) \tag{3.62}$$

计算加权采样点的一步预测量测

$$\hat{\boldsymbol{z}}_{k|k-1} = \sum_{i=0}^{2L} W_i^{(m)} \boldsymbol{\gamma}_{i,k|k-1} \tag{3.63}$$

(4) 量测更新:

$$\boldsymbol{P}_{\hat{z}_k\hat{z}_k} = \sum_{i=0}^{2L} W_i^{(c)} (\boldsymbol{\gamma}_{i,k|k-1} - \hat{\boldsymbol{z}}_{k|k-1})(\boldsymbol{\gamma}_{i,k|k-1} - \hat{\boldsymbol{z}}_{k|k-1})^{\mathrm{T}} \tag{3.64}$$

$$\boldsymbol{P}_{\hat{x}_k\hat{z}_k} = \sum_{i=0}^{2L} W_i^{(c)} (\boldsymbol{\chi}_{i,k|k-1} - \hat{\boldsymbol{x}}_{k|k-1})(\boldsymbol{\chi}_{i,k|k-1} - \hat{\boldsymbol{z}}_{k|k-1})^{\mathrm{T}} \tag{3.65}$$

计算滤波增益

$$\boldsymbol{K} = \boldsymbol{P}_{\hat{x}_k\hat{z}_k} \boldsymbol{P}_{\hat{z}_k\hat{z}_k}^{-1} \tag{3.66}$$

计算状态估计

$$\hat{\boldsymbol{x}}_k = \hat{\boldsymbol{x}}_{k|k-1} + \boldsymbol{K}(z_k - \hat{\boldsymbol{z}}_{k|k-1}) \tag{3.67}$$

计算状态协方差估计

$$\boldsymbol{P}_k = \boldsymbol{P}_{k|k-1} - \boldsymbol{K}\boldsymbol{P}_{\hat{z}_k\hat{z}_k}\boldsymbol{K}^{\mathrm{T}} \tag{3.68}$$

(5) $k = k + 1$,进入循环计算。

经过以上 5 个步骤,即完成 UKF 滤波。

4. 仿真分析

采用与 3.5.1 节仿真实验相同的条件,对 UKF 算法和 EKF 算法分别进行仿真对比研究。

由图 3－13 和图 3－14 可以看出，UKF 滤波算法也可以适用于多移动领航者协同导航算法；AUV3 和 AUV4 在利用 UKF 算法后，较 EKF 算法误差有小幅度减小，这主要得益于 UKF 算法精度比 EKF 算法稍高，但同时精度提高的代价是计算量也随之增加，这在设计协同导航算法中也需要根据实际情况而定。

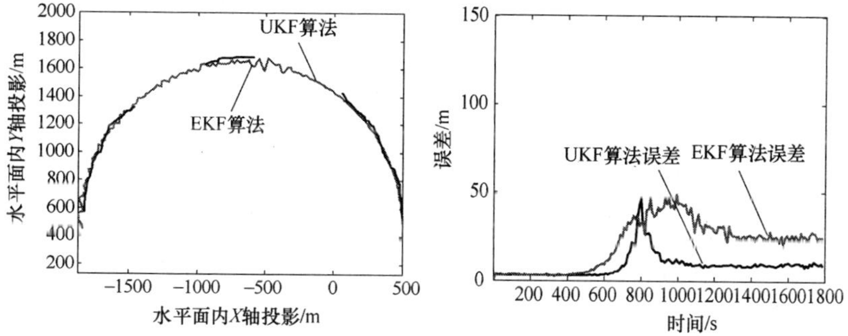

图 3－13　AUV3 协同导航位置及误差曲线

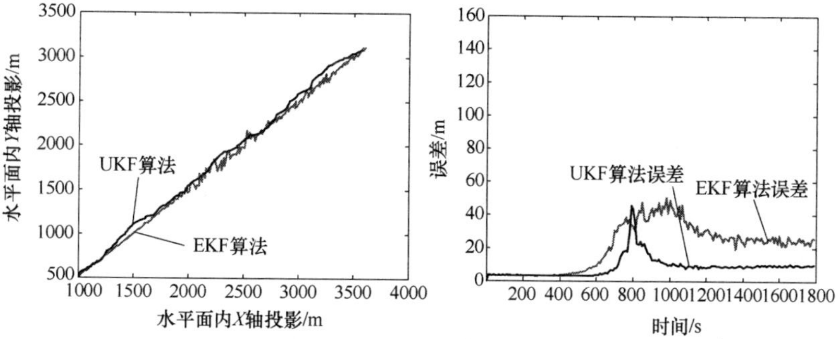

图 3－14　AUV4 协同导航位置及误差曲线

3.5.3　基于粒子滤波的多领航者协同导航

粒子滤波（Particle Filter）算法[24]源于 1993 年 Gordon 等提出的基于序列重要性采样（Sequential Importance Sampling，SIS）的 Bootstrap 非线性滤波方法，摆脱了非线性滤波问题中随机变量必须满足高斯分布的制约条件，并在一定程度上解决了粒子数样本匮乏问题。本节首先简单介绍了粒子滤波器的原理，以及粒子滤波算法的计算步骤，并应用粒子滤波算法对多移动领航者协同导航算法进行仿真实验。

1. 粒子滤波器

粒子滤波器是解决非线性系统滤波估计问题的算法，以非线性系统(3.52)为例，说明粒子滤波的具体计算步骤[25]，假设系统满足如下约束：

(1) 系统状态服从一阶 Markov 过程；

(2) 系统观测量相互独立且与状态值不相关；

(3) 初始状态的先验概率密度为 $p(x_0)$。

粒子滤波算法的核心是建议分布(Proposal Density)的选择和再采样算法，不同的建议分布和再采样算法组合构成了不同的粒子滤波算法，如图 3－15 所示。

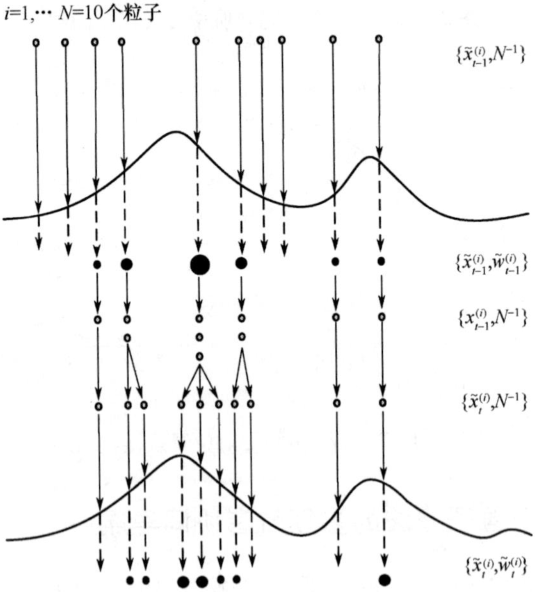

图 3－15　粒子滤波示意图

完整的粒子滤波算法流程如表 3 - 1 所列[26]。

表 3 - 1　粒子滤波算法流程

初始化　$t=0$ 根据先验概率密度函数 $p(x_0)$ 随机产生 N 个初始粒子
循环 for　$t=1,2,\cdots$ a)重要性采样:当 $i=1,\cdots,N$ 时,选择合适的建议分布,分别计算粒子和相应的权值,并对权值进行归一化 b)重要性加权:根据不同的采样方法,复制权值较大的粒子,舍弃权值较小的粒子,并产生新的粒子和其相应的权值,获取 N 个随机粒子 $\hat{x}^i_{0:t}$, $\hat{P}^i_{0:t}$ c)状态估计 d)重采样

2. 仿真分析

采用与 3.5.1 节仿真实验相同的条件,分别对粒子滤波算法和 EKF 算法、UKF 算法进行仿真对比研究。

由图 3 - 16 和图 3 - 17 可以得到:PF 滤波算法同样适用于多移动领航者协同导航算法;AUV3 和 AUV4 在利用 PF 算法后,误差大小与 UKF 和 EKF 相当,在图 3 - 17 中,PF 算法误差与 EKF 算法接近,较 UKF 算法误差大。

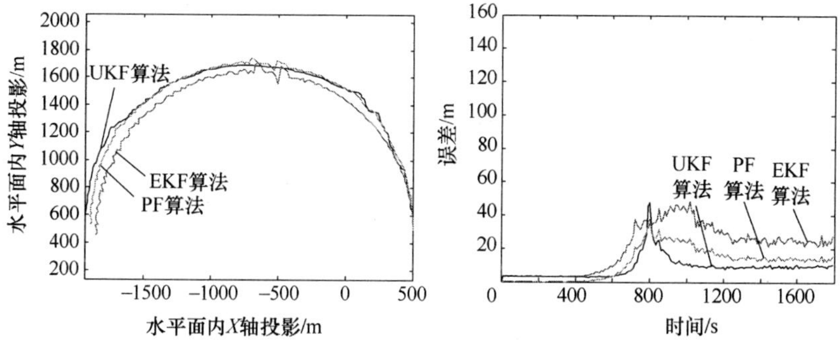

图 3 - 16　AUV3 协同导航位置及误差曲线

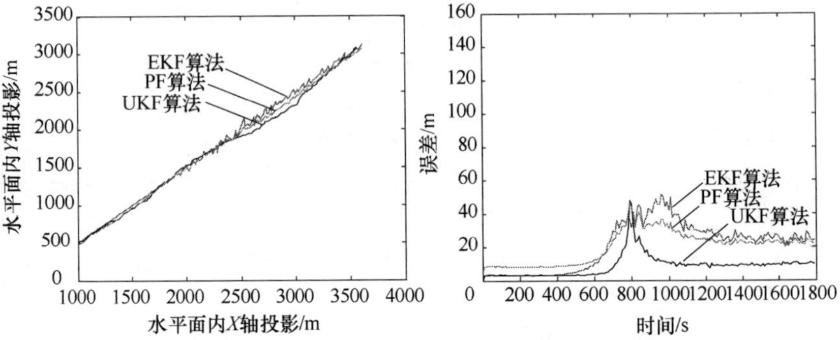

图 3－17　AUV4 协同导航位置及误差曲线

3.6 本章小结

本章研究了基于多个移动领航者的自主水下航行器协同导航问题。在传统长基线导航定位方法的基础上,利用多个领航者 AUV 构成的移动基线,提出了多移动领航者协同导航算法。在此基础上,研究了基于多边定位的多领航者协同导航算法,实现了低精度从 AUV 的多个高精度主 AUV 领导下的较高定位精度的协同导航。此外,研究了非线性滤波在协同导航中的应用,提出了基于多移动领航者的多 AUV 协同导航 EKF 算法、UKF 算法和 PF 算法,并对各种非线性滤波算法的性能进行了仿真对比研究。

参考文献

[1] 吴永亭,周兴华,杨龙. 水下声学定位系统及其应用. 海洋测绘,2003,23(4):18－21.

[2] 李守军,包更生,吴水根. 水声定位技术的发展现状与展望. 海洋技术,2005,24(1):130－135.

[3] 田坦. 水下定位与导航技术. 北京:国防工业出版社,2007.

[4] Park Jun－geun, Demaine Erik D, Teller Seth. Moving－baseline localization. 2008 International Conference on Information Processing in Sensor Networks,2008:15－26.

[5] 阳凡林,康志忠,独知行,等. 海洋导航定位技术及其应用与展望. 海洋测绘,2006,26

(1):71 - 74.

[6] Rigby P, Pizarro O, Williams S. Towards geo - referenced AUV navigation through fusion of USBL and DVL measurements. Proceedings of the IEEE/MTS OCEANS Conference and Exhibition, 2006.

[7] Curcio J, Leonard J, Vaganay J, et al. Experiments in moving baseline navigation using autonomous surface craft. Proceedings of the 2005 MTS/IEEE Oceans Conference, 2005:290 - 294.

[8] Matos A, Cruz N. AUV navigation and guidance in a moving acoustic network. Proceedings of the IEEE/MTS OCEANS Conference and Exhibition, 2005.

[9] Caiti A, Garulli A, Livide F, et al. Localization of autonomous underwater vehicles by floating acoustic buoys; a set - membership approach. IEEE Journal of Oceanic Engineering, 2005, 30(1):16 - 25.

[10] Vaganay J, Leonard J, Curcio J, et al. Experimental validation of the moving long base line navigation concept. Proceedings of the IEEE/OES AUV Conference, 2004:59 - 65.

[11] Collin L, Azou S, Yao K, et al. On spatial uncertainty in a surface long base - line positioning system. Proceedings of the 5th Europe Conference on Underwater Acoustics, 2000.

[12] 张立川,徐德民,刘明雍,等. 基于移动长基线的多 AUV 协同导航. 机器人,2009,31(6):581 - 585,593.

[13] Zhang Lichuan, Xu Demin, Liu Mingyong, et al. Cooperative navigation and localization for multiple UUVs. Journal of Marine Science and Application. 2009, 8:216 - 221.

[14] Zhang Lichuan, Xu Demin, Liu Mingyong. Cooperative navigation algorithm for two leaders GUUV. 2011 Fourth International Conference on Intelligent Computation Technology and Automation, 2011:970 - 973.

[15] 刘克忠. 无线传感器网络分布式节点定位方法研究. 武汉:华中科技大学,2006.

[16] 茆诗松,王静龙,濮晓龙. 高等数理统计. 2 版. 北京:高等教育出版社,2006.

[17] Julier S J, Uhlmann J K. A new extension of the Kalman filter to nonlinear system. In:The 11 Int. Sym. on AeroSense/Defence Sensing, Simulation and Controls, 1997.

[18] Julier S J, Uhlmann J K, H F. Durrant - Whyte A new method for the nonlinear transformation of means and covariances in filters and estimators. IEEE Transactions on Automatic Control, 2000, 45:477 - 482.

[19] Wan E A, Merwe R. The unscented Kalman filter for nonlinear estimation. In Proc. of IEEE Symposium 2000(AS - APCC), Lake Louise, Albert, Canada, Oct. 2000.

[20] Julier S J, Uhlmann J K. Reduced sigma point filters for the propagation of means and covariance through nonlinear transformations. American Control Conference, 2002.

[21] Julier S J. The spherical simplex unscented transformation. American Control

Conference,2003.

[22] Julier S J. The scaled unscented transformation. American Control Conference,2002.

[23] 刘明雍,沈超,张立川,等.一种基于 UKF 的 AUV 移动声学网络协同导航方法.西北工业大学学报,2011,29(6):934-938.

[24] Gordon N J,Salmond D J,Smith A F M. Novel approach to nonlinear/non-Gaussian Bayesian state estimation. IEEE Proceedings on Radar and Signal Processing, 1993, 140(2): 107-113.

[25] 杨小军.基于粒子滤波的混合估计理论与应用.西安:西北工业大学,2006.

[26] 张立川.远程多 AUV 协同导航技术研究.西安:西北工业大学,2009.

第4章　单领航者距离和方位测量的协同导航

基于多个领航者的 AUV 协同导航方法一般采用 2 ~ 3 个主 AUV 作为领航者，系统配置比较复杂，相应成本也随之提高。为了简化系统，研究人员尝试采用一个领航者的导航方法，利用单个领航者的位置和方位量测信息实现从 AUV 位置信息的实时解算，达到协同定位的目的。基于单领航者距离和方位测量的协同导航技术最先在地面移动机器人领域得到应用和发展，如 S. Roumeliotis[1,2]等的一系列研究工作表明，在具有同等传感器配置的多机器人群体中，基于距离和方位信息的主从式协同导航方法能够有效抑制航位推算导航的漂移误差对协同定位精度的影响，使多机器人系统的协同定位误差保持有界。

但由于相对位置求解条件的不充分，早期对自主水下航行器导航的研究主要以固定的单信标为主[3-8]。其中，A. P. Scherbatyuk[6]提出了一种基于单信标测距和相对航速测量的导航系统。该系统利用最小二乘导航算法，能在未知水流中使水下机器人确定自己与声信标的相对位置，实验证明距离测量能够改善航位推算的导航性能。以单 AUV 作为移动领航者的协同导航近年来才得到发展，如 C. Reeder[9]等提出了基于双水听器的主从式 AUV 协同导航方法，通过测量声信号脉冲的时间差和相位差来确定主、从 AUV 之间的距离和方位，以此实现对从 AUV 的定位解算。

4.1　单领航者 AUV 协同定位的基本原理

在基于相对距离和方位测量的单领航者 AUV 协同导航方法中，主 AUV(领航者，Leader)装备有高精度的惯导设备、DVL、差分 GPS 和深度计等,并且安装水声通信设备(如 WHOI 的 Micro – Modem[10]),从而能够与编队中的从 AUV 成员(跟随者,Follower)进行通信,以此实现定位信息的交换与共享。主、从 AUV 之间利用水声通信设备,采用 OWTT 方式进行距离测量[11,12](图 4 – 1(a)),并通过声信号脉冲的相位差获得相对方位信息[13](图 4 – 1(b))。单领航者 AUV 协同导航方法将 AUV 群体中定位精度很高的主 AUV 作为移动的定位参考点,各从 AUV 利用主、从 AUV 之间的距离和方位量测信息(外部传感器信息)进行相对定位[14](图 4 – 2)。

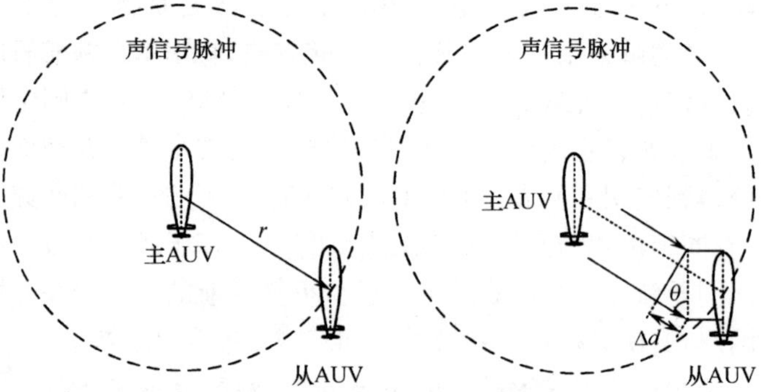

(a)相对距离测量　　(b)相对方位测量

图 4 – 1　主、从 AUV 之间的相对距离和方位测量

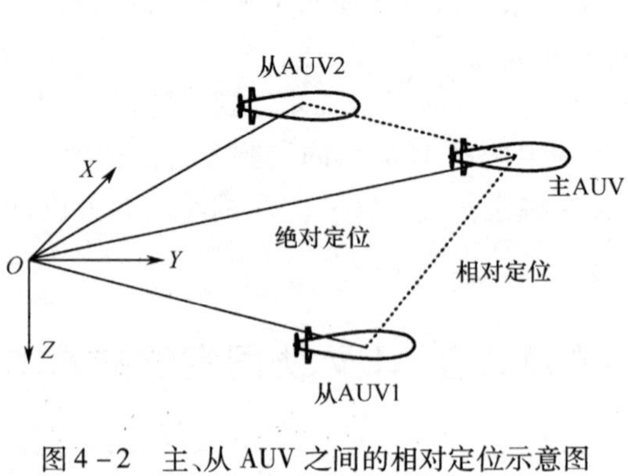

图 4 – 2　主、从 AUV 之间的相对定位示意图

值得注意的是,上述距离和方位量测信息对于仅依赖航位推算进行导航的从 AUV 来说是关键的,它可以大幅提高多 AUV 协同导航系统的定位性能,因为单独使用航位推算定位会带来漂移误差累积,并且定位误差将随差时间的增长趋于发散。

AUV 编队中的成员可以携带性能各异的导航设备,在此假设主 AUV 配备有高精度的导航系统,水下定位采用惯性导航;主 AUV 的初始位置通过差分 GPS 获得,并以 DVL 测量的绝对速度作为惯导的外部输入,从而进一步提高其导航精度。从 AUV 配备的导航系统精度较低,仅携带基本的航位推算单元以及一些辅助导航设备(如深度计、水听器和 Micro - Modem 等),从 AUV 自身携带的导航系统一般仅作导航控制用,并不参与协同导航。此外,对各 AUV 装备的导航系统做如下假设[15]:

(1) 在协同导航的初始阶段,各 AUV 导航系统的时钟均能通过 GPS 信号进行校准,以确保时钟同步。

(2) 在协同导航过程中,从 AUV 可接收主 AUV 的位置信息,并采用 OWTT 方式实现主、从 AUV 之间的相对距离测量。

(3) 主、从 AUV 之间的相对方位信息通过测量声信号脉冲的相位差获取。

在上述假设条件下,协同导航系统中的每个 AUV 成员均可利用 GPS 信号对自身的导航系统进行初始化,即各 AUV 的初始位置是可知的。在协同导航过程中,主 AUV 按照事先约定的时间间隔周期性地向外发射声信号脉冲,并通过水声通信设备广播自身的位置信息;从 AUV 采用 OWTT 方式解算得到主、从 AUV 之间的相对距离,并通过测量声信号脉冲的相位差获得相对方位,进而根据主 AUV 的位置信息完成协同定位。

4.2　基于相对距离和方位测量的协同导航滤波算法

4.2.1　单领航者 AUV 协同导航的运动学建模

基于相对距离和方位测量的单领航者 AUV 协同导航模型如图 4 - 3 所示[16],其中主 AUV(Leader)为领航者,装备有高精度的导航设备;从

AUV(Follower)为跟随者,只携带低精度的航位推算系统;主、从 AUV 之间利用水声通信进行相对距离和方位信息的测量[17]。此外,由于 AUV 的深度值可以通过压力传感器精确测量,故可将 3D 空间中的定位问题转化至 2D 平面,其原理如图 4-4 所示。

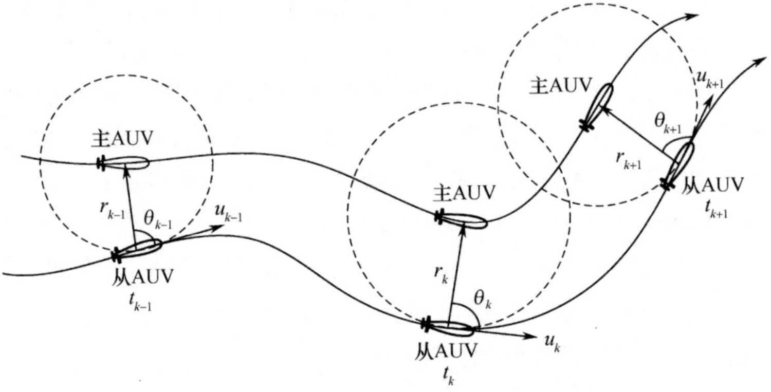

图 4-3 单领航者 AUV 协同导航系统(距离和方位测量)

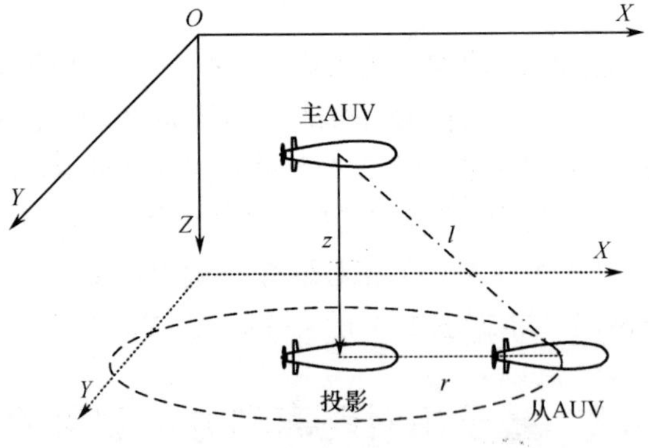

图 4-4 3D 协同定位问题在 2D 水平面的投影

不失一般性,假设由 N 个成员(记为 $\mathcal{A}_1,\cdots,\mathcal{A}_N$)组成的 AUV 编队投影到同一深度。如图 4-5 所示,设(x,y)表示 AUV 在公共坐标系$\{\Sigma:O-XY\}$下的位置坐标,ϕ 为航向角,u 为前向合成速度,Δt 为传感器采样周期,则 AUV $\mathcal{A}_i(i=1,\cdots,N)$的离散时间运动学方程为

$$\begin{bmatrix} x_i(k+1) \\ y_i(k+1) \\ \phi_i(k+1) \end{bmatrix} = \begin{bmatrix} x_i(k) \\ y_i(k) \\ \phi_i(k) \end{bmatrix} + \begin{bmatrix} u_i(k)\cos\phi_i(k) \\ u_i(k)\sin\phi_i(k) \\ \omega_i(k) \end{bmatrix} \Delta t \tag{4.1}$$

其中，ω 表示航向角的变化率。

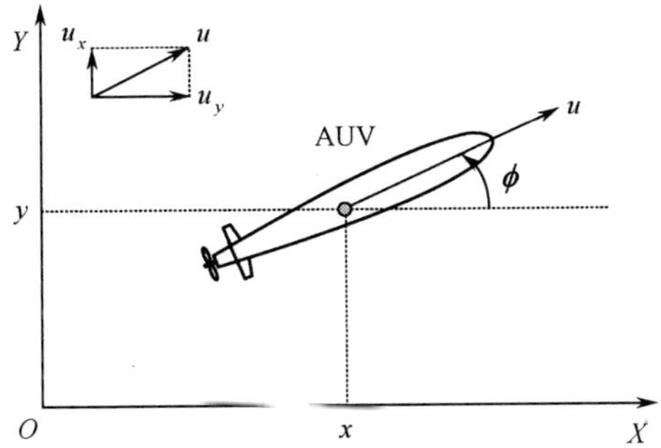

图 4－5　AUV 的 2D 运动学模型

由于从 AUV $\mathcal{A}_i$ 与主 AUV $\mathcal{L}$ 之间的每一组相对距离和方位量测值 $Z_i(k+1)$ 可由 AUV $\mathcal{A}_i$ 局部坐标系下的距离 $r_i(k+1)$ 和方位角 $\theta_i(k+1)$ 确定，因此首先建立关于 AUV $\mathcal{A}_i$ 的局部坐标系。如图 4－6 所示，以从 AUV $\mathcal{A}_i$ 在 $k+1$ 时刻的位置 $\boldsymbol{X}_i(k+1)=(x_i(k+1),y_i(k+1))^{\mathrm{T}}$ 为原点建立局部坐标系 $\{\sum_i: A-X_iY_i\}$，其中，X_i 指向 $\mathcal{A}_i$ 的运动方向，Y_i 与 X_i 相互垂直。至此，可以写出 AUV $\mathcal{A}_i$ 与 $\mathcal{L}$ 之间的相对距离和方位量测方程在局部坐标系 $\{\sum_i: A-X_iY_i\}$ 下的表达式

$$\boldsymbol{Z}_i(k+1) = \begin{bmatrix} r_i(k+1)\cos\theta_i(k+1) \\ r_i(k+1)\sin\theta_i(k+1) \end{bmatrix} \tag{4.2}$$

此外，由图 4－6 中的几何关系可知

$$\begin{cases} r_i(k+1) = \| \boldsymbol{X}_{\mathcal{L}}(k+1) - \boldsymbol{X}_i(k+1) \| \\ \qquad = \sqrt{(x_{\mathcal{L}}(k+1) - x_i(k+1))^2 + (y_{\mathcal{L}}(k+1) - y_i(k+1))^2} \\ \cos(\theta_i(k+1) + \phi_i(k+1)) = \dfrac{x_{\mathcal{L}}(k+1) - x_i(k+1)}{r_i(k+1)} \\ \sin(\theta_i(k+1) + \phi_i(k+1)) = \dfrac{y_{\mathcal{L}}(k+1) - y_i(k+1)}{r_i(k+1)} \end{cases} \tag{4.3}$$

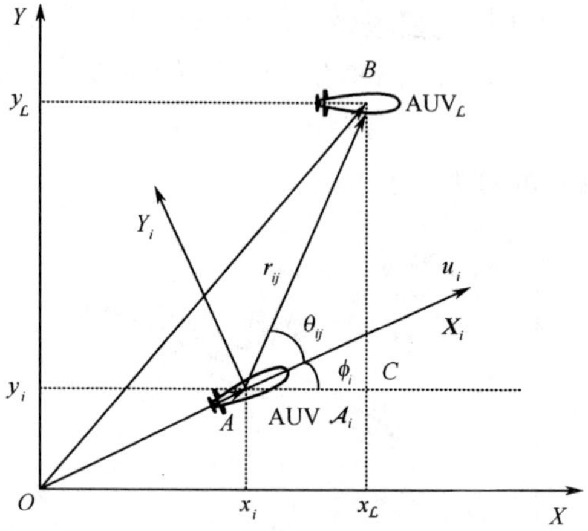

图 4－6　AUV $\mathcal{A}_i$ 的局部坐标系

因此，可将局部坐标系下的量测方程(4.2)进一步写为

$$\begin{aligned}
\boldsymbol{Z}_i(k+1) &= \begin{bmatrix} r_i(k+1)\cos\{(\theta_i(k+1)+\phi_i(k+1))-\phi_i(k+1)\} \\ r_i(k+1)\sin\{(\theta_i(k+1)+\phi_i(k+1))-\phi_i(k+1)\} \end{bmatrix} \\
&= \begin{bmatrix} r_i(k+1)\{\cos(\theta_i(k+1)+\phi_i(k+1))\cos\phi_i(k+1) + \sin(\theta_i(k+1)+\phi_i(k+1))\sin\phi_i(k+1)\} - \\ r_i(k+1)\{\sin(\theta_i(k+1)+\phi_i(k+1))\sin\phi_i(k+1) + \cos(\theta_i(k+1)+\phi_i(k+1))\cos\phi_i(k+1)\} \end{bmatrix} \\
&= \begin{bmatrix} (x_{\mathcal{L}}(k+1)-x_i(k+1))\cos\phi_i(k+1) + (y_{\mathcal{L}}(k+1)-y_i(k+1))\sin\phi_i(k+1) + \\ -(x_{\mathcal{L}}(k+1)-x_i(k+1))\sin\phi_i(k+1) + (y_{\mathcal{L}}(k+1)-y_i(k+1))\cos\phi_i(k+1) \end{bmatrix} \\
&= \begin{bmatrix} \cos\phi_i(k+1) & \sin\phi_i(k+1) \\ -\sin\phi_i(k+1) & \cos\phi_i(k+1) \end{bmatrix} \begin{bmatrix} x_{\mathcal{L}}(k+1)-x_i(k+1) \\ y_{\mathcal{L}}(k+1)-y_i(k+1) \end{bmatrix} \\
&= \boldsymbol{C}^{\mathrm{T}}(\phi_i(k+1))[\boldsymbol{X}_{\mathcal{L}}(k+1)-\boldsymbol{X}_i(k+1)]
\end{aligned} \tag{4.4}$$

其中

$$\boldsymbol{C}(\phi_i(k+1)) = \begin{bmatrix} \cos\phi_i(k+1) & -\sin\phi_i(k+1) \\ \sin\phi_i(k+1) & cos\phi_i(k+1) \end{bmatrix} \tag{4.5}$$

是关于航向角 $\phi_i(k+1)$ 的旋转矩阵。可以看到,式(4.4)就是局部坐标系下的量测议程(4.2)在 AUV 的公共坐标系 $\{\sum : O-XY\}$ 下的表示形式,即 AUV $\mathcal{A}_i$ 与 $\mathcal{L}$ 之间的相对距离和方位量测议程。

4.2.2　基于扩展 Kalman 滤波的协同导航算法

设 AUV $\mathcal{A}_i$ 的状态向量和量测向量分别记为

$$\begin{cases}\boldsymbol{x}_i(k)=(x_i(k),y_i(k),\phi_i(k))^{\mathrm{T}}\\ \boldsymbol{Z}_i(k)=(r_i(k)\cos\theta_i(k),r_i(k)\sin\theta_i(k))^{\mathrm{T}}\end{cases}\tag{4.6}$$

则导航系统整体的状态向量和量测向量可以表示为

$$\begin{cases}\boldsymbol{x}(k)=(\boldsymbol{x}_1^{\mathrm{T}}(k),\cdots,\boldsymbol{x}_{N-1}^{\mathrm{T}}(k))^{\mathrm{T}}\\ \boldsymbol{Z}(k)=(\boldsymbol{Z}_1^{\mathrm{T}}(k),\cdots,\boldsymbol{Z}_{N-1}^{\mathrm{T}}(k))^{\mathrm{T}}\end{cases}\tag{4.7}$$

根据 AUV 的运动学议程(4.1)和量测方程(4.4)可得

$$\begin{cases}\boldsymbol{x}(k+1)=f(\boldsymbol{x}(k+1),k)+\boldsymbol{w}(k)\\ \boldsymbol{Z}(k+1)=g(\boldsymbol{x}(k+1),k)+\boldsymbol{\zeta}(k)\end{cases}\tag{4.8}$$

其中,f,g 分别是相应于式(4.1)和式(4.4)的适当的非线性函数;$\boldsymbol{w}(k)$,$\boldsymbol{\zeta}(k)$分别是系统噪声和量测噪声,两者皆为具有零均值互不相关的 Gaus 白噪声,并且

$$\mathbb{E}\{\boldsymbol{w}(k)\boldsymbol{w}^{\mathrm{T}}(k)\}=\boldsymbol{Q}(k),\quad \mathbb{E}\{\boldsymbol{\zeta}(k)\boldsymbol{\zeta}^{\mathrm{T}}(k)\}=\boldsymbol{R}(k)\tag{4.9}$$

此外,记 Jacobian 矩阵

$$\begin{cases}\boldsymbol{F}(k+1,k)=\left.\dfrac{\partial f(\boldsymbol{x}(k),k)}{\partial \boldsymbol{x}}\right|_{\boldsymbol{x}=\hat{\boldsymbol{x}}(k|k)}\\ \boldsymbol{G}(k+1)=\left.\dfrac{\partial g(\boldsymbol{x}(k),k)}{\partial \boldsymbol{x}}\right|_{\boldsymbol{x}=\hat{\boldsymbol{x}}(k+1|k)}\end{cases}\tag{4.10}$$

则可得下列扩展 Kalman 滤波协同导航算法:

初始化

$$\hat{\boldsymbol{x}}(0|0)=\mathbb{E}[\boldsymbol{x}(0)],\quad P(0|0)=\mathbb{V}\mathrm{ar}[\boldsymbol{x}(0)]\tag{4.11}$$

预测方程

$$\begin{cases}\hat{\boldsymbol{x}}(k+1|k)=f(\hat{\boldsymbol{x}}(k),k)\\ \boldsymbol{P}(k+1|k)=\boldsymbol{F}(k+1,k)\boldsymbol{P}(k|k)\boldsymbol{F}^{\mathrm{T}}(k+1,k)+\boldsymbol{Q}(k)\end{cases}\tag{4.12}$$

更新议程和滤波增益

$$
\begin{cases}
\boldsymbol{K}(k+1)=\boldsymbol{P}(k+1|k)\boldsymbol{G}(k+1)\times \\
\qquad [\boldsymbol{G}(k+1)\boldsymbol{P}(k+1|k)\boldsymbol{G}^{\mathrm{T}}(k+1)+\boldsymbol{R}(k+1)]^{-1} \\
\hat{\boldsymbol{x}}(k+1|k+1)=\hat{\boldsymbol{x}}(k+1|k)+\boldsymbol{K}(k+1)\times \\
\qquad [\boldsymbol{Z}(k+1)-g(\tilde{\boldsymbol{x}}(k+1)|k),k)] \\
\boldsymbol{P}(k+1|k+1)=\boldsymbol{P}(k+1|k)-\boldsymbol{K}(k+1)\boldsymbol{G}(k+1)\boldsymbol{P}(k+1|k)
\end{cases}
\tag{4.13}
$$

因此,只需给定 AUV $\mathcal{A}_i(i=1,\cdots,N-1)$的初始位姿 $\hat{\boldsymbol{x}}_0$ 以及协同导航系统的初始化滤波方差 P_0,就能够利用式(4.12)及式(4.13)递推地求取各从 AUV 的定位估计。

注 4.1　如果对从 AUV 初始时刻状态的统计信息缺乏了解,则可以按照下列方式对滤波器进行初始化:

$$
\hat{\boldsymbol{x}}(0|0)=0, \quad P(0|0)=\alpha I \tag{4.14}
$$

其中,α 为很大的正数,以此保证滤波方差的正定性。

4.3　协同导航算法性能分析

有关多 AUV 协同导航系统定位性能的研究,已有的工作主要基于单固定信标(Single Fixed Beacon)的导航系统展开,Baccou[18-21] 等针对 AUV 与信标间相对位置测量中的常值洋流漂移问题,通过 AUV 自身的适当机动对洋流影响进行了初步分析,利用 Levenberg - Marquardt 算法得到了导航系统误差关于相对位置量测误差的 Cramer - Rao 下界。Gader[22-26] 等从 AUV 导航系统的运动学和动力学特性入手,分析了 AUV 的欠驱动特性对相对位置量测的影响,建立了导航系统的定位误差关于相对位置量测误差的传递议程,并讨论了 AUV 的路径可观测性与导航系统定位性能之间的关系。针对主从式多 AUV 协同导航系统定位性能的研究较少,主要来自于 Kalwa[27-29] 等和 Bahr[30,31] 等的工作。这些研究表明,由于 AUV 受到洋流、欠驱动特性的影响产生漂移,导致其相对位置测量与实际情况并不吻合。Bahr 和 Leonard 工作组通过水面实验验证了上述相对位置测量误差对导航定位性能的影响,并依据实验结果指出单领航者 AUV 协同导航系统的整体定位误差可控[30]。

总的来说，上述研究工作对多 AUV 协同导航系统的定位性能进行了有益的理论和实践探索，但对基于单领航者 AUV 协同导航系统性能的研究尚处于十分欠缺的阶段，还有一些问题需要考虑。例如，导航系统的整体定位误差关于相对位置量测误差的传递关系、定位误差的方差上界估计、定位误差的收敛性等。本节将针对基于相对距离和方位测量的单领航者 AUV 协同导航方法，研究其 EKF 滤波算法的性能[32]。

4.3.1　状态估计的误差传播

不失一般性，假设在每个采样时刻，AUV $\mathcal{A}_i$ 可以获得自身关于邻近的 M_i 个 AUV 之间的相对距离和方位测量值。记 $\mathcal{N}_i \subset \{\mathcal{A}_1, \cdots, \mathcal{A}_N\} \setminus \{\mathcal{A}_i\}$ 表示由这 M_i 个 AUV 构成的集合，设 $\mathcal{T}_{ij}$ 表示 AUV $\mathcal{A}_i$ 获得的第 j 组相对距离和方位测量值所对应的 AUV 成员，即 $\mathcal{T}_{ij} \in \mathcal{N}_i$，$j = 1, \cdots, M_i$ 因此，AUV $\mathcal{A}_i$ 与 $\mathcal{T}_{ij}$ 之间的每一组量测值 $Z_{ij}(k+1)$ 便可由 AUV $\mathcal{A}_i$ 局部坐标系下的距离 $r_{ij}(k+1$ 和方位角 $\theta_{ij}(k+1)$ 确定。

由 AUV $\mathcal{A}_i(i=1, \cdots, N)$ 的运动学方程(4.1)可知，与之相应的 Kalman 滤波方程为

$$\begin{bmatrix} \hat{x}_i(k+1|k) \\ \hat{y}_i(k+1|k) \end{bmatrix} = \begin{bmatrix} \hat{x}_i(k|k) \\ \hat{y}_i(k|k) \end{bmatrix} + \begin{bmatrix} u_{m_i}(k)\cos\hat{\phi}_i(k) \\ u_{m_i}(k)\sin\hat{\phi}_i(k) \end{bmatrix} \Delta t \quad (4.15)$$

其中，$u_{m_i}(k)$，$\hat{\phi}_i(k)$ 分别是 $\mathcal{A}_i$ 在 t_k 时刻的量测速度与航向角估计。

将非线性运动方程(4.1)和(4.15)线性化后作差，可得 AUV$\mathcal{A}_i$ 的定位估计误差传播方程为

$$\begin{bmatrix} \hat{x}_i(k+1|k) \\ \hat{y}_i(k+1|k) \end{bmatrix} = \begin{bmatrix} 1 & 0 \\ 0 & 1 \end{bmatrix} \begin{bmatrix} \hat{x}_i(k|k) \\ \hat{y}_i(k|k) \end{bmatrix} +$$

$$\begin{bmatrix} \Delta t\cos\hat{\phi}_i(k) & -u_{m_i}(k)\Delta t\sin\hat{\phi}_i(k) \\ \Delta t\sin\hat{\phi}_i(k) & u_{m_i}(k)\Delta t\cos\hat{\phi}_i(k) \end{bmatrix}\begin{bmatrix} w_{u_i}(k) \\ \hat{\phi}_i(k) \end{bmatrix} \tag{4.16}$$

需要指出的是,式(4.15)和式(4.16)中均已将状态分量 $\phi(k)$ 合并至方程右端统一处理,以此减少状态向量的维数,便于后续的演算和分析。为此,引入下列新的记号以避免与4.2节的内容产生混淆。

记

$$\begin{cases} \boldsymbol{X}_i(k)=[x_i(k),y_i(k)]^{\mathrm{T}} \\ \hat{\boldsymbol{X}}_i(k)=[\hat{x}_i(k),\hat{y}_i(k)]^{\mathrm{T}} \\ \tilde{\boldsymbol{X}}_i(k)=\boldsymbol{X}_i(k)-\tilde{\boldsymbol{X}}_i(k)=[\tilde{x}_i(k),\tilde{y}_i(k)]^{\mathrm{T}} \end{cases} \tag{4.17}$$

分别表示 AUV $\mathcal{A}_i$ 的状态向量、定位估计向量和定位估计误差向量。此外,记

$$\begin{cases} \boldsymbol{W}_i(k)=\begin{bmatrix} w_{u_i}(k) \\ \tilde{\phi}_i(k) \end{bmatrix} \\ \boldsymbol{G}_i(k)=\begin{bmatrix} \Delta t\cos\hat{\phi}_i(k) & -u_{m_i}(k)\Delta t\sin\hat{\phi}_i(k) \\ \Delta t\sin\hat{\phi}_i(k) & u_{m_i}(k)\Delta t\cos\hat{\phi}_i(k) \end{bmatrix} \end{cases} \tag{4.18}$$

可将式(4.16)重新写为

$$\tilde{\boldsymbol{X}}_i(k+1|k)=\boldsymbol{I}_2\tilde{\boldsymbol{X}}_i(k|k)+\boldsymbol{G}_i(k)\boldsymbol{W}_i(k) \tag{4.19}$$

其中,$w_{u_i}(k)$ 是影响速度量测的零均值 Gauss 白噪声[33],$\tilde{\phi}_i(k)$ 是航向角估计误差,服从零均值方差为 $\sigma_{\phi_i}^2$ 的正态分布。由式(4.19)可得 AUV $\mathcal{A}_i$ 的系统噪声方差矩阵为

$$\boldsymbol{Q}_i(k)=\mathbb{E}\{\boldsymbol{G}_i(k)\boldsymbol{W}_i(k)\boldsymbol{W}_i^{\mathrm{T}}(k)\boldsymbol{G}_i^{\mathrm{T}}(k)\}$$

$$=\begin{bmatrix} \cos\hat{\phi}_i(k) & -\sin\hat{\phi}_i(k) \\ \sin\hat{\phi}_i(k) & \cos\hat{\phi}_i(k) \end{bmatrix}\Delta t\begin{bmatrix} \sigma_{u_i}^2 & 0 \\ 0 & u_{m_i}^2(k)\sigma_{\phi_i}^2 \end{bmatrix}\times$$

$$
\Delta t\begin{bmatrix} \cos\hat{\phi}_i(k) & \sin\hat{\phi}_i(k) \\ -\sin\hat{\phi}_i(k) & \cos\hat{\phi}_i(k) \end{bmatrix}
$$

$$
=\boldsymbol{C}(\hat{\phi}_i(k))\begin{bmatrix} \Delta t^2\sigma_{u_i}^2 & 0 \\ 0 & \Delta t^2 u_{m_i}^2 n(k)\sigma_{\phi_i}^2 \end{bmatrix}\boldsymbol{C}^{\mathrm{T}}(\hat{\phi}_i(k)) \tag{4.20}
$$

利用上述结论,可以得到由 N 个 AUV 组成的导航系统整体的定位估计误差传播方程为

$$
\begin{aligned}
\widetilde{\boldsymbol{X}}(k+1|k) &= \boldsymbol{I}_{2N}\widetilde{\boldsymbol{X}}(k|k)+\begin{bmatrix} \boldsymbol{G}_1(k) & \boldsymbol{O}_{2\times 2} & \cdots & \boldsymbol{O}_{2\times 2} \\ \boldsymbol{O}_{2\times 2} & \boldsymbol{G}_2(k) & \cdots & \boldsymbol{O}_{2\times 2} \\ \vdots & \vdots & \ddots & \vdots \\ \boldsymbol{O}_{2\times 2} & \boldsymbol{O}_{2\times 2} & \cdots & \boldsymbol{G}_N(k) \end{bmatrix}\begin{bmatrix} \boldsymbol{W}_1(k) \\ \boldsymbol{W}_2(k) \\ \vdots \\ \boldsymbol{W}_N(k) \end{bmatrix} \\
&= \boldsymbol{I}_{2N}\widetilde{\boldsymbol{X}}(k|k)+\boldsymbol{G}(k)\boldsymbol{W}(k)
\end{aligned} \tag{4.21}
$$

其中

$$
\begin{cases}
\boldsymbol{X}(k)=[\boldsymbol{X}_1^{\mathrm{T}}(k),\cdots,\boldsymbol{X}_N^{\mathrm{T}}(k)]^{\mathrm{T}} \\
\hat{\boldsymbol{X}}(k)=[\widetilde{\boldsymbol{X}}_1^{\mathrm{T}}(k),\cdots,\hat{\boldsymbol{X}}_N^{\mathrm{T}}(k)]^{\mathrm{T}} \\
\widetilde{\boldsymbol{X}}(k)=\boldsymbol{X}(k)-\hat{\boldsymbol{X}}(k)=[\widetilde{\boldsymbol{X}}_1^{\mathrm{T}}(k),\cdots,\widetilde{\boldsymbol{X}}_N^{\mathrm{T}}(k)]^{\mathrm{T}}
\end{cases} \tag{4.22}
$$

分别是协同导航系统整体的状态向量、状态估计向量和状态估计误差向量。

$$
\begin{cases}
\boldsymbol{G}(k)=\mathrm{diag}\{[\boldsymbol{G}_1(k),\cdots,\boldsymbol{G}_N(k)]\} \\
\boldsymbol{W}(k)=[\boldsymbol{W}_1^{\mathrm{T}}(k),\cdots,\boldsymbol{W}_N^{\mathrm{T}}(k)]^{\mathrm{T}}
\end{cases} \tag{4.23}
$$

系统的整体噪声方差阵为

$$
\begin{aligned}
\boldsymbol{Q}(k) &= \mathbb{E}\{\boldsymbol{G}(k)\boldsymbol{W}(k)\boldsymbol{W}^{\mathrm{T}}(k)\boldsymbol{G}^{\mathrm{T}}(k)\} \\
&= \mathrm{diag}\{[\boldsymbol{Q}_1(k),\cdots,\boldsymbol{Q}_N(k)]\}
\end{aligned} \tag{4.24}
$$

因此,导航系统状态估计误差的方差传播方程为

$$
\boldsymbol{P}(k+1|k)=\boldsymbol{P}(k|k)+\boldsymbol{Q}(k) \tag{4.25}
$$

其中

$$
\begin{cases}
\boldsymbol{P}(k|k)=\mathbb{E}\{\widetilde{\boldsymbol{X}}(k|k)\widetilde{\boldsymbol{X}}^{\mathrm{T}}(k|k)\} \\
\boldsymbol{P}(k+1|k)=\mathbb{E}\{\widetilde{\boldsymbol{X}}(k+1|k)\widetilde{\boldsymbol{X}}^{\mathrm{T}}(k+1|k)\}
\end{cases} \tag{4.26}
$$

分别是 t_k 和 t_{k+1} 时刻状态估计误差的方差矩阵。

4.3.2 相对距离和方位量测的误差传播

由式(4.4)可知,AUV $\mathcal{A}_i$ 与 $\mathcal{T}_{ij}$ 之间的相对距离和方位量测方程为

$$\begin{aligned}\boldsymbol{Z}_{ij}(k+1)=&\boldsymbol{C}^{\mathrm{T}}(\phi_i(k+1))\times\\&[\boldsymbol{X}_{\mathcal{T}_{ij}}(k+1)-\boldsymbol{X}_i(k+1)]+\boldsymbol{\zeta}_{Z_{ij}}(k+1)\end{aligned}\tag{4.27}$$

其中,$\boldsymbol{\zeta}_{Z_{ij}}(k+1)$ 是量测过程中的 Gauss 白噪声干扰。

利用式(4.27)可以得到量测误差方程为

$$\begin{aligned}\widetilde{\boldsymbol{Z}}_{ij}(k+1)&=\boldsymbol{Z}_{ij}(k+1)-\hat{\boldsymbol{Z}}_{ij}(k+1)\\&=\boldsymbol{C}^{\mathrm{T}}(\phi_i(k+1))[\boldsymbol{X}_{\mathcal{T}_{ij}}(k+1)-\boldsymbol{X}_i(k+1)]-\\&\quad\boldsymbol{C}^{\mathrm{T}}(\hat{\phi}_i(k+1))[\hat{\boldsymbol{X}}_{\mathcal{T}_{ij}}(k+1|k)-\hat{\boldsymbol{X}}_i(k+1|k)]+\boldsymbol{\zeta}_{Z_{ij}}(k+1)\\&=\boldsymbol{C}^{\mathrm{T}}(\phi_i(k+1))\{[\boldsymbol{X}_{\mathcal{T}_{ij}}(k+1)-\boldsymbol{X}_i(k+1)]-\\&\quad[\hat{\boldsymbol{X}}_{\mathcal{T}_{ij}}(k+1|k)-\hat{\boldsymbol{X}}_i(k+1|k)]\}+\\&\quad\boldsymbol{C}^{\mathrm{T}}(\phi_i(k+1)[\hat{\boldsymbol{X}}_{\mathcal{T}_{ij}}(k+1|k)-\hat{\boldsymbol{X}}_i(k+1|k)]-\\&\quad\boldsymbol{C}^{\mathrm{T}}(\hat{\phi}_i(k+1)[\hat{\boldsymbol{X}}_{\mathcal{T}_{ij}}(k+1|k)-\hat{\boldsymbol{X}}_i(k+1|k)]+\boldsymbol{\zeta}_{Z_{ij}}(k+1)\\&=\boldsymbol{C}^{\mathrm{T}}(\phi_i(k+1))[\hat{\boldsymbol{X}}_{\mathcal{T}_{ij}}(k+1|k)-\hat{\boldsymbol{X}}_i(k+1|k)]+\\&\quad(\boldsymbol{C}^{\mathrm{T}}(\phi_i(k+1))-\boldsymbol{C}^{\mathrm{T}}(\hat{\phi}_i(k+1)))\times\\&\quad[\hat{\boldsymbol{X}}_{\mathcal{T}_{ij}}(k+1|k)-\hat{\boldsymbol{X}}_i(k+1|k)]+\boldsymbol{\zeta}_{Z_{ij}}(k+1)\\&\triangleq\boldsymbol{r}_1+\boldsymbol{r}_2+\boldsymbol{\zeta}_{Z_{ij}}(k+1)\end{aligned}\tag{4.28}$$

由于

$$\begin{aligned}\boldsymbol{r}_1&=\boldsymbol{C}^{\mathrm{T}}(\phi_i(k+1))[\widetilde{\boldsymbol{X}}_{\mathcal{T}_{ij}}(k+1|k)-\widetilde{\boldsymbol{X}}_i(k+1)|k)]\\&=\boldsymbol{C}^{\mathrm{T}}(\hat{\phi}_i(k+1))[\widetilde{\boldsymbol{X}}_{\mathcal{T}_{ij}}(k+1|k)-\widetilde{\boldsymbol{X}}_i(k+1)|k)]\end{aligned}\tag{4.29}$$

$$\begin{aligned}\boldsymbol{r}_2=&(\boldsymbol{C}^{\mathrm{T}}(\phi_i(k+1))-\boldsymbol{C}^{\mathrm{T}}(\hat{\phi}_i(k+1)))\times\\&[\hat{\boldsymbol{X}}_{\mathcal{T}_{ij}}(k+1|k)-\hat{\boldsymbol{X}}_i(k+1|k)]\end{aligned}$$

$$
=\begin{bmatrix} \cos\phi_i(k+1)-\cos\hat{\phi}_i(k+1) & \sin\phi_i(k+1)-\sin\hat{\phi}_i(k+1) \\ -(\sin\phi_i(k+1)-\sin\hat{\phi}_i(k+1)) & \cos\phi_i(k+1)-\cos\hat{\phi}_i(k+1) \end{bmatrix}\times
$$

$$
[\hat{\boldsymbol{X}}_{T_{ij}}(k+1|k)-\hat{\boldsymbol{X}}_i(k+1|k)]
$$

$$
=-\begin{bmatrix} \sin\hat{\phi}_i(k+1) & -\cos\hat{\phi}_i(k+1) \\ \cos\hat{\phi}_i(k+1) & \sin\hat{\phi}_i(k+1) \end{bmatrix}\hat{\phi}_i(k+1)\times
$$

$$
[\hat{\boldsymbol{X}}_{T_{ij}}(k+1|k)-\hat{\boldsymbol{X}}_i(k+1|k)]
$$

$$
=-\boldsymbol{C}^{\mathrm{T}}(\hat{\phi}_i(k+1))\boldsymbol{J}\hat{\phi}_i(k+1)[\hat{\boldsymbol{X}}_{T_{ij}}(k+1|k)-\hat{\boldsymbol{X}}_i(k+1|k)] \tag{4.30}
$$

其中

$$
\boldsymbol{J}=\begin{bmatrix} 0 & -1 \\ 1 & 0 \end{bmatrix},\quad \hat{\phi}_i(k+1)=\phi_i(k+1)-\hat{\phi}_i(k+1) \tag{4.31}
$$

将式(4.29)~式(4.31)代入式(4.38),可得

$$
\begin{aligned}
\tilde{\boldsymbol{Z}}_{ij}(k+1)=&\boldsymbol{C}^{\mathrm{T}}(\hat{\phi}_i(k+1))[\tilde{\boldsymbol{X}}_{T_{ij}}(k+1|k)-\tilde{\boldsymbol{X}}_i(k+1|k)]- \\
&\boldsymbol{C}^{\mathrm{T}}(\hat{\phi}_i(k+1))\boldsymbol{J}\hat{\phi}_i(k+1)\times \\
&[\hat{\boldsymbol{X}}_{T_{ij}}(k+1|k)-\hat{\boldsymbol{X}}_i(k+1|k)]+\boldsymbol{\zeta}_{Z_{ij}}(k+1) \\
=&\boldsymbol{C}^{\mathrm{T}}(\hat{\phi}_i(k+1))\begin{bmatrix} \boldsymbol{O}_{2\times2}\cdots \underbrace{-\boldsymbol{I}_2}_{\mathcal{A}_i}\cdots \underbrace{\boldsymbol{I}_2}_{\mathcal{T}_{ij}}\cdots\boldsymbol{O}_{2\times2} \end{bmatrix}\times \\
&[\cdots\tilde{\boldsymbol{X}}_i^{\mathrm{T}}(k+1|k)\cdots\tilde{\boldsymbol{X}}_{T_{ij}}^{\mathrm{T}}(k+1|k)\cdots]^{\mathrm{T}}+ \\
&[\boldsymbol{I}_2-\boldsymbol{C}^{\mathrm{T}}(\hat{\phi}_i(k+1))\boldsymbol{J}\Delta\hat{\boldsymbol{p}}_{ij}(k+1|k)]\begin{bmatrix} \zeta_{Z_{ij}}(k+1) \\ \tilde{\phi}_i(k+1) \end{bmatrix} \\
=&\boldsymbol{H}_{ij}(k+1)\tilde{\boldsymbol{X}}(k+1|k)+\boldsymbol{\Gamma}_{ij}(k+1)\boldsymbol{\zeta}_{ij}(k+1)
\end{aligned} \tag{4.32}
$$

其中

$$\begin{cases}\Delta\hat{\boldsymbol{p}}_{ij}(k+1|k)=\hat{\boldsymbol{X}}\mathcal{T}_{ij}(k+1|k)-\hat{\boldsymbol{X}}_i(k+1|k)\\ \boldsymbol{\Gamma}_{ij}(k+1)=[\boldsymbol{I}_2-\boldsymbol{C}^{\mathrm{T}}(\hat{\phi}_i(k+1))\boldsymbol{J}\Delta\hat{\boldsymbol{p}}_{ij}(k+1|k)]\\ \boldsymbol{\zeta}_{ij}(k+1)=\begin{bmatrix}\zeta_{Z_{ij}}(k+1)\\ \tilde{\phi}_i(k+1)\end{bmatrix}\end{cases}\tag{4.33}$$

并且相对距离和方位量测矩阵可以写为

$$\begin{cases}\boldsymbol{H}_{ij}(k+1)=\boldsymbol{C}^{\mathrm{T}}(\hat{\phi}_i(k+1))\boldsymbol{H}_{o,ij}\\ \boldsymbol{H}_{o,ij}=\begin{bmatrix}\boldsymbol{O}_{2\times2}\cdots\underbrace{-\boldsymbol{I}_2}_{\mathcal{A}_i}\cdots\underbrace{\boldsymbol{I}_2}_{\mathcal{T}_{ij}}\cdots\boldsymbol{O}_{2\times2}\end{bmatrix}\end{cases}\tag{4.34}$$

由式(4.34)可得 AUV$\mathcal{A}_i$ 与 M_i 个 AUV 成员之间的相对距离和方位量测矩阵为

$$\boldsymbol{H}_i(k+1)=\begin{bmatrix}\boldsymbol{C}^{\mathrm{T}}(\hat{\phi}_i(k+1))\boldsymbol{H}_{o,i1}\\ \boldsymbol{C}^{\mathrm{T}}(\hat{\phi}_i(k+1))\boldsymbol{H}_{o,i2}\\ \vdots\\ \boldsymbol{C}^{\mathrm{T}}(\hat{\phi}_i(k+1))\boldsymbol{H}_{o,iM_i}\end{bmatrix}=\boldsymbol{\Phi}^{\mathrm{T}}_{\hat{\phi}_i}(k+1)\boldsymbol{H}_{o,i}\tag{4.35}$$

其中，$\boldsymbol{H}_{o,i}$ 是由 $\boldsymbol{H}_{o,ij}(j=1,\cdots,M_i)$ 构成的常数矩阵，而

$$\boldsymbol{\Phi}_{\hat{\phi}_i}(k+1)=\boldsymbol{I}_{M_i}\otimes\boldsymbol{C}(\hat{\phi}_i(k+1))\tag{4.36}$$

是由 $\boldsymbol{C}((\hat{\phi}_i(k+1))$ 构成的分块矩阵，$\otimes$表示矩阵的 Kronecker 乘积[34]。

AUV$\mathcal{A}_i$ 与 $\mathcal{T}_{ij}$ 之间量测误差的方差为

$$\begin{aligned}\boldsymbol{R}^i_{jj}(k+1)&=\mathbb{E}\{\boldsymbol{\Gamma}_{ij}(k+1)\boldsymbol{\zeta}_{ij}(k+1)\boldsymbol{\zeta}^{\mathrm{T}}_{ij}(k+1)\boldsymbol{\Gamma}^{\mathrm{T}}_{ij}(k+1)\}\\ &=\boldsymbol{R}_{Z_{ij}}(k+1)+\boldsymbol{R}_{\tilde{\phi}_{ij}}(k+1)\end{aligned}\tag{4.37}$$

由式(4.37)可知，量测误差由两部分组成，其中 $\boldsymbol{R}_{Z_{ij}}(k+1)$是相对距离和方位量测噪声 $\boldsymbol{\zeta}_{Z_{ij}}(k+1)$的方差，而

$$\begin{aligned}\boldsymbol{R}_{\tilde{\phi}_{ij}}(k+1)&=\boldsymbol{C}^{\mathrm{T}}(\hat{\phi}_i(k+1))\boldsymbol{J}\Delta\hat{p}_{ij}(k+1|k)\times\\&\quad\mathbb{E}\{\tilde{\phi}_i^2(k+1)\}\Delta\hat{\boldsymbol{p}}_{ij}^{\mathrm{T}}(k+1|k)\boldsymbol{J}^{\mathrm{T}}\boldsymbol{C}(\hat{\phi}_i(k+1))\\&=\sigma_{\phi_i}^2\boldsymbol{C}^{\mathrm{T}}(\hat{\phi}_i(k+1))\boldsymbol{J}\Delta\hat{\boldsymbol{p}}_{ij}(k+1|k)\times\\&\quad\Delta\hat{\boldsymbol{p}}_{ij}^{\mathrm{T}}(k+1|k)\boldsymbol{J}^{\mathrm{T}}\boldsymbol{C}(\hat{\phi}_i(k+1))\end{aligned}\tag{4.38}$$

是由航向角估计误差 $\tilde{\phi}_i(k+1)$ 引入的方差。可以看到，AUV$\mathcal{A}_i$ 和 $\mathcal{T}_{ij}$ 之间的相对距离估计 $\hat{r}_{ij}(k+1|k)=\|\Delta\hat{\boldsymbol{p}}_{ij}(k+1|k)\|$ 对航向角估计误差 $\tilde{\phi}_i(k+1)$ 的方差 $\sigma_{\phi_i}^2$ 具有放大效应。

由于AUV$\mathcal{A}_i$ 与 $\mathcal{T}_{ij}$ 之间的每一组量测值 $\boldsymbol{Z}_{ij}(k+1)$ 由AUV$\mathcal{A}_i$ 局部坐标系下的距离 $r_{ij}(k+1)$ 和方位角 $\theta_{ij}(k+1)$ 确定。因此，为了便于计算量测噪声 $\zeta_{Z_{ij}}(k+1)$ 的方差 $R_{Z_{ij}}(k+1)$，考虑量测方程的局部坐标表达式(4.2)，有

$$\boldsymbol{Z}_{ij}(k+1)=\begin{bmatrix}r_{ij}(k+1)\cos\theta_{ij}(k+1)\\r_{ij}(k+1)\sin\theta_{ij}(k+1)\end{bmatrix}+\boldsymbol{\zeta}_{Z_{ij}}(k+1)\tag{4.39}$$

将 $\boldsymbol{\zeta}_{Z_{ij}}(k+1)$ 线性化得到

$$\begin{aligned}\boldsymbol{\zeta}_{Z_{ij}}(k+1)&=\begin{bmatrix}\cos\hat{\theta}_{ij}(k+1)&-\hat{r}_{ij}(k+1)\sin\hat{\theta}_{ij}(k+1)\\\sin\hat{\theta}_{ij}(k+1)&\hat{r}_{ij}(k+1)\cos\hat{\theta}_{ij}(k+1)\end{bmatrix}\times\\&\quad\begin{bmatrix}\zeta_{r_{ij}}(k+1)\\\zeta_{\theta_{ij}}(k+1)\end{bmatrix}\end{aligned}\tag{4.40}$$

其中

$$\begin{cases}r_{ij}(k+1)=\|\Delta\hat{\boldsymbol{p}}_{ij}(k+1)\|=(\Delta\hat{\boldsymbol{p}}_{ij}^{\mathrm{T}}(k+1)\Delta\hat{\boldsymbol{p}}_{ij}(k+1))^{\frac{1}{2}}\\\theta_{ij}(k+1)=\arctan\left(\dfrac{y_{\mathcal{T}_{ij}}(k+1)-y_i(k+1)}{x_{\mathcal{T}_{ij}}(k+1)-x_i(k+1)}\right)-\phi_i(k+1)\end{cases}\tag{4.41}$$

其中，$\hat{r}_{ij}$，$\hat{\theta}_{ij}$ 是相应于式(4.41)中对量测信息 r_{ij}，θ_{ij} 的估计；$\zeta_{r_{ij}}$ 是相对距离量测噪声；$\zeta_{\theta_{ij}}$ 是相对方位量测噪声，两者均为具有零均值的Gauss白噪声，且互不相关。

由于

$$
\begin{aligned}
&\boldsymbol{C}^{\mathrm{T}}(\hat{\phi}_i(k+1))\boldsymbol{\zeta}_{Z_{ij}}(k+1)\\
&=\begin{bmatrix}\cos\hat{\phi}_i(k+1) & -\sin\hat{\phi}_i(k+1)\\ \sin\hat{\phi}_i(k+1) & \cos\hat{\phi}_i(k+1)\end{bmatrix}\begin{bmatrix}\cos\hat{\theta}_{ij}(k+1) & -\hat{r}_{ij}(k+1)\sin\hat{\theta}_{ij}(k+1)\\ \sin\hat{\theta}_{ij}(k+1) & \hat{r}_{ij}(k+1)\cos\hat{\theta}_{ij}(k+1)\end{bmatrix}\\
&\quad\begin{bmatrix}\zeta_{r_{ij}}(k+1)\\ \zeta_{\theta_{ij}}(k+1)\end{bmatrix}\times\\
&=\begin{bmatrix}\cos(\hat{\phi}_i(k+1)+\hat{\theta}_{ij}(k+1)) & -\hat{r}_{ij}(k+1)\sin(\hat{\phi}_i(k+1)+\hat{\theta}_{ij}(k+1))\\ \sin(\hat{\phi}_i(k+1)+\hat{\theta}_{ij}(k+1)) & \hat{r}_{ij}(k+1)\cos(\hat{\phi}_i(k+1)+\hat{\theta}_{ij}(k+1))\end{bmatrix}\times\\
&\quad\begin{bmatrix}\zeta_{r_{ij}}(k+1)\\ \zeta_{\theta_{ij}}(k+1)\end{bmatrix}\\
&=\left[\frac{\Delta\hat{\boldsymbol{p}}_{ij}(k+1\mid k)}{\hat{r}_{ij}(k+1)}\boldsymbol{J}\Delta\hat{\boldsymbol{p}}_{ij}(k+1\mid k)\right]\begin{bmatrix}\zeta_{r_{ij}}(k+1)\\ \zeta_{\theta_{ij}}(k+1)\end{bmatrix}
\end{aligned}
\tag{4.42}
$$

因此，可将 $\boldsymbol{R}_{Z_{ij}}(k+1)$ 写为

$$
\begin{aligned}
&\boldsymbol{R}_{Z_{ij}}(k+1)=\mathbb{E}\{\boldsymbol{\zeta}_{Z_{ij}}(k+1)\boldsymbol{\zeta}_{Z_{ij}}^{\mathrm{T}}(k+1)\}\\
&=\boldsymbol{C}^{\mathrm{T}}(\hat{\phi}_i(k+1))\left[\frac{\Delta\hat{\boldsymbol{p}}_{ij}(k+1\mid k)}{\hat{r}_{ij}(k+1)}\boldsymbol{J}\Delta\hat{\boldsymbol{p}}_{ij}(k+1\mid k)\right]\mathbb{E}\left\{\begin{bmatrix}\zeta_{r_{ij}}(k+1)\\ \zeta_{\theta_{ij}}(k+1)\end{bmatrix}\begin{bmatrix}\zeta_{r_{ij}}(k+1)\\ \zeta_{\theta_{ij}}(k+1)\end{bmatrix}^{\mathrm{T}}\right\}\times\\
&\quad\left[\frac{\Delta\hat{\boldsymbol{p}}_{ij}(k+1\mid k)}{\hat{r}_{ij}(k+1)}\boldsymbol{J}\Delta\hat{\boldsymbol{p}}_{ij}(k+1\mid k)\right]^{\mathrm{T}}\boldsymbol{C}(\hat{\phi}_i(k+1))\\
&=\boldsymbol{C}^{\mathrm{T}}(\hat{\phi}_i(k+1))\left[\frac{\Delta\hat{\boldsymbol{p}}_{ij}(k+1\mid k)}{\hat{r}_{ij}(k+1)}\boldsymbol{J}\Delta\hat{\boldsymbol{p}}_{ij}(k+1\mid k)\right]\begin{bmatrix}\sigma_{r_i}^2 & 0\\ 0 & \sigma_{\theta_i}^2\end{bmatrix}\times\\
&\quad\left[\frac{\Delta\hat{\boldsymbol{p}}_{ij}(k+1\mid k)}{\hat{r}_{ij}(k+1)}\boldsymbol{J}\Delta\hat{\boldsymbol{p}}_{ij}(k+1\mid k)\right]^{\mathrm{T}}\boldsymbol{C}(\hat{\phi}_i(k+1))\\
&=\boldsymbol{C}^{\mathrm{T}}(\hat{\phi}_i(k+1))\left(\frac{\sigma_{r_i}^2}{\hat{r}_{ij}^2(k+1)}\Delta\hat{\boldsymbol{p}}_{ij}(k+1\mid k)\Delta\hat{\boldsymbol{p}}_{ij}^{\mathrm{T}}(k+1\mid k)+\sigma_{\theta_i}^2\boldsymbol{J}\Delta\hat{\boldsymbol{p}}_{ij}(k+1\mid k)\times\right.
\end{aligned}
$$

$$\Delta\hat{\boldsymbol{p}}_{ij}^{\mathrm{T}}(k+1\mid k)\boldsymbol{J}^{\mathrm{T}}\Big)\boldsymbol{C}(\hat{\phi}_i(k+1))$$

$$=\boldsymbol{C}^{\mathrm{T}}(\hat{\phi}_i(k+1))\left(\frac{\sigma_{r_i}^2}{\hat{r}_{ij}^2(k+1}(\hat{r}_{ij}^2(k+1)\boldsymbol{I}_2-\boldsymbol{J}\Delta\hat{\boldsymbol{p}}_{ij}(k+1\mid k)\Delta\hat{\boldsymbol{p}}_{ij}^{\mathrm{T}}(k+1\mid k)\boldsymbol{J}^{\mathrm{T}})+\right.$$

$$\left.\sigma_{\theta_i}^2\boldsymbol{J}\Delta\hat{\boldsymbol{p}}_{ij}(k+1\mid k)\Delta\hat{\boldsymbol{p}}_{ij}^{\mathrm{T}}(k+1\mid k)\boldsymbol{J}^{\mathrm{T}}\right)\boldsymbol{C}(\hat{\phi}_i(k+1))$$

$$=\boldsymbol{C}^{\mathrm{T}}(\hat{\phi}_i(k+1))\left(\sigma_{r_i}^2\boldsymbol{I}_2+\left(\sigma_{\theta_i}^2-\frac{\sigma_{r_i}^2}{\hat{r}_{ij}^2(k+1)}\right)\boldsymbol{J}\Delta\hat{\boldsymbol{p}}_{ij}(k+1\mid k)\Delta\hat{\boldsymbol{p}}_{ij}^{\mathrm{T}}(k+1\mid k)\boldsymbol{J}^{\mathrm{T}}\right)\times$$

$$\boldsymbol{C}(\hat{\phi}_i(k+1)) \tag{4.43}$$

其中，$\sigma_{r_i}^2$和$\sigma_{\theta_i}^2$分别是$\zeta_{r_{ij}}$和$\zeta_{\theta_{ij}}$的方差，即

$$\mathbb{E}\{\zeta_{r_{ij}}^2\}=\sigma_{r_i}^2,\mathbb{E}\{\zeta_{\theta_{ij}}^2\}=\sigma_{\theta_i}^2,\quad j=1,\cdots,M_i \tag{4.44}$$

由于存在公共的误差分量$\tilde{\phi}_i(k+1)$，因此由AUV$\mathcal{A}_i$测得的M_i组相对距离和方位量测值具有相关性。设$\boldsymbol{R}_{jl}^i(k+1)$表示两组量测误差$\tilde{\boldsymbol{Z}}_{ij}(k+1)$和$\tilde{\boldsymbol{Z}}_{il}(k+1)$之间的相关矩阵，则

$$\begin{aligned}\boldsymbol{R}_{jl}^i(k+1)&=\mathbb{E}\{\boldsymbol{\Gamma}_{ij}(k+1)\boldsymbol{\zeta}_{ij}(k+1)\boldsymbol{\zeta}_{il}^{\mathrm{T}}(k+1)\boldsymbol{\Gamma}_{il}^{\mathrm{T}}(k+1)\}\\&=\sigma_{\phi_i}^2\boldsymbol{C}^{\mathrm{T}}(\hat{\phi}_i(k+1))\boldsymbol{J}\Delta\hat{\boldsymbol{p}}_{ij}(k+1\mid k)\times\\&\quad\Delta\hat{\boldsymbol{p}}_{ij}^{\mathrm{T}}(k+1\mid k)\boldsymbol{J}^{\mathrm{T}}\boldsymbol{C}(\hat{\phi}_i(k+1))\end{aligned} \tag{4.45}$$

联立式(4.43)~式(4.45)，可以得到AUV$\mathcal{A}_i$在t_{k+1}时刻关于M_i组量测值的方差矩阵为

$$\boldsymbol{R}_i(k+1)=\boldsymbol{\Phi}_{\hat{\phi}_i}^{\mathrm{T}}(k+1)\boldsymbol{R}_{o,i}(k+1)\boldsymbol{\Phi}_{\hat{\phi}_i}(k+1) \tag{4.46}$$

其中

$$\boldsymbol{R}_{o,i}(k+1)=\begin{bmatrix}\sigma_{r_i}^2I_2+\left(\sigma_{\phi_i}^2+\sigma_{\theta_i}^2-\frac{\sigma_{r_i}^2}{\hat{r}_{i1}^2(k+1)}\right)\boldsymbol{J}\Delta\hat{\boldsymbol{p}}_{i1}(k+1\mid k)\Delta\hat{\boldsymbol{p}}_{i1}^{\mathrm{T}}(k+1\mid k)\boldsymbol{J}^{\mathrm{T}} & \cdots\\ \vdots & \ddots\\ \sigma_{\phi_i}^2\boldsymbol{J}\Delta\hat{\boldsymbol{p}}_{iM_i}(k+1\mid k)\Delta\hat{\boldsymbol{p}}_{i1}^{\mathrm{T}}(k+1\mid k)\boldsymbol{J}^{\mathrm{T}} & \cdots\end{bmatrix}$$

$$\begin{bmatrix} \sigma_{\phi_i}^2 \boldsymbol{J}\Delta\hat{\boldsymbol{p}}_{i1}(k+1|k)\Delta\hat{\boldsymbol{p}}_{iM_i}^{\mathrm{T}}(k+1|k)\boldsymbol{J}^{\mathrm{T}} \\ \vdots \\ \sigma_{r_i}^2\boldsymbol{I}_2+\left(\sigma_{\phi_i}^2+\sigma_{\theta_i}^2-\dfrac{\sigma_{r_i}^2}{\hat{r}_{iM_i}^2(k+1)}\right)\boldsymbol{J}\Delta\hat{\boldsymbol{p}}_{iM_i}(k+1|k)\Delta\hat{\boldsymbol{p}}_{iM_i}^{\mathrm{T}}(k+1|k)\boldsymbol{J}^{\mathrm{T}} \end{bmatrix}$$

$$=\sigma_{r_i}^2\boldsymbol{I}_{2M_i}+\boldsymbol{D}_i(k+1)\left(\sigma_{\theta_i}^2\boldsymbol{I}_{M_i}+\sigma_{\phi_i}^2 1_{M_i}-\mathrm{diag}\left\{\left[\frac{\sigma_{r_i}^2}{\hat{r}_{i1}^2(k+1)},\cdots,\frac{\sigma_{ri}^2}{\hat{r}_{iM_i}^2(k+1)}\right]\right\}\right)\times\boldsymbol{D}_i^{\mathrm{T}}(k+1)$$

$$=\left(\sigma_{r_i}^2\boldsymbol{I}_{2M_i}-\boldsymbol{D}_i(k+1)\mathrm{diag}\left\{\left[\frac{\sigma_{r_i}^2}{\hat{r}_{i1}^2(k+1)},\cdots,\frac{\sigma_{r_i}^2}{\hat{r}_{iM_i}^2(k+1)}\right]\right\}\boldsymbol{D}_i^{\mathrm{T}}(k+1)\right)$$

$$+\sigma_{\theta_i}^2\boldsymbol{D}_i(k+1)\boldsymbol{D}_i^{\mathrm{T}}(k+1)+\sigma_{\phi_i}^2\boldsymbol{D}_i(k+1)1_{M_i}\boldsymbol{D}_i^{\mathrm{T}}(k+1)$$

$$\triangleq \boldsymbol{R}^1(k+1)+\boldsymbol{R}^2(k+1)+\boldsymbol{R}^3(k+1) \tag{4.47}$$

并且 1_{M_i} 表示每个元素都是 1 的 M_i 阶方阵，且

$$\boldsymbol{D}_i(k+1)=\begin{bmatrix} \boldsymbol{J}\Delta\hat{\boldsymbol{p}}_{i1}(k+1|k) & \cdots & \boldsymbol{O}_{2\times1} \\ \vdots & \ddots & \vdots \\ \boldsymbol{O}_{2\times1} & \cdots & \boldsymbol{J}\Delta\hat{\boldsymbol{p}}_{iM_i}(k+1|k) \end{bmatrix}$$

$$=\mathrm{diag}\{[\boldsymbol{J}\Delta\hat{\boldsymbol{p}}_{i1}(k+1|k),\cdots,\boldsymbol{J}\Delta\hat{\boldsymbol{p}}_{iM_i}(k+1|k)]\} \tag{4.48}$$

是依赖于 AUV 间相对距离和方位估计的分块对角矩阵。在式(4.47)中，$\boldsymbol{R}^1(k+1)$是与相对距离量测误差有关的方差项，$\boldsymbol{R}^2(k+1)$是与相对方位量测误差有关的方差项，$\boldsymbol{R}^3(k+1)$是与航向角估计误差有关的方差项。

至此，可以写出由 N 个 AUV 成员 $\mathcal{A}_1,\cdots\mathcal{A}_N$ 组成的导航系统整体的量测矩阵 $\boldsymbol{H}(k+1)$和与之相应的方差矩阵 $\boldsymbol{R}(k+1)$，即

$$\boldsymbol{H}(k+1)=\begin{bmatrix}\boldsymbol{\Phi}_{\hat{\phi}_1}^{\mathrm{T}}(k+1)\boldsymbol{H}_{o,1}\\ \boldsymbol{\Phi}_{\hat{\phi}_2}^{\mathrm{T}}(k+1)\boldsymbol{H}_{o,2}\\ \vdots\\ \boldsymbol{\Phi}_{\hat{\phi}_N}^{\mathrm{T}}(k+1)\boldsymbol{H}_{o,N}\end{bmatrix}=\mathrm{diag}\{[\boldsymbol{\Phi}_{\hat{\phi}_1}^{\mathrm{T}}(k+1),\cdots,\boldsymbol{\Phi}_{\hat{\phi}_N}^{\mathrm{T}}(k+1)]\}\begin{bmatrix}\boldsymbol{H}_{o,1}^{\mathrm{T}}\\ \vdots\\ \boldsymbol{H}_{o,N}^{\mathrm{T}}\end{bmatrix}$$
$$\triangleq \boldsymbol{\Phi}^{\mathrm{T}}(k+1)H_o \tag{4.49}$$

其中

$$\boldsymbol{\Phi}(k+1)=\mathrm{diag}\{[\boldsymbol{\Phi}_{\hat{\phi}_1}(k+1),\cdots,\boldsymbol{\Phi}_{\hat{\phi}_N}(k+1)]\} \tag{4.50}$$

$\boldsymbol{H}_o$ 是由 $\boldsymbol{H}_{o,i}(i=1,\cdots,N)$ 组成的分块列矩阵。类似地，量测误差的方差矩阵为

$$\begin{aligned}\boldsymbol{R}(k+1)&=\mathrm{diag}\{[\boldsymbol{R}_1(k+1),\cdots,\boldsymbol{R}_N(k+1)]\}\\&=\mathrm{diag}\{[\boldsymbol{\Phi}_{\hat{\phi}_1}^{\mathrm{T}}(k+1)\boldsymbol{R}_{o,1}(k+1)\boldsymbol{\Phi}_{\hat{\phi}_1}(k+1),\cdots,\\&\qquad\boldsymbol{\Phi}_{\hat{\phi}_N}^{\mathrm{T}}(k+1)\boldsymbol{R}_{o,N}(k+1)\boldsymbol{\Phi}_{\hat{\phi}_N}(k+1)]\}\\&\triangleq\boldsymbol{\Phi}^{\mathrm{T}}(k+1)\boldsymbol{R}_o(k+1)\boldsymbol{\Phi}(k+1)\end{aligned} \tag{4.51}$$

其中，$\boldsymbol{R}_o$ 是由 $\boldsymbol{R}_{o,i}(i,=1,\cdots,N)$ 组成的分块对角矩阵。

由于主 AUV$\mathcal{L}$ 可以获得自身的位置信息，与之相应的量测方程为

$$\boldsymbol{Z}_{\mathcal{L}}(k+1)=\boldsymbol{I}_2\boldsymbol{X}_{\mathcal{L}}(k+1)+\boldsymbol{\zeta}_{Z_{\mathcal{L}}}(k+1) \tag{4.52}$$

其中，$\boldsymbol{X}_{\mathcal{L}}(k+1)$是 t_{k+1}时刻 AUV$\mathcal{L}$ 的位置量测值；$\boldsymbol{\zeta}_{Z_{\mathcal{L}}}$是量测过程中的零均值 Gauss 白噪声。因此，AUV$\mathcal{L}$ 的量测矩阵可以与为

$$\boldsymbol{H}_{\mathcal{L}}=\begin{bmatrix}\boldsymbol{O}_{2\times2} & \cdots & \underbrace{\boldsymbol{I}_2}_{\mathcal{L}} & \cdots & \boldsymbol{O}_{2\times2}\end{bmatrix} \tag{4.53}$$

且量测误差的方差矩阵 $\boldsymbol{R}_{\mathcal{L}}$ 是依赖于定位传感器性能的常数矩阵。为此，在具有单领航都 AUV 的协同导航系统中，量测矩阵(4.49)中的 $\boldsymbol{H}_o$ 应加入新的分量 $\boldsymbol{H}_{\mathcal{L}}$，量测方差(4.51)中的 $\boldsymbol{R}_o(k+1)$ 也将随之加入 $\boldsymbol{R}_{\mathcal{L}}$ 构成分块对角矩阵

$$\boldsymbol{R}_o(k+1)=\mathrm{diag}\{[\boldsymbol{R}_{o,1}(k+1),\cdots,\boldsymbol{R}_{o,N-1}(k+1),\boldsymbol{R}_{\mathcal{L}}]\} \tag{4.54}$$

而 $\boldsymbol{\Phi}(k+1)$将重新写为

$$\boldsymbol{\Phi}(k+1)=\mathrm{diag}\{[\boldsymbol{\Phi}_{\hat{\phi}_1}(k+1),\cdots,\boldsymbol{\Phi}_{\hat{\phi}_{N-1}}(k+1),\boldsymbol{I}_2]\} \tag{4.55}$$

综合以上讨论，利用扩展 Kalman 滤波可以得到单领航者 AUV 协同导航系统量测误差的方差更新方程为

$$
\begin{aligned}
&\boldsymbol{P}(k+1 \mid k+1) \\
&= \boldsymbol{P}(k+1 \mid k)\boldsymbol{H}^{\mathrm{T}}(k+1)(\boldsymbol{H}(k+1)\boldsymbol{P}(k+1 \mid k) \times \\
&\quad \boldsymbol{H}^{\mathrm{T}}(k+1) + \boldsymbol{R}(k+1))^{-1}\boldsymbol{H}(k+1)\boldsymbol{P}(k+1 \mid k) \\
&= \boldsymbol{P}(k+1 \mid k) - \boldsymbol{P}(k+1 \mid k)\boldsymbol{H}_o^{\mathrm{T}}\boldsymbol{\Phi}(k+1) \times \\
&\quad (\boldsymbol{\Phi}^{\mathrm{T}}(k+1)\boldsymbol{H}_o P(k+1 \mid k)\boldsymbol{H}_o^{\mathrm{T}}\boldsymbol{\Phi}(k+1) + \\
&\quad \boldsymbol{\Phi}^{\mathrm{T}}(k+1)\boldsymbol{R}_o(k+1)\boldsymbol{\Phi}(k+1))^{-1}\boldsymbol{\Phi}^{\mathrm{T}}(k+1)\boldsymbol{H}_o\boldsymbol{P}(k+1 \mid k) \\
&= \boldsymbol{P}(k+1 \mid k) - \boldsymbol{P}(k+1 \mid k)\boldsymbol{H}_o^{\mathrm{T}}(\boldsymbol{H}_o\boldsymbol{P}(k+1 \mid k)\boldsymbol{H}_o^{\mathrm{T}} + \\
&\quad \boldsymbol{R}_o(k+1))^{-1} \times \boldsymbol{H}_o\boldsymbol{P}(k+1 \mid k)
\end{aligned} \tag{4.56}
$$

其中，$\boldsymbol{\Phi}^{-1}(k+1) = \boldsymbol{\Phi}^{\mathrm{T}}(k+1)$。

4.3.3 协同定位误差的方差上界估计

结合状态估计和量测误差的方差传播方程(4.25)和(4.56)，可以得到协同导航系统定位误差的方差随时间演化的 Riccati 方程为

$$
\begin{aligned}
\boldsymbol{P}(k+2 \mid k+1) = \boldsymbol{P}(k+1 \mid k) &- \boldsymbol{P}(k+1 \mid k)\boldsymbol{H}_o^{\mathrm{T}} \times \\
&(\boldsymbol{H}_o\boldsymbol{P}(k+1 \mid k)\boldsymbol{H}_o^{\mathrm{T}} + \boldsymbol{R}_o(k+1))^{-1} \times \\
&\boldsymbol{H}_o\boldsymbol{P}(k+1 \mid k) + \boldsymbol{Q}(k+1)
\end{aligned} \tag{4.57}
$$

为简化记号，令

$$
\boldsymbol{P}_k = \boldsymbol{P}(k+1 \mid k), \boldsymbol{P}_{k+r} = \boldsymbol{P}(k+2 \mid k+1) \tag{4.58}
$$

将式(4.57)重新写为

$$
\begin{aligned}
\boldsymbol{P}_{k+1} = \boldsymbol{P}_k - \boldsymbol{P}_k\boldsymbol{H}_o^{\mathrm{T}}(\boldsymbol{H}_o\boldsymbol{P}_k\boldsymbol{H}_o^{\mathrm{T}} + \boldsymbol{R}_o(k+1))^{-1} \times \\
\boldsymbol{H}_o\boldsymbol{P}_k + \boldsymbol{Q}(k+1)
\end{aligned} \tag{4.59}
$$

由于 $\boldsymbol{R}_o(k+1)$ 和 $\boldsymbol{Q}(k+1)$ 均随时间变化，一般不能从式(4.59)中得到方差 $\boldsymbol{P}_k$ 随时间演化的封闭形式的解表达式。为此，下面转而考虑求取系统方差 $\boldsymbol{P}_k$ 的上界估计，首先证明如下引理。

引理 4.2 如果矩阵 $\boldsymbol{R}_u, \boldsymbol{Q}_u$ 满足 $\boldsymbol{R}_u \geqslant \boldsymbol{R}_o(k), \boldsymbol{Q}_u \geqslant \boldsymbol{Q}(k)(k=1,2,\cdots)$，则对给定初始条件 $\boldsymbol{P}_0^u = \boldsymbol{P}_0$ 的 Riccati 方程

$$
\boldsymbol{P}_{k+1}^u = \boldsymbol{P}_k^u - \boldsymbol{P}_k^u\boldsymbol{H}_o^{\mathrm{T}}(\boldsymbol{H}_o\boldsymbol{P}_k^u\boldsymbol{H}_o^{\mathrm{T}} + \boldsymbol{R}_u)^{-1}\boldsymbol{H}_o\boldsymbol{P}_k^u + \boldsymbol{Q}_u \tag{4.60}
$$

的解 $\boldsymbol{P}_k^u$，有 $\boldsymbol{P}_k^u \geqslant \boldsymbol{P}_k(k=1,2,\cdots)$ 成立。

证明　设 $\boldsymbol{R}_1 \geqslant \boldsymbol{R}_2, \boldsymbol{P} \geqslant 0$ 和 $\boldsymbol{Q}_0 \geqslant 0$，利用线性矩阵不等式，有

$$\begin{cases} \boldsymbol{HPH}^{\mathrm{T}} + \boldsymbol{R}_1 \geqslant \boldsymbol{HPH}^{\mathrm{T}} + \boldsymbol{R}_2 \\ \boldsymbol{PH}^{\mathrm{T}}(\boldsymbol{HPH}^{\mathrm{T}} + \boldsymbol{R}_1)^{-1}\boldsymbol{HP} \leqslant \boldsymbol{PH}^{\mathrm{T}}(\boldsymbol{HPH}^{\mathrm{T}} + \boldsymbol{R}_2)^{-1}\boldsymbol{HP} \end{cases} \tag{4.61}$$

因此

$$\begin{aligned} &\boldsymbol{P} - \boldsymbol{PH}^{\mathrm{T}}(\boldsymbol{HPH}^{\mathrm{T}} + \boldsymbol{R}_1)^{-1}\boldsymbol{HP} + \boldsymbol{Q}_0 \\ &\quad \geqslant \boldsymbol{P} - \boldsymbol{PH}^{\mathrm{T}}(\boldsymbol{HPH}^{\mathrm{T}} + \boldsymbol{R}_2)^{-1}\boldsymbol{HP} + \boldsymbol{Q}_0 \end{aligned} \tag{4.62}$$

证毕。

结合式(4.62)，对 P_k^u, P_k 运用数学归纳法即可证得结论成立

由引理4.2可知，为估计导航系统整体误差的方差上界，只需求解与式(4.59)相对应的常系数Riccati方程，关键在于确定满足 $\boldsymbol{R}_u \geqslant \boldsymbol{R}_o(k), \boldsymbol{Q}_u \geqslant \boldsymbol{Q}(k)(k=1,2,\cdots)$ 的常数矩阵 $\boldsymbol{R}_u, \boldsymbol{Q}_u$。下面分别估计 $\boldsymbol{R}_o(k)$ 和 $\boldsymbol{Q}(k)$ 的上界。

由于 $\boldsymbol{R}_o(k)$ 是由 $\boldsymbol{R}_{o,i}(k)$ 构成的分块对角矩阵，结合式(4.47)可知，估计 $\boldsymbol{R}_o(k)$ 的上界只需逐项考察 $\boldsymbol{R}_{o,i}(k)$ 的分量 $\boldsymbol{R}^1(k), \boldsymbol{R}^2(k)$ 和 $\boldsymbol{R}^3(k)$。

$$\begin{aligned} \boldsymbol{R}^1(k) &= \sigma_{r_i}^2 \boldsymbol{I}_{2M_i} - \boldsymbol{D}_i(k)\operatorname{diag}\left\{\left[\frac{\sigma_{r_i}^2}{\hat{r}_{i1}^2(k)}, \cdots, \frac{\sigma_{r_i}^2}{\hat{r}_{iM_i}^2(k)}\right]\right\}\boldsymbol{D}_i^{\mathrm{T}}(k) \\ &\leqslant \sigma_{r_i}^2 \boldsymbol{I}_{2M_i} \end{aligned} \tag{4.63}$$

$$\begin{aligned} \boldsymbol{R}^2(k) &= \sigma_{\theta_i}^2 \boldsymbol{D}_i(k)\boldsymbol{D}_i^{\mathrm{T}}(k) \\ &= \sigma_{\theta_i}^2 \operatorname{diag}\{[\hat{r}_{i1}^2(k)\boldsymbol{\Theta}_{i1}(k), \cdots, \hat{r}_{iM_i}^2(k)\boldsymbol{\Theta}_{iM_i}(k)]\} \\ &\leqslant \sigma_{\theta_i}^2 \operatorname{diag}\{[\hat{r}_{i1}^2(k)\boldsymbol{I}_2, \cdots, \hat{r}_{iM_i}^2(k)\boldsymbol{I}_2]\} \\ &\leqslant \sigma_{\theta_i}^2 r_0^2 \boldsymbol{I}_{2M_i} \end{aligned} \tag{4.64}$$

其中，对于 $j=1,\cdots,M_i$，有

$$\boldsymbol{\Theta}_{ij}(k) = \begin{bmatrix} \sin^2\hat{\theta}_{ij}(k) & \sin\hat{\theta}_{ij}(k)\cos\hat{\theta}_{ij}(k) \\ \sin\hat{\theta}_{ij}(k)\cos\hat{\theta}_{ij}(k) & \cos^2\hat{\theta}_{ij}(k) \end{bmatrix} \tag{4.65}$$

$$\begin{aligned} \boldsymbol{R}^3(k) &= \sigma_{\phi_i}^2 D_i(k) 1_{M_i} \boldsymbol{D}_i^{\mathrm{T}}(k) \leqslant M_i \sigma_{\phi_i}^2 \boldsymbol{D}_i(k)\boldsymbol{D}_i^{\mathrm{T}}(k) \\ &\leqslant M_i \sigma_{\phi_i}^2 r_0^2 \boldsymbol{I}_{2M_i} \end{aligned} \tag{4.66}$$

其中，r_0 是 AUV 间可获得的最大相对距离量测值，取决于传感器的性能指标或 AUV 编队的航行区域。联立式(4.63)、式(4.64)和式(4.66)可得

$$\boldsymbol{R}_{oi}(k)=\boldsymbol{R}^1(k)+\boldsymbol{R}^2(k)+\boldsymbol{R}^3(k)\leqslant\boldsymbol{R}_i^u \tag{4.67}$$

其中

$$\begin{cases}\boldsymbol{R}_i^u=(\sigma_{r_i}^2+\sigma_{\theta_i}^2r_0^2+M_i\sigma_{\phi_i}^2r_0^2)\boldsymbol{I}_{2M_i}\triangleq\rho_i\boldsymbol{I}_{2M_i}\\ \rho_i=\sigma_{r_i}^2+\sigma_{\theta_i}^2r_0^2+M_i\sigma_{\phi_i}^2r_0^2\end{cases} \tag{4.68}$$

因此

$$\begin{aligned}\boldsymbol{R}_o(k)&=\mathrm{diag}\{[\boldsymbol{R}_{o,1}(k),\cdots,\boldsymbol{R}_{o,N}(k)]\}\\&\leqslant\mathrm{diag}\{[\rho_1\boldsymbol{I}_{2M_1},\cdots,\rho_N\boldsymbol{I}_{2M_N}]\}\\&\triangleq\boldsymbol{R}_u\end{aligned} \tag{4.69}$$

为估计方差矩阵 $\boldsymbol{Q}(k)$ 的上界，由于 $\boldsymbol{Q}(k)=\mathrm{diag}\{[\boldsymbol{Q}_1(k,\cdots,\boldsymbol{Q}_N(k)]\}$，其中对于 $i=1,\cdots,N$，有

$$\boldsymbol{Q}_i(k)=\boldsymbol{C}(\hat{\phi}_i(k))\begin{bmatrix}\Delta t^2\sigma_{u_i}^2 & 0\\ 0 & \Delta t^2u_{m_i}^2(k)\sigma_{\phi_i}^2\end{bmatrix}\boldsymbol{C}^{\mathrm{T}}(\hat{\phi}_i(k)) \tag{4.70}$$

并且注意到 $\boldsymbol{C}^{-1}(\hat{\phi}_i(k))=\boldsymbol{C}^{\mathrm{T}}(\hat{\phi}_i(k))$，因此 $\boldsymbol{Q}_i(k)$ 的特征值分别为 $\Delta t^2\sigma_{u_i}^2$ 和 $\Delta t^2u_{m_i}^2(k)\sigma_{\phi_i}^2$。考虑到 AUV$\mathcal{A}_i$ 的航速近似等于常值 u_i，令

$$\begin{aligned}q_i&\triangleq\max\{\Delta t^2\sigma_{u_i}^2,\Delta t^2u_{m_i}^2(k)\sigma_{\phi_i}^2\}\\&=\max\{\Delta t^2\sigma_{u_i}^2,\Delta t^2u_i^2\sigma_{\phi_i}^2\}\end{aligned} \tag{4.71}$$

为 $\boldsymbol{Q}_i(k)$ 的最大特征值，则

$$\boldsymbol{Q}(k)\leqslant\mathrm{diag}\{[q_1\boldsymbol{I}_2,\cdots,q_N\boldsymbol{I}_2]\}\triangleq\boldsymbol{Q}_u \tag{4.72}$$

协同导航系统历经一定时间后进入稳定，此时系统定位误差的方差上界估计为 $\boldsymbol{P}_k^u,k\to\infty$。为求取该上界估计，首先对式(4.60)进行适当的恒等变形。利用分块矩阵的求逆公式，或将式(4.60)重新写为

$$\boldsymbol{P}_{k+1}^u=\boldsymbol{P}_k^u(\boldsymbol{I}_{2N}+\boldsymbol{H}_o^{\mathrm{T}}\boldsymbol{R}_u^{-1}\boldsymbol{H}_o\boldsymbol{P}_k^u)^{-1}+\boldsymbol{Q}_u \tag{4.73}$$

定义正规化方差矩阵

$$\boldsymbol{P}_{n_k}=\boldsymbol{Q}_u^{-\frac{1}{2}}\boldsymbol{P}_k^u\boldsymbol{Q}_u^{\frac{1}{2}} \tag{4.74}$$

可将式(4.73)简化为

$$\boldsymbol{P}_{n_{k+1}}=\boldsymbol{P}_{n_k}(\boldsymbol{I}_{2N}+\boldsymbol{C}_u\boldsymbol{P}_{n_k})^{-1}+\boldsymbol{I}_{2N} \tag{4.75}$$

其中

$$C_u = Q_u^{-\frac{1}{2}} H_o^{\mathrm{T}} R_u^{-1} H_o Q_u^{\frac{1}{2}} \tag{4.76}$$

且半正定矩阵 C_u 包含了描述协同导航系统整体定体性能的绝大部分参数。为进一步简化表达,设 C_u 有如下的正交对角分解:

$$C_u = U_u \mathrm{diag}\{[\lambda_1, \cdots, \lambda_{2N}]\} U_u^{\mathrm{T}} = U_u \Lambda_u U_u^{\mathrm{T}} \tag{4.77}$$

其中,Λ_u 是由 C_u 的全体特征值 $\lambda_i(1 = 1, \cdots, 2N)$ 构成的对角矩阵。将上式代入式(4.75)并化简可得

$$P_{nn_{k+1}} = P_{nn_{k+1}}(I_{2N} + \Lambda_u P_{nn_{k+1}})^{-1} + I_{2N} \tag{4.78}$$

其中定义

$$P_{nn_k} = U_u^{\mathrm{T}} P_{n_k} U_u \tag{4.79}$$

令式(4.78)两端的 $k \to \infty$,可得导航系统的定位误差在稳态时的方差上界估计方程为

$$P_{nn_{ss}} = P_{nn_{ss}}(I_{2N} + \Lambda_u P_{nn_{ss}})^{-1} + I_{2N} \tag{4.80}$$

注意到式(4.80)是一离散的代数 Riccati 方程,且系数矩阵 I_{2N},Λ_u 均为对角矩阵,因此容易获得满足上述方程的一个特解为

$$P_{ss}^u = Q_u^{\frac{1}{2}} U_u \Lambda_{ss}^u U_u^{\mathrm{T}} Q_u^{\frac{1}{2}} \tag{4.81}$$

其中

$$\Lambda_{ss}^u = \mathrm{diag}\left\{\left[\frac{1}{2} + \sqrt{\frac{1}{4} + \frac{1}{\lambda_1}}, \cdots, \frac{1}{2} + \sqrt{\frac{1}{4} + \frac{1}{\lambda_{2N}}}\right]\right\} \tag{4.82}$$

需要特别指出,式(4.81)只是 Riccati 方程式(4.80)的一个形式解。根据代数 Riccati 方程的可解性理论[35],方程(4.80)解的存在性和唯一性严格取决于矩阵 C_u 的非奇异性。换而言之,如果半正定矩阵 C_u 非奇异,则式(4.80)的解存在且唯 一,此时式(4.81)就是其唯一确定的解。反之,如果 C_u 存在零特征值,方程(4.80)的解存在但不唯一,且部分解不能收敛到确定的常值。

因此,问题的关键在于分析半正定矩阵 C_u 的奇异性,这又取决于协同导航系统的量测矩阵 H 中的主体部分 H_o 的奇异性。而事实上,H_o 的奇异性直接决定了导航系统的可观测性(AUV 在各采样时刻的定位估计能否经由量测数据解算得到),非可观测系统的定位误差将随时间的推移而不断增长,并最终使协同导航系统失去稳定[36]。

由以上讨论可知,量测矩阵 $\boldsymbol{H}$ 的主体部分 $\boldsymbol{H}_o$ 中包含了下列两种形式的矩阵块:

$$\begin{aligned}[\boldsymbol{O}_{2\times2}\cdots-\boldsymbol{I}_2\cdots\boldsymbol{I}_2\cdots\boldsymbol{O}_{2\times2}] &= [0\cdots-1\cdots1\cdots0]\otimes\boldsymbol{I}_2\\ &\triangleq \boldsymbol{H}_{ij}^o\otimes\boldsymbol{I}_2\end{aligned} \tag{4.83}$$

$$\begin{aligned}[\boldsymbol{O}_{2\times2}\cdots\boldsymbol{I}_2\cdots\boldsymbol{O}_{2\times2}] &= [0\cdots1\cdots0]\otimes\boldsymbol{I}_2\\ &\triangleq \boldsymbol{H}_{\mathcal{L}}^o\otimes\boldsymbol{I}_2\end{aligned} \tag{4.84}$$

因此,$\boldsymbol{H}_o$ 可以表示为

$$\boldsymbol{H}_o = \boldsymbol{H}^o\otimes\boldsymbol{I}_2 \tag{4.85}$$

其中,$\boldsymbol{H}^o$ 是由适当数量 $\boldsymbol{H}_{\mathcal{L}}^o$,$\boldsymbol{H}_{ij}^o$构成的分块列矩阵。利用矩阵的初等变换易知 $\boldsymbol{H}^o$ 满秩,即 $\mathrm{rank}\boldsymbol{H}^o=N$。由式(4.85)并结合矩阵 Kronecker 乘积的性质有

$$\mathrm{rank}\boldsymbol{H}_o = \mathrm{rank}\boldsymbol{H}^o\cdot\mathrm{rank}\boldsymbol{I}_2 = 2N \tag{4.86}$$

即 $\boldsymbol{H}_o$ 满秩,故 $\boldsymbol{C}_u=\boldsymbol{Q}_u^{\frac{1}{2}}\boldsymbol{H}_o^{\mathrm{T}}\boldsymbol{R}_u^{-1}\boldsymbol{H}_o\boldsymbol{Q}_u^{\frac{1}{2}}$ 非奇异,$\boldsymbol{\Lambda}_u>0$。

由此可见,在能够获取主、从 AUV 间相对距离和方位测量信息的情况下,上述单领航者 AUV 协同导航系统完全可观测,其稳态定位误差的方差上界收敛至唯一确定的常值式(4.81)。此外,由 $\boldsymbol{P}_{ss}^u$的表达式可以看出,导航系统的稳态定位误差上界主要取决于 $\boldsymbol{C}_u$ 的特征值,即系统的定位性能主要依赖于距离和方位的量测精度,而与从 AUV 的航位推算误差以及系统的初始滤波方差 $\boldsymbol{P}_0$ 无关。

4.4 数值仿真分析

本节针对主、从 AUV 的典型运动路径,通过与航位推算方法做对比仿真分析,检验4.2 节中提出的扩展 Kalman 滤波协同导航算法的有效性。在此基础上,进一步通过数值仿真研究航位推算误差、相对距离和方位量测误差对协同定位精度的影响,以及系统的初始滤波方差对协同导航算法收敛性的影响。

4.4.1 与航位推算方法的对比仿真分析

如图 4-7 所示,AUV1(领航者,Leader)由坐标原点出发沿直线航

行;AUV2 和 AUV3(跟随者,Follower)的航程分为两段,首先按斜线航行一段距离,然后与 AUV1 保持平行航行。在两段航程中,AUV2 的航向角分别为 60°,0°;AUV3 的航向角分别为 45°,0°。设主、从 AUV 的航速均为 2.5m/s,系统的状态更新时间为 $\Delta t=5\mathrm{s}$。

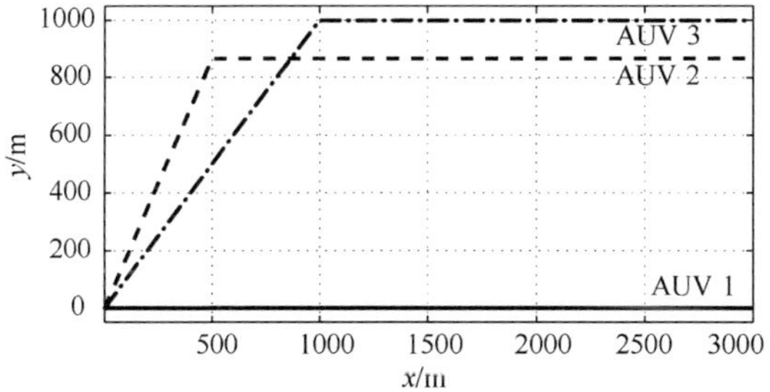

图4－7　AUV的仿真实验路径

算例4.1　本例中,选取 AUV2 和 AUV3 的测速误差为 $\sigma_{u,F}^2=(0.5\mathrm{m/s})^2$ 的零均值 Gauss 白噪声;选取其航向角量测误差为 $\sigma_{\phi,F}^2=(2°)^2$ 的零均值 Gauss 白噪声;选取主、从 AUV 之间的相对距离和方位量测噪声为 $\sigma_{r,LF}^2=(5\mathrm{m})^2$ 和 $\sigma_{\theta,LF}^2=(1°)^2$ 的零均值 Gauss 白噪声。

图4－8 给出了 AUV2 和 AUV3 的协同定位路径估计结果,图4－9 分别给出了两者在 x,y 方向的定位误差。由上述仿真结果可知,利用扩展 Kalman 滤波协同导航算法得到的 AUV2 和 AUV3 的路径估计结果与其真实路径具有较好的吻合性。在全航程中,除去滤波器的初始化阶段,AUV2 在 x,y 方向的定位误差中值为 5～8m,最大定位误差不

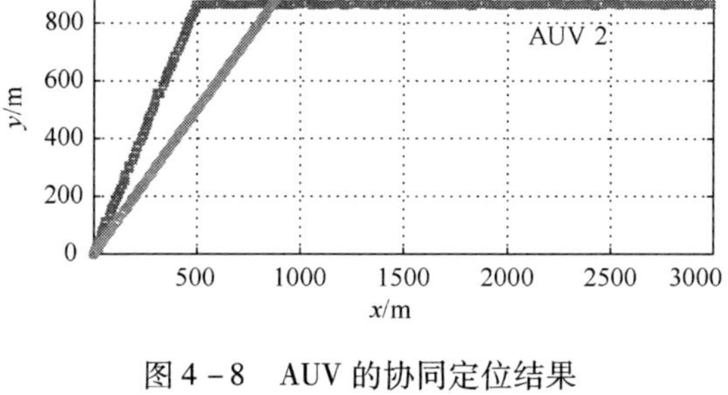

图4－8　AUV的协同定位结果

超过 25m;AUV3 在 x,y 方向的定位误差中值为 3 ~ 5m,最大定位误差不超过 20m,具有较高的定位精度;EKF 滤波算法历经约 250s 后趋于收敛,具有较为快速的收敛性。

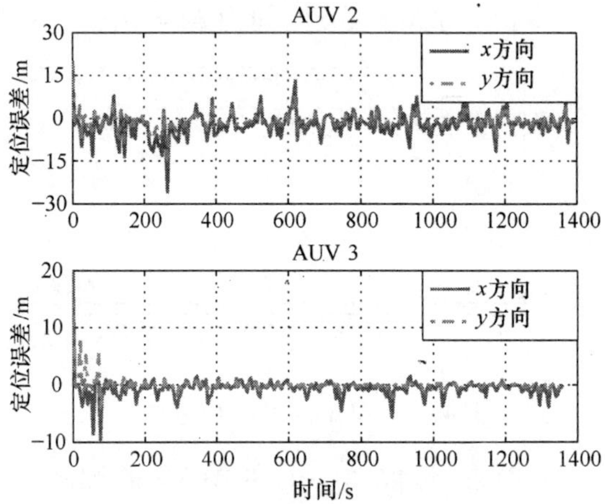

图 4-9　AUV 的协同定位误差

算例 4.2　为进一步验证上述单领航者 AUV 协同导航方法的有效性,将 AUV2 和 AUV3 的航位推算定位结果与算例 4.1 做对比仿真分析。在同等仿真条件下,图 4-10 给出了 AUV2 和 AUV3 的航位推算定位路径,图 4-11 分别给出了两者在 x,y 方向上的航位推算定位误差。可以看到,AUV2 和 AUV3 在 x 方向的漂移误差接近 200m,在 y 方向的漂移误差接近 250m,两者均随时间的增长逐渐趋于发散,并最终导致航位推算定位方法失效。出现这种情况的原因是:

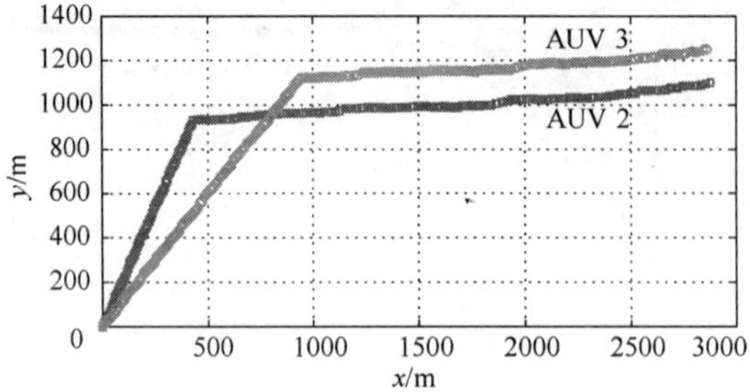

图 4-10　AUV 的航位推算定位结果

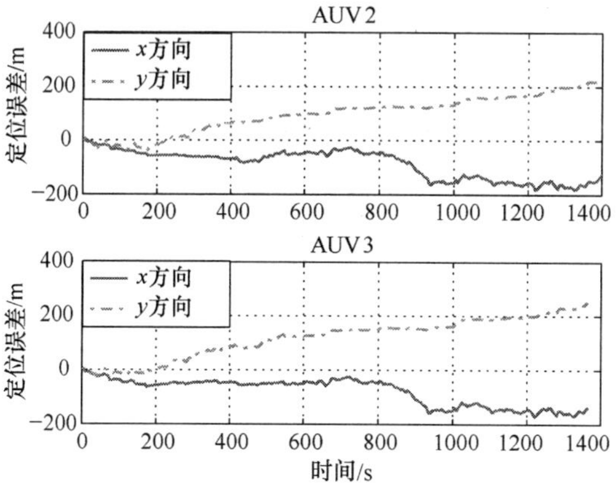

图4-11　AUV的航位推算定位误差

（1）就其本身不言，航位推算方法存在漂移误差累积，致使从AUV的定位误差随时间的增长逐渐趋于发散。

（2）AUV转向机动时，用于航位推算的运动学模型与AUV的真实动力学模形之间存在失配[26,29]，加之从AUV配备的传感器精度较低，因而导致其转向后定位误差的加速增长。

需要指出的是，AUV转向过程中的失配问题在EKF协同导航方法中也是存在的。然而，与航位推算方法不同，在单领航者AUV协同导航方法中，由于可以获得主AUV的位置信息以及主、从AUV之间较为准确的相对距离和方位量测信息，故EKF滤波算法能够对各从AUV的定位估计进行实时、有效有解算，从而提高系统的定位精度，使协同定位误差保持有界。

4.4.2　航位推算误差和量测误差对协同定位精度的影响

为了研究从AUV的航拉推算误差对协同定位精度的影响，与算例4.1做对比仿真分析。

算例4.3　本例中，主、从AUV之间相对距离和方位量测误差的选取与算例4.1中一致；所不同的是，从AUV的航位推算误差增加一倍，分别选取AUV2和AUV3的速度和航向角量测噪声为$\sigma_{u,F}^2=(1\text{m/s})^2$和$\sigma_{\phi,F}^2=(4°)^2$的零均值Gauss白噪声。

图 4 - 12 给出了 AUV2 和 AUV3 的协同定位路径估计结果，图 4 - 13分别给出了两者在 x,y 方向的定位误差。由图中的结果可以看到，虽然从 AUV 自身的航位推算性能有所下降，但与算例 4.1 相比，系统的协同定位误差却并未出现明显的变化。在全航程中，除去 EKF 滤波算法在初始阶段的定位误差略有增加外，AUV2 在 x,y 方向的定位误差中值约为 5 ~ 8m，最大定位误差不超过 30m；AUV3 在 x,y 方向的定位误差中值约为 3 ~ 5m，最大定位误差不超过 25m，基本与算例 4.1 中保持一致。

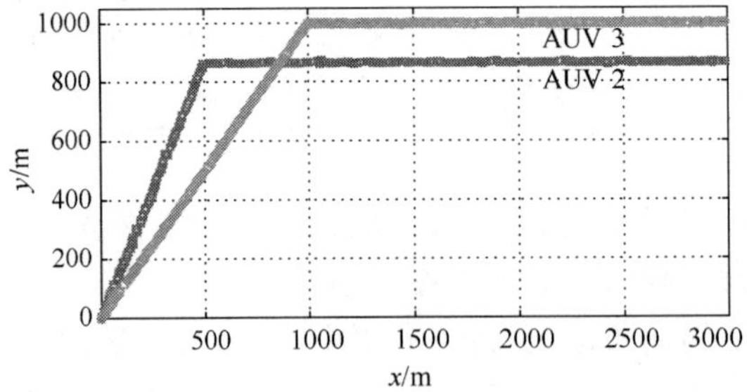

图 4 - 12　AUV 的协同定位结果

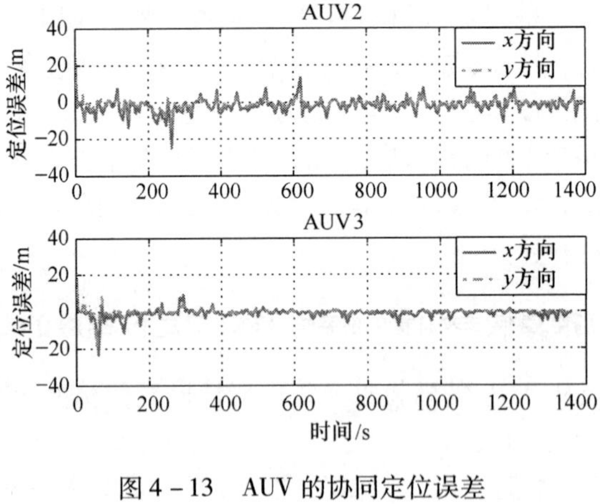

图 4 - 13　AUV 的协同定位误差

对比算例 4.1 和算例 4.3 可知，由于上述单领航者 AUV 协同导航系统完全可观测，即从 AUV 的定位估计可以通过主、从 AUV 之间的相对距离和方位量测信息实现充分求解，因此系统的协同定位精度与从

AUV自身的航位推算性能无关,进而验证了4.3节中理论分析结果的正确性。

接下来,为了分析主、从AUV之间的相对距离和方位量测误差对协同定位精度的影响,进一步与算例4.1做对比仿真研究。

算例4.4　本例中,从AUV的测速误差与航向角量测误差的选取与算例4.1中一致;所不同的是,主、从AUV之间的相对距离和方位量测误差增加一倍,分别选取相对距离和方位量测噪声为$\sigma_{r,LF}^2=(10\text{m})^2$和$\sigma_{\theta,LF}^2=(4°)^2$的零均值Gauss白噪声。

图4－14给出了AUV2和AUV3的协同定位路径估计结果,图4－15分别给出了两者在x,y方向的定位误差。由图中可以看到,随着主、从AUV之间相对距离和方位量测误差的增大,EKF协同导航算法的定位误差较算例4.1有明显增加,其中AUV2和AUV3在x方向的最大定位误差接近100m,约为算例3.1中的3倍;在y方向的最大定位误差接近50m,约为算例4.1中的2.5倍。此外,EKF滤波算法历经约400s后趋于收敛,时间约为算例4.1中的1.6倍,收敛速度变慢。

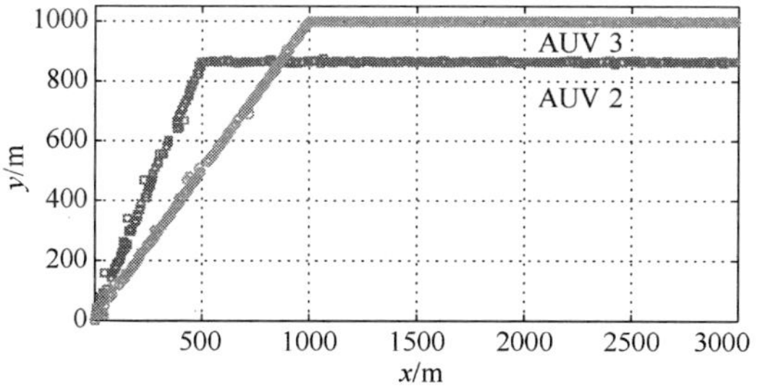

图4－14　AUV的协同定位结果

由此可知,在上述单领航者AUV协同导航方法中,主、从AUV之间的相对距离和方位量测信息是影响协同定位精度的关键因素。量测信息的精度越高,则协同导航算法对从AUV定位估计的解算精度也越高;反之,随着量测信息精度的降低,协同定位误差出现较快增长,但仍保持有界。

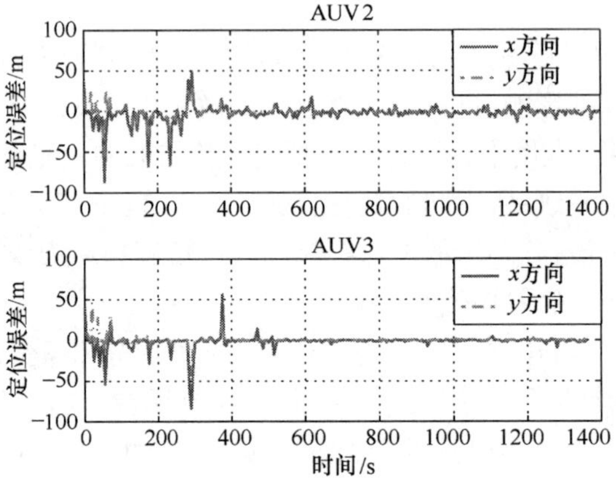

图4－15　AUV的协同定位误差

4.4.3　初始滤波方差对协同导航算法收敛性的影响

本章4.3节的研究表明，基于距离和方位测量的单领航者AUV协同导航系统完全可观测，其稳态定位误差上界与系统的初始滤波方差无关。为此，本节通过数值仿真分析初始滤波方差对协同导航算法收敛性的影响。以下算例中，主、从AUV的运动路径和仿真参数的选取均与算例4.1中一致，并且为简明起见，仅给出有关AUV2的数值仿真结果。

算例4.5　本例中，选取AUV2的滤波初值为

$$\hat{\boldsymbol{x}}_0 = (0,0,1.05)^{\mathrm{T}}, P_0 = 10^2 I_3 \tag{4.87}$$

图4－16给出了AUV2的协同定位滤波方差分量$P_{11}(k)$，$P_{12}(k)$，$P_{22}(k)$以及滤波方差的谱范数$\|\boldsymbol{P}_{k|k}\|$的演化结果，图4－17是关于图4－16的局部放大。从图中的结果可以看到，由于在滤波的初始化阶段缺乏AUV2状态估计的先验信息，盲目选取的初始滤波方差P_0导致EKF滤波算法在开始的20s时间内估计误差很大。随着主、从AUV之间相对距离和方位量测信息的获取，EKF滤波算法的性能逐渐提升，滤波方差的谱范数$\|\boldsymbol{P}_{k|k}\|$快速回落至(0,8)的区间内波动，并最科进入稳态趋于收敛。

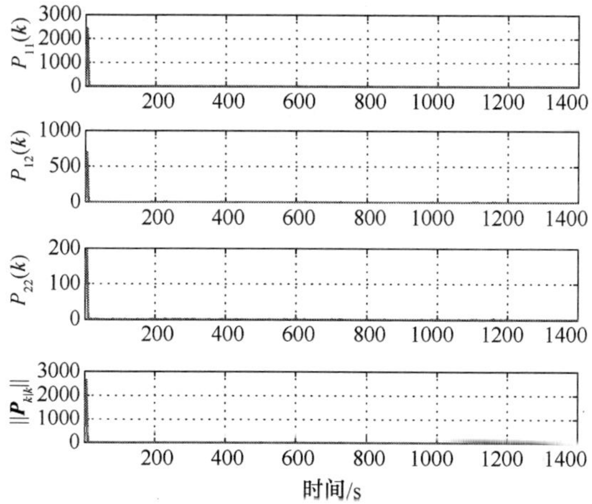

图4-16 AUV2 的定位滤波方差演化结果($P_0=10^2I_3$)

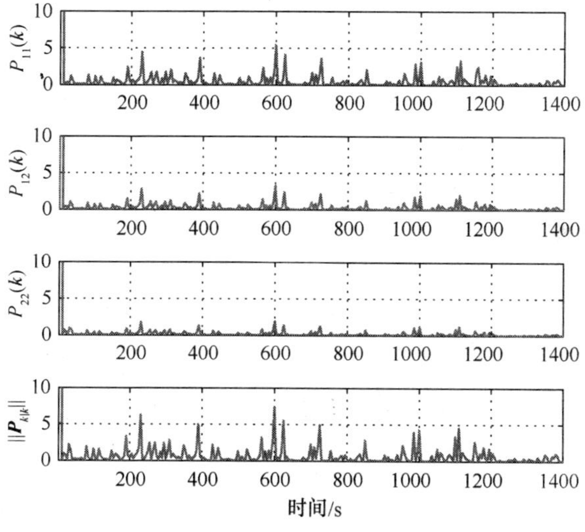

图4-17 AUV2 的定位滤波方差演化结果(局部放大图)

算例4.6 为了与算例4.5做对比,本例中选取AUV2的滤波初值为

$$\hat{\boldsymbol{x}}_0=(0,0,1.05)^{\mathrm{T}},P_0=10^5I_3 \tag{4.88}$$

图4-18给出了AUV2的协同定位滤波方差分量 $P_{11}(k)$,$P_{12}(k)$,

$P_{22}(k)$以及滤波方差的谱范数 $\|\boldsymbol{P}_{k|k}\|$ 的演化结果,图 4 - 19 是关于图 4 - 18的局部放大。由图中的结果可知,随着初始滤波方差 P_0 的增大,EKF 滤波方差分量 $P_{11}(k)$,$P_{12}(k)$,$P_{22}(k)$ 的波动有所增加,当

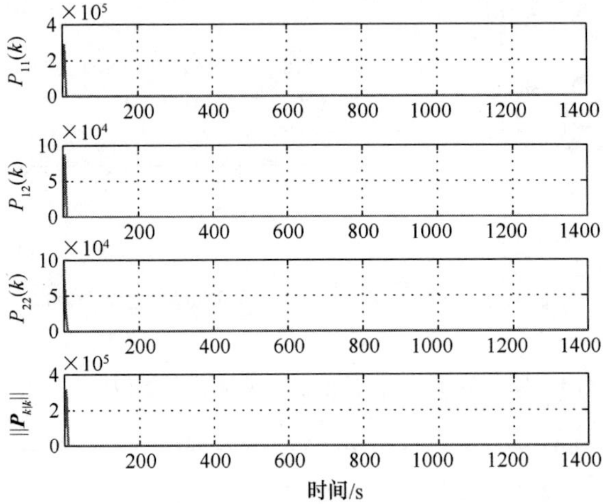

图 4 - 18　AUV2 的定位滤波方差演化结果($P_0=10^5 I_5$)

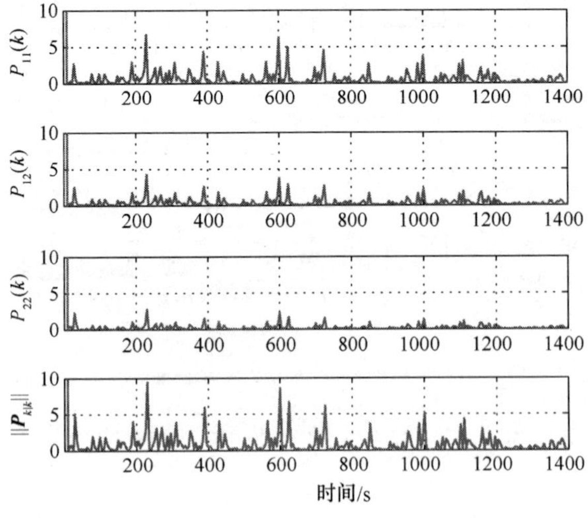

图 4 - 19　AUV2 的定位滤波方差演化结果(局部放大图)

EKF 滤波器初始化结束后，$\|\boldsymbol{P}_{k|k}\|$ 的变化区间增至(0,10)，较算例 4.5 中略有上升，但是其渐近收敛性并未发生改变。由图 4－19 可以看到，$\|\boldsymbol{P}_{k|k}\|$ 历经约 1200s 后趋于稳态，协同导航算法收敛。

对比算例 4.5 和算例 4.6 可知，在基于相对距离和方位测量的单领航者 AUV 协同导航方法中，协同导航算法的收敛性能与系统初始滤波方差 P_0 的选取无关，这也进一步验证了 4.3.1～4.3.3 节中理论分析结果的正确性。

4.5　本章小结

本章针对基于相对距离和方位测量的单领航者 AUV 协同导航方法展开了深入的研究和讨论。首先，从单领航者 AUV 协同定位的基本原理出发，结合 AUV 的运动学模型，设计了扩展 Kalman 滤波协同导航算法。然后，通过分析滤波方差的渐近性质，研究了滤波算法的收敛性以及协同导航系统的可观测性，给出了滤波收敛和系统可观测的充分条件。最后，研究了航位推算误差、相对距离和方位量测误差对协同定位精度的影响，以及初始滤波方差对协同导航算法收敛性的影响，通过数值仿真验证了该导航算法的有效性。研究结果表明：

(1) 基于相对距离和方位测量的单领航者 AUV 协同导航系统完全可观测，从 AUV 的定位估计可通过量测信息实现充分求解。

(2) 协同定位误差的方差上界渐近收敛至唯一确定的常值，协同导航滤波算法收敛，且与系统的初始滤波方差无关。

(3) 协同导航系统的定位性能主要依赖于相对距离和方位信息的量测精度，与从 AUV 的航位推算误差无关。

参考文献

[1] Roumeliotis S, Bekey G. Distributed multirobot localization. IEEE Transactions on Robotics and Automation, 2002, 18(5): 781－795.

[2] Roumeliotis S, Rekleitis I. Analysis of multirobot localization uncertainty propagation. Proceedings of the IEEE/RSJ International Conference on Intelligent Robotics and Systems, 2003: 1763－1770.

[3] Kinsey J, Eustice R, Whitcomb L. A surevy of underwater vehicle navigation: recent advances

and new challenges. Proceedings of the 7th IFAC Conference on Maneuvering and Control of Marine Craft, 2006: 1 – 12.

[4] Caiti A, Garulli A, Livide F, et al. Localization of autonomous underwater vehicles by floating acoustic buoys: a set – membership approach. IEEE Journal of Oceanic Engineering, 2005, 30 (1): 16 – 25.

[5] 刘健，冀大雄．用固定单信标修正水下机器人导航误差．控制与决策，2010，25(9)：1354 – 1358.

[6] Scherbatyuk A P. The AUV positioning using ranges from one transponder LBL. IEEE/MTS Oceans Conf and Exhibition. San Diego, 1995, (3): 1620 – 1623.

[7] 刘明雍，李闻白，刘富墙，等．基于单信标测距的水下导航系统可观测性分析．西北工业大学学报，2011，29(1)：87 – 92.

[8] Webster S, Whitcomb L, Eustice R. Preliminary results in decentralized estimation for single – beacon acoustic underwater navigation. Proceedings of the IEEE/RSJ International Conference on Intelligent Robots and Systems, 2010.

[9] Reeder C, Okamoto A, Anderson M, et al. Two – hydrophone heading and range sensor applied to formation – flying for underwater UUVs. Proceedings of the IEEE/MTS OCEANS Conference and Exhibition, 2004: 517 – 523.

[10] Freitag L, Grund M, Parter J, et al. The WHOI micro – modem: an acoustic communications and navigation system for multiple platforms. Proceeding IEEE/MTS Ocean Conference Exhibition, 2005.

[11] Eustice R, Whitcomb L, Singh H, et al. Experimental results in synchronous – clock one – way – travel – time acoustic navigation for autonomous underwater vehicles. Proceedings of the IEEE International Conference on Robotics and Automation. 2007: 4257 – 4264.

[12] Eustice R, Whitcomb L, Singh H, et al. Recent advances in synchronous – clock one – way – travel – time acoustic navigation. Proceedings of the IEEE/MTS OCEANS Conference and Exhibition, 2006.

[13] 田坦．水下定位与导航技术．北京：国防工业出版社，2007.

[14] Papadopoulos G. Underwater vehicles localization using range measurements [Master The – sis]. Massachusetts Institute of Technology, 2010.

[15] 李闻白．基于单领航者的 AUV 协同导航方法研究．西安：西北工业大学，2012.

[16] 李闻白．刘明雍，张立川，等．单领航者相对位移测量的多自主水下航行器协同导航．兵工学报，2011，32(8)：1002 – 1007.

[17] Liu Mingyong, Li Wenbai, Mu Bingxian, et al. Cooperative navigation for multiple AUVs based on relative range measurements with a single leader. 2010 IEEE International Conference on Intelligent Computing and Intelligent Systems, 2010: 762 – 766.

[18] Baccou P, Jouvencel B, Creuze V. Single beacon acoustic for AUV navigation. Proceedings of the 10th International Conference on Advanced Robotics, 2001: 413 – 418.

[19] Baccou P, Jouvencel B, Creuze V, et al. Cooperative positioning and navigation for multiple AUV operations. Proceedings of the MTS/IEEE Conference and Exhibition OCEANS, 2001:

1816 – 1821.

[20] Baccou P, Jouvencel B. Simulation results, post – processing experimentation and comparison results for navigation, homing and multiple vehicle operations with a new positioning method using a transponder. Proceedings of the IEEE/RSJ International Conference on Intelligent Robotics and Systems. 2003:811 – 817.

[21] Vaganay J, Baccou P, Jouvencel B. Homing by acoustic ranging to a single beacon. Proceedings of the MTS/IEEE Conference and Exhibition OCEANS, 2000:1457 – 1462.

[22] Gadre A, Stilwell D J. Toward underwater navigation based on range measurements from a single location. Proceedings of IEEE International Conference on Robotics and Automation, 2004: 4472 – 4477.

[23] Gadre A, Stilwell D J. Underwater navigation in the presence of unknown currents based on range measurements from a single location. In: Proceedings of the American Control Conference, 2005:656 – 661.

[24] Gadre A, Stilwell D J. A complete solution to underwater navigation in the presence of unknown currents based on range measurements from a single location. Proceedings of the IEEE/RSJ International Conference on Intelligent Robotics and Systems, 2005:1420 – 1425.

[25] Gadre A, Mach J, Stilwell D J, et al. Design of a prototype miniature autonomous underwater vehicle. Proceedings of the IEEE/RSJ International Conference on Intelligent Robotics and Systems, 2003:842 – 846.

[26] Gadre A. Observability analysis in navigation systems with an underwater vehicle application, Virginia Polytechnic Institute and State University, 2007.

[27] Kalwa J. The GREX – project: coordination and control of cooperating heterogeneous unmanned systems in uncertain environments. Proceedings of the EUROPE OCEANS, 2009:1 – 9.

[28] Engel R, Kalwa J. Relative positioning of multiple underwater vehicles in the CREX project. Proceedings of the EUROPE OCEANS, 2009:1 – 7.

[29] Engel R, Kalwa J. Coordinated navigation of multiple underwater vehicles. Proceedings of the 17th International Offshore and Polar Engineering Conference, 2007:1066 – 1073.

[30] Bahr A, Leonard J, Fallon M. Cooperative localization for autonomous underwater vehi – cles. International Journal of Robotics Research, 2009, 28(6):714 – 728.

[31] Bahr A. Cooperative localization for autonomous underwater vehicles [Ph. D. dissertation], Massachusetts Institute of Technology and Woods Hole Oceanographic Institution, 2009.

[32] 李闻白,刘明雍,李虎雄,等. 基于单领航者相对位置测量的多 AUV 协同导航系统定位性能分析. 自动化学报,2011,37(6):725 – 736.

[33] 秦永元,张洪钺,汪叔华. 卡尔曼滤波与组合导航原理. 西安:西北工业大学出版社,1998.

[34] 张贤达. 矩阵分析与应用. 北京:清华大学出版社,2004.

[35] 陈公宁. 矩阵理论与应用. 2 版. 北京:科学出版社,2007.

[36] 茆诗松,王静龙,濮晓龙. 高等数理统计. 2 版. 北京:高等教育出版社,2006.

第5章　单领航者距离测量的协同导航

第4章研究了基于相对距离和方位测量的单领航者 AUV 协同导航方法。但是,由于水下环境的不确定性,依靠水声手段来精确测量方位仍具有一定的局限[1-3]。此外,双水听器的配置也增加了导航系统的复杂度和硬件使用成本[4]。为将系统复杂度及对量测手段的要求减到最小程度,人们尝试采用一个领航者,仅利用领航者和跟随者间距离信息的协同导航方法。如麻省理工学院的 G. Papadopoulos[16], M. Fallon[6] 和 A. Bahr[7] 等基于 OWTT 测距技术,提出了采用单个领航者,仅利用相对距离测量的多 AUV 协同导航方法,并通过水面实验验证了该方法的可行性。其中,Bahr[7] 等给出了基于极小化代价函数的 CN 导航算法(CN – Algorithm),该算法对代价函数中 KL 距离(Kull-back – Leibler Divergence)的求解过于复杂,没有考虑定位解算的实时性。Gadre[8] 等通过单 AUV 领航者与单固定信标相结合的导航方法来提高定位精度,给出了基于 EKF 的协同导航算法,但是固定信标的引入制约了 AUV 的活动范围,同时也降低了隐蔽性。Baccou[9] 等采用领航者、跟随者 AUV 间的适当机动来解决单个距离信息求解不充分的问题,通过设定初始化机动路径,利用 LM 方法(Levenberg – Marquardt – Algorithm)优化协同导航 EKF 算法中的滤波初值,并以此提高定位精度。LM 优化算法的收敛性与自身迭代初值的选取密切相关,不适当的初值往往导致其收敛到错误结果,因此在实施过程中至少需要选取 50 组以上的不同初值进行迭代实验,利用统计方法筛选出最终的正确结果,这将使得算法的复杂性大为增加,从而降低导航算法的实时性与稳定性。本章在上述工作的基础上,研究一种基于移动矢径的单领航者测距多 AUV 协同导航方法,以进一步减少导航系统的量测信息,从而将 AUV 硬件复杂度降到最小的程度。

5.1 基于移动矢径的协同定位原理

5.1.1 移动矢径的概念

移动矢径(Moving Radius Vector,MRV)[10]指的是从 AUV 在相邻采样时刻经由自身航位推算获得的相对位移向量(图 5-1)。在仅基于单领航者距离测量的 AUV 协同导航方法中,由于单个距离信息并不能完全确定空间位置,因此从 AUV 的移动矢径对该导航方法具有关键作用。

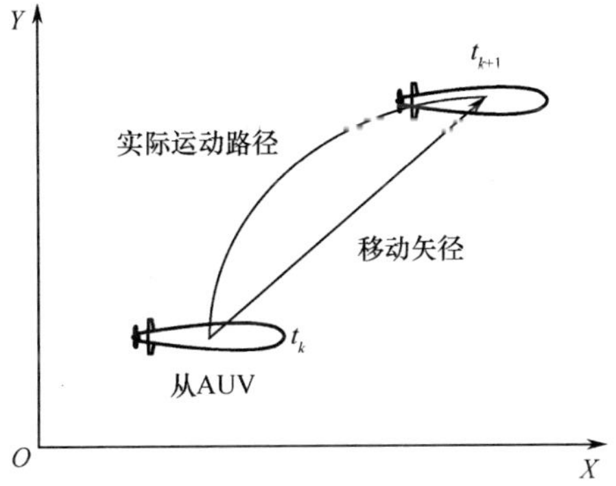

图 5-1　从 AUV 的移动矢径示意图

5.1.2 基于移动矢径协同定位的基本原理

在基于移动矢径的单领航者 AUV 协同导航方法中,主 AUV 装备有高精度的惯导系统、DVL、差分 GPS、深度计和水声通信设备等;从 AUV 只配备低精度的航位推算系统、GPS 和水声通信设备。主、从 AUV 在执行任务前,均通过 GPS 进行时间校准,以保证时钟同步。在协同定位过程中,主 AUV 按照事先约定的时间间隔周期性地向外发射固定频率的声信号脉冲,并通过水声通信装置广播主 AUV 的自身位置。从 AUV 接收到声信号脉冲和主 AUV 的位置后,利用 OWTT 测距技术解算出主、从 AUV 之间的相对距离,再根据主 AUV 的位置来完成协同定位[11,12]。

下面列出了协同导航方法的具体步骤。

(1) 主、从 AUV 通过 GPS 获得时间同步信号。

(2) 主 AUV 在 t_k 时刻向外发送脉冲信号和位置广播,其中位置广播包含时间、位置和深度等信息。

(3) 设(x_k^L, y_k^L, z_k^L)和(x_k, y_k, z_k)分别表示主、从 AUV 在 t_k 时刻的 3D 位置坐标。从 AUV 收到主 AUV 在 t_k 时刻发出的水声数据包后,利用 OWTT 测距技术,可以计算出主、从 AUV 之间的相对距离 l_k,并根据各自的深度信息将 3D 位置关系转化至 2D 平面,如图 5-2 所示。

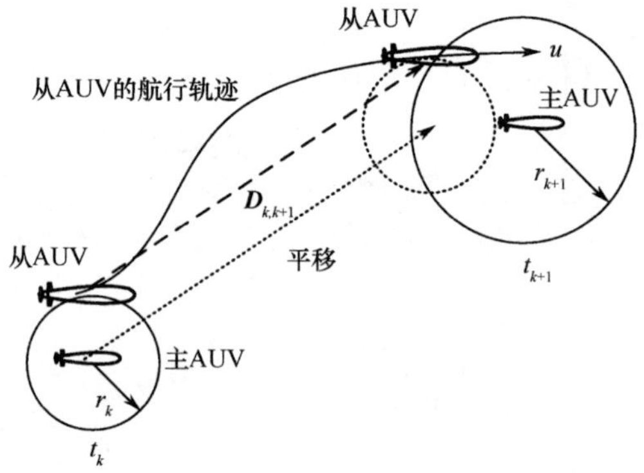

图 5-2　AUV 的协同定位原理示意图

t_k 时刻从 AUV 位于以(x_k^L, y_k^L)为圆心、以 r_k 为半径的圆周,其中

$$r_k = \sqrt{l_k^2 - |z_k^L - z_k|^2} \tag{5.1}$$

圆周方程为

$$(x_k - x_k^L)^2 + (y_k - y_k^L)^2 = r_k^2 \tag{5.2}$$

(4) 主 AUV 在 t_{k+1}时刻,向各从 AUV 发送声信号脉冲和位置广播,包括时间、位置和深度等信息。

(5) 从 AUV 利用 t_{k+1}时刻主 AUV 发出的水声数据包,按照步骤(3)解算得到主、从 AUV 之间的相对距离为 l_{k+1},则 t_{k+1}时刻从 AUV 位于以(x_{k+1}^L, y_{k+1}^L)为圆心、以 r_{k+1}为半径的圆周(图 5-2),其中

$$r_{k+1} = \sqrt{l_{k+1}^2 - |z_{k+1}^L - z_{k+1}|^2} \tag{5.3}$$

圆周方程为

$$(x_{k+1}-x_{k+1}^{L})^{2}+(y_{k+1}-y_{k+1}^{L})^{2}=r_{k+1}^{2} \tag{5.4}$$

(6) 从 AUV 利用航位推算，解算得到 t_k 至 t_{k+1} 时刻的移动矢径 $\boldsymbol{D}_{k,k+1}$。记 $\boldsymbol{D}_{k,k+1}=(Dx_{k,k+1},Dy_{k,k+1})^{\mathrm{T}}$，则有

$$\begin{cases}x_{k+1}=x_k+Dx_{k,k+1}\\ y_{k+1}=y_k+Dy_{k,k+1}\end{cases} \tag{5.5}$$

(7) 若移动矢径 $\boldsymbol{D}_{k,k+1}$ 已知，则根据从 AUV 由 t_k 至 t_{k+1} 时刻的移动矢径，将 t_k 时刻主、从 AUV 的几何位置平移至 t_{k+1} 时刻，如图 5－2 所示。联立两个圆周的方程式(5.2)及式(5.4)，并将式(5.5)代入式(5.2)，可获得从 AUV 在 t_{k+1} 时刻的位置估计信息(x_{k+1},y_{k+1})，即

$$\begin{cases}r_k^2=(x_{k+1}-Dx_{k,k+1}-x_k^L)^2+(y_{k+1}-Dy_{k,k+1}-y_k^L)^2\\ r_{k+1}^2=(x_{k+1}-x_{k+1}^L)^2+(y_{k+1}-y_{k+1}^L)^2\end{cases} \tag{5.6}$$

5.2　基于扩展 Kalman 滤波的协同导航算法

由 4.2 节的讨论可知，AUV 的离散时间运动学方程为

$$\begin{bmatrix}x(k+1)\\ y(k+1)\\ \phi(k+1)\end{bmatrix}=\begin{bmatrix}x(k)\\ y(k)\\ \phi(k)\end{bmatrix}+\begin{bmatrix}u(k)\cos\phi(k)\\ u(k)\sin\phi(k)\\ \omega(k)\end{bmatrix}\Delta t \tag{5.7}$$

其中，ϕ 为 AUV 的航向角；u 为前向合成速度；Δt 为传感器采样周期；ω 为航向角的变化率。记 $\boldsymbol{x}_k=(x_k,y_k,\phi_k)^{\mathrm{T}}$ 和 $\boldsymbol{u}_k=(u_k,w_k)^{\mathrm{T}}$ 分别表示协同导航系统的状态向量和输入向量，$\boldsymbol{z}_{k+1}=(r_k^2,r_{k+1}^2)^{\mathrm{T}}$ 表示量测向量，则由式(5.6)及式(5.7)可得导航系统的状态方程和量测方程分别为

$$\begin{cases}\boldsymbol{x}_{k+1}=f(\boldsymbol{x}_k,\boldsymbol{u}_k)\\ \boldsymbol{z}_k=h(\boldsymbol{x}_k)\end{cases} \tag{5.8}$$

其中，f, h 是相应于式(5.7)和式(5.6)的非线性函数。

考虑到协同导航系统(5.8)的非线性特性，本节采用扩展 Kalman 滤波方法进行协同导航算法设计，并通过在滤波过程中载入实时更新的系统噪声和量测噪声方差提高滤波精度。

根据导航系统的状态方程和量测方程(5.8)，可得系统的滤波方程为

$$\begin{cases}\boldsymbol{x}_{k+1}=f(\boldsymbol{x}_k,\boldsymbol{u}_k)+\boldsymbol{G}_k\boldsymbol{w}_k\\ z_k=h(\boldsymbol{x}_k)+\boldsymbol{N}_k\boldsymbol{v}_k\end{cases}\tag{5.9}$$

其中，$\boldsymbol{w}_k$，$\boldsymbol{v}_k$ 分别是系统的驱动噪声和量测噪声序列；$\boldsymbol{G}_k$，$\boldsymbol{N}_k$ 是相应的驱动噪声和量测噪声矩阵，且满足

$$\begin{cases}\boldsymbol{w}_k\sim\mathbb{N}(0,I_3),\boldsymbol{v}_k\sim\mathbb{N}(0,I_2)\\ \mathbb{C}\mathrm{ov}(\boldsymbol{w}_k,\boldsymbol{v}_j)=\mathbb{E}(\boldsymbol{w}_k\boldsymbol{v}_j^{\mathrm{T}})=0\\ \boldsymbol{G}_k\boldsymbol{G}_k^{\mathrm{T}}=\boldsymbol{Q}_k,\boldsymbol{N}_k\boldsymbol{N}_k^{\mathrm{T}}=\boldsymbol{R}_k\end{cases}\tag{5.10}$$

利用泰勒展开，可将式(5.9)写为

$$\begin{cases}f(\boldsymbol{x}_k,\boldsymbol{u}_k)=f(\hat{\boldsymbol{x}}_k,\boldsymbol{u}_k)+\boldsymbol{A}_k(\boldsymbol{x}_k-\hat{\boldsymbol{x}}_k)+\varphi(\boldsymbol{x}_k,\hat{\boldsymbol{x}}_k,\boldsymbol{u}_k)\\ h(\boldsymbol{x}_k)=h(\hat{\boldsymbol{x}}_k)+\boldsymbol{C}_k(\boldsymbol{x}_k-\hat{\boldsymbol{x}}_k)+\psi(\boldsymbol{x}_k,\hat{\boldsymbol{x}}_k)\end{cases}\tag{5.11}$$

其中，$\boldsymbol{A}_k$，$\boldsymbol{C}_k$ 由 Jacobian 矩阵

$$\boldsymbol{A}_k=\frac{\partial f}{\partial \boldsymbol{x}}(\hat{\boldsymbol{x}}_k,\boldsymbol{u}_k),\boldsymbol{C}_k=\frac{\partial h}{\partial \boldsymbol{x}}(\hat{\boldsymbol{x}}_k)\tag{5.12}$$

确定；φ，ψ 是适当的非线性余项；$\hat{\boldsymbol{x}}_k$ 是 t_k 时刻对状态向量 $\boldsymbol{x}_k$ 的估计。

联立式(5.9)~式(5.12)，利用扩展 Kalman 滤波方法可以得到协同导航系统的状态估计方程为

$$\hat{\boldsymbol{x}}_{k+1}=f(\hat{\boldsymbol{x}}_k,\boldsymbol{u}_k)+\boldsymbol{K}_k(z_k-h(\hat{\boldsymbol{x}}_k))\tag{5.13}$$

滤波方差估计为

$$\boldsymbol{P}_{k+1}=\boldsymbol{A}_k\boldsymbol{P}_k\boldsymbol{A}_k^{\mathrm{T}}+\boldsymbol{Q}_k-\boldsymbol{K}_k(\boldsymbol{C}_k\boldsymbol{P}_k\boldsymbol{C}_k^{\mathrm{T}}+\boldsymbol{R}_k)\boldsymbol{K}_k^{\mathrm{T}}\tag{5.14}$$

其中，滤波增益为

$$\boldsymbol{K}_k=\boldsymbol{A}_k\boldsymbol{P}_k\boldsymbol{C}_k^{\mathrm{T}}(\boldsymbol{C}_k\boldsymbol{P}_k\boldsymbol{C}_k^{\mathrm{T}}+\boldsymbol{R}_k)^{-1}\tag{5.15}$$

因此，只需给定从 AUV 的初始位姿$\hat{\boldsymbol{x}}_0$，以及协同导航系统的初始化滤波方差 P_0，就能够利用式(5.13)~式(5.15)递推地求取从 AUV 的定位估计。

5.3 协同导航系统的可观测性分析

在基于移动矢径的单领航者 AUV 协同导航方法中，由于仅利用相对距离量测信息不能完全确定从 AUV 的空间位置，因此需结合从

AUV 的移动矢径以获取充分的位置求解条件,实现对从 AUV 的定位估计。值得注意的是,主、从 AUV 间不同特性的运动路径对导航系统的可观测性具有重要影响。R. Engel[13] 和 J. Kalwa[14] 等基于线性代数方程组的可解性理论研究了协同导航系统的路径可观测性,指出当主、从 AUV 以相同的航速沿相互平行的直线路径机动时,将导致系统全局不可观测。G. Antonelli[15] 等通过将非线性导航系统性化,利用线性系统的可观测性秩判别理论研究了 AUV 之间的机动路径对导航系统可观测性的影响,指出当从 AUV 静止或其相对于主 AUV 的运动速度(大小或方向)不发生变化时,导航系统将局部不可观测。G. Papadopoulos[16] 通过将从 AUV 的航向角估计作为量测量来简化导航系统结构,采用非线性系统可观测性的 Lie 导数理论得到了导航系统的局部可观测性条件,指出当主、从 AUV 以同速、同向航行时将导致系统局部不可观测;主、从 AUV 沿同一直线路径航行时系统将"近似不可观测",此时系统的可观测性矩阵呈现病态退化。

本节将研究单领航者 AUV 协同导航系统的可观测性[11,17,18],从而寻找出主、从 AUV 间使得导航系统不可观测或"近似不可观测"的机动路径,使 AUV 在航行过程中对此类路径进行规避,并根据在主、从 AUV 间的可观测路径,设计适当的 AUV 机动航路,增强导航系统的可观测性。

5.3.1　系统的局部和一致可观测性

在基于移动矢径的多 AUV 协同导航方法中,如果协同导航系统满足局部可观测性,则可利用主、从 AUV 之间的相对距离量测信息,并结合 AUV 的运动学方程,通过设计适当的协同导航算法实现对从 AUV 的定位解算。利用非线性时变系统的可观测性理论[19,20],可以写出导航系统(5.8)的局部可观测性矩阵为

$$\mathcal{O}(\boldsymbol{x}_k)=\begin{bmatrix}\dfrac{\partial h}{\partial \boldsymbol{x}}(\boldsymbol{x}_k)\\[2ex] \dfrac{\partial h}{\partial \boldsymbol{x}}(\boldsymbol{x}_{k+1})\dfrac{\partial f}{\partial \boldsymbol{x}}(\boldsymbol{x}_k,\boldsymbol{u}_k)\\[2ex] \dfrac{\partial h}{\partial \boldsymbol{x}}(\boldsymbol{x}_{k+2})\dfrac{\partial f}{\partial \boldsymbol{x}}(\boldsymbol{x}_{k+1},\boldsymbol{u}_{k+1})\dfrac{\partial f}{\partial \boldsymbol{x}}(\boldsymbol{x}_k,\boldsymbol{u}_k)\end{bmatrix}$$

$$
= \begin{bmatrix} O_{11} & O_{12} & 0 \\ O_{21} & O_{22} & 0 \\ O_{31} & O_{32} & O_{33} \\ O_{41} & O_{42} & O_{43} \\ O_{51} & O_{52} & O_{53} \\ O_{61} & O_{62} & O_{63} \end{bmatrix} \triangleq [O_1 O_2 O_3] \tag{5.16}
$$

其中

$$
\begin{cases}
O_{11} = 2(x_k - Dx_{k-1,k} - x_{k-1}^L) \\
O_{12} = 2(y_k - Dy_{k-1,k} - y_{k-1}^L) \\
O_{21} = 2(x_k - x_k^L) \\
O_{22} = 2(y_k - y_k^L) \\
O_{31} = 2(x_{k+1} - Dx_{k,k+1} - x_k^L) \\
O_{32} = 2(y_{k+1} - Dy_{k,k+1} - y_k^L) \\
O_{33} = u_k \Delta t(O_{32}\cos\phi_k - O_{31}\sin\phi_k) \\
O_{41} = 2(x_{k+1} - x_{k+1}^L) \\
O_{42} = 2(y_{k+1} - y_{k+1}^L) \\
O_{43} = u_k \Delta t(O_{42}\cos\phi_k - O_{41}\sin\phi_k) \\
O_{51} = 2(x_{k+2} - Dx_{k+1,k+2} - x_{k+1}^L) \\
O_{52} = 2(y_{k+2} - Dy_{k+1,k+2} - y_{k+1}^L) \\
O_{53} = u_k \Delta t(O_{52}\cos\phi_k - O_{51}\sin\phi_k) \\
\qquad + u_{k+1} \Delta t(O_{52}\cos\phi_{k+1} - O_{51}\sin\phi_{k+1}) \\
O_{61} = 2(x_{k+2} - x_{k+2}^L) \\
O_{62} = 2(y_{k+2} - y_{k+2}^L) \\
O_{63} = u_k \Delta t(O_{62}\cos\phi_k - O_{61}\sin\phi_k) + \\
\qquad u_{k+1} \Delta t(O_{62}\cos\phi_{k+1} - O_{61}\sin\phi_{k+1})
\end{cases} \tag{5.17}
$$

因此,如果导航系统(5.8)不可观测,则 rank $\mathcal{O}(\boldsymbol{x}_k) < 3$。注意到 $\mathcal{O}(\boldsymbol{x}_k)$ 的第 3 列 O_3 中的前 2 个元素均为 0,故当且仅当其第 1 列 O_1

和第 2 列 O_2 线性相关时，$\mathcal{O}(\boldsymbol{x}_k)$ 奇异。利用式(5.17)中的矩阵分量做进一步验证可知，该奇异性条件对应于主、从 AUV 之间的下列两类不可观测运动路径：

(1) 主、从 AUV 以相同的速度沿相互平行的直线路径航行，如图 5-3(a)所示。此时，$\mathcal{O}(\boldsymbol{x}_k)$ 的前 2 列 O_1, O_2 成比例，系统不可观测。值得注意的是，在此路径条件下，如果主、从 AUV 的航速不相等，则导航系统仍将可观测。

(2) 主、从 AUV 沿同一直线路径航行，如图 5-3(b)所示。此时，无论两者的航速是否相等，导航系统都将不可观测。该结论是对 A. Gadre[8] 可观测性研究结果的推广。文献[8]指出，在基于固定单信标测距的 2D 水面导航系统中，AUV 沿经过导航信标的直线路径运动将导致系统不可观测。因此，如果将本节的主 AUV 看作是固定导航信标，则文献[8]中的上述可观测性结果就是图 5-3(b)所示路径的特殊情形。

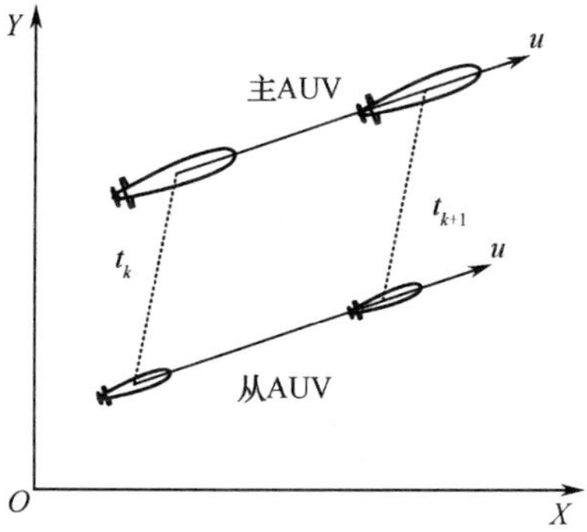

(a) 第1类不可观测路径

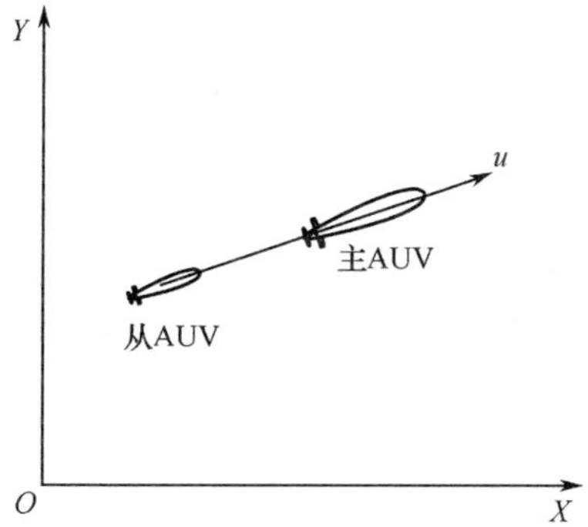

(b) 第2类不可观测路径

图 5-3　AUV 的两类不可观测路径

下面进一步分析协同导航系统(5.8)的一致可观测性。由局部可观测性矩阵 $\mathcal{O}(\boldsymbol{x}_k)$，可以得到系统的一致可观测性 Gram 矩阵为

$$\mathcal{M}_{k+2,k}(\boldsymbol{x}_k) = \mathcal{O}^{\mathrm{T}}(\boldsymbol{x}_k)\mathcal{O}(\boldsymbol{x}_k) \tag{5.18}$$

因此，如果主、从 AUV 间的运动路径可观测，则

$$\mathrm{rank}\,\mathcal{M}_{k+2,k}(\boldsymbol{x}_k) = \mathrm{rank}\,\mathcal{O}(\boldsymbol{x}_k) = 3 \tag{5.19}$$

即 $\mathcal{O}(\boldsymbol{x}_k)$ 严格正定，故有

$$\underline{m}_k I \leqslant \mathscr{M}_{k+2,k}(\boldsymbol{x}_k) \leqslant \overline{m}_k I \tag{5.20}$$

其中，$\underline{m}_k$，$\overline{m}_k$ 分别是 $\mathscr{M}_{k+2,k}(\boldsymbol{x}_k)$ 的最小和最大特征值。设 $\mathscr{K} \subset \mathbb{R}^3$ 是包含系统状态向量 $\boldsymbol{x}_k(k=0,1,2,\cdots)$ 的有界闭子集，则在 $\mathscr{K}$ 中可以定义

$$\underline{m} = \inf_{k \geqslant 0} \underline{m}_k, \overline{m} = \sup_{k \geqslant 0} \overline{m}_k \tag{5.21}$$

并且 $0 < \underline{m} \leqslant \overline{m} < \infty$。结合式(5.20)及式(5.21)则有

$$\underline{m} I \leqslant \mathscr{M}_{k+2,k}(\boldsymbol{x}_k) \leqslant \overline{m} I, k=0,1,2,\cdots \tag{5.22}$$

即 Gram 矩阵 $\mathscr{M}_{k+2,k}(\boldsymbol{x}_k)$ 在闭子集 $\mathscr{K}$ 中一致有界，因此导航系统(5.8)在主、从 AUV 间的可观测路径满足一致可观测性条件。

注 5.1 ①在实际应用中，有界闭子集 $\mathscr{K} \subset \mathbb{R}^3$ 可以取为主、从 AUV 的最大巡航区域；②除去图 5－3 所示的两类不可观测路径以外，主、从 AUV 间的大多数运动路径都是可观测的。

5.3.2 欠驱动特性对系统可观测性的影响

由于依靠尾推和鳍舵控制的欠驱动 AUV 不满足 Brockett 约束，不能转化为无漂(Drift－less)系统，其运动学模型亦无法表征转向时的侧滑运动，因此当 AUV 机动运动时，经由量测获得的估计位置与实际的移动矢径并不吻合[21－23]。具体来说，欠驱动特性对移动矢径 $\boldsymbol{D}(t,t+\Delta t)$ 的影响表现为 AUV 机动过程中侧滑角和漂移速度的变化。如图 5－4 所示，设 $u(t)$ 为 AUV 在航向角 $\phi(t)$ 方向的线速度，$\dot{p}(t)$ 为瞬时速度，则

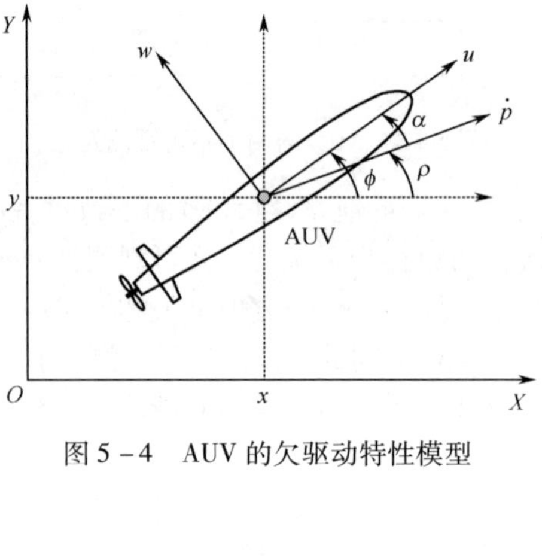

图 5－4　AUV 的欠驱动特性模型

$\rho(t)=\arctan(\dot{y}(t)/\dot{x}(t))$ 为 AUV 的瞬时速度方向,另外有

$$\alpha(t)=\phi(t)-\rho(t),w(t)=\dot{p}(t)\sin\alpha(t) \tag{5.23}$$

分别为侧滑角和漂移速度。一般情况下,认为侧滑角 $\alpha(t)$ 为小量,因而通常将其忽略,即

$$u(t)=\dot{p}(t)\cos\alpha(t)\doteq\dot{p}(t),\phi(t)\doteq\rho(t) \tag{5.24}$$

下面,为分析 AUV 的欠驱动特性对导航系统可观测性造成的影响,将 AUV 机动过程中的侧滑角和漂移速度变化纳入考虑。为此,将 AUV 的运动学方程(5.7)重新写为

$$\dot{\boldsymbol{x}}(t)=\begin{bmatrix}\dot{x}(t)\\\dot{y}(t)\\\dot{\phi}(t)\end{bmatrix}=\begin{bmatrix}u(t)\cos\phi(t)-w(t)\sin\phi(t)\\u(t)\sin\phi(t)+w(t)\cos\phi(t)\\\omega(t)\end{bmatrix} \tag{5.25}$$

此外,欠驱动特性影响下从 AUV 由 t 时刻至 $t+\Delta t$ 时刻的移动矢径为

$$\overline{\boldsymbol{D}}(t,t+\Delta t)=\begin{bmatrix}\overline{D}_x(t,t+\Delta t)\\\overline{D}_y(t,t+\Delta t)\end{bmatrix}=\begin{bmatrix}(u(t)\cos\phi(t)-w(t)\sin\phi(t)\Delta t\\(u(t)\sin\phi(t)+w(t)\cos\phi(t)\Delta t\end{bmatrix} \tag{5.26}$$

因此可得导航系统的量测方程为

$$\begin{aligned}\boldsymbol{z}(t)&=\begin{bmatrix}r^2(t)\\r^2(t+\Delta t)\end{bmatrix}\\&=\begin{bmatrix}(x(t)-x^L(t))^2+(y(t)-y^L(t))^2\\(x(t)+\overline{D}_x(t,t+\Delta t)-x^L(t+\Delta t))^2+(y(t)+\overline{D}_y(t,t+\Delta t)-y^L(t+\Delta t))^2\end{bmatrix}\end{aligned} \tag{5.27}$$

下面利用非线性可观测理论分析导航系统(5.25)和(5.27)的局部可观测性。由于 AUV 的航向角 $\phi(t)$ 可以直接量测获得,因此将状态方程(5.25)简化为关于 $\overline{\boldsymbol{x}}=(x(t),y(t))^{\mathrm{T}}$ 的二阶系统,即

$$\dot{\overline{\boldsymbol{x}}}=f(\overline{\boldsymbol{x}},\overline{\boldsymbol{u}}) \tag{5.28}$$

其中,$\overline{\boldsymbol{u}}=(u(t),\phi(t))^{\mathrm{T}}$ 为系统的量测输入,另外有

$$\boldsymbol{f}=\begin{bmatrix}f_1\\f_2\end{bmatrix}=\begin{bmatrix}u(t)\cos\phi(t)-w(t)\sin\phi(t)\\u(t)\sin\phi(t)+w(t)\cos\phi(t)\end{bmatrix} \tag{5.29}$$

此外，将量测方程(5.27)写为

$$\boldsymbol{h}=\begin{bmatrix}h_1\\h_2\end{bmatrix}=\begin{bmatrix}((x(t)-x^L(t))^2+(y(t)-y^L(t))^2)^{\frac{1}{2}}\\ \begin{pmatrix}(x(t)+\overline{D}x(t,t+\Delta t)-x^L(t+\Delta t))^2\\+(y(t)+\overline{D}y(t,t+\Delta t)-y^L(t+\Delta t))^2\end{pmatrix}^{\frac{1}{2}}\end{bmatrix} \tag{5.30}$$

根据非线性可观测理论[24,25]，如果导航系统(5.25)和(5.27)局部可观测，则下列可观测性矩阵

$$\mathcal{O}(t)=\begin{bmatrix}\nabla L_f^0(h_1)\nabla L_f^0(h_2)\\\nabla L_f^1(h_1)\nabla L_f^1(h_2)\end{bmatrix} \tag{5.31}$$

满秩。其中，$L_f^n(h_m)$是量测分量 h_m 关于f的 n 阶 Lie 导数；∇表示梯度算子。由 Lie 导数的定义可知

$$\begin{cases}L_f^0(h_1)=h_1,L_f^0(\boldsymbol{h}_2)=h_2\\ L_f^1(h_1)=\nabla\boldsymbol{h}_1^{\mathrm{T}}\cdot\begin{bmatrix}f_1\\f_2\end{bmatrix}=\dfrac{1}{h_1}\{(x(t)-x^L(t))f_1+(y(t)-y^L(t))f_2\}\\ L_f^1(h_2)=\nabla\boldsymbol{h}_2^{\mathrm{T}}\cdot\begin{bmatrix}f_1\\f_2\end{bmatrix}=\dfrac{1}{h_2}\{(x(t)+\overline{D}x(t,t+\Delta t)-x^L(t+\Delta t))f_1+\\ \qquad (y(t)+\overline{D}y(t,t+\Delta t)-y^L(t+\Delta t))f_2\}\end{cases} \tag{5.32}$$

其中

$$\nabla\boldsymbol{h}_1=\begin{bmatrix}\dfrac{1}{h_1}(x(t)-x^L(t))\\\dfrac{1}{h_1}(y(t)-y^L(t))\end{bmatrix},\nabla\boldsymbol{h}_2=\begin{bmatrix}\dfrac{1}{h_2}(x(t)+\overline{D}x(t,t+\Delta t)-x^L(t+\Delta t))\\\dfrac{1}{h_2}(y(t)+\overline{D}y(t,t+\Delta t)-y^L(t+\Delta t))\end{bmatrix} \tag{5.33}$$

此外，记

$$\boldsymbol{O}_1(t)=\begin{bmatrix}L_f^0(h_1)\\L_f^1(h_1)\end{bmatrix},\boldsymbol{O}_2(t)=\begin{bmatrix}L_f^0(h_2)\\L_f^1(h_2)\end{bmatrix} \tag{5.34}$$

则有

$$\nabla\boldsymbol{O}_1(t)=\begin{bmatrix}\nabla L_f^0(h_1)\\\nabla L_f^1(h_1)\end{bmatrix}$$

$$=\begin{bmatrix} \frac{1}{h_1}(x(t)-x^L(t)) & \frac{1}{h_1}(y(t)-y^L(t)) \\ \frac{1}{h_1^3}\{(y(t)-y^L(t))^2 f_1+(x(t)-x^L(t))(y(t)-y^L(t))f_2\} & \frac{1}{h_1^3}\{(x(t)-x^L(t))^2 f_2+(x(t)-x^L(t))(y(t)-y^L(t))f_1\} \end{bmatrix}$$

(5.35)

$$\nabla \boldsymbol{O}_2(t)=\begin{bmatrix}\nabla L_f^0(h_2)\\ \nabla L_f^1(h_2)\end{bmatrix}$$

$$=\begin{bmatrix} \frac{1}{h_2}(x(t)+Dx(t,t+\Delta t)-x^L(t+\Delta t)) & \frac{1}{h_2}(y(t)+\bar{D}y(t,t+\Delta t)-y^L(t+\Delta t)) \\ \frac{1}{h_2^3}\begin{pmatrix}(y(t)+\bar{D}y(t,t+\Delta t)-y^L(t+\Delta t))^2 f_1\\ +(x(t)+\bar{D}x(t,t+\Delta t)-x^L(t+\Delta t))\\ \times(y(t)+\bar{D}y(t,t+\Delta t)-y^L(t+\Delta t))f_2\end{pmatrix} & \frac{1}{h_2^3}\begin{pmatrix}(x(t)+\bar{D}x(t,t+\Delta t)-x^L(t+\Delta t))^2 f_2\\ +(x(t)+\bar{D}x(t,t+\Delta t)-x^L(t+\Delta t))\\ \times(y(t)+\bar{D}y(t,t+\Delta t)-y^L(t+\Delta t))f_1\end{pmatrix} \end{bmatrix}$$

(5.36)

为了判断可观测性矩阵$\mathcal{O}(t)$是否满秩,可以分别考察其子矩阵$\nabla \boldsymbol{O}_1(t)$和$\nabla \boldsymbol{O}_2(t)$的奇异性。由于

$$\begin{cases}\det(\nabla \boldsymbol{O}_1(t))=\frac{1}{h_1^2}\{-f_1(y(t)-y^L(t))+f_2(x(t)-x^L(t))\}\\ \det(\nabla \boldsymbol{O}_2(t))=\frac{1}{h_2^2}\begin{Bmatrix}-f_1(y(t)+\bar{D}y(t,t+\Delta t)-y^L(t+\Delta t))\\ +f_2(x(t)+\bar{D}x(t,t+\Delta t)-x^L(t+\Delta t))\end{Bmatrix}\end{cases}$$

(5.37)

因此,如果可观测性矩阵 $\mathcal{O}(t)$ 满秩,则

$$\det(\nabla \boldsymbol{O}_1(t)) \neq 0, \det(\nabla \boldsymbol{O}_2(t)) \neq 0 \tag{5.38}$$

由此解得

$$\phi(t) \neq \begin{cases} \arctan\left(\dfrac{w(t)(x(t)-x^L(t))-u(t)(y(t)-y^L(t))}{u(t)(x(t)-x^L(t))+w(t)(y(t)-y^L(t))}\right), \\ \arctan\left(\dfrac{w(t)(x(t)+\bar{D}x(t,t+\Delta t)-x^L(t+\Delta t))-u(t)(y(t)+\bar{D}y(t,t+\Delta t)-y^L(t+\Delta t))}{u(t)(x(t)+\bar{D}x(t,t+\Delta t)-x^L(t+\Delta t))+w(t)(y(t)+\bar{D}y(t,t+\Delta t)-y^L(t+\Delta t))}\right) \end{cases} \tag{5.39}$$

式(5.39)给出了导航系统在欠驱动特性影响下的局部可观测性判别条件。值得注意的是,即便对于5.3.1节中给出的两类不可观测路径(未考虑欠驱动因素),可以验证在欠驱动特性的影响下(由于漂移速度 $\boldsymbol{w}(t)$ 的存在),导航系统仍将局部可观测。下面具体列出了导航系统在欠驱动特性影响下的可观测性结论。

(1) 主、从 AUV 之间的绝大多数运动路径均可观测,其中包括5.3.1节图5-3中给出的未考虑欠驱动因素影响时的两类不可观测路径。

(2) 在协同导航过程中,可以利用式(5.39)对导航系统的可观测性进行实时检验,从而确保系统满足局部可观测性,提高协同定位精度。

由此可见,在 AUV 欠驱动特性的影响下,漂移速度的存在增强了导航系统的局部可观测性。但是,在实际机动中的漂移速度有可能很小,因此对5.3.1节中给出的两类"近似不可观测"路径仍应当予以回避。事实上,对于图5-3中的第1类不可观测路径,由于主、从 AUV 以相同的航速沿平行直线路径运动,两者间相对距离量测值的大小和方向在每一采样时刻均不发生变化或变化很小,因而导致系统的可观测性矩阵 $\mathcal{O}(t)$ 接近病态[26],此时导航系统将"近似不可观测"。另一方面,对于图5-3中的第2类不可观测路径,由于主、从 AUV 沿同一直线路径航行,则显然有

$$\phi(t) = \begin{cases} \arctan\left(\dfrac{y(t)-y^L(t)}{x(t)-x^L(t)}\right) \\ \arctan\left(\dfrac{y(t)+Dy(t,t+\Delta t)-y^L(t+\Delta t)}{x(t)+Dx(t,t+\Delta t)-x^L(t+\Delta t)}\right) \end{cases}$$

$$
= \begin{cases} \arctan\left(\dfrac{w(t)(x(t)-x^L(t))-u(t)(y(t)-y^L(t))}{u(t)(x(t)-x^L(t))+w(t)(y(t)-y^L(t))}\right) \\ \arctan\left(\dfrac{w(t)(x(t)+\bar{D}x(t,t+\Delta t)-x^L(t+\Delta t))-u(t)(y(t)+\bar{D}y(t,t+\Delta t)-y^L(t+\Delta t))}{u(t)(x(t)+\bar{D}x(t,t+\Delta t)-x^L(t+\Delta t))+w(t)(y(t)+\bar{D}y(t,t+\Delta t)-y^L(t+\Delta t))}\right) \end{cases} \tag{5.40}
$$

对照可观测性判别条件式(5.39)可知,此时导航系统仍将“近似不可观测”。因此,即便 AUV 的欠驱动特性在理论意义上可以增加导航系统的可观测性,但却不会带来任何实质性的影响。另一方面,式(5.40)表明在忽略欠驱动因素的影响时(即认为 $w(t)=0$),上述可观测性分析结果与 5.3.1 节中得到的导航系统局部可观测性结论是一致的,从而也验证了理论分析方法的正确性。

5.4　协同导航系统的稳定性分析

导航系统的稳定性描述了协同定位误差的渐近性质,是衡量多 AUV 协同定位性能的重要指标[27]。为此,本节将针对基于移动矢径的单领航者 AUV 协同导航方法,研究协同导航系统的稳定性问题。

记

$$
\boldsymbol{\zeta}_k = \boldsymbol{x}_k - \hat{\boldsymbol{x}}_k \tag{5.41}
$$

表示 EKF 协同导航算法的定位误差,则由 5.2 节的讨论可知,误差序列$\{\boldsymbol{\zeta}_k, k\geqslant 0\}$满足如下递推关系

$$
\boldsymbol{\zeta}_{k+1} = (\boldsymbol{A}_k - \boldsymbol{K}_k\boldsymbol{C}_k)\boldsymbol{\zeta}_k + \boldsymbol{d}_k + \boldsymbol{s}_k \tag{5.42}
$$

其中

$$
\begin{cases} \boldsymbol{d}_k = \varphi(\boldsymbol{x}_k, \hat{\boldsymbol{x}}_k, \boldsymbol{u}_k) - \boldsymbol{K}_k\psi(\boldsymbol{x}_k, \hat{\boldsymbol{x}}_k) \\ \boldsymbol{s}_k = \boldsymbol{G}_k\boldsymbol{w}_k - \boldsymbol{K}_k\boldsymbol{N}_k\boldsymbol{v}_k \end{cases} \tag{5.43}
$$

为了分析非线性导航系统(5.9)的稳定性,首先给出均方指数稳定性的定义(参见文献[33])。此外,为简化记号,以下约定 $\boldsymbol{X}^{-\mathrm{T}} = (\boldsymbol{X}^{-1})^{\mathrm{T}}$。

定义 5.2　非线性系统(5.9)称为是均方指数稳定的,如果其状态估计误差(5.41)满足均方指数有界,即对每个 $k\geqslant 0$,存在实数 $\eta, \nu > 0$

和 $0<\theta<1$ 使得

$$\mathbb{E}\{\|\boldsymbol{\zeta}_k\|^2\}\leqslant\eta\|\boldsymbol{\zeta}_0\|^2\theta^k+\nu \tag{5.44}$$

其中,$\boldsymbol{\zeta}_0$ 是系统的初始化估计误差。

注 5.3 由定义 5.2 可知,如果非线性系统(5.9)满足均方指数稳定,则根据式(5.44)显然有

$$\lim_{k\to\infty}\sup\mathbb{E}\{\|\boldsymbol{\zeta}_k\|^2\}<\infty \tag{5.45}$$

因此

$$\sup_{k\geqslant 0}\|\boldsymbol{\zeta}_k\|<\infty\text{ ,a. s.} \tag{5.46}$$

其中,a. s. 表示几乎必然(almost surely)成立。由此可见,上述稳定性定义与直观理解相吻合,即状态估计误差有界是系统稳定的一个必要条件。

下面给出本节的主要结论。

定理 5.4 考虑由方程(5.9)给出的非线性协同导航系统,其状态估计和方差更新由扩展 Kalman 滤波方程(5.13)~(5.15)确定。如果满足下列三点,导航系统(5.9)的状态估计误差式(5.41)均方指数有界,即系统(5.9)满足均方指数稳定性。

(1) 存在实数 $\underline{q},\bar{q},\underline{r},\bar{r}>0$,使得对每个 $k\geqslant 0$ 都有下式成立:

$$\underline{q}\boldsymbol{I}\leqslant\boldsymbol{Q}_k\leqslant\bar{q}\boldsymbol{I},\underline{r}\boldsymbol{I}\leqslant\boldsymbol{R}_k\leqslant\bar{r}\boldsymbol{I} \tag{5.47}$$

(2) 系统的初始化滤波方差 P_0 严格正定,且存在适当的 $\varepsilon>0$ 使得初始化估计误差满足

$$\|\boldsymbol{\zeta}_0\|\leqslant\varepsilon \tag{5.48}$$

(3) 系统满足局部一致可观测性条件。

注 5.5 非线性协同导航系统(5.9)满足均方指数稳定性的充分条件可以直观地描述为:

(1) 系统的驱动噪声和量测噪声方差 $\boldsymbol{Q}_k,\boldsymbol{R}_k$ 有界;

(2) 系统的初始化滤波方差 P_0 非奇异,且初始化估计误差 ζ_0 适当地小;

(3) 系统在各采样时刻的状态 $\boldsymbol{x}_k$ 可以经由相应的量测信息 $\boldsymbol{z}_k$ 解算获得,即主、从 AUV 之间的运动路径可观测,从而使系统满足局部一致可观测性条件。

为了证明定理5.4,需要用到下列引理。

引理5.6　设$\{\boldsymbol{P}_k,k\leqslant 1\}$是由Riccati方程(5.14)确定的导航系统(5.9)的滤波方差序列,如果满足下列三点,则系统(5.9)的滤波方差一致有界,即存在实数$\underline{p},\bar{p}>0$使得

$$\underline{p}\boldsymbol{I}\leqslant\boldsymbol{P}_k\leqslant\bar{p}\boldsymbol{I}\tag{5.49}$$

对每个$k\geqslant 1$都成立。

(1) 定理5.4中的条件(1)成立;

(2) 系统的初始化滤波方差,即Riccati方程(5.14)的迭代初值P_0严格正定;

(3) 由式(5.12)给出的系统矩阵$\boldsymbol{A}_k$和量测矩阵$\boldsymbol{C}_k$满足一致可观测性条件。

证明　参见文献[19,28]。

引理5.7　设$\{\boldsymbol{\zeta}_k,k\geqslant 0\}$是由式(5.41)确定且满足迭代关系(5.42)的随机序列,$V_k(\boldsymbol{\zeta}_k)$是关于$\boldsymbol{\zeta}_k$的Borel函数。如果存在实数$\underline{v}$,$\bar{v}$,$\mu>0$和$0<\beta\leqslant 1$,使得:

(1) $V_k(\boldsymbol{\zeta}_k)$关于每个$\boldsymbol{\zeta}_k$有界,即

$$\underline{v}\|\boldsymbol{\zeta}_k\|^2\leqslant V_k(\boldsymbol{\zeta}_k)\leqslant\bar{v}\|\boldsymbol{\zeta}_k\|^2\tag{5.50}$$

(2) $\{V_k(\boldsymbol{\zeta}_k),k\geqslant 0\}$是关于生成$\sigma$-代数序列$\{\mathscr{F}_k=\sigma(\boldsymbol{\zeta}_0,\boldsymbol{\zeta}_1,\cdots,\boldsymbol{\zeta}_k),k\geqslant 0\}$的上鞅,且满足

$$\mathbb{E}\{V_{k+1}(\boldsymbol{\zeta}_{k+1})\mid\mathscr{F}_k\}\leqslant\mu+(1-\beta)V_k(\boldsymbol{\zeta}_k)\tag{5.51}$$

则$\{\boldsymbol{\zeta}_k,k\geqslant 0\}$均方指数有界,即系统(5.9)满足均方指数稳定性。

证明　参见文献[29]。

引理5.8　如果定理5.4中的条件(1)~(3)成立,并且记$\boldsymbol{\varPi}_k=\boldsymbol{P}_k^{-1}>0$,则对每个$k\geqslant 0$都有:

(1) $\boldsymbol{A}_k$非奇异,并且存在实数$\bar{a},\bar{c}>0$使得

$$\|\boldsymbol{A}_k\|\leqslant\bar{a},\ \|\boldsymbol{C}_k\|\leqslant\bar{c}\tag{5.52}$$

(2) 存在实数$0<\alpha<1$,使得

$$(\boldsymbol{A}_k-\boldsymbol{K}_k\boldsymbol{C}_k)^{\mathrm{T}}\boldsymbol{\varPi}_{k+1}(\boldsymbol{A}_k-\boldsymbol{K}_k\boldsymbol{C}_k)\leqslant(1-\alpha)\boldsymbol{\varPi}_k\tag{5.53}$$

(3) 存在适当的实数$\varepsilon',\kappa_d>0$,当$\|\boldsymbol{x}_k-\hat{\boldsymbol{x}}_k\|\leqslant\varepsilon'$时有

$$2\boldsymbol{d}_k^{\mathrm{T}}\boldsymbol{\varPi}_k(\boldsymbol{A}_k-\boldsymbol{K}_k\boldsymbol{C}_k)(\boldsymbol{x}_k-\hat{\boldsymbol{x}}_k)+\boldsymbol{d}_k^{\mathrm{T}}\boldsymbol{\varPi}_k\boldsymbol{d}_k\leqslant\kappa_d\|\boldsymbol{x}_k-\hat{\boldsymbol{x}}_k\|^3\tag{5.54}$$

(4) 令 $\delta=\max\{\bar{q},\bar{r}\}$，则存在不依赖于 δ 的实数 $\kappa_s>0$，使得

$$\mathbb{E}\{\boldsymbol{s}_k^{\mathrm{T}}\boldsymbol{\Pi}_k\boldsymbol{s}_k\}\leqslant\kappa_s\delta \tag{5.55}$$

其中，d_k,s_k 是由式(5.43)确定的函数。

证明 下面依次证明引理5.8中的4条结论。

首先，由 $\boldsymbol{A}_k,\boldsymbol{C}_k$ 的定义式(5.12)可知

$$\begin{cases}\boldsymbol{A}_k=\begin{bmatrix}1 & 0 & -u_k\Delta t\sin\hat{\phi}_k\\ 0 & 1 & u_k\Delta t\cos\hat{\phi}_k\\ 0 & 0 & 1\end{bmatrix}\\ \boldsymbol{C}_k=\begin{bmatrix}2(\hat{x}_k-Dx_{k-1,k}-x_{k-1}^L) & 2(\hat{y}_k-Dy_{y-1,k}-y_{k-1}^L) & 0\\ 2(\hat{x}_k-x_{k-1}^L) & 2(\hat{y}_k-y_{k-1}^L) & 0\end{bmatrix}\end{cases} \tag{5.56}$$

因此，对每个 $k\geqslant0$ 都有 $\det\boldsymbol{A}_k=1$，故 $\boldsymbol{A}_k$ 非奇异。利用矩阵谱范数的性质可得

$$\begin{cases}\|\boldsymbol{A}_k\|\leqslant\sqrt{3+(u_k\Delta t)^2}\leqslant\sqrt{3+(u_{\max}\Delta t)^2}\triangleq\bar{a}\\ \|\boldsymbol{C}_k\|\leqslant2\sqrt{r_k^2+r_{k-1}^2}\leqslant2\sqrt{2}r_{\max}\triangleq\bar{c}\end{cases} \tag{5.57}$$

其中，$u_{\max}$是AUV的最大航速；$r_{\max}$是主、从AUV之间的最远量测距离，两者均是在实际中可以确定的常数。至此，引理5.8结论(1)得证。

接下来，结合式(5.14)及式(5.15)，可将滤波方差序列$\{\boldsymbol{P}_k,k\geqslant0\}$重新写为

$$\begin{aligned}\boldsymbol{P}_{k+1}&=\boldsymbol{A}_k\boldsymbol{P}_k\boldsymbol{A}_k^{\mathrm{T}}+\boldsymbol{Q}_k-\boldsymbol{A}_k\boldsymbol{P}_k\boldsymbol{C}_k^{\mathrm{T}}\boldsymbol{K}_k^{\mathrm{T}}\\&=(\boldsymbol{A}_k-\boldsymbol{K}_k\boldsymbol{C}_k)\boldsymbol{P}_k(\boldsymbol{A}_k-\boldsymbol{K}_k\boldsymbol{C}_k)^{\mathrm{T}}+\boldsymbol{Q}_k+\\&\quad\boldsymbol{K}_k\boldsymbol{C}_k\boldsymbol{P}_k(\boldsymbol{A}_k-\boldsymbol{K}_k\boldsymbol{C}_k)^{\mathrm{T}}\end{aligned} \tag{5.58}$$

由式(5.15)可知

$$\boldsymbol{A}_k^{-1}(\boldsymbol{A}_k-\boldsymbol{K}_k\boldsymbol{C}_k)\boldsymbol{P}_k=\boldsymbol{P}_k-\boldsymbol{P}_k\boldsymbol{C}_k^{\mathrm{T}}(\boldsymbol{C}_k\boldsymbol{P}_k\boldsymbol{C}_k^{\mathrm{T}}+\boldsymbol{R}_k)^{-1}\boldsymbol{C}_k\boldsymbol{P}_k \tag{5.59}$$

是对称矩阵，并且利用矩阵求逆引理可得

$$\boldsymbol{A}_k^{-1}(\boldsymbol{A}_k-\boldsymbol{K}_k\boldsymbol{C}_k)\boldsymbol{P}_k=(\boldsymbol{P}_k^{-1}+\boldsymbol{C}_k^{\mathrm{T}}\boldsymbol{R}_k^{-1}\boldsymbol{C}_k)^{-1}>0 \tag{5.60}$$

此外，由 $\boldsymbol{P}_k,\boldsymbol{R}_k>0$ 可知

$$\boldsymbol{A}_k^{-1}\boldsymbol{K}_k\boldsymbol{C}_k=\boldsymbol{P}_k\boldsymbol{C}_k^{\mathrm{T}}(\boldsymbol{C}_k\boldsymbol{P}_k\boldsymbol{C}_k^{\mathrm{T}}+\boldsymbol{R}_k)^{-1}\boldsymbol{C}_k\geqslant0 \tag{5.61}$$

结合式(5.60)及式(5.61)有

$$\boldsymbol{K}_k\boldsymbol{C}_k\boldsymbol{P}_k(\boldsymbol{A}_k-\boldsymbol{K}_k\boldsymbol{C}_k)^{\mathrm{T}}$$
$$=\boldsymbol{A}_k(\boldsymbol{A}_k^{-1}\boldsymbol{K}_k\boldsymbol{C}_k)[\boldsymbol{A}_k^{-1}(\boldsymbol{A}_k-\boldsymbol{K}_k\boldsymbol{C}_k)\boldsymbol{P}_k]^{\mathrm{T}}\boldsymbol{A}_k^{\mathrm{T}}\geqslant 0 \tag{5.62}$$

将式(5.62)代入式(5.58)可得

$$\boldsymbol{P}_{k+1}\geqslant(\boldsymbol{A}_k-\boldsymbol{K}_k\boldsymbol{C}_k)\boldsymbol{P}_k(\boldsymbol{A}_k-\boldsymbol{K}_k\boldsymbol{C}_k)^{\mathrm{T}}+\boldsymbol{Q}_k \tag{5.63}$$

由式(5.60)可知$(\boldsymbol{A}_k-\boldsymbol{K}_k\boldsymbol{C}_k)$非奇异,故可将式(5.63)写为

$$\boldsymbol{P}_{k+1}\geqslant(\boldsymbol{A}_k-\boldsymbol{K}_k\boldsymbol{C}_k)[\boldsymbol{P}_k+(\boldsymbol{A}_k-\boldsymbol{K}_k\boldsymbol{C}_k)^{-1}\boldsymbol{Q}_k(\boldsymbol{A}_k-\boldsymbol{K}_k\boldsymbol{C}_k)^{-\mathrm{T}}]\times$$
$$(\boldsymbol{A}_k-\boldsymbol{K}_k\boldsymbol{C}_k)^{\mathrm{T}} \tag{5.64}$$

因此,联立式(5.15)、式(5.57)、式(5.49)和式(5.52)可得

$$\|\boldsymbol{K}_k\|\leqslant\bar{a}\,\bar{p}\,\bar{c}\,\frac{1}{\underline{r}} \tag{5.65}$$

以及

$$\boldsymbol{P}_{k+1}\geqslant(\boldsymbol{A}_k-\boldsymbol{K}_k\boldsymbol{C}_k)\left[\boldsymbol{P}_k+\frac{q}{(\bar{a}+\bar{a}\,\bar{p}\,\bar{c}^2/\underline{r})^2}\boldsymbol{I}_3\right]\times$$
$$(\boldsymbol{A}_k-\boldsymbol{K}_k\boldsymbol{C}_k)^{\mathrm{T}} \tag{5.66}$$

对式(5.66)两端取逆,并同时左乘$(\boldsymbol{A}_k-\boldsymbol{K}_k\boldsymbol{C}_k)^{\mathrm{T}}$和右乘$(\boldsymbol{A}_k-\boldsymbol{K}_k\boldsymbol{C}_k)$就有

$$(\boldsymbol{A}_k-\boldsymbol{K}_k\boldsymbol{C}_k)^{\mathrm{T}}\boldsymbol{\Pi}_{k+1}(\boldsymbol{A}_k-\boldsymbol{K}_k\boldsymbol{C}_k)$$
$$\leqslant\left(1+\frac{q}{\bar{p}(\bar{a}+\bar{a}\,\bar{p}\,\bar{c}^2/\underline{r})^2}\right)^{-1}\boldsymbol{\Pi}_k \tag{5.67}$$

对照式(5.53)可知

$$\alpha\triangleq 1-\left(1+\frac{q}{\bar{p}(\bar{a}+\bar{a}\,\bar{p}\,\bar{c}^2/\underline{r})^2}\right)^{-1}\in(0,1) \tag{5.68}$$

至此,引理 5.8 结论(2)得证。

接下来,设$\mathscr{B}\subset\mathbb{R}^3$是包含系统的状态向量和估计向量$\boldsymbol{x},\hat{\boldsymbol{x}}(k=1,2,\cdots)$的有界闭子集,$f_i(i=1,2,3)$和$h_i(i=1,2)$分别是式(5.11)中向量函数$f,h$的分量。

$$\begin{cases}\kappa_\varphi=\max\limits_{1\leqslant i\leqslant 3}\sup\limits_{\boldsymbol{x}\in\mathscr{B}}\|\mathrm{Hess}[f_i(\boldsymbol{x})]\|\\ \kappa_\psi=\max\limits_{1\leqslant i\leqslant 2}\sup\limits_{\boldsymbol{x}\in\mathscr{B}}\|\mathrm{Hess}[h_i(\boldsymbol{x})]\|\end{cases} \tag{5.69}$$

其中,Hess[·]表示函数的 Hesse 矩阵。由多元函数的泰勒定理可知,

存在适当的实数 $\varepsilon_{\varphi},\varepsilon_{\psi}>0$，使得当 $\|\boldsymbol{x}_k-\hat{\boldsymbol{x}}_k\|\leqslant\varepsilon_{\varphi}$ 和 $\|\boldsymbol{x}_k-\hat{\boldsymbol{x}}_k\|\leqslant\varepsilon_{\psi}$ 时，函数 f,h 的余项 φ,ψ 分别满足估计式

$$\begin{cases}\|\varphi(\boldsymbol{x}_k,\hat{\boldsymbol{x}}_k,\boldsymbol{u}_k)\|\leqslant\kappa_{\varphi}\|\boldsymbol{x}_k-\hat{\boldsymbol{x}}_k\|^2\\ \|\psi(\boldsymbol{x}_k,\hat{\boldsymbol{x}}_k)\|\leqslant\kappa_{\psi}\|\boldsymbol{x}_k-\hat{\boldsymbol{x}}_k\|^2\end{cases}\tag{5.70}$$

结合式(5.43)和式(5.65)可得

$$\|\boldsymbol{d}_k\|\leqslant\|\varphi(\boldsymbol{x}_k,\hat{\boldsymbol{x}}_k,\boldsymbol{u}_k)\|+\bar{a}\,\bar{p}\,\bar{c}\,\frac{1}{\underline{r}}\|\psi(\boldsymbol{x}_k,\hat{\boldsymbol{x}}_k)\|\tag{5.71}$$

令 $\varepsilon'=\min\{\varepsilon_{\varphi},\varepsilon_{\psi}\}$，则当 $\|\boldsymbol{x}_k-\hat{\boldsymbol{x}}_k\|\leqslant\varepsilon'$时，由式(5.70)就有

$$\|\boldsymbol{d}_k\|\leqslant\kappa'\|\boldsymbol{x}_k-\hat{\boldsymbol{x}}_k\|^2\tag{5.72}$$

其中

$$\kappa'\triangleq\kappa_{\varphi}+\bar{a}\,\bar{p}\,\bar{c}\,\frac{1}{\underline{r}}\kappa_{\psi}\tag{5.73}$$

由式(5.71)并结合式(5.15)、式(5.47)、式(5.49)和式(5.52)，当 $\|\boldsymbol{x}_k-\hat{\boldsymbol{x}}_k\|\leqslant\varepsilon'$时，采用与引理5.8结论(2)相同的估计方法就可以得到

$$\begin{aligned}&2\boldsymbol{d}_k^{\mathrm{T}}\boldsymbol{\Pi}_k(\boldsymbol{A}_k-\boldsymbol{K}_k\boldsymbol{C}_k)(\boldsymbol{x}_k-\hat{\boldsymbol{x}}_k)+\boldsymbol{d}_k^{\mathrm{T}}\boldsymbol{\Pi}_k\boldsymbol{d}_k\\&\leqslant\kappa'\|\boldsymbol{x}_k-\hat{\boldsymbol{x}}_k\|^2\frac{1}{\underline{p}}\left[2\left(\bar{a}+\bar{a}\,\bar{b}\,\bar{c}^2\,\frac{1}{\underline{r}}\right)\|\boldsymbol{x}_k-\hat{\boldsymbol{x}}_k\|+\kappa'\varepsilon'\|\boldsymbol{x}_k-\hat{\boldsymbol{x}}_k\|\right]\end{aligned}\tag{5.74}$$

即式(5.54)成立，其中

$$\kappa_d\triangleq\frac{\kappa'}{\underline{p}}\left[2\left(\bar{a}+\bar{a}\,\bar{b}\,\bar{c}^2\,\frac{1}{\underline{r}}\right)+\kappa'\varepsilon'\right]\tag{5.75}$$

至此，引理5.8结论(3)得证。

接下来，由式(5.43)可得

$$\boldsymbol{s}_k^{\mathrm{T}}\boldsymbol{\Pi}_{k+1}\boldsymbol{s}_k=\boldsymbol{w}_k^{\mathrm{T}}\boldsymbol{G}_k^{\mathrm{T}}\boldsymbol{\Pi}_{k+1}\boldsymbol{G}_k\boldsymbol{w}_k+\boldsymbol{v}_k^{\mathrm{T}}\boldsymbol{N}_k^{\mathrm{T}}\boldsymbol{K}_k^{\mathrm{T}}\boldsymbol{\Pi}_{k+1}\boldsymbol{K}_k\boldsymbol{N}_k\boldsymbol{v}_k+\Gamma_k(\boldsymbol{w}_k,\boldsymbol{v}_k)\tag{5.76}$$

其中，$\Gamma(\boldsymbol{w}_k,\boldsymbol{v}_k)$是包含有驱动噪声和量测噪声 $\boldsymbol{w}_k,\boldsymbol{v}_k$ 的交叉相，并且由式(5.10)可知

$$\mathbb{E}\{\Gamma_k(\boldsymbol{w}_k,\boldsymbol{v}_k)\}=0 \tag{5.77}$$

因此,下面可略去考虑 $\Gamma_k(\boldsymbol{w}_k.\ \boldsymbol{v}_k)$。再次联立式(5.15)、式(5.47)、式(5.49)、式(5.52)和式(5.71),采用与引理 5.8 结论(2)、(3)中相同的估计方法可以得到

$$\boldsymbol{s}_k^{\mathrm{T}}\boldsymbol{\Pi}_{k+1}\boldsymbol{s}_k\leqslant\frac{1}{\underline{p}}\boldsymbol{w}_k^{\mathrm{T}}\boldsymbol{G}_k^{\mathrm{T}}\boldsymbol{G}_k\boldsymbol{w}_k+\frac{\bar{a}^2\ \bar{c}^2\ \bar{p}^2}{\underline{p}\ \underline{r}^2}\boldsymbol{v}_k^{\mathrm{T}}\boldsymbol{N}_k^{\mathrm{T}}\boldsymbol{N}_k\boldsymbol{v}_k \tag{5.78}$$

式(5.78)的两端都是标量,因此在其右端求迹就有

$$\begin{aligned}\boldsymbol{s}_k^{\mathrm{T}}\boldsymbol{\Pi}_{k+1}\boldsymbol{s}_k&\leqslant\frac{1}{\underline{p}}\mathrm{tr}(\boldsymbol{w}_k^{\mathrm{T}}\boldsymbol{G}_k^{\mathrm{T}}\boldsymbol{G}_k\boldsymbol{w}_k)+\frac{\bar{a}^2\ \bar{c}^2\ \bar{p}^2}{\underline{p}\ \underline{r}^2}\mathrm{tr}(\boldsymbol{v}_k^{\mathrm{T}}\boldsymbol{N}_k^{\mathrm{T}}\boldsymbol{N}_k\boldsymbol{v}_k)\\&=\frac{1}{\underline{p}}\mathrm{tr}(\boldsymbol{G}_k\boldsymbol{w}_k\boldsymbol{w}_k^{\mathrm{T}}\boldsymbol{G}_k^{\mathrm{T}})+\frac{\bar{a}^2\ \bar{c}^2\ \bar{p}^2}{\underline{p}\ \underline{r}^2}\mathrm{tr}(\boldsymbol{N}_k\boldsymbol{v}_k\boldsymbol{v}_k^{\mathrm{T}}\boldsymbol{N}_k^{\mathrm{T}})\end{aligned} \tag{5.79}$$

对式(5.79)两端取数学期望并结合式(5.10)可得

$$\begin{aligned}\mathbb{E}\{\boldsymbol{s}_k^{\mathrm{T}}\boldsymbol{\Pi}_{k+1}\boldsymbol{s}_k\}&\leqslant\frac{1}{\underline{p}}\mathrm{tr}(\boldsymbol{G}_k\mathbb{E}\{\boldsymbol{w}_k\boldsymbol{w}_k^{\mathrm{T}}\}\boldsymbol{G}_k^{\mathrm{T}})+\frac{\bar{a}^2\ \bar{c}^2\ \bar{p}^2}{\underline{p}\ \underline{r}^2}\mathrm{tr}(\boldsymbol{N}_k\mathbb{E}\{\boldsymbol{v}_k\boldsymbol{v}_k^{\mathrm{T}}\}\boldsymbol{N}_k^{\mathrm{T}})\\&=\frac{1}{\underline{p}}\mathrm{tr}(\boldsymbol{G}_k\boldsymbol{G}_k^{\mathrm{T}})+\frac{\bar{a}^2\ \bar{c}^2\ \bar{p}^2}{\underline{p}\ \underline{r}^2}\mathrm{tr}(\boldsymbol{N}_k\boldsymbol{N}_k^{\mathrm{T}})\end{aligned} \tag{5.80}$$

结合式(5.10)和式(5.47),并且有 $\delta=\max\{\bar{q},\bar{r}\}$,因此

$$\mathrm{tr}(\boldsymbol{G}_k\boldsymbol{G}_k^{\mathrm{T}})\leqslant3\delta,\mathrm{tr}(\boldsymbol{N}_k\boldsymbol{N}_k^{\mathrm{T}})\leqslant2\delta \tag{5.81}$$

令

$$\kappa_s\triangleq\frac{3}{\underline{p}}+\frac{2\bar{a}^2\ \bar{c}^2\ \bar{p}^2}{\underline{p}\ \underline{r}^2} \tag{5.82}$$

至此,联立(5.80)~式(5.82)就完成了对引理 5.8 结论(4)的证明。

定理 5.4 的证明:由引理 5.7 的结论可知,只需证明在定理 5.4 中的条件(1)~(3)成立时,存在关于$\{\mathscr{F}_k,k\geqslant0\}$的上鞅序列$\{V_k(\boldsymbol{\zeta}_k),k\geqslant0\}$满足式(5.50)和式(5.51)。为此,选取

$$V_k(\boldsymbol{\zeta}_k)=\boldsymbol{\zeta}_k^{\mathrm{T}}\boldsymbol{\Pi}_k\boldsymbol{\zeta}_k \tag{5.83}$$

其中,$\boldsymbol{\Pi}_k=\boldsymbol{P}_k^{-1}$,则显然 $V_k(\boldsymbol{\zeta}_k)$ 是 $\mathscr{F}_k$ 上的实值可测函数,并且由式(5.49)可知

$$\frac{1}{\bar{p}}\|\boldsymbol{\zeta}_k\|^2\leqslant V_k(\boldsymbol{\zeta}_k)\leqslant\frac{1}{\underline{p}}\|\boldsymbol{\zeta}_k\|^2 \tag{5.84}$$

对每个 $k\geqslant 0$ 成立，即 $\{V_k(\boldsymbol{\zeta}_k), k\geqslant 0\}$ 满足式(5.50)。

下面证明 $\{V_k(\boldsymbol{\zeta}_k), k\geqslant 0\}$ 是上鞅，且满足式(5.51)。利用 $\{\boldsymbol{\zeta}_k, k\geqslant 0\}$ 的递推关系式(5.42)可得

$$V_{k+1}(\boldsymbol{\zeta}_{k+1}) = [\boldsymbol{\zeta}_k^{\mathrm{T}}(\boldsymbol{A}_k - \boldsymbol{K}_k\boldsymbol{C}_k)^{\mathrm{T}} + \boldsymbol{d}_k^{\mathrm{T}} + \boldsymbol{s}_k^{\mathrm{T}}]\boldsymbol{\Pi}_{k+1} \times [(\boldsymbol{A}_k - \boldsymbol{K}_k\boldsymbol{C}_k)\boldsymbol{\zeta}_k + \boldsymbol{d}_k + \boldsymbol{s}_k] \tag{5.85}$$

进一步结合式(5.53)就有

$$V_{k+1}(\boldsymbol{\zeta}_{k+1}) \leqslant (1-\alpha)V_k(\boldsymbol{\zeta}_k) + [2\boldsymbol{d}_k^{\mathrm{T}}\boldsymbol{\Pi}_{k+1}(\boldsymbol{A}_k - \boldsymbol{K}_k\boldsymbol{C}_k)\boldsymbol{\zeta}_k + \boldsymbol{d}_k^{\mathrm{T}}\boldsymbol{\Pi}_{k+1}\boldsymbol{d}_k] + 2[\boldsymbol{s}_k^{\mathrm{T}}\boldsymbol{\Pi}_{k+1}(\boldsymbol{A}_k - \boldsymbol{K}_k\boldsymbol{C}_k)\boldsymbol{\zeta}_k + \boldsymbol{s}_k^{\mathrm{T}}\boldsymbol{\Pi}_{k+1}\boldsymbol{d}_k] + \boldsymbol{s}_k^{\mathrm{T}}\boldsymbol{\Pi}_{k+1}\boldsymbol{s}_k \tag{5.86}$$

注意到式(5.86)的右端第 3 项中，矩阵 $\boldsymbol{\Pi}_{k+1}, \boldsymbol{A}_k, \boldsymbol{C}_k, \boldsymbol{K}_k$ 及向量 $\boldsymbol{d}_k, \boldsymbol{\zeta}_k$ 均不依赖于噪声项 $\boldsymbol{s}_k$，并且由式(5.10)和式(5.43)可知

$$\mathbb{E}(\boldsymbol{s}_k) = \mathbb{E}(\boldsymbol{s}_k^{\mathrm{T}}) = 0 \tag{5.87}$$

因此

$$\begin{aligned}
&\mathbb{E}\{\boldsymbol{s}_k^{\mathrm{T}}\boldsymbol{\Pi}_{k+1}(\boldsymbol{A}_k - \boldsymbol{K}_k\boldsymbol{C}_k)\boldsymbol{\zeta}_k + \boldsymbol{s}_k^{\mathrm{T}}\boldsymbol{\Pi}_{k+1}\boldsymbol{d}_k \mid \mathscr{F}_k\} \\
&= \mathbb{E}\{\boldsymbol{s}_k^{\mathrm{T}}\boldsymbol{\Pi}_{k+1}(\boldsymbol{A}_k - \boldsymbol{K}_k\boldsymbol{C}_k)\boldsymbol{\zeta}_k \mid \mathscr{F}_k\} + \mathbb{E}\{\boldsymbol{s}_k^{\mathrm{T}}\boldsymbol{\Pi}_{k+1}\boldsymbol{d}_k \mid \mathscr{F}_k\} \\
&= 0
\end{aligned} \tag{5.88}$$

由式(5.86)~式(5.88)并结合式(5.54)及式(5.55)可知，当 $\|\boldsymbol{\zeta}_k\| \leqslant \varepsilon'$ 时，有

$$\mathbb{E}\{V_{k+1}(\boldsymbol{\zeta}_{k+1}) \mid \mathscr{F}_k\} - V_k(\boldsymbol{\zeta}_k) \leqslant -\alpha V_k(\boldsymbol{\zeta}_k) + \kappa_d\|\boldsymbol{\zeta}_k\|^3 + \kappa_s\delta \tag{5.89}$$

令

$$\varepsilon \stackrel{\triangle}{=} \min\left\{\varepsilon', \frac{\alpha}{2\bar{p}\kappa_d}\right\} \tag{5.90}$$

则当 $\|\boldsymbol{\zeta}_k\| \leqslant \varepsilon$ 时，由式(5.54)及式(5.55)可得

$$\kappa_d\|\boldsymbol{\zeta}_k\|^3 \leqslant \frac{\alpha}{2\bar{p}}\|\boldsymbol{\zeta}_k\|^2 \leqslant \frac{\alpha}{2}V_k(\boldsymbol{\zeta}_k) \tag{5.91}$$

将式(5.91)代入式(5.89)则有

$$\mathbb{E}\{V_{k+1}(\boldsymbol{\zeta}_{k+1}) \mid \mathscr{F}_k\} - V_k(\boldsymbol{\zeta}_k) \leqslant -\frac{\alpha}{2}V_k(\boldsymbol{\zeta}_k) + K_s\delta \tag{5.92}$$

注意到 δ 是由噪声方差矩阵 $\boldsymbol{Q}_k, \boldsymbol{R}_k$ 的上界确定的常数，因此总可以选取适当的 κ_s 使得式(5.92)的右端为负，即

$$\mathbb{E}\{V_{k+1}(\boldsymbol{\zeta}_{k+1})\mid\mathscr{F}_k\}\leqslant V_k(\boldsymbol{\zeta}_k) \tag{5.93}$$

由定义 2.25 可知,$\{V_k(\boldsymbol{\zeta}_k),k\geqslant 0\}$ 是关于生成 σ - 代数序列 $\{\mathscr{F}_k,K\geqslant 0\}$ 的上鞅。

至此,当初始化估计误差满足 $\|\boldsymbol{\zeta}_0\|\leqslant\varepsilon$ 时,令 $\underline{v}=1/\overline{p}$,$\overline{v}=1/\underline{p}$,$\beta=\alpha/2$,$\mu=\kappa_s\delta$,结合式(5.83)及式(5.84)、式(5.92)及式(5.93)以及引理 5.7 就完成了对定理 5.4 的证明。

注 5.9　从定理 5.4 的证明过程中可以看到,其核心问题在于确保滤波方差序列$\{\boldsymbol{P}_k,k\geqslant 0\}$的有界性,这是构造引理 5.7 中的上鞅序列$\{V_k(\boldsymbol{\zeta}_k),k\geqslant 0\}$的前提。因此,滤波方差序列$\{\boldsymbol{P}_k,k\geqslant 0\}$的有界性是决定导航系统(5.9)稳定性的关键因素,而这又主要取决于导航系统的可观测性,即主、从 AUV 之间运动路径的可观测性。由此可见,协同导航系统(5.9)满足均方指数稳定的本质因素是主、从 AUV 之间的运动路径可观测。

5.5　协同定位精度分析

5.5.1　航位推算误差对协同定位精度的影响分析

由 5.1 节的讨论可知,在基于移动矢径的单领航者 AUV 协同导航方法中,从 AUV 的航位推算漂移误差是导航系统的主要误差来源。本节研究从 AUV 的航位推算误差传播规律,并分析其对协同定位精度的影响。

由从 AUV 的运动学方程(5.7)可知,其航位推算方程为

$$\begin{cases}x_{k+1}=x_k+Dx_{k,k+1}=x_k+u_{m,k}\Delta t\cos\phi_{m,k}\\ y_{k+1}=y_k+Dy_{k,k+1}=y_k+u_{m,k}\Delta t\sin\phi_{m,k}\end{cases} \tag{5.94}$$

其中,$\boldsymbol{D}_{k,k+1}=(Dx_{k,k+1},Dy_{k,k+1})^{\mathrm{T}}$ 是从 AUV 的移动矢径。从式(5.94)可以看到,在未实施协同导航的情况下,从 AUV 的航位推算定位误差通过各采样周期内的移动矢径传播并随着时间的增长逐步累积。由于测速误差和航向角量测误差的存在,可将从 AUV 的速度和航向角量测值写为

$$u_{m,k}=u_k+\zeta_u,\quad \phi_{m,k}=\phi_k+\zeta_\phi \tag{5.95}$$

其中,ζ_u 和 ζ_ϕ 分别是相应于速度和航向角测量的零均值 Gauss 白噪

声。此外，考虑到从 AUV 未配备 INS 或 DVL，其速度量测值通过转速计获得，因此在实际中测速误差要远大于航向角量测误差，即 $\sigma_\phi^2 \ll \sigma_u^2$。在该前提下，可以近似认为航向角量测值 $\phi_{m,k}$ 为确定性变量，从而对方程(5.94)两端作用方差可得

$$\begin{cases}\sigma_{x,k}^2 = \sigma_{x,0}^2 + \sigma_u^2 \Delta t^2 \cos^2 \phi_{m,k} \\ \sigma_{y,k}^2 = \sigma_{y,0}^2 + \sigma_u^2 \Delta t^2 \sin^2 \phi_{m,k}\end{cases} \tag{5.96}$$

其中，$\sigma_{x,0}^2$，$\sigma_{y,0}^2$ 分别是导航系统初始时刻在 x，y 方向的初始化定位方差。式(5.96)即为从 AUV 的航位推算误差随时间的传播方程。由式(5.96)可以看到：

(1) 在给定采样周期 Δt 的情况下，从 AUV 在 x 方向的航位推算定位误差正比于测速误差和航向角的余弦值；在 y 方向的定位误差正比于测速误差和航向角的正弦值。

(2) 在给定测速误差 σ_u^2 和航向角量测误差 σ_ϕ^2（$\sigma_\phi^2 \ll \sigma_u^2$）的情况下，从 AUV 的航位推算误差正比于采样周期 Δt。由此可见，采样周期越短，则在单位采样时间内的航位推算误差越少，协同定位精度越高。但是，考虑到水声通信的窄带宽和通信时延等因素的制约，传感器的采样周期一般选为 5 ~ 10s。因此，在实际中应根据主、从 AUV 之间不同的作业任务以及水声通信设备的性能灵活地选取采样时间，以此提高协同定位的精度。

(3) 从 AUV 的初始定位误差 $\sigma_{x,0}^2$，$\sigma_{y,0}^2$ 是航位推算定位误差的重要组成部分，其累积特性与测速误差 σ_u^2、航向角量测误差 σ_ϕ^2 以及采样周期 Δt 无关，但会随着时间的增长一直在航位推算误差中传播。因此，在协同导航的初始化阶段，应采用 GPS 信号校准主、从 AUV 的初始位置，以此减少导航系统的初始定位误差，提高协同定位精度。

由以上分析可知，在未采用协同导航的情况下，单独使用航位推算定位会带来漂移误差累积，致使从 AUV 的定位误差随着时间的增长趋于发散；但采用协同导航后，航位推算误差对协同定位精度的影响将具有不同特性，具体来说：

(1) 在单领航者 AUV 协同导航方法中，从 AUV 可通过测距信息来抑制航位推算误差对协同定位精度的影响，使之不再具有累积效应。

(2) 由于单个距离信息不能完全确定空间位置，需利用从 AUV 的

移动矢径实现协同定位，因此从 AUV 的航位推算误差仍将影响系统的协同定位精度。此外，结合 5.4 节中的理论分析可知，协同定位误差的上界依赖于从 AUV 在采样周期 Δt 内的航位推算误差、相对距离量测误差以及系统的初始化误差，其中又以航位推算误差的影响最为显著。

（3）另一方面，上述结果与单领航者测距协同导航系统的弱可观测性是直接相关的。换言之，如果协同导航系统完全可观测（如第 4 章所述的协同导航系统），则从 AUV 的定位估计只需通过量测信息即可实现充分求解，航位推算误差自然不会对协同定位精度造成影响。因此，正是由于引入了从 AUV 的移动矢径以获取充分的定位求解条件，致使系统的协同定位精度将依赖于从 AUV 的航位推算性能。

综上所述，受到单领航者测距 AUV 协同导航系统弱可观测性的局限，从 AUV 的航位推算误差（通过移动矢径引入）将影响协同导航系统的定位精度，但由于测距信息的抑制作用，使得这种影响不再具有累积效应，从 AUV 航位推算误差仅在采样周期 Δt 内产生影响，从而保证了协同定位误差的有界性。

5.5.2　可观测性对协同定位精度的影响分析

由 5.3.1 节的讨论可知，在基于移动矢径的单领航者 AUV 协同导航方法中，导航系统的可观测性取决于主、从 AUV 之间相对运动路径的特性（路径可观测性）。本节通过数值仿真，分析路径可观测性对协同定位精度的影响。

算例 5.1　如图 5－5 所示，主、从 AUV 分别由起点（0m，1000m）和（0m，0m）出发，以航向角 45°沿直线平行航行，其航速均为 2m/s。由 5.3.1 节的结论（5－3（a））可知，本例中主、从 AUV 间的运动路径不可观测。选取主、从 AUV 间的测距误差为 $\sigma_{r,LF}^2=(5\text{m})^2$ 的零均值 Gauss 白噪声，选取从 AUV 的测速误差和航向角量测误差分别为 $\sigma_{u,F}^2=(0.4\text{m/s})^2$ 和 $\sigma_{\phi,F}^2=(2°)^2$ 的零均值 Gauss 白噪声；系统的状态更新时间为 $\Delta t=5\text{s}$。

图 5－6 分别给出了从 AUV 的协同定位路径估计以及航位推算定位结果，图 5－7 给出了从 AUV 在 x，y 方向的协同定位误差。可以看到，由于主、从 AUV 间的运动路径不可观测，EKF 协同导航算法在 x 方向的

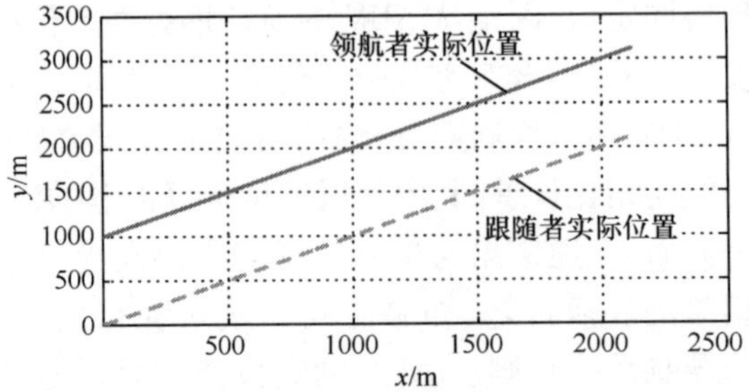

图 5－5　AUV 的第 1 类不可观测仿真实验路径

最大定位误差接近 350m，在 y 方向的最大定位误差接近 150m，并随着时间的增长趋于发散。另一方面，由图 5－6 可知，利用自身的航位推算定位，从 AUV 在 x 方向的最大漂移误差约为 270m，在 y 方向的漂移误差约为 140m。由此可见，在图 5－5 中的不可观测路径下进行协同导航时，EKF 滤波算法的定位结果尚不及从 AUV 自身的航位推算定位。

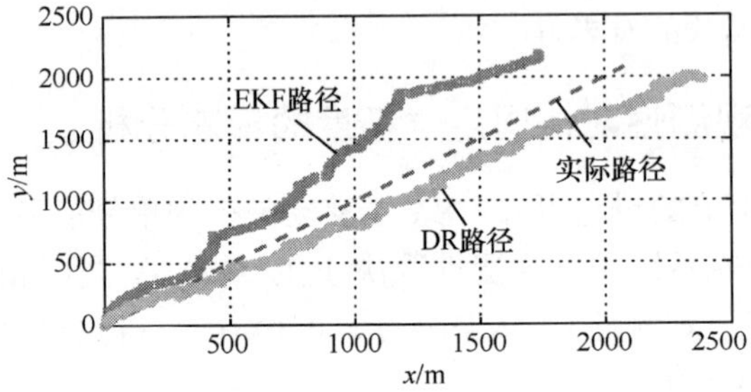

图 5－6　AUV 的协同定位和航位推算结果

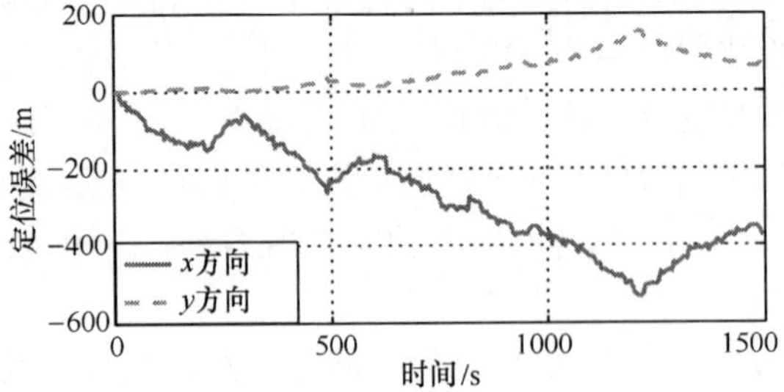

图 5－7　AUV 的协同定位误差

算例 5.2　如图 5-8 所示，主、从 AUV 分别由起点（500m，500m）和（0m，0m）出发，以航向角 45°沿同一直线路径航行，其中主 AUV 的航速为 2.5m/s，从 AUV 的航速为 2m/s，其余仿真参数的选取与算例 5.1 中一致。同样由 5.3.1 节的结论（图 5-3(b)）可知，本例中主、从 AUV 间的运动路径不可观测。

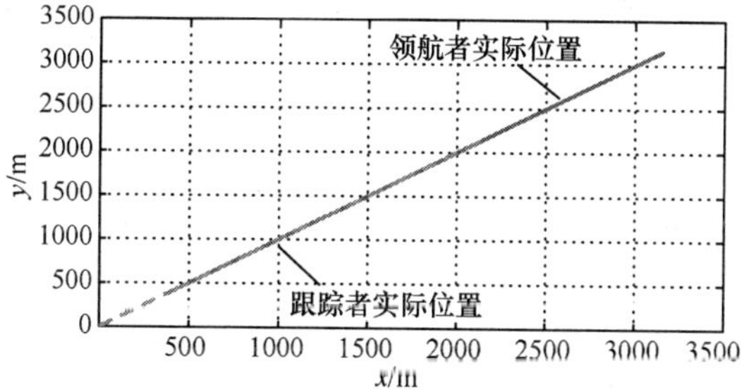

图 5-8　AUV 的第 2 类不可观测仿真实验路径

图 5-9 分别给出了从 AUV 的协同定位路径估计以及航位推算定位结果，图 5-10 给出了从 AUV 在 x，y 方向的协同定位误差。可以看到，当主、从 AUV 的运动路径位于同一直线时，由于导航系统不可观测，EKF 协同导航算法在 x 方向的最大定位误差接近 250m，在 y 方向的最大定位误差接近 450m，并且随时间的增长趋于发散。同样地，由图 5-9 可知，在图 5-8 中的不可观测路径，EKF 滤波算法的定位结果不及从 AUV 自身的航位推算定位。

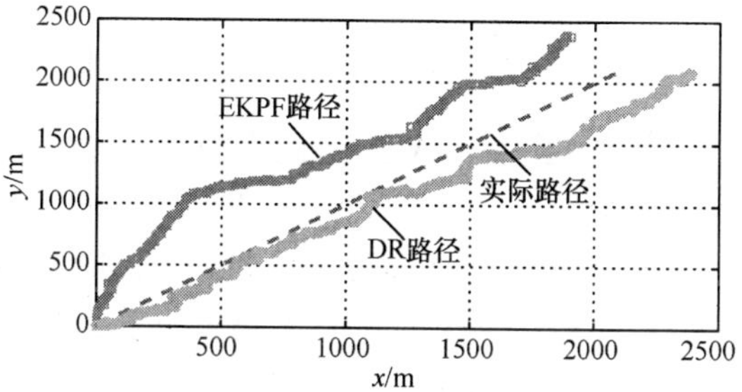

图 5-9　AUV 的协同定位和航位推算结果

算例 5.3 为了与上述两例中的结果做对比，本例中选取主、从AUV之间的可观测运动路径进行仿真分析。如图5-11所示，从AUV由起点(0m，-100m)出发以航向角30°沿直线航行；主AUV的运动路径分为两段，先从起点(0m,0m)出发以航向角45°斜向航行一段距离，再以航向角0°平行于x轴航行直至终点。本例中，主AUV的航速为2.5m/s，从AUV的航速为2m/s，其余仿真参数的选取与算例5.1中一致。

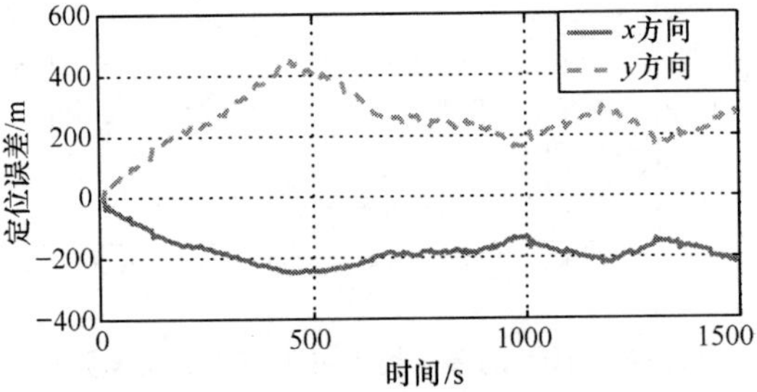

图5-10 AUV的协同定位误差

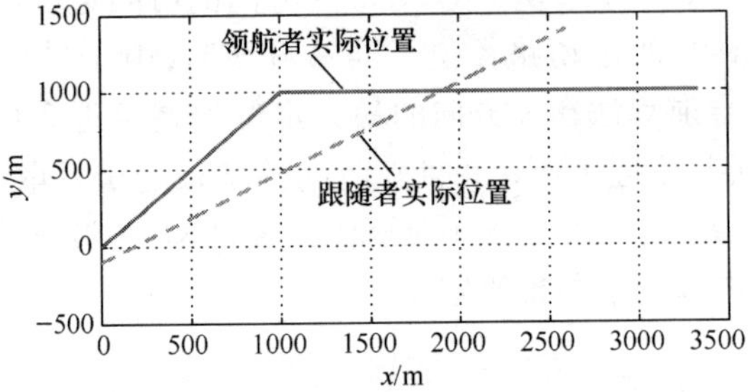

图5-11 AUV的可观测仿真实验路径(Ⅰ)

图5-12分别给出了从AUV的协同定位路径估计以及航位推算定位结果，图5-13给出了从AUV在x,y方向的协同定位误差。可以看到，当主、从AUV间的运动路径可观测时，利用EKF协同导航算法得到的从AUV的路径估计结果与其真实路径具有较好的吻合性。全航程中，从AUV在x方向的定位误差中值为5~10m，最大定位误差不超过20m；在y方向的定位误差中值为3~5m，最大定位误差不超过10m，具有较高的定位精度。另一方面，由图5-12可知，在未采用协

同导航的情况下，仅利用自身的航位推算定位，从 AUV 在 x 方向的最大漂移误差约为 300m，在 y 方向的漂移误差接近 270m。由此可见，在主、从 AUV 间的可观测路径，基于移动矢径的单领航者 AUV 协同导航方法能够抑制从 AUV 航位推算误差对协同定位精度的影响，使协同定位误差保持有界，从而验证了该方法的有效性。

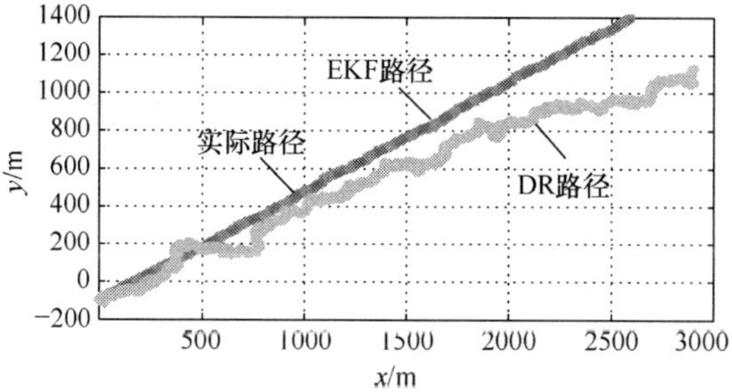

图 5 - 12　AUV 的协同定位和航位推算结果

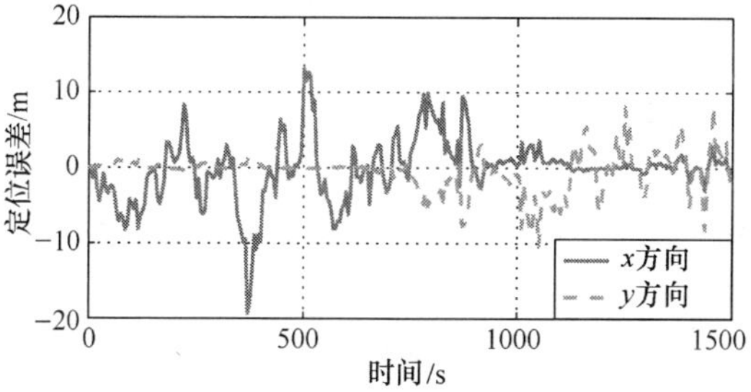

图 5 - 13　AUV 的协同定位误差

对比算例 5.1 ~ 算例 5.3 可知，当主、从 AUV 间的运动路径可观测时（从而导航系统满足局部可观测性），EKF 协同导航算法的定位精度较高，协同定位误差有界收敛；反之，当主、从 AUV 间的运动路径不可观测时，EKF 协同导航算法的定位误差随时间的增长趋于发散，协同导航方法失效。因此，为了提高导航系统的可观测性和协同定位精度，在实际应用中须尽量避免 5.3.1 节中两类不可观测路径的选取。

进一步，借鉴 S. Roumeliotis 等关于地面移动机器人系统可观测性的研究成果,本节设计如下的主、从 AUV 机动路径以增加协同导航系统的可观测性,即让主 AUV 在航行过程中进行多次转向机动,并且每次转向后的运动路径都和转向前保持垂直。这样一来,导航系统可观测性矩阵的条件数将得以增大,并能够有效避免可观测性矩阵向病态退化,从而提高协同定位精度以及增加协同导航系统的鲁棒性。为了检验该路径机动方法的有效性,下面与算例 5.3 进行对比仿真分析。

算例 5.4 如图 5-14 所示,从 AUV 的运动路径与算例 5.3 中一致;主 AUV 由起点(0m,0m)出发以航向角 45°沿直线航行,每间隔约 700m 进行一次转向机动,并且每次转向后的运动路径都和转向前保持垂直。本例中,主 AUV 的航速为 2.5m/s,从 AUV 的航速为 2m/s,其余仿真参数的选取与算例 5.1 中一致。

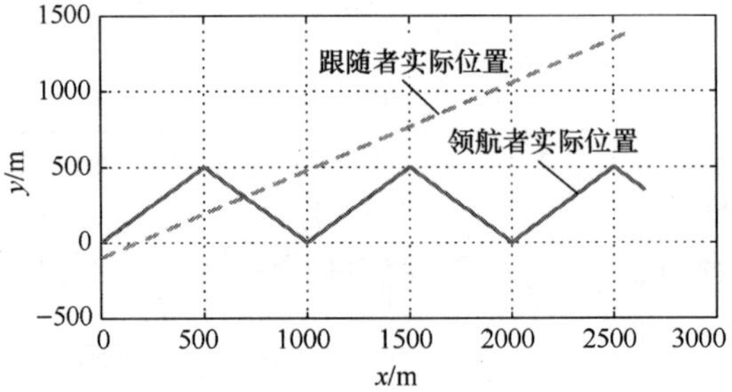

图 5-14 AUV 的可观测仿真实验路径(Ⅱ)

图 5-15 分别给出了从 AUV 的协同定位路径估计以及航位推算定位结果,图 5-16 给出了从 AUV 在 x,y 方向的协同定位误差。可以看到,在主、从 AUV 的上述路径条件下,利用 EKF 协同导航算法得到的从 AUV 的路径估计结果与其真实路径具有很好的吻合性。全航程中,从 AUV 在 x 方向的定位误差中值为 3 ~ 5m,最大定位误差不超过 10m;在 y 方向的定位误差中值为 1 ~ 2m,最大定位误差不超过 4m,具有很高的定位精度。由此可见,增加协同导航系统的可观测性能够有效提高协同定位精度,从而验证了上述路径机动方法的有效性。

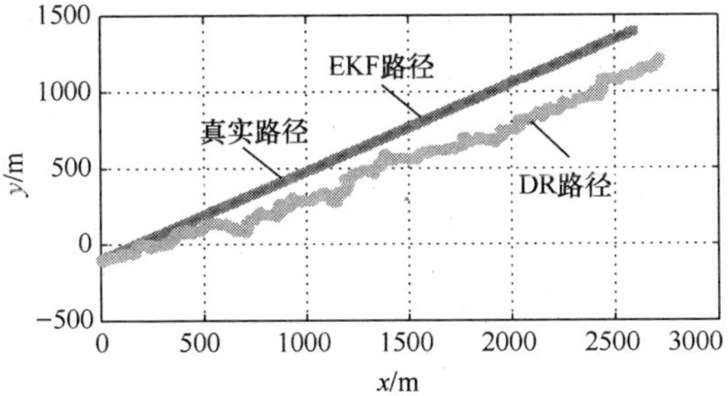

图 5－15　AUV 的协同定位和航位推算结果

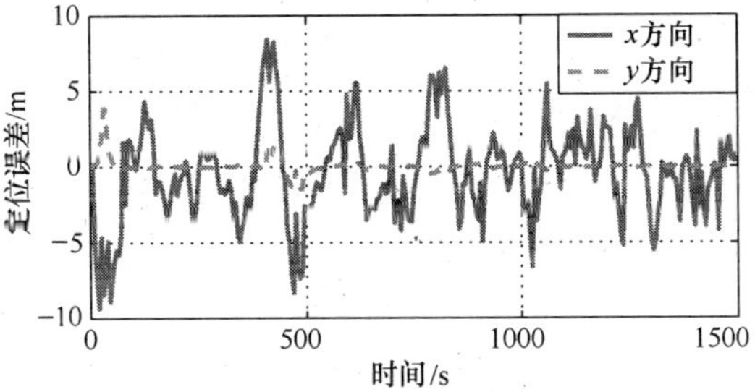

图 5－16　AUV 的协同定位误差

5.5.3　欠驱动特性对协同定位精度的影响分析

由 5.3.2 节的讨论可知,移动矢径受欠驱动特性的影响将产生侧滑漂移,加之 AUV 的运动学模型亦不能表征转向机动时的侧滑运动,因此当 AUV 机动运动时,经由量测获得的估计位置与实际的移动矢径并不吻合。另一方面,由于小型 AUV 配备的传感器精良有限,无法准确估计自身的移动矢径增量,故欠驱动因素带来的漂移误差势必将对 AUV 的协同定位精度造成影响。本节通过数值仿真,在主、从 AUV 的一类典型运动路径下研究从 AUV 的欠驱动轨迹估计问题,并重点分析 AUV 转向机动时协同定位误差的有界性以及进入直线轨迹后其定位误差的收敛性情况。

算例 5.5　如图 5－17 所示,主 AUV 由起点(－1500m,0m)出发沿直线航行直至终点(1500m,0m);从 AUV 的航程分为三段,首先由起点(150m, －1000m)出发按直线航行一段距离,之后沿环形路径机动,最后再按直线航行直至终点(150m,1000m)。由5.3.1节的讨论可知,主、从AUV之间的运动路径满足可观测性条件。此外,本例中其余仿真参数的选取均与算例5.3中一致。

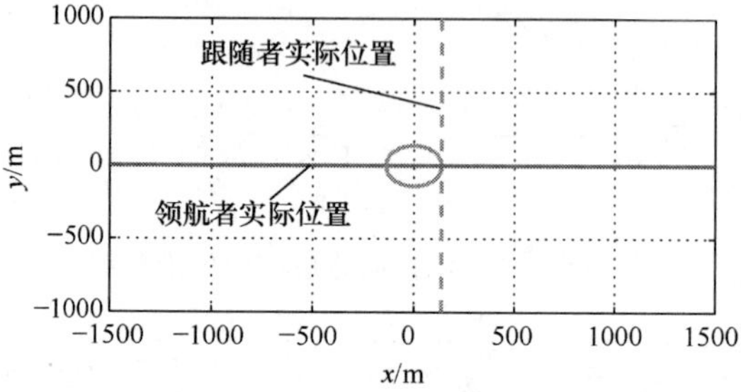

图5-17　AUV的仿真实验路径

图5-18分别给出了从AUV的协同定位路径估计以及航位推算定位结果,图5-19给出了从AUV在x,y方向的协同定位误差。可以看到,在从AUV的第1段和第3段直线航程中,EKF协同导航算法在x方向的最大定位误差约为10m,平均定位误差接近3~5m;在x方向的最大定位误差约为20m,平均定位误差接近5~10m,具有较高的定位精度。在第2段航程中,从AUV做环形机动运动,需频繁转向。受欠驱动漂移误差的影响,EKF协同导航算法的定位误差较直线航程有明显增加,其中x方向的最大定位误差接近20m,y方向的最大定位误差接近40m,约为直线航程的2倍,但定位误差整体保持有界,未呈现发散趋势。当进入第3段直线航程后,从AUV的协同定位误差出现快速回落,其x,y方向的定位误差重新回到(-10m,10m)的区间内波动

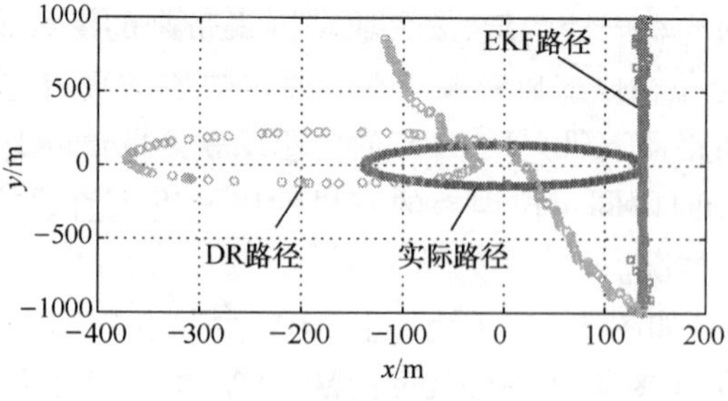

图5-18　AUV的协同定位和航位推算结果

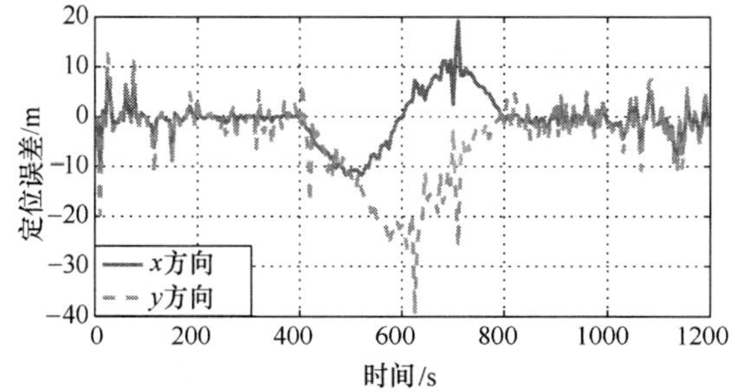

图 5-19 AUV 的协同定位误差

并保持稳定。因此,从上述仿真结果可以看到:

(1) 在主、从 AUV 之间的可观测运动路径,当从 AUV 沿直线航行时,其受欠驱动漂移误差的影响很小,经 EKF 协同导航算法解算获得的估计路径与真实轨迹具有较好的吻合性,协同定位精度较高;当从 AUV 做频繁转向机动时,受欠驱动漂移误差的影响较为明显,协同定位误差有所增加,但整体保持有界。

(2) 当从 AUV 由机动运动进入直线轨迹后,其定位误差呈现快速回落,随着滤波时间的增加趋于收敛并保持稳定。

综上可知,在协同导航系统满足局部可观测的条件下,基于移动矢径的单领航者 AUV 协同导航方法能够抑制从 AUV 机动运动时欠驱动漂移误差对协同定位精度的影响,使系统的协同定位误差保持有界。

5.5.4 滤波初值对协同定位精度的影响分析

由 5.4 节的讨论可知,协同导航算法满足均方指数收敛的充分条件之一是系统的初始定位误差适当小。为此,本节通过数值仿真分析滤波初值对协同导航算法收敛性和定位精度的影响。

算例 5.6 本例中,主、从 AUV 之间的运动路径以及仿真参数的选取均与 5.5.2 节中算例 5.3 一致,其中从 AUV 在初始时刻的准确位姿为 $\boldsymbol{x}_0=(0\text{m},\ -100\text{m},0.52\text{rad})^{\mathrm{T}}$。由于初始化定位误差的存在,选取从 AUV 的滤波初值为

$$\hat{\boldsymbol{x}}_0=(10,\ -110,0)^{\mathrm{T}},\quad P_0=10^3 I_3 \tag{5.97}$$

此时,系统的初始定位误差

$$\|\boldsymbol{\zeta}_0\| = \|\boldsymbol{x}_0 - \hat{\boldsymbol{x}}_0\| = 14.15 \tag{5.98}$$

相对于真值 $\boldsymbol{x}_0$ 的偏差较小。

图 5-20 分别给出了从 AUV 的协同定位路径估计以及航位推算定位结果,图 5-21 给出了从 AUV 在 x,y 方向的协同定位误差。可以看到,在初始定位误差的作用下,EKF 滤波算法起始阶段的波动很大,其中 x 方向的最大定位误差接近 30m,y 方向的最大定位误差为 10m。之后,随着主、从 AUV 之间相对距离量测信息的获取,EKF 滤波器的性能逐步得到提升,从 AUV 在 x,y 方向的最大定位误差回落至 10m 以内,平均定位误差接近 3~5m,并在全航程中保持稳定,具有较高的定位精度。由此可见,在系统的初始化定位误差比较小的情况下,仅会造成 EKF 滤波器在起始阶段的性能下降,而并不会改变协同导航算法长时间的定位精度和收敛性。

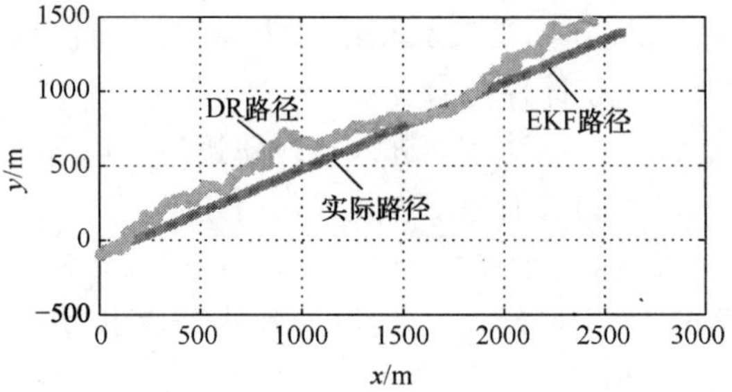

图 5-20　AUV 的协同定位和航位推算结果

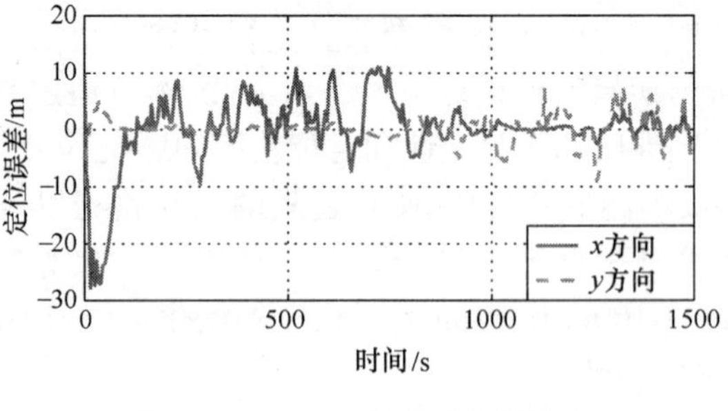

图 5-21　AUV 的协同定位误差

算例5.7 为了和算例5.6做对比分析,本例中主、从AUV之间的运动路径以及仿真参数的选取仍与5.5.2节中算例5.3一致,所不同的是选取从AUV的滤波初值为

$$\hat{\boldsymbol{x}}_0=(50,-150,0)^{\mathrm{T}},\quad P_0=10^3I_3 \tag{5.99}$$

此时,系统的初始定位误差

$$\|\boldsymbol{\zeta}_0\|=\|\boldsymbol{x}_0-\hat{\boldsymbol{x}}_0\|=70.71 \tag{5.100}$$

相对于真值$\boldsymbol{x}_0$的偏差较大。

图5-22分别给出了从AUV的协同定位路径估计以及航位推算定位结果,图5-23给出了从AUV在x,y方向的协同定位误差。可以看到,由于初始定位误差的增加,EKF滤波算法在起始阶段的性能较算例5.6有明显下降,其中x方向的最大定位误差接近100m,y方向的最大定位误差为50m。之后,在主、从AUV之间相对距离量测信息的作用下,滤波算法的性能逐步得到提升,但是收敛速度变慢,从滤波器的初始化至收敛状态所经历的时间约是算例5.6中的3倍。此外,除去滤波器的初始化阶段,全航程中从AUV在x,y方向的最大定位误差接近20m,平均定位误差接近10m,约为算例5.6中的2倍。由此可见,当系统的初始化定位误差较大时,将导致协同导航算法的收敛性以及定位精度的下降。

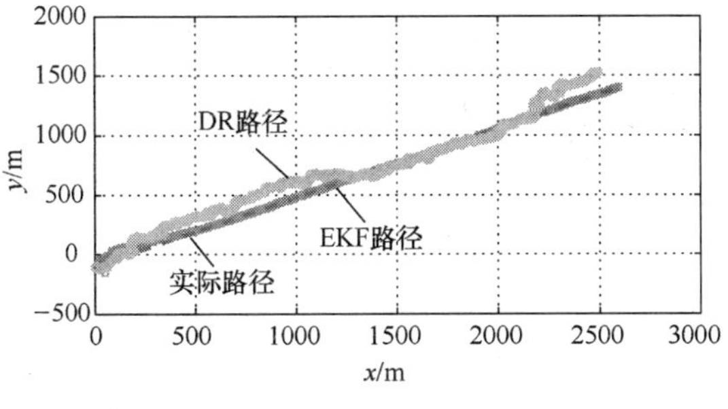

图5-22 AUV的协同定位和航位推算结果

对比算例5.6和算例5.7可知,滤波初值对EKF协同导航算法的收敛性和定位精度具有重要影响。因此,在协同导航的初始化阶段,应尽量减小系统的初始化定位误差(如借助GPS信号进行校准等),以此

保证协同导航算法的收敛性,提高协同定位精度。

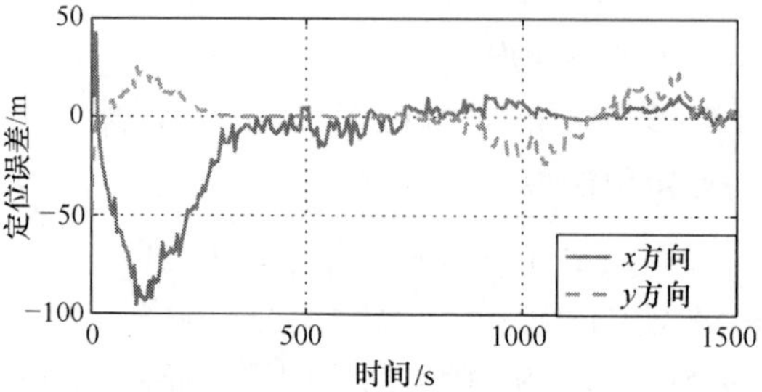

图 5-23 AUV 的协同定位误差

5.6 本章小结

本章针对单领航者距离测量的协同导航方法进行了研究。首先,从仅利用相对距离测量的协同定位原理出发,给出了一种基于移动矢径的单领航者 AUV 协同导航方法。结合从 AUV 的移动矢径以及主、从 AUV 之间的距离量测信息,给出了扩展 Kalman 滤波协同导航算法。然后,利用非线性可观测理论,研究了协同导航系统的可观测性,给出了系统满足局部和一致可观测性的充分条件,并分析了 AUV 的欠驱动特性对系统可观测性的影响。基于非线性随机稳定性理论,研究了协同导航系统的稳定性,给出了系统满足均方指数稳定性的充分条件。最后,研究了协同定位误差的传播规律,导出了相应的误差传递方程,并通过数值仿真分析了系统的可观测性、欠驱动特性以及滤波初值对协同定位精度的影响,验证了理论分析结果的正确性和该导航方法的有效性。本章的研究结果表明:

(1) 在基于移动矢径的单领航者 AUV 协同导航方法中,导航系统的可观测性取决于主、从 AUV 之间的相对运动路径特性。理论分析表明,除几类特殊的不可观测路径外,系统在主、从 AUV 间的绝大多数运动路径均可观测。

(2) 在协同导航系统局部可观测的条件下,如果其初始化定位误差适当小,则系统满足均方指数稳定性,协同导航滤波算法渐近收敛。

（3）在基于移动矢径的单领航者 AUV 协同导航方法中，测距信息可有效抑制从 AUV 的航位推算误差对协同定位精度的影响，使其不再具有累积效应，从而确保协同定位误差的有界性。

（4）协同定位误差的上界依赖于从 AUV 的航位推算误差、相对距离量测误差以及系统的初始化误差，其中以航位推算误差的影响最为显著。

参考文献

[1] 田坦．水下定位与导航技术．北京：国防工业出版社，2007.

[2] Chanserasekhar V, Winston S, Yoo C, et al. Localization in underwater sensor networks: survey and challenges. Proceedings of the 1st ACM International Workshop on Underwater Networks, 2006: 33 – 40.

[3] Akyildiz Ian F, Pompili Dario, Melodia Tommaso. Underwater acoustic sensor networks: research challenges. Ad Hoc Networks, 2005, 3: 257 – 279.

[4] Reeder C A, Odell D L, Okamoto A, et al. Two – hydrophone heading and range sensor applied to formation – flying for AUVs. MTTS/IEEE TECHNO – OCEAN' 04, 2004, 1: 517 – 523.

[5] Papadopoulos G, Fallon M, Leonard J, et al. Cooperative localization of marine vehicles using nonlinear state estimation. Proceedings of the IEEE/RSJ International Conference on Intelligent Robots and Systems, 2010: 4874 – 4879.

[6] Fallon M, Papadopoulos G, Leonard J, et al. Cooperative AUV navigation using a single maneuvering surface craft. The International Journal of Robotics Research, 2011, 29(12): 1461 – 1474.

[7] Bahr A, Leonard J, Fallon M. Cooperative localization for autonomous underwater vehicles. The International Journal of Robotics Research, 2009, 28(6): 714 – 728.

[8] Gadre A. Observability analysis in navigation systems with an underwater vehicle application. Virginia Polytechnic Institute and State University, 2007.

[9] Baccou P, Jouvencel B. Simulation results, post – processing experimentation and comparison results for navigation, homing and multiple vehicle operations with a new positioning method using a transponder. Proceedings of the 2003 IEEE/RSJ International Conference on Intelligent Robotics and Systems, 2003: 811 – 817.

[10] Li Wenbai, Liu Mingyong, Liu Fuqiang. Cooperative navigation for autonomous underwater vehicles based on estimation of motion radius vectors. Journal of China Ordnance, 2011, 7(1): 9 – 14.

[11] 李闻白，刘明雍，张立川，等．单领航者相对位移测量的多自主水下航行器协同导航．兵工学报，2011，32(8)：1002 – 1007.

[12] Liu Mingyong, Li Wenbai, Mu Bingxian, et al. Cooperative navigation for multiple AUVs based on

relative range measurements with a single leader,2010 IEEE International Conference on Intelligent Computiong and Intelligent Systems,2010:762 – 766.

[13] Engel R,Kalwa J. Coordinated navigation of multiple underwater vehicles. Proceedings of the 7th International Offshore and Polar Engineering Conference,2007.

[14] Kalwa J. The GREX – Project:coordination and control of cooperating heterogeneous unmanned systems in uncertain environments. Proceedings of the IEEE/MTS OCEANS Conference and Exhibition,2009.

[15] Antonelli G,Arrichiello F,Chiaverini S,et al. Observability analysis of relative localization for AUVs based on ranging and depth measurements. Proceedings of the IEEE International Conference on Robotics and Automation,2010:4276 – 4281.

[16] Papadopoulos G. Underwater Vehicles Localization Using Range Measurements [Master Thesis]. Massachusetts Institute of Technology,2010.

[17] 郑大钟. 线性系统理论. 2 版. 北京:清华大学出版社,2002.

[18] Li Wenbai,Liu Mingyong,Lei Xiaokang,et al. Observability analysis for cooperative navigation system in autonomous underwater vehicles. 2010 IEEE International Conference on Intelligent Computing and Intelligent Systems,2010:155 – 161.

[19] Anderson B,Moore J,Detectability and stabilisability of time – varying discrete – time linear system. SIAM Journal on Control and Optimization,1981,19(1):20 – 32.

[20] Reif K,Unbehauen R,An EKF – based nonlinear observer with a prescribed degree of stability. Automatica,1998,34(9):1119 – 1123.

[21] 高剑,徐德民,严卫生,等. 欠驱动自主水下航行器轨迹跟踪控制. 西北工业大学学报,2010,28(3):404 – 408.

[22] Smith Ryan N,Chyb Monique,Cho Song K,et al. Guidance and control for underactuated autonomous underwater vehicles. Proceedings of the 8th International Conference on Computer Applications and Information Technology in the Maritime Industries,2009.

[23] 王银涛. 欠驱动自主水下航行器编队控制研究. 西安:西北工业大学,2011.

[24] Slotine J,Li W. Applied Nonlinear Control. Englewood Cliffs:Prentice – Hall,1998.

[25] Zhou X,Roumeliotis S. Robot – to – robot relative pose estimation from range measurements. IEEE Transactions on Robotics. 2008,24(6):1379 – 1393.

[26] Papadopoulos G. Underwater vehicles localization using range measurements [Master The – sis]. Massachusetts Institute of Technology,2010.

[27] 李闻白,刘明雍,李虎雄,等. 基于单领航者相对位置测量的多 AUV 协同导航系统定位性能分析. 自动化学报,2011,37(6):724 – 736.

[28] Song Y,Grizzle J. The extended Kalman filter as a local asympotic observer for discrete time nonlinear systems. Journal of Mathematical Systems Estimation and Control. 1995,5(2):59 – 78.

[29] Goodwin G, Sin K. Adaptive filtering, prediction and control. Englewood Cliffs: Prentice – Hall,1984.

[30] 菲赫金哥尔茨．微积分学教程．路见可，余家荣，吴荣仁，译．北京：高等教育出版社，2006.

[31] Roumeliotis S, Bekey G. Distributed multirobot localization. IEEE Transactions on Robotics and Automation, 2002, 18(5): 781 - 795.

[32] Roumeliotis S, Rekleitis I. Analysis of multirobot localization uncertainty propagation. Proceedings of the IEEE/RSJ International Conference on Intelligent Robotics and Systems, 2003: 1763 - 1770.

[33] Reif K, Günther S, Yaz E, et al. Stochastic stability of the discrite - time extended Kalman filter. IEEE Transactions on Automatic Control, 1999, 44(4): 714 - 728.

第6章 洋流影响下单领航者距离测量的协同导航

在实际的海洋环境中，普遍存在不可预知的洋流，且其方向和大小是随时间变化的。当洋流作用于AUV编队时，会导致AUV运动轨迹的漂移，造成主AUV自身的定位误差以及主、从AUV间的测距误差，并伴随着误差累积最终导致定位算法失效。与固定信标导航方式不同，由于缺少静止的定位参数点，无法直接衡量AUV受洋流影响而产生的漂移，使得洋流干扰成为单领航者距离测量协同导航方法中的重要误差来源[1]。洋流表现出多种不确定特征，如定常已知（未知）、时变已知（未知）等[2,3]，不同的洋流特性对协同导航算法的影响是多样的，加之对洋流影响的分析亦较为复杂，至今仍缺乏统一的研究手段。因此，洋流干扰问题是多自主水下航行器协同导航中的难点，成为制约多水下航行器协同导航技术发展的瓶颈[4-6]。

近几年，国外相关科研团队在研究多AUV协同导航的过程中，在对洋流误差估计方面取得了一些有意义的成果。P. Baccou[6-9]等针对"未知定常"的洋流干扰，研究了基于单一固定（或移动）信标的多AUV协同导航和路径跟踪问题，运用扩展Kalman滤波方法建立了洋流误差估计，初步分析了洋流对协同定位精度的影响。A. Gadre[10-14]等针对固定单信标的协同导航方法，研究了"已知定常"和"未知定常"两种特性的洋流干扰下多AUV的协同导航问题，并详细讨论了未知洋流影响下协同导航系统的可观测性和洋流估计问题。但是，洋流影响下仅基于距离测量的移动单领航者AUV协同导航方法还没有系统的研究和分析，本章在上述成果的基础上，将洋流干扰问题扩展到基于移动矢径的单领航者AUV协同导航中，并对其中涉及的主要问题进行详细讨论。

6.1　洋流影响下协同导航系统的可观测性分析

由第 5 章的讨论可知，在基于移动矢径的单领航者 AUV 协同导航方法中，导航系统的可观测性对协同导航算法的性能具有重要影响[15,16]。由于本章引入了未知洋流干扰，故有必要首先对洋流影响下的单领航者 AUV 协同导航系统进行可观测性分析，为协同导航滤波算法的设计提供理论支持。

记 $v_x(t)$，$v_y(t)$ 分别表示洋流在 x，y 方向的分量。考虑到一般情况下，洋流的变化较为缓慢，因此可以近似认为 $\dot{v}_x(t)=\dot{v}_y(t)=0$[17]。

设导航系统的状态向量为

$$\boldsymbol{x}(t)=(x(t),y(t),\phi(t),v_x(t),v_y(t))^{\mathrm{T}} \tag{6.1}$$

则 AUV 的运动学方程为

$$\dot{\boldsymbol{x}}(t)=\begin{bmatrix}\dot{x}(t)\\ \dot{y}(t)\\ \dot{\phi}(t)\\ \dot{v}_x(t)\\ \dot{v}_y(t)\end{bmatrix}=\begin{bmatrix}u(t)\cos\phi(t)+v_x(t)\\ u(t)\sin\phi(t)+v_y(t)\\ \omega(t)\\ 0\\ 0\end{bmatrix} \tag{6.2}$$

结合式(5.6)可得系统的量测议程为

$$z(t)=\begin{bmatrix}r^2(t)\\ r^2(t+\Delta t)\end{bmatrix}=\begin{bmatrix}(x(t)-x^L(t))^2+(y(t)-y^L(t))^2\\ (x(t)+Dx(t,t+\Delta t)-x^L(t+\Delta t))^2+(y(t)+Dy(t,t+\Delta t)-y^L(t+\Delta t))^2\end{bmatrix} \tag{6.3}$$

其中

$$\boldsymbol{D}(t,t+\Delta t)=\begin{bmatrix}Dx(t,t+\Delta t)\\ Dy(t,t+\Delta t)\end{bmatrix}=\begin{bmatrix}(u(t)\cos\phi(t)+v_x(t))\Delta t\\ (u(t)\sin\phi(t)+v_y(t))\Delta t\end{bmatrix} \tag{6.4}$$

是从 AUV 由 t 时刻至 $t+\Delta t$ 时刻的移动矢径。

为了分析非线性系统(6.2)及(6.3)的可观测性，首先对其进行局部线性化[18]。设 $\boldsymbol{x}_0(t)$ 是 AUV 的某一路径状态，$\boldsymbol{u}_0(t)$ 是与之相应的某一输入，则可将非线性方程(6.2)和(6.3)在 $\boldsymbol{x}_0(t)$，$\boldsymbol{u}_0(t)$ 附近线性化为

$$\begin{cases}\Delta\dot{\boldsymbol{x}}(t)=\boldsymbol{A}(t)\Delta\boldsymbol{x}(t)+\boldsymbol{B}(t)\Delta\boldsymbol{u}(t)\\ \Delta\boldsymbol{z}(t)=\boldsymbol{C}(t)\Delta\boldsymbol{x}(t)\end{cases}\tag{6.5}$$

其中

$$\begin{cases}\boldsymbol{u}(t)=(u(t),\omega(t))^{\mathrm{T}}\\ \Delta\boldsymbol{x}(t)-\boldsymbol{x}_0(t)-\boldsymbol{x}_0(t)\\ \Delta\boldsymbol{u}(t)=\boldsymbol{u}(t)-\boldsymbol{u}_0(t)\end{cases}\tag{6.6}$$

相应的系数矩阵为

$$\boldsymbol{A}(t)=\begin{bmatrix}0&0&A_{13}(t)&1&0\\0&0&A_{23}(t)&0&1\\0&0&0&0&0\\0&0&0&0&0\\0&0&0&0&0\end{bmatrix},\boldsymbol{B}(t)=\begin{bmatrix}B_{11}(t)&0\\B_{21}(t)&0\\0&1\\0&0\\0&0\end{bmatrix},$$

$$\boldsymbol{C}(t)=\begin{bmatrix}C_{11}(t)&C_{12}(t)&0&0&0\\C_{21}(t)&C_{22}(t)&0&0&0\end{bmatrix}\tag{6.7}$$

其中

$$\begin{cases}A_{13}(t)=-u(t)\sin\phi(t),A_{23}(t)=u(t)\cos\phi(t)\\ B_{11}(t)=\cos\phi(t),B_{21}(t)=\sin\phi(t)\\ C_{11}(t)=2(x(t)-x^L(t)),C_{12}(t)=2(y(t)-y^L(t))\\ C_{21}(t)=2(x(t)+Dx(t,t+\Delta t)-x^L(t+\Delta t))\\ C_{22}(t)=2(y(t)+Dy(t,t+\Delta t)-y^L(t+\Delta t))\end{cases}\tag{6.8}$$

利用定理 2.6 并结合式(6.7)，可以得到线性化系统(6.5)的可观测性矩阵为

$$\mathcal{O}(t)=\begin{bmatrix}\boldsymbol{L}_0(t)\\ \boldsymbol{L}_1(t)\\ \boldsymbol{L}_2(t)\\ \boldsymbol{L}_3(t)\\ \boldsymbol{L}_4(t)\end{bmatrix}\triangleq[\boldsymbol{O}_1\quad \boldsymbol{O}_2\quad \boldsymbol{O}_3\quad \boldsymbol{O}_4\quad \boldsymbol{O}_5]\tag{6.9}$$

其中

$$\boldsymbol{L}_0(t)=\boldsymbol{C}(t)=\begin{bmatrix}C_{11} & C_{12} & 0 & 0 & 0\\ C_{21} & C_{22} & 0 & 0 & 0\end{bmatrix},$$

$$\boldsymbol{L}_1(t)=\boldsymbol{L}_0(t)\boldsymbol{A}(\mathrm{t})+\dot{\boldsymbol{L}}_0(t)=\begin{bmatrix}\dot{C}_{11} & \dot{C}_{12} & C_{11}A_{13}+C_{12}A_{23} & C_{11} & C_{12}\\ \dot{C}_{21} & \dot{C}_{22} & C_{21}A_{13}+C_{22}A_{23} & C_{21} & C_{22}\end{bmatrix},$$

$$\boldsymbol{L}_2(t)=\boldsymbol{L}_1(t)\boldsymbol{A}(\mathrm{t})+\dot{\boldsymbol{L}}_1(t)$$

$$=\begin{bmatrix}\ddot{C}_{11} & \ddot{C}_{12} & C_{11}\dot{A}_{13}+C_{12}\dot{A}_{23}+2(\dot{C}_{11}A_{13}+\dot{C}_{12}A_{23}) & 2\dot{C}_{11} & 2\dot{C}_{12}\\ \ddot{C}_{21} & \ddot{C}_{22} & C_{21}\dot{A}_{13}+C_{22}\dot{A}_{23}+2(\dot{C}_{21}A_{13}+\dot{C}_{12}A_{23}) & 2\dot{C}_{21} & 2\dot{C}_{22}\end{bmatrix},$$

$$\boldsymbol{L}_3(t)=\boldsymbol{L}_2(t)\boldsymbol{A}(t)+\dot{\boldsymbol{L}}_2(t)$$

$$=\begin{bmatrix}\dddot{C}_{11} & \dddot{C}_{12} & C_{11}\ddot{A}_{13}+C_{12}\ddot{A}_{23}+3(\ddot{C}_{11}A_{13}+\dot{C}_{11}\dot{A}_{13})+3(\ddot{C}_{12}A_{23}+\dot{C}_{12}\dot{A}_{23}) & 3\ddot{C}_{11} & 3\ddot{C}_{12}\\ \dddot{C}_{21} & \dddot{C}_{22} & C_{21}\ddot{A}_{13}+C_{22}\ddot{A}_{23}+3(\ddot{C}_{21}A_{13}+\dot{C}_{21}\dot{A}_{13})+3(\ddot{C}_{22}A_{23}+\dot{C}_{22}\dot{A}_{23}) & 3\ddot{C}_{21} & 3\ddot{C}_{22}\end{bmatrix},$$

$$\boldsymbol{L}_4(t)=\boldsymbol{L}_3(t)\boldsymbol{A}(t)+\dot{\boldsymbol{L}}_3(t)$$

$$=\begin{bmatrix}\ddddot{C}_{11} & \ddddot{C}_{12} & C_{11}\dddot{A}_{13}+C_{12}\dddot{A}_{23}+4(\dddot{C}_{11}A_{13}+\dot{C}_{11}\ddot{A}_{13})+\\ \ddddot{C}_{21} & \ddddot{C}_{22} & C_{21}\dddot{A}_{13}+C_{22}\dddot{A}_{23}+4(\dddot{C}_{21}A_{13}+\dot{C}_{21}\ddot{A}_{13})+\end{bmatrix}$$

$$
\begin{matrix}
4(\dddot{C}_{12}A_{23}+\dot{C}_{12}\ddot{A}_{23})+6(\ddot{C}_{11}\dot{A}_{13}+\ddot{C}_{12}\dot{A}_{23})4\dddot{C}_{11}4\dddot{C}_{12}+ \\
4(\dddot{C}_{22}A_{23}+\dot{C}_{22}\ddot{A}_{23})+6(\ddot{C}_{21}\dot{A}_{13}+\ddot{C}_{22}\dot{A}_{23})4\dddot{C}_{21}4\dddot{C}_{22}
\end{matrix}\Bigg] \tag{6.10}
$$

如果系统不可观测,则 rank $\mathcal{O}(t)<5$。一般情况下,由于主、从AUV 的航速均近似为常值,因此可观测性矩阵$\mathcal{O}(t)$奇异对应于下面两类不可观测路径:

(1) 主、从 AUV 以相同的速度沿相互平行的直线路径航行,如图 5-3(a)所示。此时,$\mathcal{O}(t)$的前 2 列 $\boldsymbol{O}_1,\boldsymbol{O}_2$ 以及最后 2 列 $\boldsymbol{O}_4,\boldsymbol{O}_5$ 均线性相关,故 rank $\mathcal{O}(t)=3$,导航系统不可观测。

(2)主、从 AUV 沿同一直线路径航行,如图 5-3(b)所示。此时,无论两者的航速是否相等,都将使得$\mathcal{O}(t)$的前 2 列 $\boldsymbol{O}_1,\boldsymbol{O}_2$ 以及最后 2 列 $\boldsymbol{O}_4,\boldsymbol{O}_5$ 线性相关,故 rank $\mathcal{O}(t)=3$,导航系统不可观测。

由此可见,洋流影响下单领航者 AUV 协同导航系统的可观测性结果与第 5 章 5.3.1 节中未考虑洋流干扰时的路径可观测性结论是一致的,即洋流作用不会改变协同导航系统的可观测性。除去上述两类不可观测路径外,洋流影响下的单领航者 AUV 协同导航系统在主、从AUV 间的绝大多数运动路径均可观测。

6.2 洋流影响下基于移动矢径的协同导航滤波算法

6.2.1 基于加权扩展 Kalman 滤波的协同导航算法

考虑到状态方程(6.2)和量测方程(6.3)的非线性特性,采用扩展 Kalman 滤波方法进行协同导航算法设计,并通过在滤波过程中载入实时加权更新的系统噪声和量测噪声方差提高滤波估计精度。此外,为了能够较为准确地估计未知洋流分量 v_x,v_y,将其作为系统的状态分量,以初值 $v_x=x_y=0$ 参与滤波解算,并利用主、从 AUV 之间的相对距离量测信息进行实时修正,从而进一步提高对洋流的估计精度[19,20]。

根据协同导航系统的状态方程(6.2)和量测方程(6.3),可以建立

其离散时间的滤波方程为

$$\begin{cases}\boldsymbol{x}(k+1)=f(\boldsymbol{x}(k),k)+\boldsymbol{w}(k)\\ \bar{h}(k)=h(\boldsymbol{x}(k),k)+\boldsymbol{\nu}(k)\end{cases}\tag{6.11}$$

其中

$$\boldsymbol{x}(k)=(x(k),y(k),\phi(k),v_x(k),v_y(k))^{\mathrm{T}}\tag{6.12}$$

是离散状态向量

$$f(\boldsymbol{x}(k),k)=\begin{bmatrix}x(k)\\ y(k)\\ \phi(k)\\ v_x(k)\\ v_y(k)\end{bmatrix}+\begin{bmatrix}u(k)\cos\phi(k)+v_x(k)\\ u(k)\sin\phi(k)+v_y(k)\\ \omega(k)\\ 0\\ 0\end{bmatrix}\Delta t\tag{6.13}$$

$$h(\boldsymbol{x}(k),k)=\begin{bmatrix}(x(k)-x^L(k))^2\\ (x(k)+Dx(k,k+1)-x^L(k+1))^2+(y(k)-y^L(k))^2+(y(k)\\ +Dy(k,k+1)-y^L(k+1))^2\end{bmatrix}\tag{6.14}$$

其中，Δt 是采样周期；$\boldsymbol{w}(k)$是系统噪声；$\boldsymbol{\nu}(k)$是量测噪声。设$\boldsymbol{w}(k)$，$\boldsymbol{\nu}(k)$为具有零均值互不相关的 Gauss 白噪声，并且

$$\mathbb{E}\{\boldsymbol{w}(k)\boldsymbol{w}^{\mathrm{T}}(k)\}=\boldsymbol{Q}(k),\mathbb{E}\{\boldsymbol{\nu}(k)\boldsymbol{\nu}^{\mathrm{T}}(k)\}=\boldsymbol{R}(k)\tag{6.15}$$

此外，记 Jacobian 矩阵 $\boldsymbol{F}(k+1,k)$，$\boldsymbol{H}(k+1)$和加权矩阵 $\boldsymbol{W}(k+1,k)$，$\boldsymbol{V}(k+1)$分别为

$$\begin{cases}\boldsymbol{F}(k+1,k)=\left.\dfrac{\partial f(\boldsymbol{x}(k),k)}{\partial \boldsymbol{x}}\right|_{\boldsymbol{x}=\hat{\boldsymbol{x}}(k|k)},\boldsymbol{H}(k+1)=\left.\dfrac{\partial h(\boldsymbol{x}(k),k)}{\partial \boldsymbol{x}}\right|_{\boldsymbol{x}=\hat{\boldsymbol{x}}(k+1|k)}\\ \boldsymbol{W}(k+1,k)=\left.\dfrac{\partial f(\boldsymbol{x}(k),k)}{\partial \boldsymbol{u}}\right|_{\boldsymbol{x}=\hat{\boldsymbol{x}}(k|k)},\boldsymbol{V}(k+1)=\left.\dfrac{\partial h(\boldsymbol{x}(k),k)}{\partial \boldsymbol{u}}\right|_{\boldsymbol{x}=\hat{\boldsymbol{x}}(k+1|k)}\end{cases}\tag{6.16}$$

则可得下列加权扩展 Kalman 滤波协同导航算法。

预测方程

$$\begin{cases}\hat{\boldsymbol{x}}(k+1|k)=f(\hat{\boldsymbol{x}}(k),k)\\ \boldsymbol{P}(k+1|k)=\boldsymbol{F}(k+1,k)\boldsymbol{P}(k|k)\boldsymbol{F}^{\mathrm{T}}(k+1,k)+\\ \qquad\boldsymbol{W}(k+1,k)\boldsymbol{Q}(k)\boldsymbol{W}^{\mathrm{T}}(k+1,k)\end{cases}\tag{6.17}$$

更新方程和滤波增益

$$\begin{cases}\boldsymbol{K}(k+1)=\boldsymbol{P}(k+1|k)\boldsymbol{H}(k+1)\times[\boldsymbol{H}(k+1)\boldsymbol{P}(k+1|k)\boldsymbol{H}^{\mathrm{T}}(k+1)\\ \qquad +\boldsymbol{V}(k+1)\boldsymbol{R}(k+1)V^{\mathrm{T}}(k+1)]^{-1}\\ \hat{\boldsymbol{x}}(k+1|k+1)=\hat{\boldsymbol{x}}(k+1|k)+\boldsymbol{K}(k+1)\\ \qquad \times[\bar{h}(k+1)-h(\hat{\boldsymbol{x}}(k+1|k),k)]\\ \boldsymbol{P}(k+1|k+1)=\boldsymbol{P}(k+1|k)-\boldsymbol{K}(k+1)\boldsymbol{H}(k+1)\boldsymbol{P}(k+1|k)\end{cases} \tag{6.18}$$

因此，只需给定协同导航系统的状态初值 $\hat{\boldsymbol{x}}_0$ 以及初始化滤波方差 P_0，就能够利用式(6.17)及式(6.18)递推地求取从 AUV 的定位估计和未知洋流估计。

6.2.2 数值仿真分析

为检验上述协同导航方法的有效性，进行数值仿真分析。如图 6－1所示，从 AUV 由起点(0m，600m)出发沿平行于 x 轨的直线路径航行；主 AUV 由起点(0m，0m)出发以航向角 45°沿直线航行，每间隔约 700m 进行一次转向机动，并且每次转向后的运动路径都和转向前保持垂直。由 5.5.2 节的讨论可知，在主、从 AUV 的上述运动路径条件下，协同导航系统具有良好的可观测性。

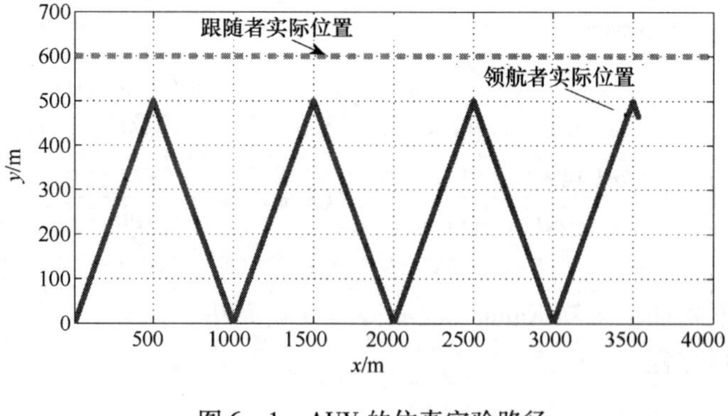

图 6－1　AUV 的仿真实验路径

算例 6.1　本例中，主 AUV 的航速为 2.5m/s，从 AUV 的航速为 2m/s。选取主、从 AUV 间的测距误差为 $\sigma_{r,LF}^2=(5\text{m})^2$ 的零均值 Gauss

白噪声，选取从 AUV 的测速误差和航向角量测误差分别为 $\sigma_{u,F}^2 = (0.4\mathrm{m/s})^2$ 和 $\sigma_{\phi,F}^2 = (2°)^2$ 的零均值 Gauss 白噪声；洋流分量为 $v_x = 0.2\mathrm{m/s}$，$v_y = -0.3\mathrm{m/s}$，系统的状态更新时间为 $\Delta t = 5\mathrm{s}$。

图6－2分别给出了从 AUV 的协同定位路径估计以及航位推算定位结果，图6－3给出了从 AUV 在 x，y 方向的协同定位误差，图6－4分别给出了 x，y 方向的洋流估计结果和洋流估计误差。从图中可以看到，在洋流分量 v_x，v_y 的作用下，从 AUV 的实际运动路径与图6－1中给定的实验路径有很大差异。除去 EKF 滤波算法的初始化阶段，全航程中从 AUV 在 x，y 方向的最大定位误差不超过20m，平均定位误差接近5～10m，具有较高的定位精度。此外，由图6－4可以看到，对洋流分量的估计结果在全航程中保持稳定，洋流估计误差随着滤波时间的增加逐渐收敛至小区间（－0.05m/s，0.05m/s）内波动，估计精度较高。另一方面，从图6－2中可以看到，在未实施协同导航的情况下，从 AUV 单独使用航位推算定位时其 x，y 方向的最大漂移误差超过150m，并随着时间的增长逐渐趋于发散。

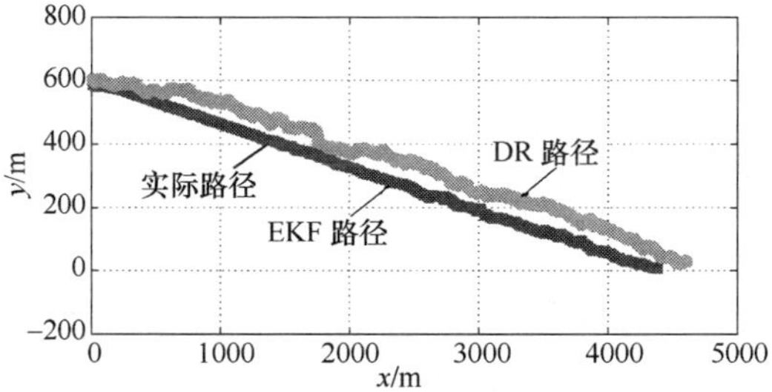

图6－2　AUV 的协同定位和航位推算结果

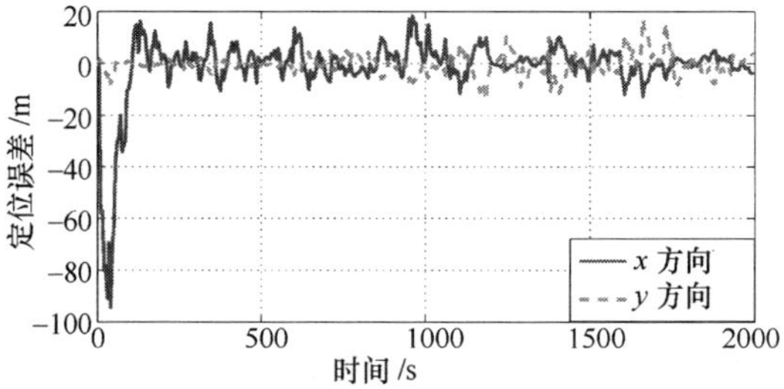

图6－3　AUV 的协同定位误差

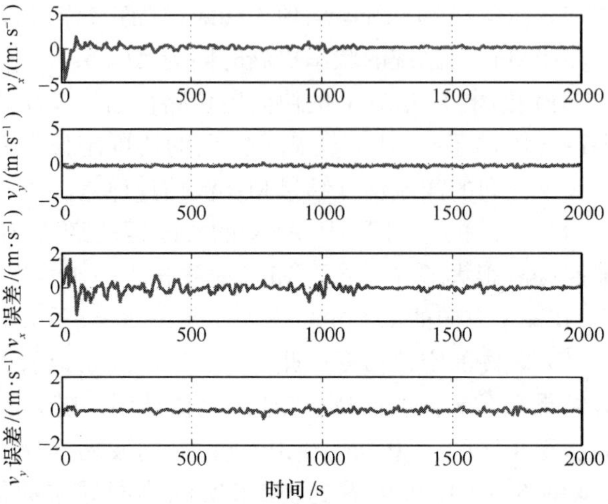

图 6-4　洋流估计结果和洋流估计误差

由此可见,当协同导航系统可观测时,基于移动矢径的单领航者 AUV 协同导航方法能够抑制从 AUV 的航位推算误差对协同定位精度的影响,使协同定位误差保持有界,并可实现对未知洋流的在线估计,从而验证了该方法的有效性。

6.3　洋流影响下协同导航系统的稳定性分析

由第 5 章 5.4 节的讨论可知,在基于移动矢径的单领航者 AUV 协同导航方法中,协同导航系统满足均方指数稳定性的关键是系统局部可观测,即主、从 AUV 之间的运动路径可观测,另一方面,由本章 6.1 节的分析可知,洋流影响下单领航者 AUV 协同导航系统的可观测性结果与第 5 章中未考虑洋流干扰时的路径可观测性结论是一致的,即洋流作用不会改变协同导航系统的可观测性。为此,只需采用和 5.4 节中类似的证明方法,就可以得到下列洋流影响下单领航者 AUV 协同导航系统的稳定性结论。

定理6.1　考虑由方程(6.11)给出的非线性协同导航系统,其状态估计和方差更新由扩展Kalman滤波方程(6.17)及(6.18)确定。如果满足下列三点,则导航系统(6.11)的状态估计误差$\{\boldsymbol{\zeta}_k=\hat{\boldsymbol{x}}_k-\boldsymbol{x}_k,k\geqslant 0\}$均方指数有界,即系统(6.11)满足均方指数稳定性。

(1)存在实数$\underline{q},\bar{q},\underline{r},\bar{r}>0$,使得对每个$k\geqslant 0$都有下式成立:

$$\underline{q}I\leqslant Q_k\leqslant\bar{q}I,\underline{r}I\leqslant R_k\leqslant\bar{r}I \tag{6.19}$$

(2)系统的初始化滤波方差P_0严格正定,且存在适当的$\varepsilon>0$使得初始化估计误差满足

$$\|\boldsymbol{\zeta}_0\|=\|\hat{\boldsymbol{x}}_0-\boldsymbol{x}_0\|\leqslant\varepsilon \tag{6.20}$$

(3)系统满足局部一致可观测性条件。

在实际应用中,由于系统噪声和量测噪声的方差有界,并且由6.1节的讨论可知主、从AUV之间的绝大多数运动路径均可观测,故定理6.1条件(1)和(3)一般总是成立的。因此,为了使导航系统(6.11)满足均方指数稳定性,只需保证条件(2)成立,即系统的初始估计误差$\boldsymbol{\zeta}_0$适当地小。

如果从AUV的初始位置可以通过GPS进行校准,则一般可以确保系统满足条件(2),而无需考虑航向角和未知洋流分量的初始误差,这是因为$\sigma_{\phi,0}^2+\sigma_{v_x,0}^2+\sigma_{v_y,0}^2\ll\sigma_{x,0}^2+\sigma_{y,0}^2$。但是,如果在某些特殊情况下从AUV无法上浮水面接收GPS信号(如执行任务的隐蔽性需要等),则协同导航系统将缺乏对从AUV初始位置及未知洋流的先验信息,从而影响协同导航算法的收敛性和定位精度。针对这一问题,下面基于L-M(Levenberg-Marquardt)算法,并结合主、从AUV之间的适当机动求取从AUV的初始位置和未知洋流估计,以此提高系统的协同定位精度。

L-M算法[21]是一种广泛应用于求解非线性极小平方优化问题(Nonlinear Least-squares Problem,NLSP)的迭代算法。L-M算法的迭代求解过程可以看作是最速下降法和Gauss-Newton方法的结合,即当前解距离极值点较远时,其原理类似于最速下降法;当前解距离极值点较近时,其原理则类似于Gauss-Newton方法。因此,采用L-M算法既可以避免当前解收敛到错误的极值点,又可有效提高解算的实

时性,具体参见文献[21,22]等。

为了求取从 AUV 的初始位置和未知洋流估计,选取主、从 AUV 之间的机动路径如图 6-5 所示,其中主 AUV 沿折线路径航行,并且每次转向后的运动路径都和转向前保持垂直;从 AUV 沿直线路径航行。由第 5 章 5.5.2 节的讨论可知,在此路径条件下协同导航系统具有良好的可观测性。

如图 6-5 所示,从 AUV 的航行起始点为 A,终点为 $B(x,y)$,在航程中通过与主 AUV 通信测量各采样点相对于主 AUV 的距离 $d_i(i=1,2,\cdots,n)$。设传感器的采样周期为 Δt,则从 AUV 在一个采样周期内的位移变化量为

$$\begin{cases}\Delta x_{k,k+1}=(u_k\cos\phi_k+v_k)\Delta t\\ \Delta y_{k,k+1}=(u_k\sin\phi_k+v_y)\Delta t\end{cases} \tag{6.21}$$

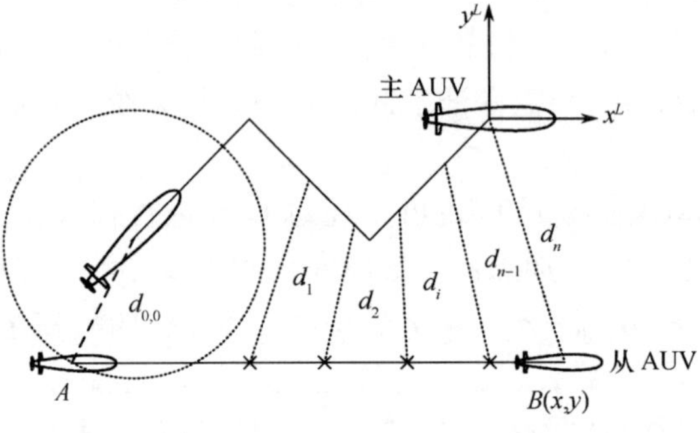

图 6-5 主、从 AUV 之间的初始定位机动路径

因此,从第 i 到第 n 个采样点之间的位移可以表示为

$$\begin{cases}\Delta x_{i,n}=\sum\limits_{k=i}^{n}u_k\cos\phi_k\Delta t_k+v_x\sum\limits_{k=i}^{n}\Delta t_k\\ \Delta y_{i,n}=\sum\limits_{k=i}^{n}u_k\sin\phi_k\Delta t_k+v_y\sum\limits_{k=i}^{n}\Delta t_k\end{cases} \tag{6.22}$$

并且第 i 个采样点到主 AUV 的距离为

$$d_i=\sqrt{(x^L-x+\Delta x_{i,n})^2+(y^L-y+\Delta y_{i,n})^2} \tag{6.23}$$

对应于 $d_i(i=1,2,\cdots,n)$，记通过主、从AUV间的水声通信测得的 n 个采样点和主AUV之间的距离为 $d_{0,i}(i=1,2,\cdots,n)$。从理论上分析，d_i 和 $d_{0,i}(i=1,2,\cdots,n)$ 应当一致，因此可以采用下列均方误差模型对从AUV的初始位姿 x,y,ϕ 和未知洋流分量 v_x,v_y 进行估计。

设从AUV的初始状态向量为 $\boldsymbol{x}=(x,y,\phi,v_x,v_y)^{\mathrm{T}}$，并记 $\boldsymbol{d}=(d_1,d_2,\cdots,d_n)^{\mathrm{T}}$，$\boldsymbol{d}_0=(d_{0,1},d_{0,2},\cdots,d_{0,n})^{\mathrm{T}}$。定义

$$\begin{cases}\boldsymbol{f}(x)=\boldsymbol{d}-\boldsymbol{d}_0\triangleq\begin{bmatrix}f_1(\boldsymbol{x})\\ \vdots\\ f_n(\boldsymbol{x})\end{bmatrix}\\ F(\boldsymbol{x})\triangleq\dfrac{1}{2}\|\boldsymbol{f}(\boldsymbol{x})\|^2=\dfrac{1}{2}\boldsymbol{f}(\boldsymbol{x})^{\mathrm{T}}\boldsymbol{f}(\boldsymbol{x})\end{cases}\tag{6.24}$$

令

$$\boldsymbol{x}^*=\arg\min_{\boldsymbol{x}}\{F(\boldsymbol{x})\}\tag{6.25}$$

则 $\boldsymbol{x}^*$ 就是协同导航系统的初始状态在均方误差准则下的最优估计。

式(6.25)所描述的是一类非线性极小平方优化问题，因此可以采用L-M算法求解。考虑到 $F(\boldsymbol{x})$ 可能存在多个局部极小值，为提高求解的准确程度可采取下列步骤：

(1) 如图6-5所示，首先利用主、从AUV间的第1次水声通信获得相对距离测量值 $d_{0,0}$，并在以主AUV为圆心、$d_{0,0}$ 为半径的圆周上随意选取 N 组从AUV的位置初值 $\boldsymbol{x}_0^i=(x_0^i,y_0^i,0,0,0)^{\mathrm{T}},i=1,\cdots,N$。

(2) 在不考虑航向角测量误差和洋流干扰的情况下(即 $\phi=v_x=v_y=0$)，依次以 $\boldsymbol{x}_0^i(i=1,\cdots,N)$ 为迭代初值利用L-M算法对式(6.25)进行 N 次求解得到 $\boldsymbol{x}_i^*(i=1,\cdots,N)$，则导航系统的初始状态估计为 $\boldsymbol{x}^*=\dfrac{1}{N}\sum\limits_{i=1}^{N}\boldsymbol{x}_i^*$。

(3) 为了进一步提高算法的收敛速度，在步骤(2)中可将L-M算法与Q-N(Quasi-Newton)算法相互结合使用。

下面给出了具体的从AUV初始定位算法[19]。

```
Begin
  k: =0;x: =x_0^i;B: =I;
  found: =( ‖F′(x)‖_∞ ≤ε_1);
  While(not found)and(k<k_max)
    k: =k+1;
    执行 L-M 算法:
      If  连续 3 次成功执行 L-M 算法;
      Then  执行 Q-N 算法;
    h: =x_new -x;
    y: =J_new^T J_new h+(J_new -J)^T f(x_new);
      If  h^T y>0;
      Then  ν: =Bh;
            B: =B+(1/(h^T y))yy^T -(1/(h^T ν))νν^T;
  x: =x_new;
End
```

其中,ε_1 是充分小的正数;$k_{\max}$是预先给定的最大迭代次数;$\boldsymbol{x}_{\text{new}}$是状态向量的更新;$J_{\text{new}}=J(\boldsymbol{x}_{\text{new}})$;$J(\boldsymbol{x})$是 Jacobian 矩阵

$$
J(\boldsymbol{x})=\begin{bmatrix}
\dfrac{\partial f_1}{\partial x} & \dfrac{\partial f_1}{\partial y} & \dfrac{\partial f_1}{\partial \phi} & \dfrac{\partial f_1}{\partial v_x} & \dfrac{\partial f_1}{\partial v_y} \\
\vdots & \vdots & \vdots & \vdots & \vdots \\
\dfrac{\partial f_n}{\partial x} & \dfrac{\partial f_n}{\partial y} & \dfrac{\partial f_n}{\partial \phi} & \dfrac{\partial f_n}{\partial v_x} & \dfrac{\partial f_n}{\partial v_y}
\end{bmatrix} \tag{6.26}
$$

为检验洋流影响下从 AUV 初始定位方法的有效性,进行仿真分析研究。

算例 6.2 如图 6-6 所示,从 AUV 由起点(300m,400m)出发沿平行于 x 轴的直线路径航行;主 AUV 由起点(0m,0m)出发以航向角 45°沿直线航行,每间隔约 700m 进行一次转向机动,并且每次转向后的运动路径都和转向前保持垂直;洋流分量为 $v_x=0.5\text{m/s}$,$v_y=-0.5\text{m/s}$。此外,本例中其余仿真参数的选取均与 6.2.2 节算例 6.1 中一致。

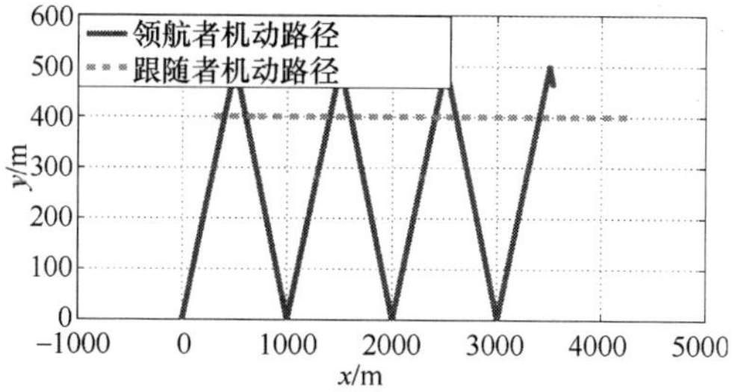

图6-6　主、从 AUV 之间的初始定位仿真实验路径

利用初始定位算示的步骤(1),选取如下12组迭代初值($N=12$):

$\boldsymbol{x}_0^1=(500,0,0,0,0)^{\mathrm{T}}$	$\boldsymbol{x}_0^7=(0,500,0,0,0)^{\mathrm{T}}$
$\boldsymbol{x}_0^2=(400,-300,0,0,0)^{\mathrm{T}}$	$\boldsymbol{x}_0^8=(-150,-476.97,0,0,0)^{\mathrm{T}}$
$\boldsymbol{x}_0^3=(300,400,0,0,0)^{\mathrm{T}}$	$\boldsymbol{x}_0^9=(-250,433.01,0,0,0)^{\mathrm{T}}$
$\boldsymbol{x}_0^4=(200,-458.26,0,0,0)^{\mathrm{T}}$	$\boldsymbol{x}_0^{10}=(-350,-357.07,0,0,0)^{\mathrm{T}}$
$\boldsymbol{x}_0^5=(100,489.90,0,0,0)^{\mathrm{T}}$	$\boldsymbol{x}_0^{11}=(-450,217.94,0,0,0)^{\mathrm{T}}$
$\boldsymbol{x}_0^6=(0,-500,0,0,0)^{\mathrm{T}}$	$\boldsymbol{x}_0^{12}=(-500,0,0,0,0)^{\mathrm{T}}$

进一步,采用算法步骤(2)和(3)解算得到12组从 AUV 的初始状态估计 $\boldsymbol{x}_i^*$ ($i=1,\cdots,12$),对其求平均值就可以获得导航系统初始状态的最优估计为

$$\boldsymbol{x}^*=(5287.66\text{mm},-596.52\text{m},-0.194\text{rad},0.511\text{m/s},-0.482\text{m/s})^{\mathrm{T}} \tag{6.27}$$

图6-7给出了从 AUV 的初始定位路径估计结果,图6-8给出了从 AUV 在 x,y 方向的初始定位估计和定位误差,图6-9给出了初始定位过程中的未知洋流估计结果和洋流估计误差,图6-10是洋流估计的局部放大图。可以看到,由于缺少对从 AUV 初始位置的先验信息,盲目选取的迭代初值导致初始定位算法在起始阶段的估计误差很大。随着主、从 AUV 之间相对距离量测信息的获得,L-M 定位算法历经约60次迭代后逐渐趋于收敛,并在约200次迭代后进入稳态。由图6-8可以看到,除去定位算法的初始化阶段,全航程中从 AUV 的定位估计路径与其真实运动路径具有较好的吻合性,其中,x,y 方向的平均定位误差约为10~20m,具有较高的估计精度。此外,由图6-9和

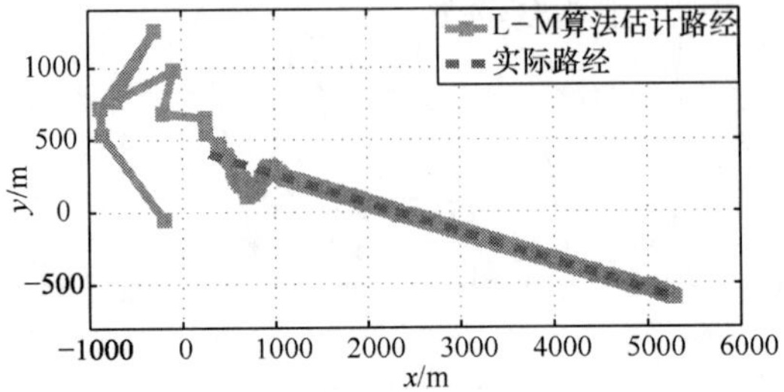

图6－7　从AUV的初始定位路径结果

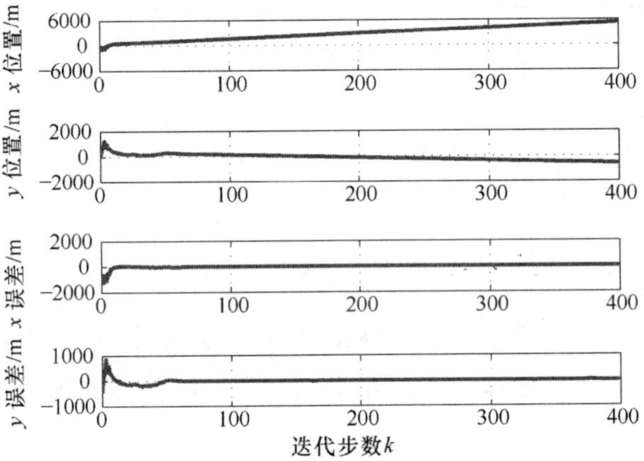

图6－8　从AUV的初始定位估计和定位误差

图6－10可以看到,初始定位算法历经约300次迭代后,洋流分量的估计误差收敛至小区间(－0.05m/s,0.05m/s)内波动并保持稳定,估计精度较高。由此可见,上述从AUV的初始定位算法具有较高的定位估计精度和较为快速的收敛性,并能对未知洋流做出较为准确的估计,从而验证了该方法的有效性。

综上可知,如果从AUV在协同导航的初始阶段可以接收GPS信号校准自身的初始位置,则可以保证导航系统的初始化定位误差较小,从而由定理6.1确保洋流影响下EKF协同导航算法的收敛性;如果导航系统缺乏对从AUV的初始位置和未知洋流的先验信息,则可首先通过上述初始定位算法对这些先验信息进行初始化估计,以此确保协同

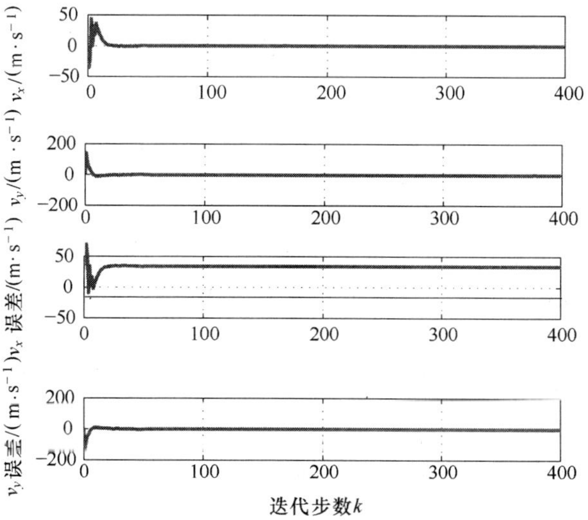

图 6-9　未知洋流估计结果和洋流估计误差

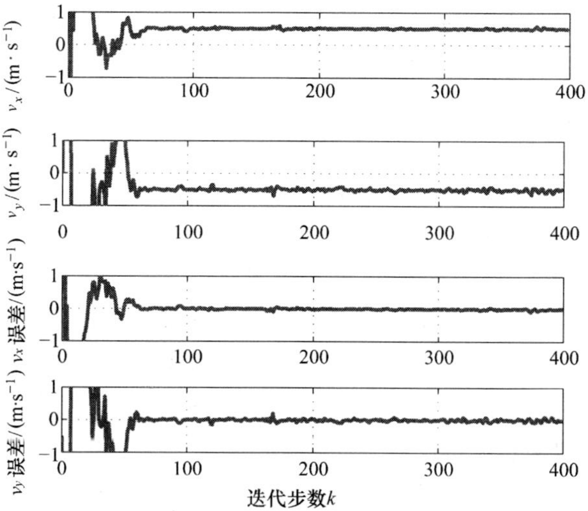

图 6-10　未知洋流估计结果和洋流估计误差(局部放大图)

导航算法的收敛性。

6.4 洋流对 AUV 协同定位精度的影响分析

6.4.1 洋流作用下航位推算误差对协同定位精度的影响分析

结合第 5 章 5.5.1 节的讨论可知，在基于移动矢径的单领航者 AUV 协同导航方法中，从 AUV 的航位推算漂移误差是导航系统的主要误差来源。由于本章引入了未知洋流干扰，故下面具体研究洋流影响下从 AUV 的航位推算误差传播规律，并分析其对协同定位精度的影响。

由洋流影响下从 AUV 的运动学方程(6.2)可知，其航位推算方程为

$$\begin{cases} x_{k+1} = x_k + Dx_{k,k+1} = x_k + (u_{m,k}\cos\phi_{m,k} + v_{x,k})\Delta t \\ y_{k+1} = y_k + Dy_{k,k+1} = y_k + (u_{m,k}\cos\phi_{m,k} + v_{y,k})\Delta t \end{cases} \tag{6.28}$$

其中，$\boldsymbol{D}_{k,k+1} = (Dx_{k,k+1}, Dy_{k,k+1})^{\mathrm{T}}$ 是洋流作用下从 AUV 的移动矢径；$u_{m,k}$，$\phi_{m,k}$ 分别表示从 AUV 在 t_k 时刻的速度和航向角测量值。由式(6.28)可以看到，在未实施协同导航的情况下，从 AUV 的航位推算定位误差将通过各采样周期内的移动矢径传播并随着时间的增长逐步累积，而洋流分量 $v_{x,k}$，$v_{y,k}$ 的作用则加速了这种误差累积，对速度及航向角测量误差的传播具有放大效应(图 6-11)。

由于洋流变化较为缓慢，可将各采样时刻的 $v_{x,k}$，$v_{y,k}$ 近似为常值。此外，考虑到从 AUV 未配备 INS 或 DVL，其速度量测值通过转速计获得，因此在实际中测速误差要远大于航向角量测误差，即 $\sigma_\phi^2 \ll \sigma_u^2$。在上述前提下，可以近似认为航向角量测值 $\phi_{m,k}$ 为确定性变量，从而对式(6.28)两端作用方差可得

$$\begin{cases} \sigma_{x,k}^2 = \sigma_{x,0}^2 + (\sigma_u^2\cos^2\phi_{m,k} + v_{x,k}^2)\Delta t^2 \\ \sigma_{y,k}^2 = \sigma_{y,0}^2 + (\sigma_u^2\sin^2\phi_{m,k} + v_{y,k}^2)\Delta t^2 \end{cases} \tag{6.29}$$

其中，$\sigma_{x,0}^2$，$\sigma_{y,0}^2$ 分别是导航系统初始时刻在 x，y 方向的初始化定位方差。

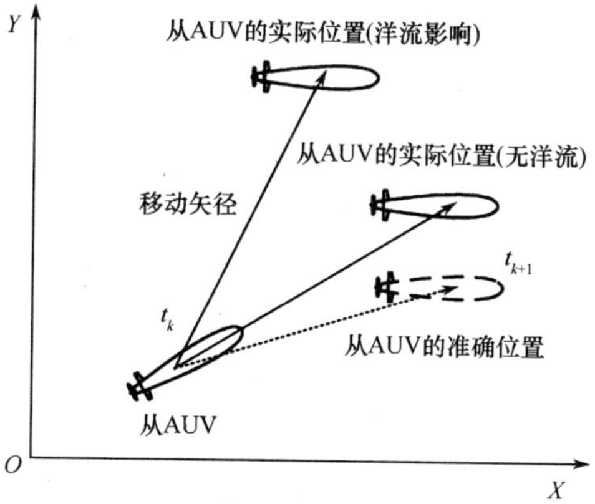

图 6－11　洋流对速度和航向角测量误差传播的放大效应

式(6.29)即为洋流影响下从 AUV 的航位推算误差随时间的传播方程。

由式(6.29)可以看到,在给定测速误差 σ_u^2、航向角量测误差 $\sigma_\phi^2(\sigma_\phi^2 \ll \sigma_u^2)$ 以及采样周期 Δt 的情况下,从 AUV 在 x 方向的航位推算定位误差正比于洋流分量 $v_{x,k}$;在 y 方向的定位误差正比于洋流分量 $v_{y,k}$。因此,未知洋流的幅度 $\| v_k \| = \sqrt{v_{x,k}^2 + v_{y,k}^2}$ 越大,则从 AUV 在单位采样时间内的航位推算误差也越大。

需要指出的是,在单领航者 AUV 协同导航方法中,由于从 AUV 可以周期性地获取相对准确的距离量测信息,并以此来抑制洋流作用下的航位推算误差对协同定位精度的影响,使其不再具有累积效应,因而确保了协同定位误差的有界性。此外,类似于第 5 章 5.5.1 节的分析,在协同导航算法收敛的情况下,协同定位误差的上界依赖于采样周期 Δt 内从 AUV 航位推算误差、洋流估计误差、相对距离量测误差以及系统的初经误差,并且以航位推算误差和洋流估计误差的影响较为显著。

6.4.2　洋流幅度变化对协同定位精度的影响分析

由 6.4.1 节的讨论可知,洋流幅度的增加将导致从 AUV 航位推算误差的增长,从而影响协同导航系统的定位精度。为此,下面通过与算例 5.1 做对比仿真具体加以分析。

算例 6.3　本例中,主、从 AUV 的运动路径以及仿真参数的选取均与算例6.1中一致;所不同的是,x,y方向的洋流分量较原先增加一倍,即选取 $v_x = 0.4\text{m/s}$,$v_y = -0.6\text{m/s}$。

图6-12分别给出了从AUV的协同定位路径估计以及航位推算定位结果,图6-13给出了从AUV在x,y方向的协同定位误差,图6-14分别给出了x,y方向的洋流估计结果和洋流估计误差。可以看到,由于洋流幅度的增大,EKF协同导航算法在起始阶段的性能出现下降,其中x方向的最大定位误差接近280m,约为算例6.1中的3倍;y方向的最大定位误差接近80m,约为算例6.1中的8倍;滤波算法的收敛性变差,从滤波器初始化至收敛状态所经历的时间约为算例6.1中的4倍。除去EKF滤波器的初始化阶段,全航程中从AUV在x方向的平均定位误差接近20~30m,y方向的平均定位误差接近10~20m,协同定位精度较算例6.1明显下降。此外,洋流分量的估计误差随着滤波时间的增加逐渐收敛至小区间(-0.1m/s,0.1m/s)内波动,仍具有较高的估计精度。

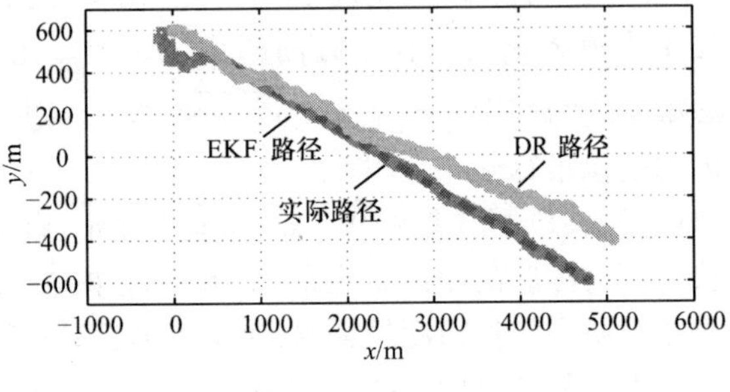

图6-12　AUV的协同定位和航位推算结果

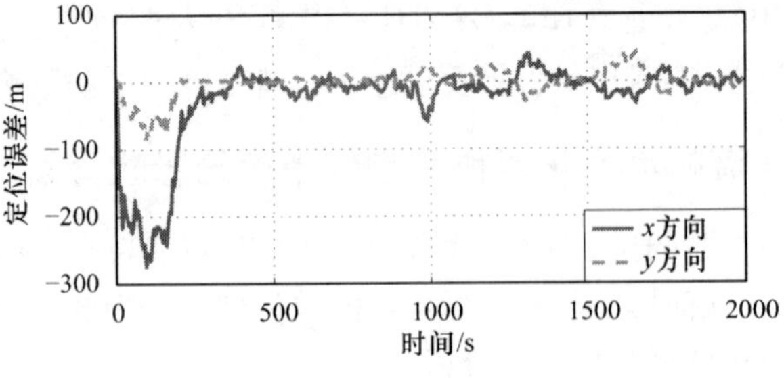

图6-13　AUV的协同定位误差

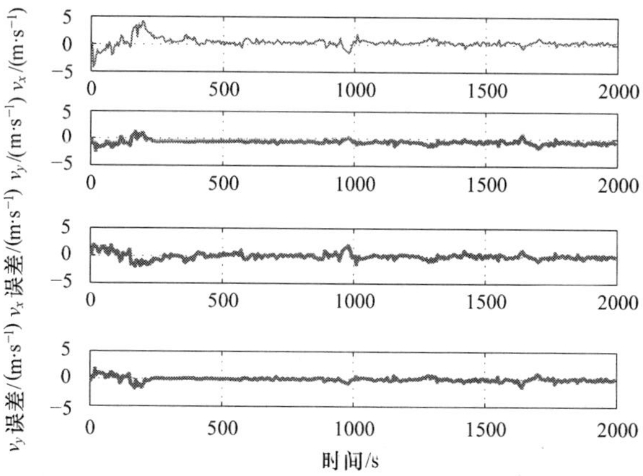

图6－14　洋流估计结果和洋流估计误差

对比算例6.1和算例6.3可知,洋流幅度的增加导致了从AUV航位推算误差的增长,致使协同定位误差的上界增大,并引起协同导航算法的收敛性变差和定位精度下降,从而验证了理论分析的正确性。

6.4.3　洋流作用下采样周期变化对协同定位精度的影响分析

在基于移动矢径的单领航者AUV协同导航方法中,采样周期Δt决定了从AUV在单位时间内接收到测距信息的多少。从理论上分析,采样周期越短,则在单位采样时间内从AUV的航位推算误差对协同定位精度的影响越小,相应的定位精度也越高;反之,采样周期越大,则航位推算误差对协同定位精度的影响作用越明显,系统的定位精度也将随之降低。为此,本节通过选取不同的采样周期Δt与6.2.2节中的算例6.1做对比仿真分析,以此检验洋流作用下系统的采样周期变化对协同定位精度的影响。

算例6.4　本例中,主、从AUV的运动路径以及仿真参数的选取均与算例6.1中一致;所不同的是,采样周期Δt较原先增加一倍,即选取$\Delta t=10s$。

图6－15分别给出了从AUV的协同定位路径估计以及航位推算定位结果,图6－16给出了从AUV在x,y方向的协同定位误差,

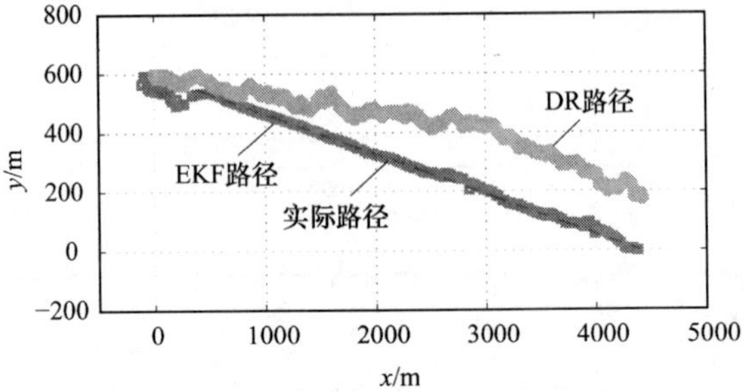

图 6-15　AUV 的协同定位和航位推算结果($\Delta t = 10$s)

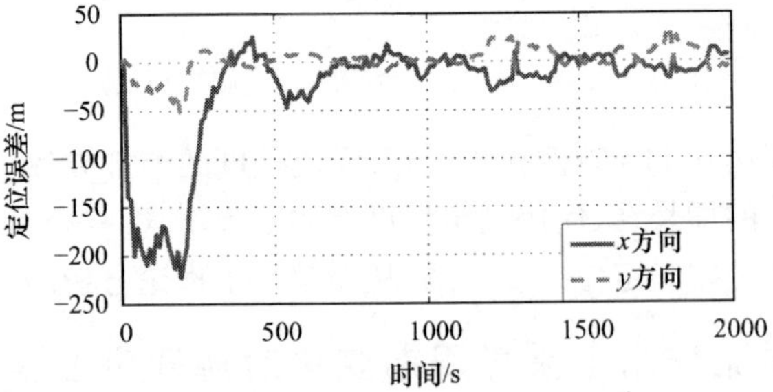

图 6-16　AUV 的协同定位误差($\Delta t = 10$s)

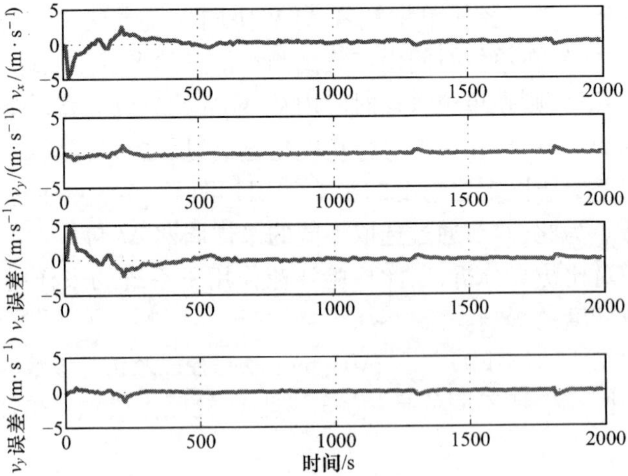

图 6-17　洋流估计结果和洋流估计误差($\Delta t = 10$s)

图6－17分别给出了 x, y 方向的洋流估计结果和洋流估计误差。可以看到，由于采样周期的增大，EKF 协同导航算法在起始阶段的性能出现下降，其中 x 方向的最大定位误差接近 230m，y 方向的最大定位误差接近 50m；滤波算法的收敛性变差，从滤波器初始化至收敛状态所经历的时间约为算例 6.1 中的 4 倍。除去 EKF 滤波器的初始化阶段，全航程中从 AUV 在 x 方向的平均定位误差接近 15～20m，y 方向的平均定位误差接近 10～15m，协同定位精度较算例 6.1 明显下降。此外，洋流分量的估计误差随着滤波时间的增加逐渐收敛至小区间（－0.08m/s，0.08m/s）内波动，估计精度较算例 6.1 略有下降。

算例 6.5 为进一步与算例 6.1 和算例 6.4 做对比，本例中主、从 AUV 的运动路径以及仿真参数的选取仍与算例 6.1 中一致；所不同的是，采样周期 Δt 较算例 6.4 增加一倍，即选取 $\Delta t = 20$s。

图6－18分别给出了从 AUV 的协同定位路径估计以及航位推算定位结果，图 6－19 给出了从 AUV 在 x, y 方向的协同定位误差，图6－20分别给出了 x, y 方向的洋流估计结果和洋流估计误差。可以看到，由于采样周期增至原先的4 倍，EKF 协同导航算法的定位误差呈现发散趋势，其中 x 方向的最大定位误差接近 800m，y 方向的最大定位误差接近 150m。此外，洋流分量的估计误差随着滤波时间的增加并未出现明显的收敛趋势，直至 1800s 后仍处于区间（－0.25m/s，0.25m/s）内波动，对洋流的估计基本失效。此外，由图 6－18 可以看到，即使在采样周期很大且相应的 EKF 滤波算法出现发散的情况下，协同定位误差的增长趋势仍比从 AUV 自身的航位推算误差增长要缓慢得多。

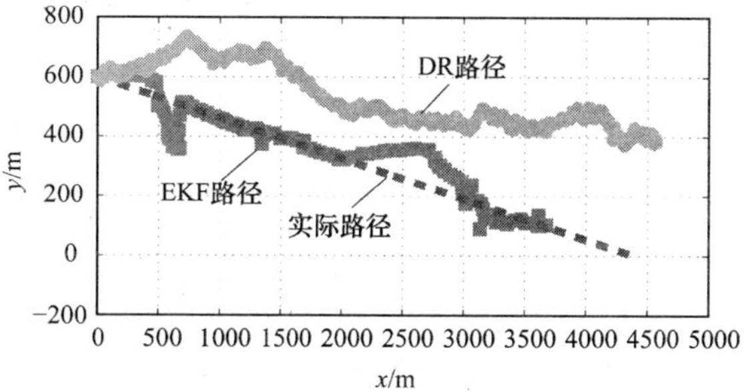

图6－18 AUV 的协同定位和航位推算结果（$\Delta t = 20$s）

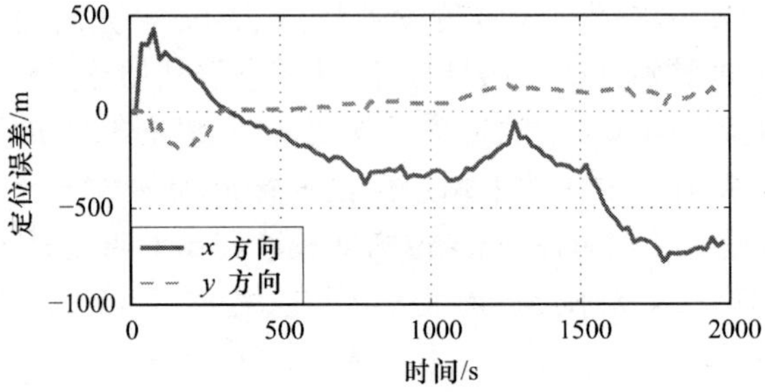

图 6-19 AUV 的协同定位误差($\Delta t=20$s)

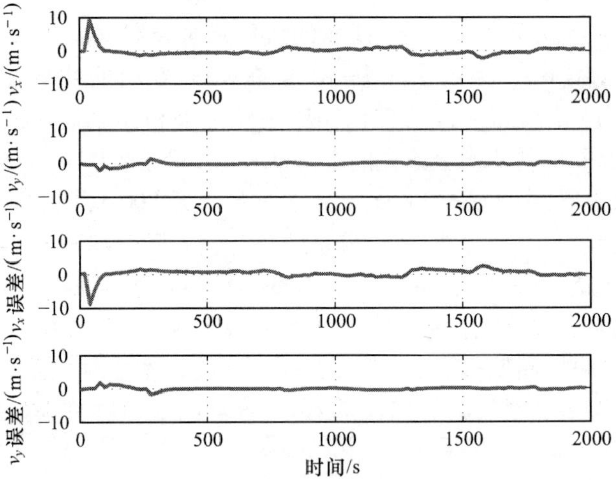

图 6-20 洋流估计结果和洋流估计误差($\Delta t=20$s)

对比算例 6.1、算例 6.4 和算例 6.5 可知,采样周期的增大将导致协同导航算法的收敛性变差和定位精度下降,甚至引起 EKF 滤波算法发散,协同导航方法失效。事实上,随着采样周期的增大,协同导航系统在相同时间内获得的测距信息也随之减少,从而加大了航位推算误差对协同定位精度的影响,引起协同定位精度下降。因此,上述对比仿真结果验证了理论分析的正确性。

6.5 本章小结

本章针对洋流影响下基于移动矢径的单领航者 AUV 协同导航方法展开了深入的研究和讨论。首先,利用非线性可观测理论,分析了定常未知洋流干扰下协同导航系统的可观测性,给出了系统满足局部可观测性的充分条件。然后,基于 AUV 的运动学模型和洋流作用下的移动矢径,结合主、从 AUV 间的相对距离量测信息,提出了加权扩展 Kalman 滤波协同导航算法;基于非线性随机稳定性理论,研究了洋流影响下协同导航系统的稳定性,给出了系统满足均方指数稳定性的充分条件;并进一步在系统缺少初始化定位信息的情况下,利用非线性极小平方优化理论,设计了从 AUV 的初始定位和未知洋流估计算法。最后,推导了洋流影响下协同定位误差的传播规律,给出了误差传递方程,分析了洋流幅度和采样周期变化对协同定位精度的影响,通过数值仿真验证了理论分析结果的正确性和该导航方法的有效性。本章的研究结果表明:

(1) 定常未知的洋流干扰不会影响单领航者测距协同导航系统的可观测性。

(2) 测距信息可有效抑制洋流作用下从 AUV 的航位推算误差对协同定位精度的影响,使其不再具有累积效应,并使协同导航算法能够实现对未知洋流的在线估计。

(3) 协同定位误差的上界依赖于从 AUV 在采样周期 Δt 内的航位推算误差、洋流估计误差、相对距离量测误差以及系统的初始化误差,其中以航位推算误差和洋流估计误差的影响较为显著。

(4) 采样周期的增大将加大航位推算误差对协同定位精度的影响,引起协同定位和洋流估计精度下降。此外,过大的采样周期将导致协同导航算法发散,但协同定位误差的增长速率较航位推算误差要缓慢得多。

参考文献

[1] Fallon Maurice F, Papadopoulos Georgios, Leonard John J, et al. Cooperative AUV navigation using a single maneuvering surface craft. International Journal of Robotics Research, 2010, 29(12): 1461 – 1474.

[2] Saúde, João Aguiar Antonio Pedro. Single beacon acoustic navigation for an AUV in the presence of unknown ocean currents. 8th IFAC International Conference on Maneuvering and Control of Marine Craft, 2009: 298 – 303.

[3] Batista Pedro, Silvestre Carlos, Oliveira Paulo. Single range navigation in the presence of constant unknown drifts. Proceedings of the European Control Conference, 2009: 3983 – 3988.

[4] Chandrasekhar V, Yoo S C, How V E. Localization in underwater sensor networks – survey and challenges. Los Angeles: WUWNet'06, 2006, 25(9): 1 – 8.

[5] Stutters L, Liu H H, et al. Navigation technologies for autonomous underwater vehicles. IEEE Transactions on Systems Man and Cybernetics, 2008, 38(4): 581 – 589.

[6] Baccou P, Jouvencel B. Simulation results, post – processing experimentation and comparison results for navigation, homing and multiple vehicle operations with a new positioning method using a transponder. Proceedings of the 2003 IEEE/RSJ International Conference on Intelligent Robotics and Systems. 2003: 811 – 817.

[7] Baccou P, Jouvencel B, Creuze V, et al. Cooperative positioning and navigation for multiple AUV operations. Proceedings of the IEEE/MTS OCEANS Conference and Exhibition. 2001: 1816 – 1821.

[8] Baccou P, Jouvencel B, Creuze V. Single beacon acoustic for AUV navigation. International Conference on Advanced Robotics, 2001: 22 – 25.

[9] Vaganay J, Baccou P, Jouvencel B. Homing by acoustic ranging to a Single beacon. Oceans'00 MTS/IEEE Conference on Exhibition, 2000: 1457 – 1462.

[10] Gadre A, Stilwell D. Toward underwater navigation based on range measurements from a single localization. Proceedings of IEEE International Conference on Robotics and Automation, 2004: 1 – 6.

[11] Gadre A, Stilwell D. A complete solution to underwater navigation in the presence of unknown currents based on range measurements from a single location. Proceedings of the IEEE/RSJ International Conference on Interlligent Robots and Systems. 2005: 1420 – 1425.

[12] Gadre A, Stilwell D. Underwater navigation in the presence of unknown currents based on range measurements froma single localization. Proceedings of the American Control Conference. 2005: 656 – 661.

[13] Gadre A, Mach J, Stilwell D, et al. A. prototype miniature autonomous underwater vehicle. Pro-

ceedings of IEEE/RSJ International Conference on Intelligent Robotics and Systems, 2003: 842 – 846.

[14] Maczka D, Gadre A, Stilwell D. Implementation of a cooperative navigation algorithm on a platoon of autonomous underwater vehicles. Oceans 2007 MTS/IEEE Conference on Exhibition, 2007: 1 – 6.

[15] Gadre A. Observability analysis in navigation systems with an underwater vehicle application [Ph. D. Dissertation]. Virginia Polytechnic Institute and State University, 2007.

[16] Li Wenbai, Liu Mingyong, Lei Xiaokang, et al. Observability analysis for cooperative navigation system in autonomous underwater vehicles. 2010 IEEE International Conference on Intelligent Computing and Intelligent Systems, 2010: 155 – 161.

[17] 施淑伟，严卫生，高剑，等. 常值海流作用下的 AUV 水平面路径跟踪控制. 兵工学报, 2010, 31(3): 376 – 379.

[18] 郑大钟. 线性系统理论. 2 版. 北京：清华大学出版社, 2002.

[19] 李闻白，刘明雍，雷小康，等. 未知洋流干扰下基于单领航者的多自主水下航行器协同导航. 兵工学报, 2011, 32(3): 293 – 297.

[20] 刘明雍，张加全，张立川. 洋流影响下基于运动矢径的 AUV 协同定位方法. 控制与决策, 2011, 26(11): 1632 – 1636.

[21] Levenberg K. A method for the solution of certain nonlinear problems in least squares. Quarterly of Applied Mathematics, 1994, 2(2): 164 – 164.

[22] Marquardt D. An algorithm for the least – squares estimation of nonlinear parameters. SIAM Journal of Applied Mathematics, 1963, 11(2): 431 – 441.

第7章 通信受限下的协同导航——通信丢包

前面章节均研究的是理想通信下的多AUV协同导航技术,即假设AUV之间水声通信是实时、可靠的,既无时延也无通信丢包。但是,在AUV的实际航行过程中,由于水下环境的不确定性和复杂性,AUV间的水声通信受到内部和外部等多种因素的制约,使得水声通信信道变得不可靠[1-5]。基于移动单领航者的协同导航方法中的主、从AUV在每一采样时刻均需借助水声通信实现对位置和测距信息的共享,受水声信道窄带宽、通信时延等特性的影响,通信受限问题成为制约协同定位精度的重要因素[6]。目前关于通信受限下多AUV协同导航的研究仍处于起步阶段,相应的文献较少。A. Bahr[7]等采用单个CNA(Communications and Navigation-Aid AUV)作为领航者,针对水声通信的窄带宽限制,重点研究了距离量测方差不能完全传播情况下的AUV协同导航问题,基于相对熵(Relative Entropy)理论给出了协同导航算法,并在测距方差为对角阵的特殊情况下,通过数值仿真分析了协同定位位误差的收敛性。本章对存在通信丢包下的多AUV协同导航方法进行研究,重点对通信丢包下多AUV协同导航系统滤波算法设计和协同导航系统稳定性分析等问题进行了理论分析。而有关通信延迟下的多AUV协同导航方法将在第8章详细讨论。

7.1 水声通信概述

受温度、盐度、深度、梯度、水流、水域、季节、气候、风浪、温层、流层、界面的反射与折射等因素的影响,海洋水声信道成为一个高噪声、强混响、信道带宽窄、具有多途效应的干扰严重的信道,同时又是一个

时变、空变、频变的信道,声波在其中的传播行为十分复杂,主要存在如下影响[6,8-11]:

(1) 传播损失:主要为水声信号在海洋中的吸收损失,与水声信号频率有关,频率越高吸收损失越大,频率低则损失小。

(2) 噪声干扰:包括人为噪声(交通航运、钻探等)和环境噪声(海水运动、地震的扰动、降雨、海洋生物等)等干扰。

(3) 长时延:与无线电信道相比,水声信道中声速传播较慢,传播速度大约只有 1500 m/s,比无线电信道低了 5 个数量级,因此存在 0.67 s/km的不可避免的传播时延。

(4) 多径效应:如图 7-1 所示,声源信号从不同方向经不同路径到达接收器,路径 1 为直线传播最短路径,路径 2、3、4 分别为由海底反射、海面反射以及温跃层引起的长路径,声波在海洋传播的此类特性称多径传播,主要由传播介质中存在的杂乱散射体引起的声信号的反射和折射形成,浅海海域中多径效应尤为严重。

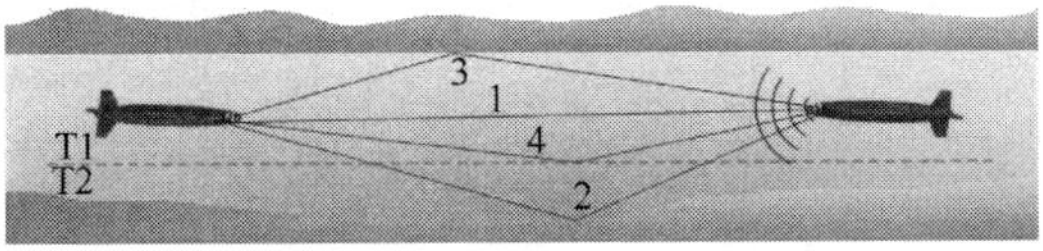

图 7-1　多径传播

(5) 多普勒效应:声源发射机和接收器之间以较大速率移动时会发生声波频率的改变,称为多普勒频移效应,可降低数字通信的性能,因此必须在接收端的水声信号处理中对其进行多普勒频移修正。

(6) 时变、空变、随机性:海洋环境是复杂多变的,且存在各种各样的不均匀性,例如海面波浪的时变和空变、海水介质的不均匀、海底地貌及声学特性的不均匀等。海洋中的这些不均匀性质严重影响着声场,使得声波在海洋中的传播也具有时变、空变及随机特性。

声波在海洋中传播的种种影响,直接导致了水声通信存在如下缺点[12-14]:

(1) 存在通信长时延;

(2) 通信距离受限;

(3) 通信带宽及数据传输率受限;

(4) 通信能量较高,且发射端的耗能远高于接收端的耗能。

综上所述,现有水声通信技术不能完全满足多 AUV 协同导航实时、可靠、远程、高速率的通信需求。多 AUV 协同导航系统在水声通信时会受到如下两方面影响:

(1) AUV 之间相互位置量测信息及通信包信息的长延时到达;

(2) 各种原因引起的通信受限问题(例如通信包丢失、存在误码等)。

下面将着重研究通信受限下的多 AUV 协同导航技术。

7.2 Gilbert – Elliott 信道模型

考虑第 5 章 5.2 节中基于移动矢径的单领航者 AUV 协同导航方法。协同导航系统的状态方程为

$$\begin{bmatrix} x(k+1) \\ y(k+1) \\ \phi(k+1) \end{bmatrix} = \begin{bmatrix} x(k) \\ y(k) \\ \phi(k) \end{bmatrix} + \begin{bmatrix} u(k)\cos\phi(k) \\ u(k)\sin\phi(k) \\ \omega(k) \end{bmatrix} \Delta t \tag{7.1}$$

量测方程为

$$\begin{cases} r_k^2 = (x_{k+1} - Dx_{k,k+1} - x_k^L)^2 + (y_{k+1} - Dy_{k,k+1} - y_k^L)^2 \\ r_{k+1}^2 = (x_{k+1} - x_{k+1}^L)^2 + (y_{k+1} - y_{k+1}^L)^2 \end{cases} \tag{7.2}$$

上述表达式中各记号的含义与 5.1 节、5.2 节中一致,这里不再赘述。记 $\boldsymbol{x}_k = (x_k, y_k, \phi_k)^{\mathrm{T}}$ 和 $\boldsymbol{u}_k = (u_k, \omega_k)^{\mathrm{T}}$ 分别表示协同导航系统的状态向量和输入向量,$\boldsymbol{z}_{k+1} = (r_k^2, r_{k+1}^2)^{\mathrm{T}}$ 表示量测向量,则可将式(7.1)和式(7.2)重新写为

$$\boldsymbol{x}_{k+1} = f(\boldsymbol{x}_k, \boldsymbol{u}_k) + \boldsymbol{w}_k \tag{7.3}$$

$$\boldsymbol{z}_k = h(\boldsymbol{x}_k) + \boldsymbol{v}_k \tag{7.4}$$

其中,f,h 是相应于式(7.1)和式(7.2)的非线性函数;$\boldsymbol{w}_k$是系统噪声序列;$\boldsymbol{v}_k$ 是量测噪声序列。设$\boldsymbol{w}_k$,$\boldsymbol{v}_k$ 为具有零均值互不相关的 Gauss 白噪声,并且

$$\mathbb{E}\{\boldsymbol{w}_k \boldsymbol{w}_k^{\mathrm{T}}\} = \boldsymbol{Q}_k, \mathbb{E}\{\boldsymbol{v}_k \boldsymbol{v}_k^{\mathrm{T}}\} = \boldsymbol{R}_k \tag{7.5}$$

在通信受限情况下,由于水声信道的不可靠性,从 AUV 不可能在

每一采样时刻 t_k 都能准确地接收到来自主 AUV 的水声数据包(相对距离量测信息、AUV 位置信息等)。此时,量测方程(7.2)具有下列形式:

$$\boldsymbol{z}_k = \begin{cases} h(\boldsymbol{x}_k) + v_k, \text{如果 } t_k \text{ 时刻的量测数据被成功接收} \\ 0, \quad \text{如果 } t_k \text{ 时刻的量测数据未被成功接收} \end{cases} \tag{7.6}$$

为此,引入随机变量 $\gamma_k \in \{0,1\}$ 来描述 t_k 时刻量测数据包的到达或丢失。如图 7-2 所示,如果 $\gamma_k = 1$,则表示 t_k 时刻的量测数据被成功接收;如果 $\gamma_k = 0$,则表示 t_k 时刻的量测数据未被成功接收,即发生了数据丢包。其中,0 和 1 分别被称为信道的失败状态(Failure State)和正常状态(Normal State)。

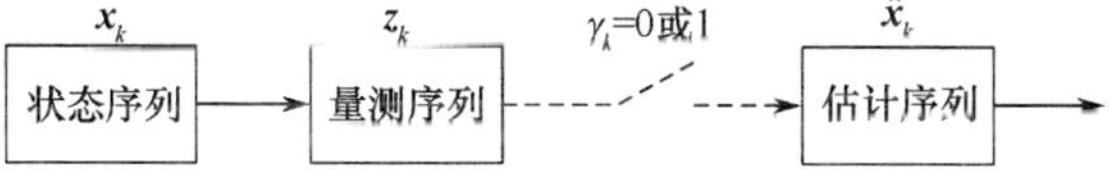

图 7-2 通信受限下量测数据的到达/丢失示意图

为进一步描述水声信道的变化情况,设随机序列 γ_k 服从 2 状态的 Markov 链,其状态转移矩阵为

$$\mathfrak{m} = \begin{bmatrix} 1-q & q \\ p & 1-p \end{bmatrix} \tag{7.7}$$

其中,$p,q > 0$ 分别被称为信道传输的失败率(Failure Rate)和恢复率(Recovery Rate)。如图 7-3 所示,$1-p$ 表示从正常状态 1 开始,经过一步转移后信道的传输状态仍为正常状态 1 的概率。通常称服从上述

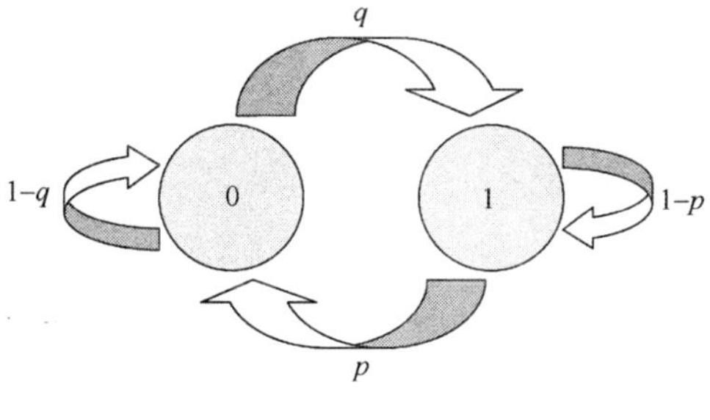

图 7-3 Gilbert - Elliott 信道模型

变化规律的通信信道为 Gilbert - Elliott 信道模型[15,16]。显然，如果 p 的取值越小(接近于0)以及 q 的取值越大(接近于1)，则表示信道具有的传输可靠性越高。

7.3 通信受限下基于移动矢径的协同导航滤波算法

7.3.1 改进的扩展 Kalman 滤波协同导航算法

在通信受限情况下，由于引入了描述信道特征的随机变量 γ_k，前述各章节给出的协同导航算法将不再适用。为此，本节将在 Gilbert - Elliott 信道模型的基础上，导出通信受限下的改进扩展 Kalman 滤波导航算法。

由 $\{\gamma_k, k\geqslant 1\}$ 的定义可知，量测噪声序列 $\{\boldsymbol{v}_k, k\geqslant 1\}$ 的概率分布为

$$\mathbb{P}(\boldsymbol{v}_k|\gamma_k) \sim \begin{cases} \mathbb{N}(0,\boldsymbol{R}_k), & \gamma_k=1 \\ \mathbb{N}(0,\sigma^2\boldsymbol{I}), & \gamma_k=0 \end{cases} \tag{7.8}$$

其中，σ^2 是很大的正常数。式(7.8)表明，当 t_k 时刻的量测数据被成功接收时，量测方差为 $\boldsymbol{R}_k$；当 t_k 时刻的量测数据丢失时，量测方差为 $\sigma^2\boldsymbol{I}, \sigma\rightarrow\infty$。因此，下面首先采用传统的扩展 Kalman 滤波方法，在不完整的量测数据基础上导出系统状态和滤波方差的估计；之后，如果量测数据未被成功接收，则令 $\sigma\rightarrow\infty$，从而得到通信受限下的改进扩展 Kalman 滤波方程。

首先，记

$$\boldsymbol{z}_k=(z_1,z_2,\cdots,z_k)^{\mathrm{T}}, \boldsymbol{\gamma}_k=(\gamma_1,\gamma_2,\cdots,\gamma_k)^{\mathrm{T}} \tag{7.9}$$

并定义式(7.3)及式(7.4)中非线性函数 f,h 的线性化 Jacobian 矩阵为

$$\boldsymbol{A}_k=\frac{\partial f}{\partial \boldsymbol{x}}(\hat{\boldsymbol{x}}_{k|k},\boldsymbol{u}_k), \boldsymbol{C}_k=\frac{\partial h}{\partial \boldsymbol{x}}(\hat{\boldsymbol{x}}_{k|k-1}) \tag{7.10}$$

以及

$$\hat{\boldsymbol{x}}_{k|k}\triangleq\mathbb{E}\{\boldsymbol{x}_k|\boldsymbol{z}_k,\boldsymbol{\gamma}_k\} \tag{7.11}$$

$$\boldsymbol{P}_{k|k}\triangleq\mathbb{E}\{(\boldsymbol{x}_k-\hat{\boldsymbol{x}}_{k|k})(\boldsymbol{x}_k-\hat{\boldsymbol{x}}_{k|k})^{\mathrm{T}}|\boldsymbol{z}_k,\boldsymbol{\gamma}_k\} \tag{7.12}$$

$$\hat{\boldsymbol{x}}_{k+1|k} \triangleq \mathbb{E}\{\boldsymbol{x}_{k+1} | \boldsymbol{z}_k, \boldsymbol{\gamma}_k\} \tag{7.13}$$

$$\boldsymbol{P}_{k+1|k} \triangleq \mathbb{E}\{(\boldsymbol{x}_{k+1} - \hat{\boldsymbol{x}}_{k+1|k})(\boldsymbol{x}_{k+1} - \hat{\boldsymbol{x}}_{k+1|k})^{\mathrm{T}} | \boldsymbol{z}_k, \boldsymbol{\gamma}_k\} \tag{7.14}$$

$$\hat{\boldsymbol{z}}_{k+1|k} \triangleq \mathbb{E}\{\boldsymbol{z}_{k+1} | \boldsymbol{z}_k, \boldsymbol{\gamma}_k\} \tag{7.15}$$

容易验证

$$\begin{aligned}&\mathbb{E}\{(\boldsymbol{z}_{k+1} - \hat{\boldsymbol{z}}_{k+1|k})(\boldsymbol{x}_{k+1} - \hat{\boldsymbol{x}}_{k+1|k})^{\mathrm{T}} | \boldsymbol{z}_k, \boldsymbol{\gamma}_{k+1}\} \\ &\quad = \boldsymbol{C}_{k+1}\boldsymbol{P}_{k+1|k}\end{aligned} \tag{7.16}$$

$$\begin{aligned}&\mathbb{E}\{(\boldsymbol{z}_{k+1} - \hat{\boldsymbol{z}}_{k+1|k})(\boldsymbol{z}_{k+1} - \hat{\boldsymbol{z}}_{k+1|k})^{\mathrm{T}} | \boldsymbol{z}_k, \boldsymbol{\gamma}_{k+1}\} \\ &\quad = \boldsymbol{C}_{k+1}\boldsymbol{P}_{k+1|k}\boldsymbol{C}_{k+1}^{\mathrm{T}} + \gamma_{k+1}\boldsymbol{R}_{k+1} + (1-\gamma_{k+1})\sigma^2\boldsymbol{I}\end{aligned} \tag{7.17}$$

并注意到$\boldsymbol{x}_{k+1|k}$和$\boldsymbol{z}_{k+1|k}$是相互独立的正态随机向量，因此其在条件$\boldsymbol{z}_k$和$\boldsymbol{\gamma}_{k+1}$下的联合概率分布仍服从正态，并且满足

$$\mathbb{E}\{\boldsymbol{x}_{k+1|k}, \boldsymbol{z}_{k+1|k} | \boldsymbol{z}_k, \boldsymbol{\gamma}_{k+1}\} = \begin{bmatrix} \hat{\boldsymbol{x}}_{k+1|k} \\ \boldsymbol{C}_{k+1}\hat{\boldsymbol{x}}_{k+1|k} \end{bmatrix},$$

$$\begin{aligned}&\mathbb{C}\mathrm{ov}\{\boldsymbol{x}_{k+1|k}, \boldsymbol{z}_{k+1|k} | \boldsymbol{z}_k, \boldsymbol{\gamma}_{k+1}\} \\ &= \begin{bmatrix} \boldsymbol{P}_{k+1|k} & \boldsymbol{P}_{k+1|k}\boldsymbol{C}_{k+1}^{\mathrm{T}} \\ \boldsymbol{C}_{k+1}\boldsymbol{P}_{k+1|k} & \boldsymbol{C}_{k+1}\boldsymbol{P}_{k+1|k}\boldsymbol{C}_{k+1}^{\mathrm{T}} + \gamma_{k+1}\boldsymbol{R}_{k+1} + (1-\gamma_{k+1})\sigma^2\boldsymbol{I} \end{bmatrix}\end{aligned} \tag{7.18}$$

因此，改进的扩展 Kalman 滤波方程可以写为

$$\hat{\boldsymbol{x}}_{k+1|k} = \boldsymbol{A}_k\boldsymbol{x}_{k|k} \tag{7.19}$$

$$\boldsymbol{P}_{k+1|k} = \boldsymbol{A}_k\boldsymbol{P}_{k|k}\boldsymbol{A}_k^{\mathrm{T}} + \boldsymbol{Q}_k \tag{7.20}$$

$$\begin{aligned}\hat{\boldsymbol{x}}_{k+1|k+1} = {}&\hat{\boldsymbol{x}}_{k+1|k} + \boldsymbol{P}_{k+1|k}\boldsymbol{C}_{k+1}^{\mathrm{T}} \times (\boldsymbol{C}_{k+1}\boldsymbol{P}_{k+1|k}\boldsymbol{C}_{k+1}^{\mathrm{T}} + \\ &\gamma_{k+1}\boldsymbol{R}_{k+1} + (1-\gamma_{k+1})\sigma^2\boldsymbol{I})^{-1} \times (\boldsymbol{z}_{k+1} - \boldsymbol{C}_{k+1}\boldsymbol{x}_{k+1|k})\end{aligned} \tag{7.21}$$

$$\begin{aligned}\boldsymbol{P}_{k+1|k+1} = {}&\boldsymbol{P}_{k+1|k} - \boldsymbol{P}_{k+1|k}\boldsymbol{C}_{k+1}^{\mathrm{T}} \times (\boldsymbol{C}_{k+1}\boldsymbol{P}_{k+1|k}\boldsymbol{C}_{k+1}^{\mathrm{T}} + \gamma_{k+1}\boldsymbol{R}_{k+1} + \\ &(1-\gamma_{k+1})\sigma^2\boldsymbol{I})^{-1} \times \boldsymbol{C}_{k+1}\boldsymbol{P}_{k+1|k}\end{aligned} \tag{7.22}$$

最后，令$\sigma \to \infty$，可将式(7.21)和式(7.22)重新写为

$$\hat{\boldsymbol{x}}_{k+1|k+1} = \hat{\boldsymbol{x}}_{k+1|k} + \gamma_{k+1}\boldsymbol{K}_{k+1}(\boldsymbol{z}_{k+1} - \boldsymbol{C}_{k+1}\boldsymbol{x}_{k+1|k}) \tag{7.23}$$

$$\boldsymbol{P}_{k+1|k+1} = \boldsymbol{P}_{k+1|k} - \gamma_{k+1}\boldsymbol{K}_{k+1}\boldsymbol{C}_{k+1}\boldsymbol{P}_{k+1|k} \tag{7.24}$$

其中

$$\boldsymbol{K}_{k+1} = \boldsymbol{P}_{k+1|k}\boldsymbol{C}_{k+1}^{\mathrm{T}}(\boldsymbol{C}_{k+1}\boldsymbol{P}_{k+1|k}\boldsymbol{C}_{k+1}^{\mathrm{T}} + \boldsymbol{R}_{k+1})^{-1} \tag{7.25}$$

是滤波增益。式(7.19)及式(7.20)和式(7.23)~式(7.25)即为通信受限下的改进扩展Kalman滤波协同导航算法。只要给定从AUV的初始位姿$\hat{\boldsymbol{x}}_0$,协同导航系统的初始化滤波方差P_0,以及信道的初始状态γ_0和状态转移矩阵$\boldsymbol{\varpi}$,就能利用上述公式递推地求取从AUV在各个采样时刻的定位估计。

需要指出的是,这里的所谓改进扩展Kalman滤波算法与传统的扩展Kalman滤波算法有着本质区别。此时,系统的状态估计$\hat{\boldsymbol{x}}_{k+1|k+1}$和滤波方差$\boldsymbol{P}_{k+1|k+1}$均是随机变量,并且是关于随机变量$\gamma_k$的函数。

7.3.2 数值仿真分析

为检验通信受限下基于移动矢径的单领航者AUV协同导航方法的有效性,进行仿真分析研究。如图7-4所示,主AUV由起点(-1500m,0m)出发沿直线航行至终点(1500m,0m);从AUV的航程分为三段,首先由起点(150m,-1000m)出发按直线航行一段距离,之后沿环形路径机动,最后再按直线航行直至终点(150m,1000m)。由5.3.1节的讨论可知,主、从AUV之间的运动路径满足可观测性条件。

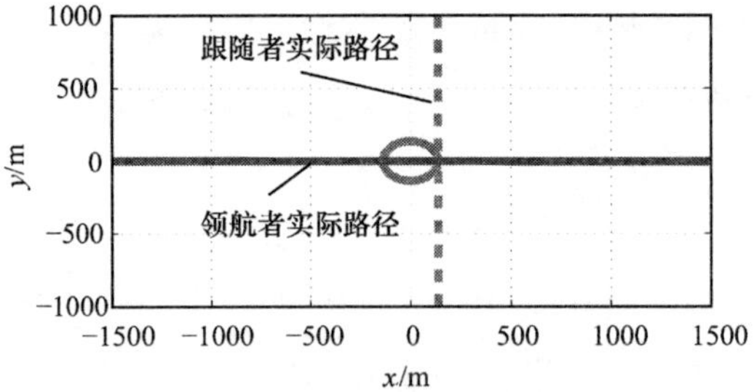

图7-4 主、从AUV的仿真实验路径

算例7.1 本例中,主、从AUV的航速均为2.5m/s,选取主、从AUV间的测距误差为$\sigma_{r,LF}^2=(5\text{m})^2$的零均值Gauss白噪声,选取从AUV的测速误差和航向角量测误差分别为$\sigma_{u,F}^2=(0.4\text{m/s})^2$和$\sigma_{\phi,F}^2=(2°)^2$的零均值Gauss白噪声,系统的状态更新时间为$\Delta t=5\text{s}$。此外,本例中信道传输的失败率和恢复率分别取为$p=0.18$和$q=0.72$。因此，如图 7－5 所示，可以求得描述信道特征的 2 状态 Markov 链 $\gamma_k \in \{0,1\}$ 的稳态概率分布为 $\mathbb{P}\{\gamma_k = 0\} \approx 0.20$，即从长时间来看，通过水声信道传输的系统量测数据发生丢失的概率约为 20%。

图 7－6 分别给出了从 AUV 的协同定位路径估计以及航位推算定位结果，图 7－7 给出了从 AUV 在 x，y 方向的协同定位误差，图 7－8 给出了系统的滤波方差分量 $P_{11}(k)$，$P_{12}(k)$ 和 $P_{22}(k)$ 的演化情况。由以上仿真结果可以看到：

（1）在第 1 段航程中，由于滤波器处于初始化阶段，加之从 AUV 的量测噪声较大（主要是对航向角和速度的测量）以及存在量测数据的随机丢失，在该段航程内对从 AUV 的平均定位误差为 5～15m。

（2）在第 2 段航程中，从 AUV 沿环形路径机动，需要频繁转向，致使其运动学模型与自身真实的动力学模型之间存在失配。此外，由于

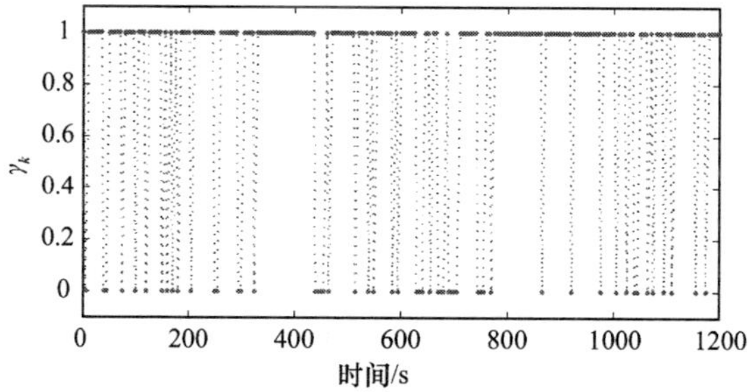

图 7－5　信道状态 γ_k，其中 $(p,q) = (0.18, 0.72)$

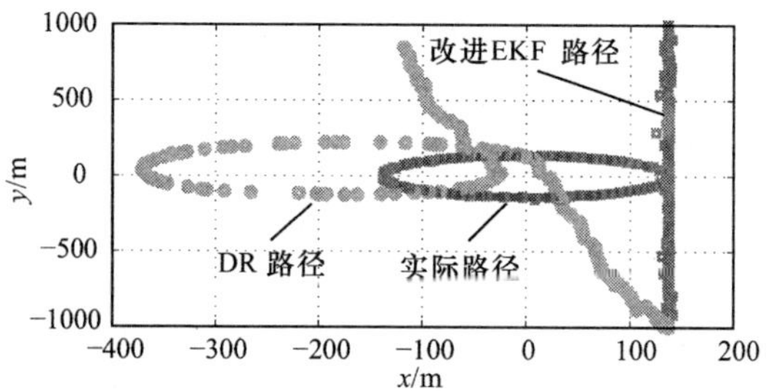

图 7－6　AUV 的协同定位和航位推算结果

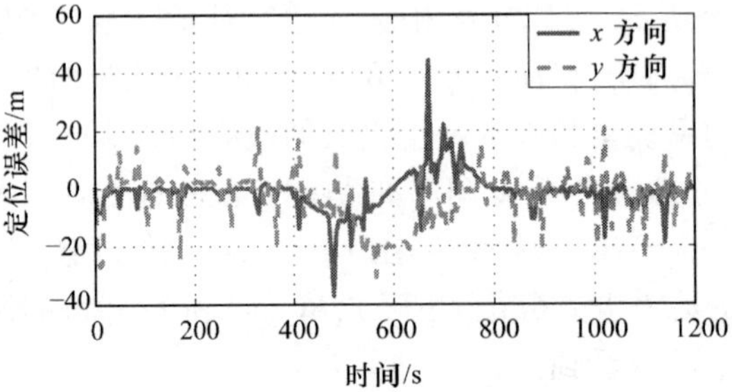

图 7-7　AUV 的协同定位误差

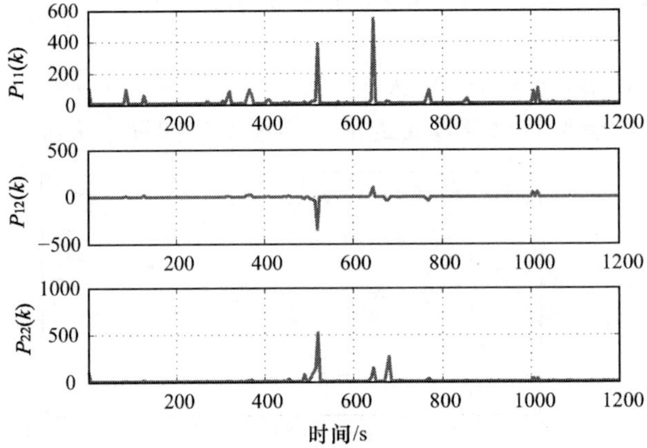

图 7-8　滤波方差分量 $P_{11}(k)$,$P_{12}(k)$和 $P_{22}(k)$的演化结果

存在约 20% 的量测数据丢失,因此导致在该段航程内对从 AUV 的定位估计误差较大,平均定位误差为 15 ~ 25m;并且滤波方差 $\boldsymbol{P}_k$ 在该段航程内取得峰值的次数增加,尤其是在发生了连续的量测数据丢包以后。

(3) 在第 3 段航程中,从 AUV 沿直线航行,其平均定位误差回落至 5 ~ 15m 的范围,并基本保持稳定。可以看到,由于存在量测数据的随机丢失,在该段航程内从 AUV 的定位误差虽保持有界,但并未表现出明显的收敛特性,这与 5.2 节中未发生量测数据丢失时的定位误差结果具有本质区别。

(4) 从图 7－6 中可以看到,在未来用协同导航的情况下,从 AUV 单独使用航位推算定位时其 x 方向的最大漂移误差接近 250m,y 方向的最大漂移误差接近 200m,两者均随着时间的增长趋于发散。

(5) 对比本例和 5.5.3 节中的算例 5.5(未发生量测数据丢失)可以看到,由于近 20% 的量测数据发生丢失,本例中从 AUV 在 x,y 方向的最大定位误差约为算例 5.5 中的 1.5 ~2 倍,平均定位误差约为算例 5.5 中的 2 ~2.5 倍,协同定位精度较未发生量测数据丢失时出现明显下降。

综上可知,在通信受限的情况下,受到量测数据丢失的影响,单领航者 AUV 协同导航系统的定位精度较未发生数据丢包时出现一定程度的下降。此外,由于量测数据丢包具有随机性,因此协同定位误差的渐近收敛性不能得到保证。但总的来看,当主、从 AUV 间的运动路径可观测时,上述改进的扩展 Kalman 滤波导航算法得到的从 AUV 路径估计结果与真实路径具有较好的吻合性。除滤波器的初始化阶段外,在从 AUV 作直线运动时定位精度较高,定位误差基本保持稳定;当从 AUV 做转向机动时,定位误差的波动较为明显但整体仍保持有界。

7.4　协同导航系统的稳定性分析

7.4.1　协同导航系统的峰值方差稳定性

本节研究通信受限下单领航者 AUV 协同导航系统的稳定性[17]。不失一般性,假设 2 状态 Markov 链 γ_k 的初始状态为 1。此外,为了使 Gilbert－Elliott 信道模型非平凡,假设信道传输的失败率和恢复率 p,q 均介于概率区间(0,1)。

根据随机序列 γ_k 的取值,可将系统滤波方差式(7.20)和式(7.24)写为

$$\boldsymbol{P}_{k+1|k}=\begin{cases}\boldsymbol{A}_k\boldsymbol{P}_{k|k-1}\boldsymbol{A}_k^{\mathrm{T}}+\boldsymbol{Q}_k-\boldsymbol{A}_k\boldsymbol{P}_{k|k-1}\boldsymbol{C}_k^{\mathrm{T}}(\boldsymbol{C}_k\boldsymbol{P}_{k|k-1}\boldsymbol{C}_k^{\mathrm{T}}+\boldsymbol{R}_k)^{-1}\boldsymbol{C}_k\boldsymbol{P}_{k|k-1}\boldsymbol{A}_k^{\mathrm{T}}, & \gamma_k=1\\ \boldsymbol{A}_k\boldsymbol{P}_{k|k-1}\boldsymbol{A}_k^{\mathrm{T}}+\boldsymbol{Q}_k, & \gamma_k=0\end{cases} \tag{7.26}$$

式(7.26)表明,滤波方差序列 $\boldsymbol{P}_{k+1|k}$ 在 2 状态 Markov 链 γ_k 的驱动下,按照 $\gamma_k=0$ 或 $\gamma_k=1$ 两种状态随机地进行跳跃性演化。

接下来，利用 Markov 链 γ_k 的初始状态 $\gamma_1=1$，可以递推地引入两组停止时间（Stopping Time）序列[18,19] $\{\tau_i,i\geqslant 1\}$ 和 $\{\beta_i,i\geqslant 1\}$ 用来描述 γ_k 的跳跃时间：

$$\begin{cases}\tau_1=\inf\{k:\ k>1,\gamma_k=0\}, & \beta_1=\inf\{k:\ k>\tau_1,\gamma_k=1\},\cdots\\ \tau_i=\inf\{k:\ k>\beta_{i-1},\gamma_k=0\}, & \beta_i=\inf\{k:\ k>\tau_i,\gamma_k=1\},\cdots\end{cases} \tag{7.27}$$

并且有

$$\gamma_k=\begin{cases}0, & \text{当 } \tau_i\leqslant k<\beta_i<\infty, \quad i\geqslant 1\\ 1, & \text{当 } \beta_i\leqslant k<\tau_{i+1}<\infty, \quad i\geqslant 1\end{cases} \tag{7.28}$$

以及下列顺序关系成立：

$$1<\tau_1<\beta_1<\cdots<\tau_i<\beta<\tau_{i+1}<\cdots \tag{7.29}$$

进一步，如图 7－9 所示，定义驻留时间（Sojourn Time）序列 $\{\tau_i^*=\tau_i-\beta_{i-1},i\geqslant 1\}$ 和 $\{\beta_i^*=\beta_i-\tau_i,i\geqslant 1\}$ 分别用来描述 Markov 链 γ_k 在失败状态 0 和正常状态 1 的停留时间，其中约定 $\beta_0=1$。

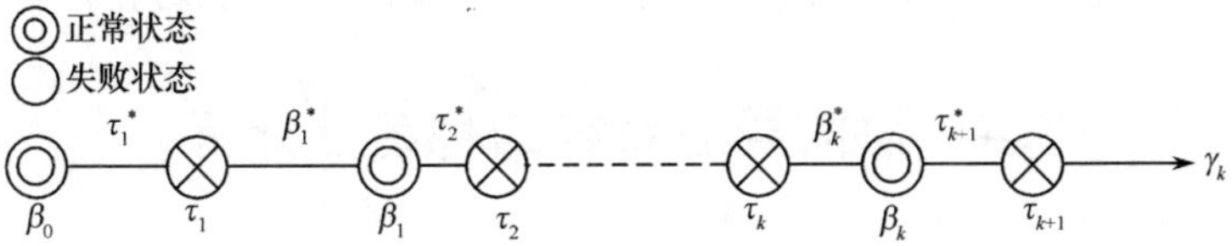

图 7－9　停止时间和驻留时间序列

关于停止时间序列和驻留时间序列的一些性质，集中体现在下列引理当中。

引理 7.1　在信道参数 $p,q\in(0,1)$ 的假设前提下，停止时间序列 $\{\tau_i,i\geqslant 1\}$ 和 $\{\beta_i,i\geqslant 1\}$ 中每个元素的取值有限，a. s. 。

证明　由 $p,q\in(0,1)$ 可知，Markov 链 $\{\gamma_k,k\geqslant 1\}$ 是遍历的，且具有强 Markov 性。因此，容易验证

$$\mathbb{P}(\tau_1=\infty)=0 \tag{7.30}$$

即 $\tau_1<\infty$，a. s. 。注意到 γ_k 的强 Markov 性，则 $\{\gamma_{\tau_1+k},k\geqslant 1\}$ 仍为 Markov 过程，故有

$$\mathbb{P}(\beta_1=\infty\mid\tau_1<\infty)=\mathbb{P}(\gamma_{\tau_1+k}=0,k\geqslant 1\mid\tau_1<\infty)=0 \tag{7.31}$$

证毕。

由于 $\tau_1<\infty$,a. s. ,故 $\beta_1<\infty$,a. s. 。最后,利用数学归纳法可知,对每个 $i\geqslant 1$ 都有 $\tau_i<\beta_i<\infty$,a. s. 。

引理 7.2　在信道参数 $p,q\in(0,1)$ 的假设前提下,有:

(1) 驻留时间 $\{\tau_i^*,i\geqslant 1\}$ 是独立同分布的随机序列,且 τ_i^*-1 服从几何分布

$$\mathbb{P}(\tau_i^*-1=k)=(1-p)^k p,\quad k\geqslant 0 \tag{7.32}$$

(2) 驻留时间 $\{\beta_i^*,i\geqslant 1\}$ 是独立同分布的随机序列,且 β_i^*-1 服从几何分布

$$\mathbb{P}(\beta_i^*-1=k)=(1-q)^k q,\quad k\geqslant 0 \tag{7.33}$$

(3) 驻留时间 $\{\tau_i^*,\beta_i^*,i\geqslant 1\}$ 是相互独立的随机序列。

证明　有关引理结论(1)和(2)的证明参见文献[20],下面证明结论(3)。设 $k_i,\bar{k}_l\geqslant 1$, $k=\sum_{j\leqslant i}k_j+\bar{k}_j$,则由随机序列 $\{\gamma_k,k\geqslant 1\}$ 的 Markov 性可知

$$\begin{aligned}
&\mathbb{P}(\tau_1^*=k_1,\beta_1^*=\bar{k}_1,\cdots,\tau_i^*=k_i,\beta_i^*=\bar{k}_i,\tau_{i+1}^*=k_{i+1})\\
&=\mathbb{P}(\tau_1^*=k_1,\cdots,\tau_i^*=k_i;\beta_1^*=\bar{k}_1,\cdots,\beta_i^*=\bar{k}_i;\\
&\quad\gamma_k=1,\cdots,\gamma_{k+k_{i+1}-1}=1,\gamma_{k+k_{i+1}}=0)\\
&=\mathbb{P}(\gamma_{k+1}=1,\cdots,\gamma_{k+k_{i+1}-1}=1,\gamma_{k+k_{i+1}}=0\mid\tau_1^*=k_1,\cdots,\tau_i^*=k_i;\\
&\quad\beta_1^*=\bar{k}_1,\cdots,\beta_i^*=\bar{k}_i;\gamma_k=1)\\
&\quad\times\mathbb{P}(\tau_1^*=k_1,\cdots,\tau_i^*=k_i;\beta_1^*=\bar{k}_1,\cdots,\beta_1^*=\bar{k}_i;\gamma_k=1)\\
&=\mathbb{P}(\gamma_{k+1}=1,\cdots,\gamma_{k+k_{i+1}-1}=1,\gamma_{k+k_{i+1}}=0\mid\gamma_k=1)\\
&\quad\times\mathbb{P}(\tau_1^*=k_1,\cdots,\tau_i^*=k_i;\beta_1^*=\bar{k}_1,\cdots,\beta_i^*=\bar{k}_i;\gamma_k=1)\\
&=\mathbb{P}(\tau_1^*=k_1,\cdots,\tau_i^*=k_i;\beta_1^*=\bar{k}_1,\cdots,\beta_i^*=\bar{k}_i)(1-p)^{k_{i+1}-1}p
\end{aligned}\tag{7.34}$$

对式(7.34)重复上述计算过程可得

$$\begin{aligned}
&\mathbb{P}(\tau_1^*=k_1,\beta_1^*=\bar{k}_1,\cdots,\tau_i^*=k_i,\beta_i^*=\bar{k}_i,\tau_{i+1}^*=k_{i+1})\\
&\quad=\mathbb{P}(\tau_1^*=k_1,\cdots,\tau_{i+1}^*=k_{i+1})\times\mathbb{P}(\beta_1^*=\bar{k}_1,\cdots,\beta_i^*=\bar{k}_i)\\
&\quad=\prod_{l=1}^{i+1}\mathbb{P}(\tau_l^*=k_1)\cdot\prod_{l=1}^{i}\mathbb{P}(\beta_l^*=\bar{k}_l)
\end{aligned}\tag{7.35}$$

证毕。

式(7.35)表明,驻留时间序列$\{\tau_i^*,\beta_i^*;i\geqslant 1\}$的联合分布律等于其边缘分布律的乘积,即随机序列$\{\tau_i^*,i\geqslant 1\}$和$\{\beta_i^*,i\geqslant 1\}$相互独立。

接下来,定义

$$\beta_{\bar{k}}=\beta_k-1 \tag{7.36}$$

事实上,$\beta_{\bar{k}}$指的是信道在经历了连续的数据丢包后,即将恢复正常状态的前一时刻。换而言之,$\beta_{\bar{k}}$是随机序列γ_k自时刻τ_k开始,连续取值为失败状态0的最后时刻。因此,时间序列$\{\beta_{\bar{k}},k\geqslant 1\}$对分析通信受限下单领航者AUV协同导航系统的稳定性具有重要作用,它反映了滤波方差序列$\{\boldsymbol{P}_{k+1|k},k\geqslant 1\}$在经历了连续的量测数据丢失后的"最坏"情形。紧接着到下一时刻β_k后,系统就可以接收到新的量测数据,从而滤波方差$\boldsymbol{P}_{k+1|k}$的状态也将随之改善。由此可见,$\{\boldsymbol{P}_{\beta_k|\beta_{\bar{k}}},k\geqslant 1\}$给出了滤波方差序列$\{\boldsymbol{P}_{k+1|k},k\geqslant 1\}$演化的上包络,因此也称$\{\boldsymbol{P}_{\beta_k|\beta_{\bar{k}}},k\geqslant 1\}$为峰值方差序列[15]。

下面给出通信受限下单领航者AUV协同导航系统稳定性的定义(参见文献[15,21,22])。

定义7.3 如果其峰值方差序列$\{\boldsymbol{P}_{\beta_k|\beta_{\bar{k}}},k\geqslant 1\}$满足下式,则称通信受限下的协同导航系统(7.3)、(7.6)具有峰值方差稳定性。

$$\sup_{k\geqslant 1}\mathbb{E}\{\|\boldsymbol{P}_{\beta_k|\beta_{\bar{k}}}\|\}<\infty \tag{7.37}$$

为了估计峰值方差序列$\{\boldsymbol{P}_{\beta_k|\beta_{\bar{k}}},k\geqslant 1\}$的上界,需要用到下列引理。

引理7.4 设

$$\boldsymbol{A}=\begin{bmatrix}1 & 0 & -u_{\max}\Delta t\\ 0 & 1 & u_{\max}\Delta t\\ 0 & 0 & 1\end{bmatrix} \tag{7.38}$$

是相应于式(7.10)中线性化Jacobian矩阵$\boldsymbol{A}_k$的常数矩阵,其中$u_{\max}$为从AUV的最大航行速度,是依赖于AUV自身推进器性能的常数,则下列结论成立:

(1) 对每个正整数$n\geqslant 1$,有

$$\left\|\prod_{k=1}^{n}\boldsymbol{A}_k\right\|\leqslant\|\boldsymbol{A}^n\| \tag{7.39}$$

（2）对每个固定的指标 $I_0 \geqslant 1$ 和实数 $\theta \in (0,1)$，有

$$\sum_{k=0}^{\infty} \| \boldsymbol{A}^k \|^{I_0} \theta^k < \infty \tag{7.40}$$

证明　首先证明结论(1)。记 $\boldsymbol{\gamma}_1 = \prod_{k=1}^{n} \boldsymbol{A}_k$，$\boldsymbol{\gamma}_2 = \boldsymbol{A}^n$，则由式(7.10)、式(7.38)可知

$$\boldsymbol{\gamma}_1 = \begin{bmatrix} 1 & 0 & -\Delta t \sum_{k=1}^{n} u_k \sin\hat{\phi}_{k|k} \\ 0 & 1 & \Delta t \sum_{k=1}^{n} u_k \cos\hat{\phi}_{k|k} \\ 0 & 0 & 1 \end{bmatrix},\ \boldsymbol{\gamma}_2 = \begin{bmatrix} 1 & 0 & -nu_{\max}\Delta t \\ 0 & 1 & nu_{\max}\Delta t \\ 0 & 0 & 1 \end{bmatrix} \tag{7.41}$$

以及

$$\| \boldsymbol{\gamma}_1 \| = \sqrt{\boldsymbol{\lambda}_{\max}(\boldsymbol{\gamma}_1^{\mathrm{T}} \boldsymbol{\gamma}_1)} \triangleq g(s_1),\quad \| \boldsymbol{\gamma}_2 \| = \sqrt{\boldsymbol{\lambda}_{\max}(\boldsymbol{\gamma}_2^{\mathrm{T}} \boldsymbol{\gamma}_2)} \triangleq g(s_2) \tag{7.42}$$

其中

$$\begin{cases} s_1 = \left(-\Delta t \sum_{k=1}^{n} u_k \sin\hat{\phi}_{k|k}\right)^2 + \left(\Delta t \sum_{k=1}^{n} u_k \cos\hat{\phi}_{k|k}\right)^2 + 2 \\ s_2 = 2n^2 (u_{\max}\Delta t)^2 + 2 \end{cases} \tag{7.43}$$

并且

$$g(s) = \sqrt{\frac{1}{2}\left(s + \sqrt{s^2 - 4}\right)},\ s > 2 \tag{7.44}$$

在区间(2，∞)上是单调非降的函数。

因此，为了得到 $\| \boldsymbol{\gamma}_1 \| \leqslant \| \boldsymbol{\gamma}_2 \|$，只需证明 $s_1 \leqslant s_2$。注意到

$$\begin{aligned} s_1 &= \left(-\Delta t \sum_{k=1}^{n} u_k \sin\hat{\phi}_{k|k}\right)^2 + \left(\Delta t \sum_{k=1}^{n} u_k \cos\hat{\phi}_{k|k}\right)^2 + 2 \\ &\leqslant (\Delta t)^2 \left(\sum_{k=1}^{n} | u_k \sin\hat{\phi}_{k|k} |\right)^2 + (\Delta t)^2 \left(\sum_{k=1}^{n} | u_k \cos\hat{\phi}_{k|k} |\right)^2 + 2 \\ &\leqslant 2n^2 (u_{\max}\Delta t)^2 + 2 \\ &= s_2 \end{aligned} \tag{7.45}$$

故引理结论(1)成立。

接下来证明结论(2)。由矩阵的 Jordan 标准型理论[23]，$\boldsymbol{A}$ 可以分解为

$$\boldsymbol{A} = \boldsymbol{SJS}^{-1} \tag{7.46}$$

其中

$$\boldsymbol{S}=\begin{bmatrix}-u_{\max}\Delta t & 1 & 1\\ u_{\max}\Delta t & 0 & 0\\ 0 & 1 & 0\end{bmatrix},\quad \boldsymbol{J}=\begin{bmatrix}1 & 1 & 0\\ 0 & 1 & 0\\ 0 & 0 & 1\end{bmatrix} \tag{7.47}$$

则对每个正整数 $k\geqslant 1$ 有下式成立：

$$\boldsymbol{A}^k=\boldsymbol{S}\boldsymbol{J}^k\boldsymbol{S}^{-1}=\boldsymbol{S}\begin{bmatrix}1 & k & 0\\ 0 & 1 & 0\\ 0 & 0 & 1\end{bmatrix}\boldsymbol{S}^{-1} \tag{7.48}$$

对每个固定的指标 $I_0\geqslant 1$ 和实数 $0<\theta<1$，记 $\theta_0=\theta^{1/I_0}$，则

$$\|\boldsymbol{A}^k\|^{I_0}\theta^k=\|\theta_0^k\boldsymbol{A}^k\|^{I_0},\quad \theta_0\in(0,1) \tag{7.49}$$

并且

$$\theta_0^k\boldsymbol{A}^k=\boldsymbol{S}(\theta_0^k\boldsymbol{J}^k)\boldsymbol{S}^{-1}=\boldsymbol{S}\begin{bmatrix}\theta_0^k & k\theta_0^k & 0\\ 0 & \theta_0^k & 0\\ 0 & 0 & \theta_0^k\end{bmatrix}\boldsymbol{S}^{-1} \tag{7.50}$$

由于 $0<\theta_0<1$，当 $k\to\infty$ 时，有 $\theta_0^k,k\theta_0^k\to 0$。因此，当 $k\to\infty$ 时，式(7.50)中的 $\theta_0^k\boldsymbol{J}^k\to 0$，由此可知

$$\|\boldsymbol{A}^k\|^{I_0}\theta^k=\|\theta_0^k\boldsymbol{A}^k\|^{I_0}\leqslant\|\boldsymbol{S}\|^{I_0}\|\boldsymbol{S}^{-1}\|^{I_0}\|\theta_0^k\boldsymbol{J}^k\|^{I_0}\to 0,\quad k\to\infty \tag{7.51}$$

证毕。

即式(7.40)中的无穷级数收敛，引理结论(2)成立。

下面给出本节的主要结论。

定理 7.5 考虑通信受限下的单领航者 AUV 协同导航系统，其状态方程和量测方程分别由式(7.3)和式(7.6)确定。如果满足下列三点，则协同导航系统(7.3)、(7.6)的峰值方差序列 $\{\boldsymbol{P}_{\beta_k|\beta_k^-},k\geqslant 1\}$ 稳定，即系统满足峰值方差稳定性。

(1) 信道传输的失败率和恢复率 p,q 均介于区间(0,1)；

(2) 系统的初始化滤波方差 P_0 严格正定；

(3) 系统噪声和量测噪声的方差序列 $\boldsymbol{Q}_k,\boldsymbol{R}_k$ 一致有界，即存在实数 $\underline{q},\bar{q},\underline{r},\bar{r}>0$，使得对每个 $k\geqslant 0$ 下式都成立：

$$\underline{q}\boldsymbol{I}\leqslant\boldsymbol{Q}_k\leqslant\bar{q}\boldsymbol{I},\quad \underline{r}\boldsymbol{I}\leqslant\boldsymbol{R}_k\leqslant\bar{r}\boldsymbol{I} \tag{7.52}$$

(4) 系统满足局部一致可观测性条件。

证明　利用系统滤波方差演化的 Riccati 方程(7.26)，定义映射

$$
\begin{aligned}
F^{n}(\boldsymbol{P}_{k|k-1}) = {} & \boldsymbol{A}_{k+n-1}F^{n-1}(\boldsymbol{P}_{k|k-1})\boldsymbol{A}_{k+n-1}^{\mathrm{T}} + \boldsymbol{Q}_{k+n-1} - \\
& \boldsymbol{A}_{k+n-1}F^{n-1}(\boldsymbol{P}_{k|k-1})\boldsymbol{C}_{k+n-1}^{\mathrm{T}}(\boldsymbol{C}_{k+n-1}F^{n-1}(\boldsymbol{P}_{k|k-1})\boldsymbol{C}_{k+n-1}^{\mathrm{T}} + \\
& \boldsymbol{R})^{-1} \times \boldsymbol{C}_{k+n-1}F^{n-1}(\boldsymbol{P}_{k|k-1})\boldsymbol{A}_{k+n-1}^{\mathrm{T}}
\end{aligned}
\tag{7.53}
$$

其中，$F^{0}(\boldsymbol{P}_{k|k-1} = \boldsymbol{P}_{k|k-1}$，并且 $\gamma_{k+i} = 1, i = 1,2,\cdots,n-1$。由定理条件(2)～(4)，并结合 5.3.1 节中的讨论可知，存在正常数 $L>0$ 使得对每个 $n \geqslant 0$ 都有

$$
F^{n}(\boldsymbol{P}_{k|k-1}) \leqslant L\boldsymbol{I} \tag{7.54}
$$

下面证明满足定理条件(1)～(4)的协同导航系统具有峰值方差稳定性。记 $\boldsymbol{Q} = \bar{q}\boldsymbol{I}, \boldsymbol{R} = \bar{r}\boldsymbol{I}$，则由式(7.52)可知对每个 $k \geqslant 0$ 有

$$
\boldsymbol{Q}_k \leqslant \boldsymbol{Q}, \quad \boldsymbol{R}_k \leqslant \boldsymbol{R} \tag{7.55}
$$

因此

$$
\begin{aligned}
& \mathbb{E}\{\|\boldsymbol{P}_{\beta_{k+1}|\beta_{k+1}^{-}}\| \mid \boldsymbol{P}_{\beta_k+1|\beta_k}, \beta_k\} \\
= {} & \sum_{j=1}^{\infty}\sum_{i=1}^{\infty}\mathbb{E}\{\|\boldsymbol{P}_{\beta_{k+1}|\beta_{k+1}^{-}}\| \times 1_{\{\tau_{k+1}-\beta_k=i,\beta_{k+1}-\tau_{k+1}=j\}} \mid \boldsymbol{P}_{\beta_k+1|\beta_k}, \beta_k\} \\
\leqslant {} & \sum_{j=1}^{\infty}\sum_{i=1}^{\infty}\Bigg\| \prod_{\substack{l_1=\beta_{k+1}-1\downarrow\tau_{k+1} \\ \beta_{k+1}-\tau_{k+1}=j}} \boldsymbol{A}_{l_1}F^{i-1}(\boldsymbol{P}_{\beta_k+1|\beta_k}) \prod_{\substack{l_2=\tau_{k+1}\uparrow\beta_{k+1}-1 \\ \beta_{k+1}-\tau_{k+1}=j}} \boldsymbol{A}_{l_2}^{\mathrm{T}} + \\
& \prod_{\substack{l'_1=\beta_{k+1}-1\downarrow\tau_{k+1}+1 \\ \beta_{k+1}-\tau_{k+1}=j}} \boldsymbol{A}_{l'_1}\boldsymbol{Q} \prod_{\substack{l'_2=\tau_{k+1}+1\uparrow\beta_{k+1}-1 \\ \beta_{k+1}+1-\tau_{k+1}=j}} \boldsymbol{A}_{l'_2}^{\mathrm{T}} + \cdots + \boldsymbol{A}_{\beta_{k+1}-1}\boldsymbol{Q}\boldsymbol{A}_{\beta_{k+1}-1}^{\mathrm{T}} + \boldsymbol{Q}\Bigg\| \times \\
& (1-p)^{i-1}p(1-q)^{j-1}q \\
\leqslant {} & \sum_{j=1}^{\infty}\sum_{i=1}^{\infty}\Big\|\prod_{j,l_l}\boldsymbol{A}_{l_1}\boldsymbol{F}^{i-1}(\boldsymbol{P}_{\beta_k+1|\beta_k})\prod_{j,l_2}\boldsymbol{A}_{l_2}^{\mathrm{T}}\Big\| \times (1-p)^{i-1}p(1-q)^{j-1}q + \\
& \sum_{j=1}^{\infty}\sum_{i=1}^{\infty}\Big\|\prod_{j,l'_l}\boldsymbol{A}_{l'_1}\boldsymbol{Q}\prod_{j,l'_2}\boldsymbol{A}_{l'_2}^{\mathrm{T}} + \cdots + \boldsymbol{A}_{\beta_{k+1}-1}\boldsymbol{Q}\boldsymbol{A}_{\beta_{k+1}-1}^{\mathrm{T}} + \boldsymbol{Q}\Big\| \times \\
& (1-p)^{i-1}p(1-q)^{j-1}q \\
\triangleq {} & \Gamma_1 + \Gamma_2
\end{aligned}
\tag{7.56}
$$

其中，$1_{\{\tau_{k+1}-\beta_k=i,\beta_{k+1}-\tau_{k+1}=j\}}$ 是示性函数，表达式为

$$
1_{\{\tau_{k+1}-\beta_k=i,\beta_{k+1}-\tau_{k+1}=j\}} = \begin{cases} 1, \tau_{k+1}-\beta_k = i \text{ 且 } \beta_{k+1}-\tau_{k+1}=j \\ 0, \text{其他} \end{cases} \tag{7.57}
$$

此外，$l_1 = \beta_{k+1} - 1 \downarrow \tau_{k+1}$ 表示连乘指标 l_1 从 $\beta_{k+1}-1$ 至 τ_{k+1} 递减取值；同样地，$l_2 = \tau_{k+1} \uparrow \beta_{k+1} - 1$ 则表示连乘指标 l_2 从 τ_{k+1} 至 $\beta_{k+1}-1$ 递增

取值，并且上述记号的含义同样适用于连乘指标 l'_1, l'_2 等。

结合引理 7.4 的结论(1)、(2)和式(7.56)，有

$$\begin{aligned}\Gamma_1 &\leqslant L\sum_{j=1}^{\infty} \|A^j\|^2(1-q)^{j-1}q \times \sum_{i=1}^{\infty}(1-p)^{i-1}p \\ &= Lq\sum_{j=1}^{\infty} \|A^j\|^2(1-q)^{j-1} \leqslant L_1\end{aligned} \tag{7.58}$$

以及

$$\begin{aligned}\Gamma_2 &\leqslant \sum_{j=1}^{\infty}\{\|A^{j-1}\|^2\|Q + \cdots + \|A\|^2\|Q\| + \|Q\|\} \times (1-q)^{j-1}q \\ &= \sum_{k=0}^{\infty}\sum_{j=k+1}^{\infty}\|A^k\|^2\|Q\|(1-q)^{j-1}q \\ &= \|Q\|\sum_{k=0}^{\infty}\|A^k\|^2(1-q)^k \leqslant L_2\end{aligned} \tag{7.59}$$

其中，$L_1, L_2 > 0$ 是适当的正常数。因此，结合式(7.58)、式(7.59)和式(7.56)可知

$$\mathbb{E}\{\|P_{\beta_{k+1}|\beta_{k+1}^-}\| \mid P_{\beta_{k+1}|\beta_k}, \beta_k\} \leqslant L_1 + L_2 \tag{7.60}$$

式(7.60)进一步表明

$$\mathbb{E}\{\|P_{\beta_{k+1}|\beta_{k+1}^-}\|\} \leqslant L_1 + L_2 < \infty \tag{7.61}$$

从而有

$$\sup_{k\geqslant 1}\mathbb{E}\{\|P_{\beta_k|\beta_k^-}\|\} < \infty \tag{7.62}$$

证毕。

即协同导航系统具有峰值方差稳定性。

注 7.6 虽然定理 7.5 只给出了通信受限下单领航者 AUV 协同导航系统满足峰值方差稳定性的充分条件，但是其仍然具有较为广泛的适用性：定理条件(1)是为了确保 Gilbert – Elliott 信道模型非平凡的基本假设；条件(2)和(3)在实际的 Kalman 滤波模型中一般总是成立的；条件(4)在主、从 AUV 之间的绝大多数运动路径都是成立的，参见 5.3.1 节的讨论。

值得注意的是，峰值方差稳定性考察的是峰值波滤方差序列的一致有界性，而并非导航系统定位误差的渐近收敛性，这和 5.4 节中所定义的均方指数稳定性有本质区别。此外，由于存在量测信息的随机丢

失，在通信受限下无法保证 EKF 滤波算法的渐近收敛性，换言之，满足峰值方差稳定性的导航系统其定位误差将未必渐近收敛，即

$$\sup_{k\geq 1}\mathbb{E}\{\|\boldsymbol{P}_{\beta_k|\beta_k^-}\|\}<\infty \nRightarrow \mathbb{E}\{\|\boldsymbol{\zeta}_k\|^2\}\to 0,\quad k\geq 0 \tag{7.63}$$

7.4.2　几种不同稳定性定义之间的关系

由 7.4.1 节的讨论可知，与 5.4 节中定义的均方指数稳定性不同，通信受限下满足峰值方差稳定性的导航系统并不能保证其定位误差的渐近收敛性。为此，本节进一步研究上述两种稳定性定义之间的区别和联系[17]。

定理 7.7　考虑通信受限下的单领航者 AUV 协同导航系统，其状态方程和量测方程分别由式(7.3)和式(7.6)确定。如果该导航系统满足 5.4 节中定义的均方指数稳定性，则其必满足本节给出的峰值方差稳定性。

证明　设

$$\boldsymbol{\zeta}_k=\boldsymbol{x}_k-\hat{\boldsymbol{x}}_{k|k} \tag{7.64}$$

表示改进的 EKF 协同导航算法的定位误差，则由导航系统的均方指数稳定性定义式(5.44)可知

$$\mathrm{tr}(\boldsymbol{P}_{k|k})=\mathbb{E}\{\|\boldsymbol{\zeta}_k\|^2\}\leq K,\quad k\geq 0 \tag{7.65}$$

其中，$K>0$ 是适当的正常数。利用矩阵谱范数的定义可得

$$\|\boldsymbol{P}_{k|k}\|=\sqrt{\lambda_{\max}(\boldsymbol{P}_{k|k}^{\mathrm{T}}\boldsymbol{P}_{k|k})}=\lambda_{\max}(\boldsymbol{P}_{k|k})\leq\mathrm{tr}(\boldsymbol{P}_{k|k})\leq K,\quad k\geq 0 \tag{7.66}$$

证毕。

因此，由式(7.66)即可知式(7.37)成立，故上述协同导航系统满足峰值方差稳定性。

定理 7.7 表明，协同导航系统的均方指数稳定性是一种强于峰值方差稳定性的稳定性定义。事实上，还有描述两者之间相互关系的下列结论。

定理 7.8　如果通信受限下的单领航者 AUV 协同导航系统(7.3)和(7.6)满足峰值方差稳定性，则其均方定位误差一致有界，即

$$\mathbb{E}\{\|\boldsymbol{\zeta}_k\|^2\}<\infty,\quad k\geq 0 \tag{7.67}$$

证明　由于协同导航系统满足峰值方差稳定性，故有

$$\|\boldsymbol{P}_{k|k}\|<\infty,\quad k\geqslant 0 \tag{7.68}$$

利用矩阵范数的等价性可得

$$\mathbb{E}\{\|\boldsymbol{\zeta}_k\|^2\}=\mathrm{tr}(\boldsymbol{P}_{k|k})\leqslant 3\|\boldsymbol{P}_{k|k}\|_\infty\leqslant 3^{\frac{3}{2}}\|\boldsymbol{P}_{k|k}\|<\infty,\quad k\geqslant 0 \tag{7.69}$$

证毕。

其中，$\|\cdot\|_\infty$表示矩阵的无穷范数。

由此可见，当导航系统满足峰值方差稳定时，只能得到系统均方定位误差的一致有界性，而并不能保证其渐近收敛。综合定理7.7及定理7.8的结论可知，通信受限下协同导航系统的均方指数稳定性和峰值方差稳定性并不等价，其中前者是一类更强的稳定性定义。然而，欲使协同导航系统满足均方指数稳定性并不容易，这往往需要为系统增加一些较为苛刻的条件，具体参见5.4节中的讨论。

7.5 信道参数对协同定位精度的影响分析

在通信受限下基于移动矢径的单领导者AUV协同导航方法中，Gilbert－Elliott信道参数(p,q)决定了水声通信传输的可靠性程度。信道的传输失败率p取值越大，同时传输恢复率q取值越小，则表示导航系统在单位时间内将发生更多的量测数据丢失，从而加大航位推算误差对协同定位精度的影响，导致系统的协同定位精度下降。特别地，当信道参数为$(p,q)=(1,0)$的极端情形时（即从AUV接收不到任何来自于主AUV的相对距离量测信息），协同导航系统(7.1)及(7.2)退化为从AUV的航位推算导航，其定位误差将随着时间的增长趋于发散。为此，下面通过选取不同的信道参数(p,q)，利用数值仿真分析信道参数变化对协同定位精度的影响。

算例7.2 本例中，主、从AUV的运动路径以及仿真参数的选取均与算例7.1中一致，所不同的是选取信道参数$(p,q)=(0.50,0.50)$。因此，如图7－10所示，可以求得描述信道特征的2状态Markov链$\gamma_k\in\{0,1\}$的稳态概率分布为$\mathbb{P}\{\gamma_k=0\}\approx 0.50$；即从长时间来看，通过水声信道传输的系统量测数据发生丢失的概率约为50%。

图7－11给出了从AUV的协同定位路径估计以及航位推算定位结果，图7－12给出了从AUV在x,y方向的协同定位误差，图7－13

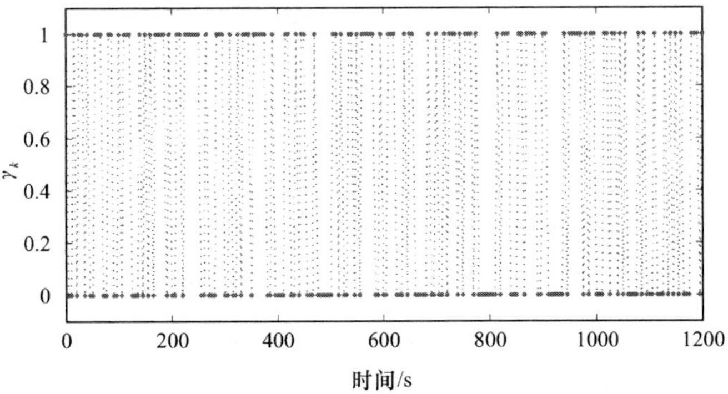

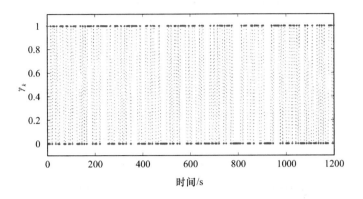

图 7-10　信道状态 γ_k，其中 $(p,q)=(0.50,0.50)$

给出了系统的滤波方差分量 $P_{11}(k)$，$P_{12}(k)$ 和 $P_{22}(k)$ 的演化情况。可以看到，由于近一半的量测数据发生了丢失，致使 EKF 协同导航算法的定位性能较算例 7.1 出现明显下降。全航程中，从 AUV 在 x 方向的最大定位误差接近 90m，平均定位误差约为 20～30m；在 y 方向的最大定位误差超过 100m，平均定位误差约为 30～50m。此外，由图 7-10 和图 7-13 可以看到，当发生了连续的量测数据丢包以后，滤波方差 $\boldsymbol{P}_k$ 在全航程内取得峰值的次数增多，并且峰值的数量有所增大。另一方面，对比图 7-11 中的航位推算定位结果可知，即使在 50% 的量测数据发生丢失的情况下，上述改进的扩展 Kalman 滤波导航算法得到的从 AUV 路径估计结果与真实路径仍具有较大程度的吻合性。

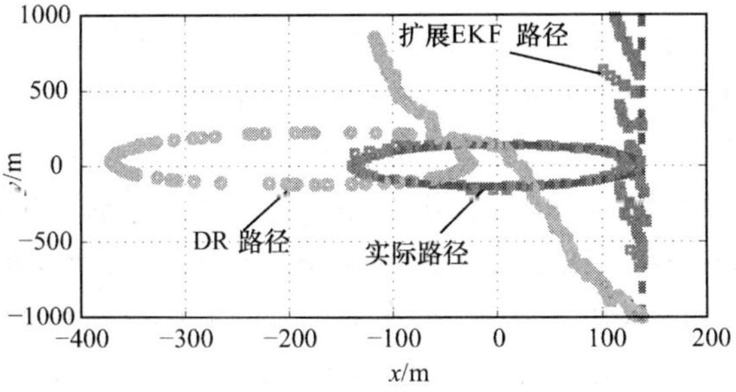

图 7-11　AUV 的协同定位和航位推算结果

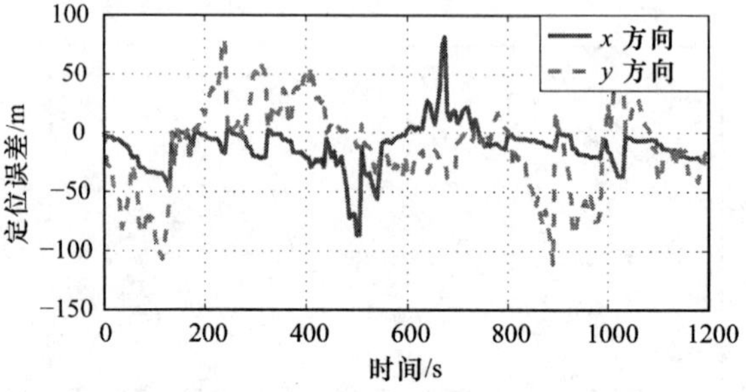

图 7-12　AUV 的协同定位误差

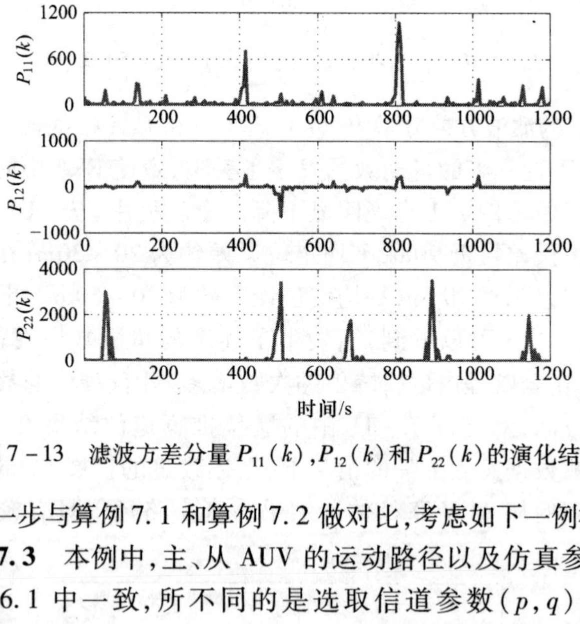

图 7-13　滤波方差分量 $P_{11}(k)$,$P_{12}(k)$ 和 $P_{22}(k)$ 的演化结果

为进一步与算例 7.1 和算例 7.2 做对比,考虑如下一例极端情形。

算例 7.3　本例中,主、从 AUV 的运动路径以及仿真参数的选取仍与算例 6.1 中一致,所不同的是选取信道参数 $(p,q)=(0.72,0.18)$。因此,如图 7-14 所示,可以求得描述信道特征的 2 状态 Markov 链 $\gamma_k\in\{0,1\}$ 的稳态概率分布为 $\mathbb{P}\{\gamma_k=0\}\approx 0.80$;即从长时间来看,通过水声信道传输的系统量测数据发生丢失的概率约为 80%。

图 7-15 分别给出了从 AUV 的协同定位路径估计以及航位推算定位结果,图 7-16 给出了从 AUV 在 x,y 方向的协同定位误差,图 7-17 给出了系统的滤波方差分量 $P_{11}(k)$,$P_{12}(k)$ 和 $P_{22}(k)$ 的演化情况。可以看到,由于接近 80% 的量测数据发生丢失,EKF 协同导航算法的定

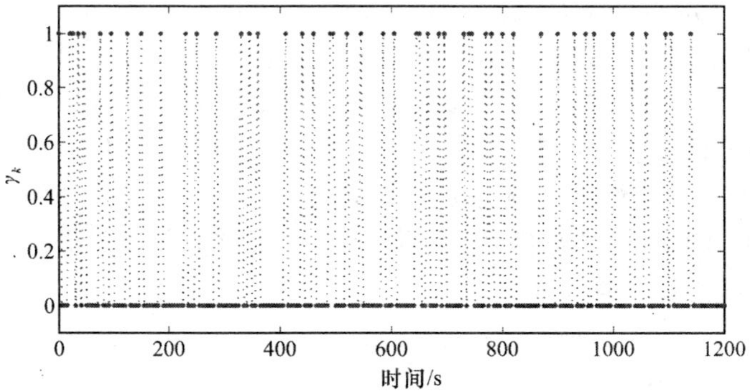

图 7　14　信道状态 γ_k，其中 $(p,q)=(0.72,0.18)$

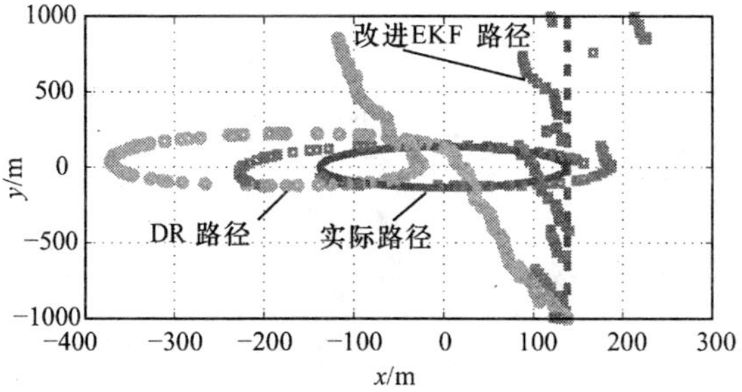

图 7－15　AUV 的协同定位和航位推算结果

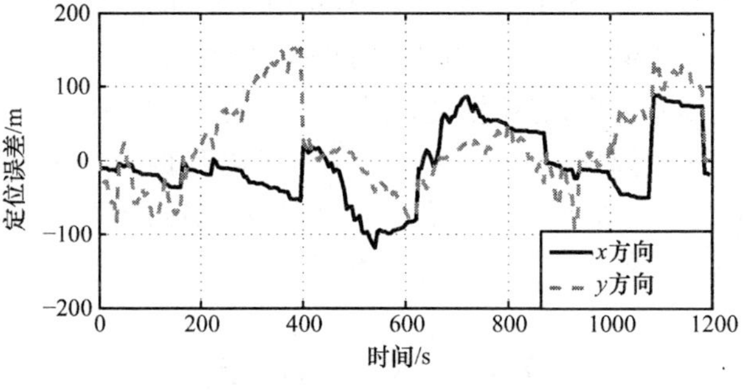

图 7－16　AUV 的协同定位误差

位性能较算例 7.1 和算例 7.2 有明显下降,其中 x 方向的最大定位误差接近 110m,y 方向的最大定位误差接近 160m。此外,由图 7 - 16 可以看到,全航程中从 AUV 在 x,y 方向的定位误差虽出现剧烈波动,但由于仍可获得近 20% 的量测数据进行协同定位修正,故协同定位误差保持有界且未呈现发散态势。另一方面,由图 7 - 17 可以看到,与算例 7.1 和算例 7.2 相比,虽然滤波方差 $\boldsymbol{P}_k$ 在全航程内取得峰值的次数大为增加,并且峰值的数量显著增大,但峰值滤波方差序列仍然有界,即导航系统满足峰值方差稳定性。

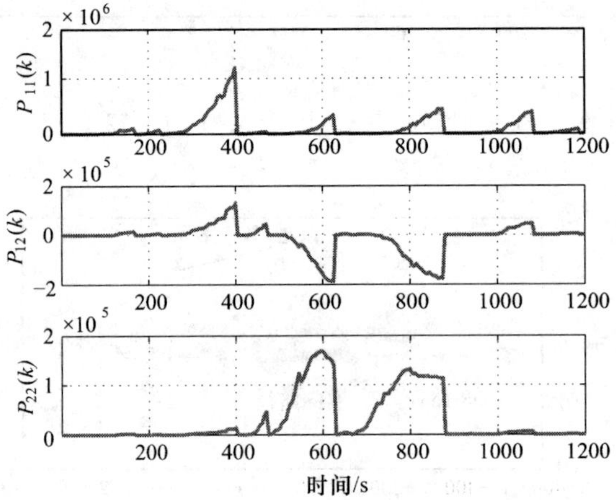

图 7 - 17 滤波方差分量 $P_{11}(k)$,$P_{12}(k)$ 和 $P_{22}(k)$ 的演化结果

对比算例 7.1 ~ 算例 7.3 可知,Gilbert - Elliott 信道参数(p,q)对协同导航系统的定位精度具有重要影响。量测数据丢失越多,则系统的协同定位误差越大,定位精度也越低。事实上,水声信道传输可靠性的下降将导致协同导航系统在相同时间段内获得的距离量测信息减少,从而加大了从 AUV 的航位推算误差对协同定位精度的影响,致使协同导航算法的收敛性变差和定位精度下降。

7.6 本章小结

本章针对通信受限下基于移动矢径的单领航者 AUV 协同导航方

法展开了深入的研究和讨论。首先,在 Gilbert – Elliott 信道模型的基础上,通过理论推导提出了量测数据服从 Markov 随机丢失下的改进扩展 Kalman 滤波协同导航算法。然后,重点研究了通信受限下单领航者 AUV 协同导航系统的稳定性,给出了系统满足峰值方差稳定性的充分条件,并分析了几种不同的导航系统稳定性定义之间的关系。最后,研究了信道参数对协同定位精度的影响,通过数值仿真验证了所提出导航算法的有效性。本章的研究结果表明:

(1) 在通信受限(通信丢包)的 Gilbert – Elliott 信道模型基础上,改进的 EKF 协同导航算法与描述信道特征的 2 状态 Markov 链 γ_k 密切相关。此时,导航系统的状态估计 $\hat{\boldsymbol{x}}_{k+1}$ 和滤波方差 $\boldsymbol{P}_{k+1}$ 均是关于随机变量 γ_k 的函数。

(2) 在通信受限下,协同导航系统的峰值方差稳定性主要取决于信道参数(p,q)的取值以及系统的局部可观测性。当系统满足峰值方差稳定性时,其均方定位误差一致有界,但并不能保证渐近收敛。

(3)信道参数(p,q)对协同导航系统的定位精度有重要影响。当信道传输的失败率 p 较大且恢复率 q 较小时,将因为测距信息的大量丢失而加大航位推算误差对协同定位精度的影响,引起协同定位精度下降。

参 考 文 献

[1] Klein Daniel J, Bettale Patrick K, Triplett Benjamin I, et al. Autonomous underwater multivehicle control with limited communication: theory and experiment. Proceedings of the 2008 IFAC Workshop on Navigation, Guidance and Control of Underwater Vehicles, 2008, 2: 113 – 118.

[2] 许天增,许鹭芬. 水声数字通信. 北京:海洋出版社,2010.

[3] Catipovic J. Performance limitations in underwater acoustic telemetry. IEEE Journal of Oceanic Engineering, 1990, 15: 205 – 216.

[4] Chanserasekhar V, Winston S, Yoo C, et al. Localization in underwater sensor networks: survey and challenges. Proceedings of the 1st ACM International Workshop on Underwater Networks, 2006: 33 – 40.

[5] Stutters L, Liu H, Tiltman C, et al. Navigation technologies for autonomous underwater vehicles. IEEE Transactions on Systems, Man, and Cybernetics, Part C: Applications and Reviews, 2008, 38(4): 581 – 589.

[6] 朱昌平,韩庆邦,李建,等. 水声通信基本原理与应用. 北京:电子工业出版社,2009.
[7] Bahr A, Leonard J, Fallon M. Cooperative localization for autonomous underwater vehicles. The International Journal of Robotics Research, 2009, 28(6): 714 - 728.
[8] Beaujear P. High - speed acoustic communication in shallow water using spatio - temporal adaptive array processing, Florida Atlantic University, 2001.
[9] Freitag L, Johnson M, Grund M, et al. Integrated acoustic communication and navigation for multiple UUVs. Oceans Conference Record, 2001: 2065 - 2070.
[10] Partan J, Kurose J, Levine B N. A survey of practical issues in underwater networks. ACM SIGMOBILE Mobile Computing and Communications Review, 2007, 11(4): 23 - 33.
[11] Chitre M, Shahabudeen S, Freitag L, et al. Recent advances in underwater acoustic communications & networking. IEEE/MTS OCEANS'08, 2008.
[12] Stojanovic M. Underwater acoustic communication. Wiley Encyclopedia of Electrical and Electronics Engineering.
[13] Stojanovic M. On the relationship between capacity and distance in an underwater acoustic communication channel. WUWNet'06, 2006.
[14] Maciel B. Sousa J B d. Sensor - based problems and techniques for autonomous underwater vehicles, 2009.
[15] Huang M, Dey S. Stability of Kalman filtering with Markovian packet losses. Automatica, 2007, 43(5): 598 - 607.
[16] Sinopoli B, Schenato L, Franceschetti M, et al. Kalman filtering with intermittent observations. IEEE Transactions on Automatic Control, 2004, 49(8): 1453 - 1464.
[17] 李闻白. 基于单领航者的 AUV 协同导航方法研究. 西安:西北工业大学,2012.
[18] Epstein M, Shi L, Tiwari A, et al. Probabilistic performance of state estimation across a lossy network. Automatica, 2008, 44(12): 3046 - 3053.
[19] Kluge S, Brokate K Reif m. Stochastic stability of the extended Kalman filtering with intermittent observations. IEEE Transactions on Automatic Control. 2010, 55(2): 514 - 518.
[20] Freedman D. Markov Chains. NewYork: Springer, 1993.
[21] Shi L, Epstein M, Murray M. Kalman filtering over a packet dropping network: a probabilistic approach. IEEE Transactions on Automatic Control, 2010, 55(3): 594 - 604.
[22] Smith S, Seiler P. Estimation with lossy measurements: Jump estimators for jump systems. IEEE Transactions on Automatic Control, 2003, 48(12): 2163 - 2171.
[23] Horn R, Johnson C. Matrix Analysis. Cambridge: Cambridge University Press, 1985.

第8章　通信受限下的协同导航——通信时延

第7章对水声通信存在数据丢包情形下的水下航行器协同导航问题进行了研究,与此同时,水下通信中的另一个问题——通信时延,也是移AUV协同导航必须面对的技术障碍。由于目前的水声通信技术尚不能满足导航过程中实时、高速、可靠的通信需求,使得在实际的水下航行器协同导航中不可避免地存在通信延迟的情况,使AUV对水下数据的实时获取产生了严重的影响,进而降低了协同导航算法的性能[1-9]。因此,本章将重点研究通信时延下的协同导航技术及其滤波算法,从而为实际多AUV水下协同导航系统的设计提供理论支持。

8.1　多AUV协同导航时延模型

在多AUV协同导航的过程中,一方面需要测量AUV间的距离及方位等信息,另一方面又需要传播AUV的位置等信息,两者均需利用水声通信进行。因此,时延分为两种,前者称为探测时延,后者称为通信时延[10]。

8.1.1　水声探测时延模型

根据声纳探测过程,可建立探测时延的一般方程为[11]

$$\tau_{\text{mea}} = \tau_{\alpha} + \tau_{\beta m} + \eta_{tm} \tag{8.1}$$

其中,τ_{α}为声波在水中的传播时间,又称为传播时延

$$\tau_{\alpha} = D/C \tag{8.2}$$

其中,D为传播距离;C为水中平均声速(1500m/s)。式(8.1)中的$\tau_{\beta m}$,η_{tm}均为非传播时延,$\tau_{\beta m}$为声纳探测过程中的处理时延,主要包括

声源端信号发射时延,接收端信号检测处理时延;η_{tm}为声纳时间差测量误差,包括多径传播和声速不准确等引起的测量误差,假设其服从高斯正态分布。与水声通信时延相比,探测时延具有如下两个明显特下:

(1) 由于不存在通信包的调制解调及数据传输,声纳探测非传播时延较小。

(2) 声纳探测的非传播时延通常较稳定,可假设其为常值。

8.1.2 水声通信时延模型

根据水声通信过程,可建立通信时延的一般方程为[12]

$$\tau_{com} = \tau_{\alpha} + \tau_{\beta c} + \eta_{tc} \tag{8.3}$$

其中,τ_{α}为声波在水中的传播时间(参考式(8.2));$\tau_{\beta c}$为水声通信过程中的信息处理时延,属于非传播时延部分,主要包括声源端的信号调制、换能器发射、接收端的换能器接收,信号解调等信号处理时延;η_{tc}为通信过程中的时间差测量误差,假设其服从高斯正态分布。相对于声纳探测时延,水声通信时延具有如下特征[13]:

(1) 由于通信过程中信号处理的高复杂性及水下环境中的带宽受限、传播速率低等原因,通信时延明显长于同等距离的声纳探测时延。

(2) 与声纳探测不同,通信过程较复杂,通信时延的非传播时延部分$\tau_{\beta c}$通常不可假设为常值,即$\tau_{\beta c}$为不恒定参数,且通常情况下,信号处理时延$\tau_{\beta c}$要明显长于传播时延τ_{α}。

8.2 探测定常时延的在线辨识

假设发生距离量测的AUVi和AUVj处于同步工作模式下(非同步工作模式下推导类拟,不再赘述),由式(8.1)、式(8.2)可知,真实的相对距离值应为

$$D = C \times (\tau_{mea} - \tau_{\beta m} - \eta_{tm}) \tag{8.4}$$

而由测量时间差获得的相对距离为

$$D_m = C \times \tau_{mea} \tag{8.5}$$

比较式(8.4)、式(8.5),距离量测对非传播时延$\tau_{\beta m}$的大小非常敏感,假设存在时延$\tau_{\beta m}=1$s,则换算至距离信息时会额外带来约1500m

的数量误差。因此,对 $\tau_{\beta m}$ 进行在线辨识以修正相对距离测量误差是非常必要的。在 AUV 实际航行中,AUV 入水前通过 GPS 进行位置对准,故在航行初始一段时间内自主定位精度较高,此时进行探测时延的在线辨识,有如下两个优势:一是收敛迅速,仅占用很短的航行时间,不影响下一阶段多 AUV 协同导航任务的执行;二是时延估计精度较高,有利于提高多 AUV 协同导航的精度。

8.2.1　定常时延辨识算法设计

建立以非传播时延 $\tau_{\beta m}$ 为状态变量的离散方程

$$\begin{cases}\hat{\tau}(k+1)=\hat{\tau}(k)\\ Z_{\tau}(k)=\hat{\tau}(k)+\eta(k)\end{cases}\tag{8.6}$$

其中,$\hat{\tau}(k)$ 为时延 $\tau_{\beta m}$ 的第 k 次迭代估计值;$Z_{\tau}(k)$ 为其量测值,由时延方程(8.1)可知,在声纳探测过程中不能直接获取时延的量测值,可采用如下量测转换方法获得时延的伪量测及方差。

量测转换为

$$Z_{\tau}=\tau_m-D_{ij}/C\tag{8.7}$$

其中,$D_{ij}=\|\boldsymbol{p}_i-\boldsymbol{p}_j\|=\sqrt{(\boldsymbol{p}_i-\boldsymbol{p}_j)^{\mathrm{T}}(\boldsymbol{p}_i-\boldsymbol{p}_j)}$,$\boldsymbol{p}_i$ 和 $\boldsymbol{p}_j$ 分别表示发生量测的 AUV 的位置坐标;τ_m 为原始时间差量测;Z_{τ} 则为定常时延的伪量测,则伪量测方差为

$$\begin{cases}R(k)=\sigma_{\tau}^2=\sigma_{\tau_m}^2+\sigma_{D_{ij}}^2/C^2\\ \sigma_{D_{ij}}^2=(\nabla_{p_i}D_{ij})^{\mathrm{T}}\cdot\boldsymbol{\sigma}_{p_i}^2\cdot(\nabla_{p_i}D_{ij})+(\nabla_{p_j}D_{ij})^{\mathrm{T}}\cdot\boldsymbol{\sigma}_{p_j}^2\cdot(\nabla_{p_j}D_{ij})\\ \qquad=\left(\dfrac{\boldsymbol{p}_i-\boldsymbol{p}_j}{D_{ij}}\right)^{\mathrm{T}}\cdot\boldsymbol{\sigma}_{p_i}^2\cdot\left(\dfrac{\boldsymbol{p}_i-\boldsymbol{p}_j}{D_{ij}}\right)+\left(\dfrac{\boldsymbol{p}_i-\boldsymbol{p}_i}{D_{ij}}\right)^{\mathrm{T}}\cdot\boldsymbol{\sigma}_{p_j}^2\cdot\left(\dfrac{\boldsymbol{p}_j-\boldsymbol{p}_i}{D_{ij}}\right)\end{cases}\tag{8.8}$$

其中

$$\boldsymbol{\sigma}_{p_i}^2=\begin{bmatrix}\sigma_{x_i}^2 & \sigma_{x_iy_i}^2\\ \sigma_{x_iy_i}^2 & \sigma_{y_i}\end{bmatrix},\boldsymbol{\sigma}_{p_j}^2=\begin{bmatrix}\sigma_{x_j}^2 & \sigma_{x_iy_i}^2\\ \sigma_{x_iy_i}^2 & \sigma_{y_i}\end{bmatrix}$$

则由以上各式,可得到时延的递推线性最小方差辨识为

$$
\begin{cases}
\hat{\tau}(k+1) = \hat{\tau}(k) + P_{\tau}(k) \cdot (P_{\tau}(k) - R(k))^{-1} \cdot (Z_{\tau}(k) - \hat{\tau}(k)) \\
P_{\tau}(k+1) = (1 - P_{\tau}(k) \cdot (P_{\tau}(k) + R(k))^{-1}) \cdot P_{\tau}(k)
\end{cases}
\tag{8.9}
$$

其中，$P_{\tau}(k)$为第 k 次递推方差。

8.2.2 定常时延辨识算法分析

1. 在线辨识初始值设置

为使式(8.9)所示在线时延辨识过程尽快收敛，将其递推初始值$\hat{\tau}(0)$和 $P_{\tau}(0)$设置为第一次测距的伪测量值和方差(8.8)、(8.9)。

2. 递推终止条件设置

被估计的状态值经 N 步量测更新后会逐渐收敛至一稳态值 τ^*，若继续在线递推估计精度也无明显改善，那么更多的量测校正已经没有必要。针对此类问题，常用的递推终止条件为

$$
|\hat{\tau}(k+1) - \hat{\tau}(k)| < \varepsilon_2 \tag{8.10}
$$

采用式(8.10)所示终止判决条件时，容易导致实际估计未收敛时的递推终止，故设计如下递推终止条件：

$$
|\hat{\tau}(k+1) - \hat{\tau}(k)| + |\hat{\tau}(k) - \hat{\tau}(k-1)| + |\hat{\tau}(k+1) - \hat{\tau}(k-1)| < \varepsilon_3 \tag{8.11}
$$

其中，ε_3 为预先设定的递推终止阈值，综合考虑了状态变量的最近三个递推值的变化来决定算法是否终止，减小了误终止的概率。

3. 算法流程(表 8-1)[14]

表 8-1 时延辨识算法

```
Initialize：AUVi 和 AUVj 的定位初始化
loop{AUV 航行，定位解算}
  if 时延辨识结束 then
    协同定位解算(CL)
  else//在线辨识仍在进行
    if AUVi 获得 AUVj 的通信包及探测信号 then
      计算此次伪量测 Z_τ 及方差 σ_τ^2，参考式(8.7)
      if 时延变量 τ 第一次更新 then
        变量 τ 赋初值，τ̂(0) = Z_τ，P_τ(0) = σ_τ^2
```

（续）

```
        else
          变量 τ 递推更新,参考递推公式(8.9)
          τ(k)→τ(k+1),P_τ(k)→P_τ(k+1)
          计算递推终止条件(8.11)
          if 满足终止条件 then
            时延辨识结束
            goto loop
          end if
        end if
      end if
    end if
end loop(航行结束,定位解算结束)
```

8.2.3　仿真实验及结果分析

为验证本节提出的在线辨识算法的可行性和有效性,进行一系列仿真实验,仿真参数设置如下:定常时延真实值 $\tau_{\beta m}=1\text{s}=1000\text{ms}$,时间差测量方差 $\sigma_\eta^2=(0.02\text{s})^2=(20\text{ms})^2$。

仿真 1:采用终止条件(8.11),终止阈值分别设置为 $\varepsilon_3=5\text{ms}$ 和 $\varepsilon_3'=15\text{ms}$,在线时延辨识的仿真结果如图 8-1 和图 8-2 所示。

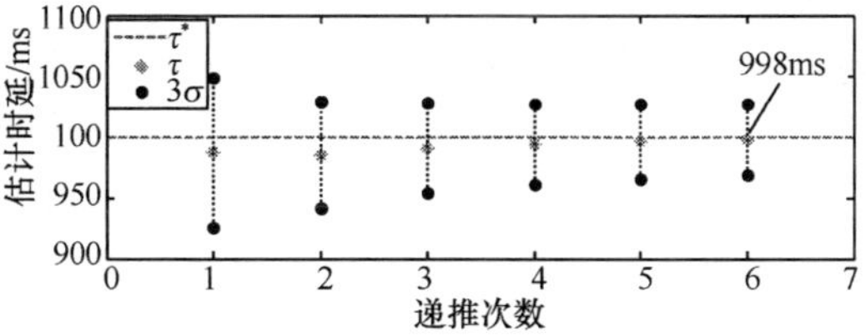

图 8-1　终止条件为(8.11)、终止阈值为 5ms 的时延辨识图

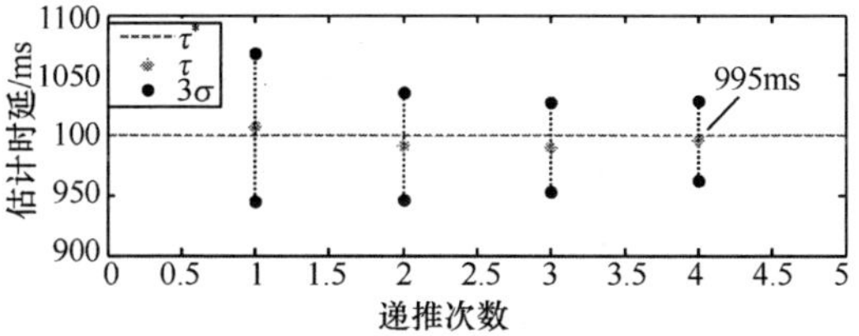

图 8-2　终止条件为(8.11)、终止阈值为 15ms 的时延辨识图

仿真2:采用终止条件(8.11),终止阈值设置为 $\varepsilon_2=\varepsilon_3'/3$,在线时延辨识结果如图8-3所示。

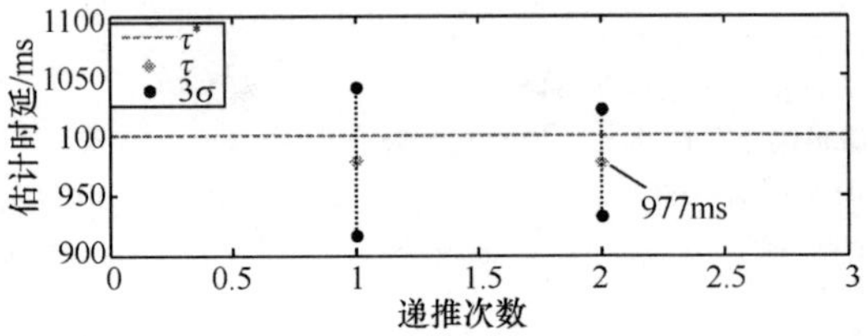

图8-3　终止条件为(8.10)、终止阈值为5ms的时延辨识图

在仿真结果图中,虚线表示真实的时延值 τ^*,每次的递推结果都由三个数据点来描述,"*"点为时延参数估计值 τ,两个实心"·"点分别为其估计误差的 3σ 上界和 -3σ 下界。由仿真图的对比可得到如下结论:

(1) 采用终止条件(8.10)时,时延辨识过程在估计误差仍较大的情况下快速终止(图8-3);

(2) 在等价阈值条件下(图8-2和8-3),采用终止条件(8.11)可得到较精确的估计结果;

(3) 采用终止条件(8.11)时,仿真结果较稳定,不管终止阈值多大(图8-1和图8-2),时延辨识都能较快收敛,且估计误差较小。

参考仿真1和仿真2的仿真参数设置,分别进行100次蒙特卡罗仿真,仿真结果如表8-2所列。

表8-2　100次蒙特卡罗仿真结果

编号	终止递推条件	平均递推次数	平均值/ms	平均递推方差/ms^2
1	(8.11),$\varepsilon_3=5$ms	7.56	998.6	90.17
2	(8.11),$\varepsilon_3'=15$ms	4.16	995.2	125.99
3	(8.11),$\varepsilon_2=\varepsilon_3'/3$	3.25	1010.4	196.10

由表8-2可以看出,同样的终止条件下,采用较小的终止阈值,会提高辨识精度,同时也增加了递推次数。在定义等价的终止阈值后,采用终止条件(8.10)时,辨识会迅速收敛,但是不稳定,误差也较大,而

采用终止条件(8.11)时,虽然收敛速度略微降低,但仿真结果较稳定,误差也较小。为节省篇幅,在后面协同导航滤波器的设计中均不再讨论探测定常时延的在线辨识,认为其已知。

8.3　通信时延下的协同导航滤波算法设计

在基于单领航者的主从式协同导航方式下,针对 AUV 间的通信时延问题,按照 AUV 之间的信息流共享方式,存在两种滤波方法[15,16]:

(1) 集中式滤波,即所有的观测量在主 AUV 中心集中处理,而后将导航与定位解算结果发送至各 AUV。

(2) 分布式滤波,即与各 AUV 相关的观测量在各 AUV 中心独自处理,各自进行导航定位解算。

集中式滤波中计算复杂度高,计算机存储需求大,且在通信和探测双延迟的情况下存在双倍通信延迟(从 AUV 的观测量发送至主 AUV 中心时存在通信延迟,而信息融合后将信息广播给从 AUV 时又加入了通信延迟)问题,而双倍通信延迟的信息对从 AUV 的导航定位校正作用较小,甚至可能降低从 AUV 的自主导航定位性能。因此,分布式滤波是多 AUV 协同导航中普遍采用的滤波技术。本节就通信延迟下的多 AUV 协同导航分布式滤波技术进行研究[17-20]。

8.3.1　状态转换延迟滤波算法

本节结合对协同导航系统中协同模式、通信时延及量测时延问题的分析,设计时间同步、OWTT 测距[21,22]和广播通信模式下针对通信时延问题的协同导航延迟滤波器 Ⅰ:状态转换延迟滤波器(State Transition Delay Filter,STDF)。

1. 问题描述

首先做如下假设[14]:

(1) AUV 群集可投影为在二维平面内做稳态运动的节点,故本节以 AUV 的二维运动模型为研究对象;

(2) 多 AUV 协同导航基于主从式结构,采用分布式滤波;

(3) AUV 皆配有通信声纳和低功耗同步钟。

在上述假设下,本节研究如下协同导航系统:以一主二从三个 AUV 组成的编队为例,主 AUV 以定周期将其自身位置信息广播出去,从 AUV 在接收通信包的同时,通过 PPS 同步钟装置计算出通信包的发送和到达时间差以此获得 OWTT 测距信息,进而执行定位滤波的解算。协同方式如图 8-4 所示,为描述方便,将 AUV 编号,即主 AUV1、从 AUV2、从 AUV3。

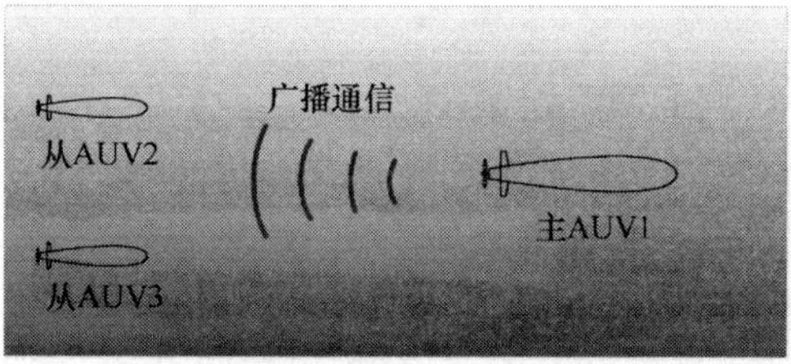

图 8-4 协同方式示意图

如图 8-5 所示,初始 t_0 时刻,AUV 在水面利用 GPS 进行时钟同步校正,当 AUV 在水下航行时,为实现协同导航功能,彼此之间进行水声通信和水声探测。广播通信 1 和广播通信 2 分别为预定的间隔为 T_c 的两次通信过程。

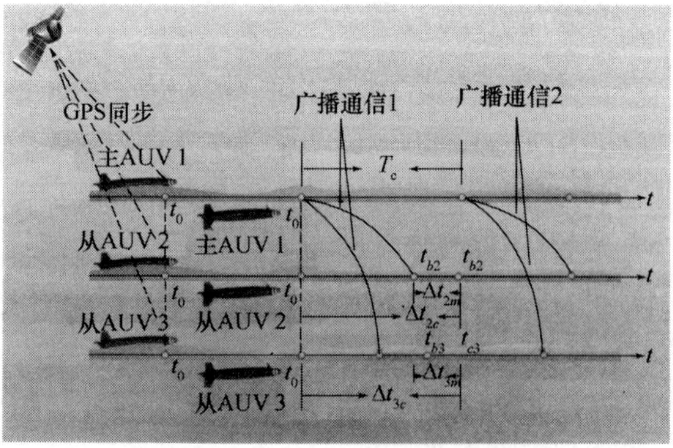

图 8-5 通信时延示意图

以从 AUV2 为例,根据水声通信及信号处理的特征(带宽有限导致传输率低),包含时延的通信过程可描述如下:主 AUV1 在预先约定的 t_a 时刻将自身位置和方差以广播形式发出;t_{b2}时刻,从 AUV2 检测到主 AUV1 通信的声波信号,并由该时刻与主 AUV1 发送时刻的时间差,解算从 AUV2 与 AUV1 的相对距离观测量,经信号完全接收、通信解码、信息处理等环节,t_{c2} 时刻从 AUV2 获得主 AUV1 的通信数据,即主 AUV1 的位置和方差数据。

根据如上分析,可知存在两种时延:

(1) 通信时延 Δt_{2c},是从主 AUV1 发出通信包到从 AUV2 完全获取通信包的时间差;

(2) 通信量测时延 Δt_{2m},是从 AUV2 获得相对距离量测和完全获取通信包数据的时间差。

针对上述通信时延问题,本节设计基于 EKF 的延迟滤波器 Ⅰ:STDF,以消减通信延迟对协同定位精度的影响。

2. 算法设计

针对前述协同模式下的通信时延问题,本节设计协同定位延迟滤波器 STDF,其核心思想是将与过去时刻有关的延迟量测转换为当前时刻的量测用于融合当前位置坐标。以从 AUV2 的延迟滤波器设计为例,假设其二维离散运动模型为

$$\begin{cases} x(k+1) = x(k) + V(k)\cdot T\cdot \cos(\varphi(k)) \\ y(k+1) = y(k) + V(k)\cdot T\cdot \sin(\varphi(k)) \\ \varphi(k+1) = \varphi(k) + T\cdot \omega(k) \end{cases} \tag{8.12}$$

其他相关参量可详细参考第2章的系统建模部分。所设计的延迟滤波算法如下:

步骤1:输入

t_k 时刻,从 AUV2 可获得的信息为:

(1) 上一时刻的定位结果:t_{k-1}时刻从 AUV2 的状态估计 $\hat{\boldsymbol{X}}_2(k-1)$ 和估计方差 $\boldsymbol{P}_2(k-1)$。

(2) 由 OWTT 测距获得的延迟观测量 $\boldsymbol{Z}(r,l)$,表示 t_r 时刻主 AUV1 与 $t_l(t_r<t_l<t_k)$时刻从 AUV2 的相对距离信息。

(3) 由主 AUV1 广播通信获取的数据包$\{\hat{\boldsymbol{X}}_1(r),\boldsymbol{P}_1(r)\}$。

由前述通信时延分析可知,观测量和通信数据包对应于同一时刻的主 AUV1 状态,因此需要考虑的通信时延是通信量测时延 $\tau_m = t_k - t_l$。

步骤 2:基于自主定位传感器的状态更新

根据从 AUV2 的自主定位传感器进行状态预测,预测状态及方差为

$$\begin{cases}\hat{\boldsymbol{X}}_2(k,k-1)=\boldsymbol{\Phi}_2(k,k-1)\hat{\boldsymbol{X}}_2(k-1)\\ \boldsymbol{P}_2(k,k-1)=\boldsymbol{\Phi}_2(k,k-1)\boldsymbol{P}_2(k-1)\boldsymbol{\Phi}_2(k,k-1)^{\mathrm{T}}+\\ \qquad\boldsymbol{\Gamma}_2(k-1)\boldsymbol{Q}_2(k-1)\boldsymbol{\Gamma}_2(k-1)^{\mathrm{T}}\end{cases}\tag{8.13}$$

步骤 3:基于延迟距离量测 $\boldsymbol{Z}(r,l)$ 的量测更新

1) 观测方程

由前述可知,t_k 时刻获得的相对距离量测 $\boldsymbol{Z}(r,l)$ 为 $t_r(t_r<t_k)$ 时刻的主 AUV1 与 $t_l(t_l<t_k)$ 时刻的从 AUV2 之间的相对距离,此时的量测方程为

$$\begin{aligned}\boldsymbol{Z}(r,l)&=\sqrt{(x_1(r)-x_2(l))^2+(y_1(r)-y_2(l))^2}+\boldsymbol{\nu}_\rho(l)\\&=g(\boldsymbol{X}_1(r),\boldsymbol{X}_2(k))+\boldsymbol{\nu}_\rho(l)\end{aligned}\tag{8.14}$$

可以看出,量测方程与主 AUV1 的位置有关,为还应解量测误差方程,将主 AUV1 的状态变量写为如下带误差的表达式:

$$\boldsymbol{X}_1(r)=\hat{\boldsymbol{X}}_1(r)+\tilde{\boldsymbol{X}}_1(r)\tag{8.15}$$

其中,$\hat{\boldsymbol{X}}_1(r)$为状态估计值,可由通信包数据获得;$\tilde{\boldsymbol{X}}_1(r)$为估计误差,其误差协方差 $\boldsymbol{P}_1(r)$也可由通信包获取。将主 AUV1 的位置估计误差作为观测量的系统误差进行滤波处理,则线性化的量测误差方程为

$$\tilde{\boldsymbol{Z}}(r,l)=\boldsymbol{h}_2(l)\tilde{X}_2(l)+\boldsymbol{h}_1(r)\tilde{X}_1(r)+\boldsymbol{\nu}_\rho(l)\tag{8.16}$$

其中,$\boldsymbol{h}_2(l)$和 $\boldsymbol{h}_1(r)$为测距函数 $g(\cdot)$关于误差状态的 Jacobian 矩阵。式(8.16)进一步可写为标准形式

$$\tilde{\boldsymbol{Z}}(r,l)=\boldsymbol{h}_2(l)\tilde{\boldsymbol{X}}_2(l)+[\boldsymbol{h}_1(r)1]\begin{bmatrix}\tilde{\boldsymbol{X}}_1(r)\\ \boldsymbol{\nu}_\rho(l)\end{bmatrix}$$

$$=\boldsymbol{h}_2(l)\tilde{\boldsymbol{X}}_2(l)+\boldsymbol{G}(r,l)\boldsymbol{\nu}(r,l) \tag{8.17}$$

根据系统状态方程,将式(8.17)转换为当前时刻的状态表示

$$\tilde{\boldsymbol{Z}}(r,l)=\boldsymbol{h}_2(l)\boldsymbol{\Phi}_2(k,l)\tilde{\boldsymbol{X}}_2(k,k-1)+\boldsymbol{G}(r,l)\boldsymbol{\nu}(r,l) \tag{8.18}$$

其中状态逆推矩阵

$$\boldsymbol{\Phi}_2(l,k)=\boldsymbol{\Phi}_2(k,l)^{-1}=\left(\prod_{i=l+1}^{k}\boldsymbol{\Phi}_2(i,i-1)\right)^{-1} \tag{8.19}$$

2）新息及其方差

根据量测误差方程(8.18),定义转换后的量测矩阵为

$$\boldsymbol{h}_2(r,k)=\boldsymbol{h}_2(l)\boldsymbol{\Phi}_2(l,k) \tag{8.20}$$

则量测误差方程又可写为

$$\tilde{\boldsymbol{Z}}(r,l)=\boldsymbol{h}_2(l,k)\tilde{\boldsymbol{X}}_2(k,k-1)+\boldsymbol{G}(r,l)\boldsymbol{\nu}(r,l) \tag{8.21}$$

新息为

$$\Delta\boldsymbol{Z}=\boldsymbol{Z}(r,l)-g(\hat{X}_1(r),\hat{X}_2(k,k-1)) \tag{8.22}$$

根据式(8.21),可得新息方差为

$$\begin{aligned}\boldsymbol{S}(k)&=E[\tilde{\boldsymbol{Z}}(r,l)\tilde{\boldsymbol{Z}}(r,l)^{\mathrm{T}}]\\&=\boldsymbol{h}_2(l,k)E\{\tilde{\boldsymbol{X}}_2(k)\tilde{\boldsymbol{X}}_2(k)^{\mathrm{T}}\}\boldsymbol{h}_2(l,k)^{\mathrm{T}}+\\&\quad\boldsymbol{G}(r,l)E\{\boldsymbol{\nu}(r,l)\boldsymbol{\nu}(r,l)^{\mathrm{T}}\}\boldsymbol{G}(r,l)^{\mathrm{T}}\end{aligned} \tag{8.23}$$

将式(8.17)代入,新息方差可化简为

$$\begin{aligned}\boldsymbol{S}(k)&=E[\tilde{\boldsymbol{Z}}(r,l)\tilde{\boldsymbol{Z}}(r,l)^{\mathrm{T}}]\\&=\boldsymbol{h}_2(l,k)\boldsymbol{P}_2(k,k-1)\boldsymbol{h}_2(l,k)^{\mathrm{T}}+\\&\quad\boldsymbol{h}_1(r)\boldsymbol{P}_1(r)\boldsymbol{h}_1(r)^{\mathrm{T}}+\boldsymbol{R}_\rho(l)\end{aligned} \tag{8.24}$$

3）量测更新

滤波增益为

$$\boldsymbol{K}_2(k)=\boldsymbol{P}_2(k,k-1)\boldsymbol{h}_2(l,k)^{\mathrm{T}}\boldsymbol{S}(k)^{-1} \tag{8.25}$$

量测更新为

$$\begin{aligned}\tilde{\boldsymbol{X}}_2(k)&=\tilde{\boldsymbol{X}}_2(k,k-1)+\boldsymbol{K}_2(k)\Delta\boldsymbol{Z}\\\boldsymbol{P}_2(k)&=(\boldsymbol{I}_3-\boldsymbol{K}_2(k)\boldsymbol{h}_2(l,k))\boldsymbol{P}_2(k,k-1)\end{aligned} \tag{8.26}$$

步骤 4:输出

由滤波方程(8.26),可得 t_k 时刻从 AUV2 的运动状态估计 $\tilde{\boldsymbol{X}}_2(k)$ 及方差 $\boldsymbol{P}_2(k)$。

3. 讨论分析

1) 状态逆推矩阵的简化

考虑到状态转换矩阵的特殊形式,下面给出一些有用的结论以方便式(8.19)中的矩阵求逆运算。

根据式(2.72),一步状态转换矩阵 $\boldsymbol{\Phi}(k+1,k)$ 可写为如下块矩阵形式:

$$\boldsymbol{\Phi}(k+1,k)=\begin{bmatrix}\boldsymbol{I}_2 & \boldsymbol{C}(k)\\ \boldsymbol{O}_{1\times2} & 1\end{bmatrix} \tag{8.27}$$

其中

$$\boldsymbol{C}(k)=\begin{bmatrix}-V_m(k)\cdot T\cdot\sin(\hat{\varphi}(k))\\ V_m(k)\cdot T\cdot\cos(\hat{\varphi}(k))\end{bmatrix}$$

其相乘和求逆公式为

$$\begin{cases}\boldsymbol{\Phi}(k_1+1,k_1)\cdot\boldsymbol{\Phi}(k_2+1,k_2)=\begin{bmatrix}\boldsymbol{I}_2 & \boldsymbol{C}(k_1)+\boldsymbol{C}(k_2)\\ \boldsymbol{O}_{1\times2} & 1\end{bmatrix}\\ \boldsymbol{\Phi}(k+1,k)^{-1}=\begin{bmatrix}\boldsymbol{I}_2 & -\boldsymbol{C}(k)\\ \boldsymbol{O}_{1\times2} & 1\end{bmatrix}\end{cases} \tag{8.28}$$

故式(8.19)可简化为

$$\boldsymbol{\Phi}_2(l,k)=\boldsymbol{\Phi}_2(k,l)^{-1}=\begin{bmatrix}\boldsymbol{I}_2 & -\sum_{i=l+1}^{k}\boldsymbol{C}_2(i-1)\\ \boldsymbol{O}_{1\times2} & 1\end{bmatrix} \tag{8.29}$$

此外,观察状态转换矩阵和 AUV 运动递推模型(8.12),可以看出,由于状态转换矩阵的特殊形式,其子矩阵 $\boldsymbol{C}(k)$ 也可由下式等价计算:

$$\boldsymbol{C}(k)=\begin{bmatrix}-\Delta y(k+1,k)\\ \Delta x(k+1,k)\end{bmatrix} \tag{8.30}$$

其中,$\Delta x(k+1,k)$ 和 $\Delta y(k+1,k)$ 分别为 AUV 在 x 方向和 y 方向的一步位移。因此,式(8.29)中状态逆推矩阵又可由下式计算得到:

$$\boldsymbol{\Phi}_2(l,k)=\begin{bmatrix}1 & 0 & y(k)-y(l)\\ 0 & 1 & -x(k)+x(l)\\ 0 & 0 & 1\end{bmatrix} \tag{8.31}$$

2) 协同方式对导航性能的影响

在此主要讨论时间同步模式下,OWTT 测距及通信时延模型对导航性能的影响。OWTT 测距方式的优点在于不用额外发送探测声脉冲,由通信包的时间信息即可获得距离量测信息,缺点在于该测距方式下通信时延的长短及变化直接影响着测距误差。

由 8.1 节中通信时延分析可知,通信时延由两部分组成:一为水声传播时延;二为非传播时延。当非传播时延固定时,可由 8.2 节中的在线辨识算法计算出其均值和方差,用以获得较准确的相对距离信息;当非传播时延呈随机分布时,在线辨识算法无法准确估计出其分布,使得距离量测信息的解算不准确且量测方差不一致,最终导致定位精度的降低。8.3.2 节将采用另外一种协同导航模式,解决本节协同导航算法中存在的该潜在问题。

3) 算法流程(表 8-3)

表 8-3　延迟滤波器 I:STDF 算法

1:Initialize:定位初始化
2:loop{AUV 航行,定位解算}
3:　　基于从 AUVi(i=2,3)自主定位传感器的状态预测,参考式(8.13)
4:　　OWTT 距离解算,接收主 AUV1 的通信数据包
5:　　基于延迟距离测量的状态更新,参考式(8.26)
6:end loop//(航行结束,定位解算结束)

4. 仿真实验

对协同导航系统来说,通信延迟的直接影响是降低了定位精度,为验证本节 STDF 延迟滤波算法的性能,进行了一系列仿真实验。在下述实验中,考察 1 个主 AUV 和 1 个从 AUV 组成的主从式协同导航系统,运动模型如式(8.12)所示。仿真参数设置如下:

(1) 主 AUV1 装备高精度的导航传感器,其传感器测量精度为$\sigma_{V_1}^2$ =

$(0.2\text{kn})^2$，$\sigma_{w_1}^2=(0.5°/\text{s})^2$；从 AUV2 装备低精度的导航传感器，传感器精度为 $\sigma_{V_2}^2=(2\text{kn})^2$，$\sigma_{w_2}^2=(2°/\text{s})^2$。

(2) 单 AUV 的自主导航传感器采样频率皆为 1Hz，AUV 之间的水声测量频率为 0.1Hz。

(3) 水声网络中的时间测量误差为 $\sigma_\eta^2=(0.02\text{s})^2$。

(4) 单次仿真运行时间为 500s。

(5) 蒙特卡罗仿真次数为 50 次。

定义 τ_{12}^c 为数据包由主 AUV1 发送至从 AUV2 接收的通信时延，τ_{12}^m 为从 AUV2 获得其与主 AUV1 的相对距离量测和通信包的时间差，本节称之为通信量测时延。

仿真 1：主 AUV1 和 AUV2 皆沿直线航行，航速皆为 8kn。本实验验证从 AUV 直航时延迟滤波器 I 在通信时延下的滤波有效性。仿真实验中的时间延迟服从如下统计分布：

(1) 通信时延 τ_{12}^c 的非传播部分服从正态分布 $N(8\text{s}(0.01\text{s})^2)$。

(2) 通信量测时延 τ_{12}^m 的非传播部分服从正态分布 $N(4\text{s},(0.01\text{s})^2)$。

考察如下 3 种定位方法：

(1) 自主定位方法，即从 AUV2 独自定位，不与主 AUV1 进行通信。

(2) 基本 EKF 方法，即不考虑通信延迟的影响，无论主 AUV1 还是从 AUV2 都在延迟通信包到达时认为是无延迟的，采用 EKF 算法进行滤波。

(3) STDF 方法，即考虑通信延迟的影响，采用本节设计的延迟滤波器 Ⅰ：STDF 算法进行定位估计。

采用如上 3 种算法分别进行 50 次蒙特卡罗仿真，得到从 AUV2 的定位结果仿真图。图 8-6 为从 AUV 的一次定位结果图，图 8-7 为从 AUV2 50 次蒙特卡罗仿真的统计平均误差图。可以看出，当存在通信延迟时，相比于 EKF 算法，STDF 定位算法可以减弱时间延迟对定位精度的影响，提高定位精度。图 8-8 为不考虑延迟的 EKF 定位下的定位误差及 3σ 包络线，图 8-9 为 STDF 定位下的定位误差及 3σ 包络线。由如上仿真结果中知，不考虑延迟的 EKF 估计不具有无偏性，且估计的方差与实际方差不一致。

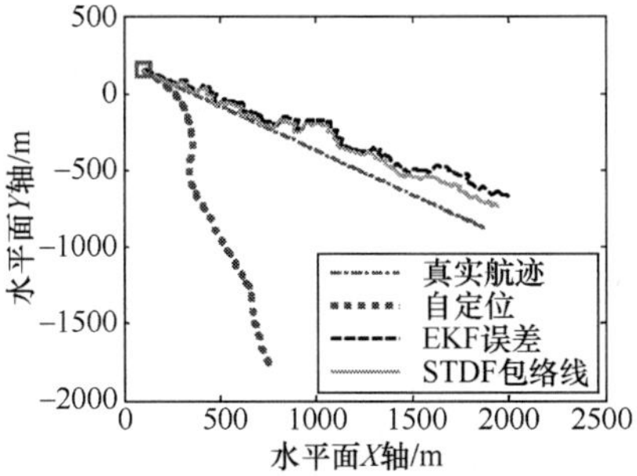

图 8－6　从 AUV2 的导航结果

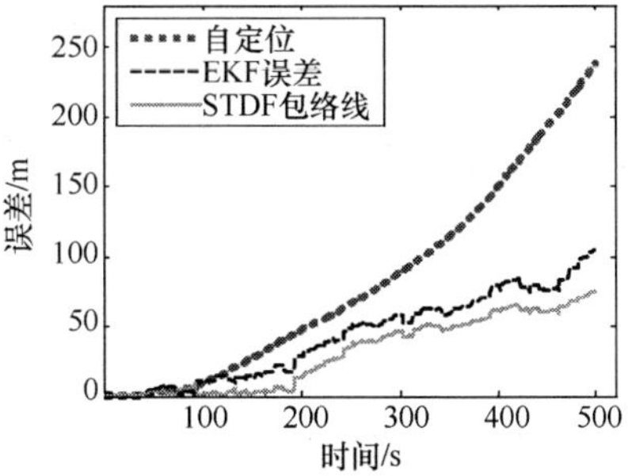

图 8－7　从 AUV2 的导航误差

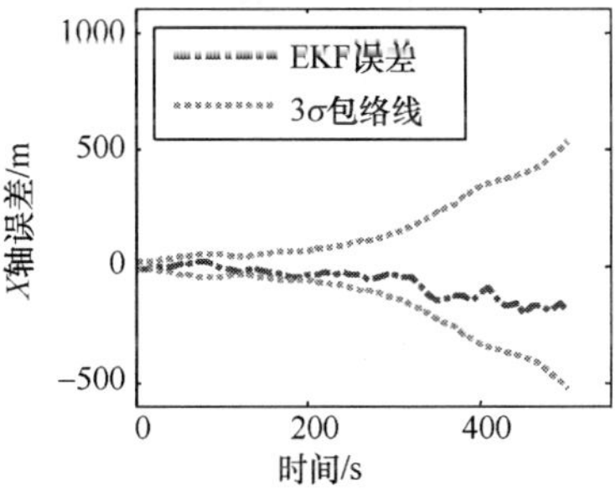

(a) X 轴误差及 3σ 置信区间

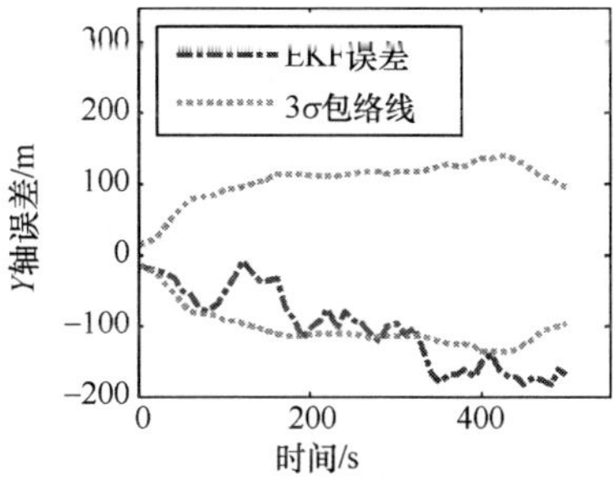

(b) Y 轴主误差及 3σ 置信区间

图 8－8　从 AUV2 的 EKF 导航误差及 3σ 置信区间

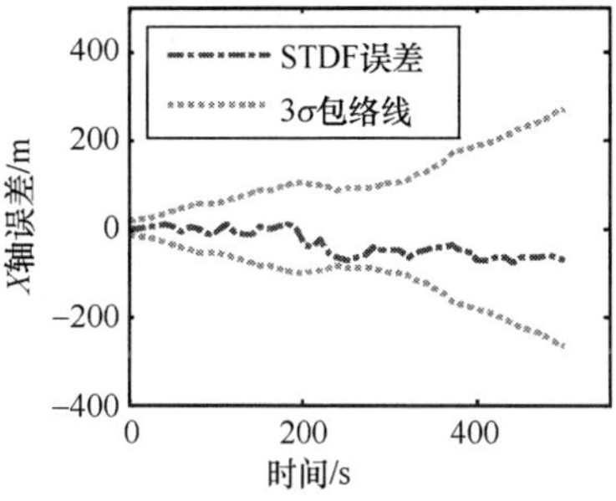

(a) X 轴误差及 3σ 置信区间

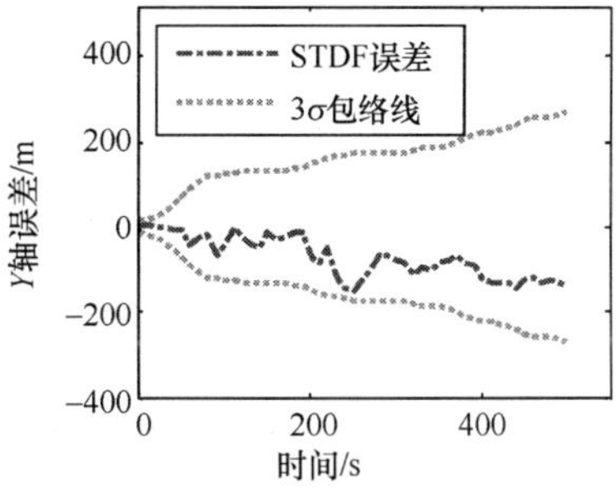

(b) Y 轴主误差及 3σ 置信区间

图 8－9　从 AUV2 的 STDF 导航误差及 3σ 置信区间

仿真2：主 AUV1 沿直线航行，从 AUV2 沿曲线航行，航速皆为8kn。本实验验证从 AUV 沿曲线航行时延迟滤波器 I 在通信时延下的滤波有效性。仿真实验设置与仿真 1 一致，不再列出。采用仿真 1 中所述 3 种算法分别进行 50 次蒙特卡罗仿真，得到曲线航行下从 AUV2 的定位结果仿真图。

图 8－10 和图 8－11 为从 AUV2 的一次定位航迹和统计误差结果。图 8－12 和图 8－13 分别为 EKF 定位和 STDF 定位下的定位误差及包络线。可以看出曲线航行下，针对通信延迟的 STDF 算法仍然是有效的。

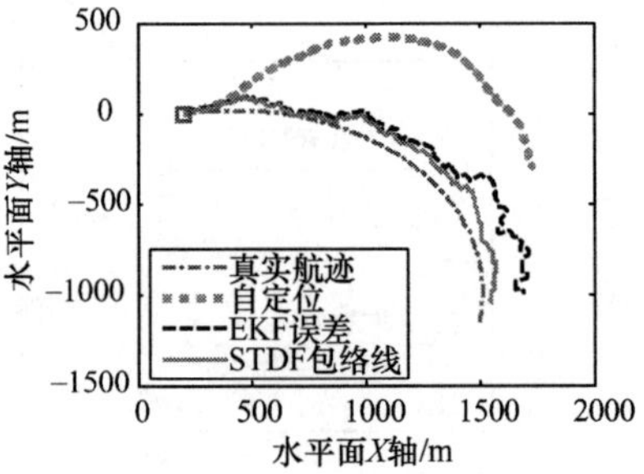

图 8－10　从 AUV2 的导航结果

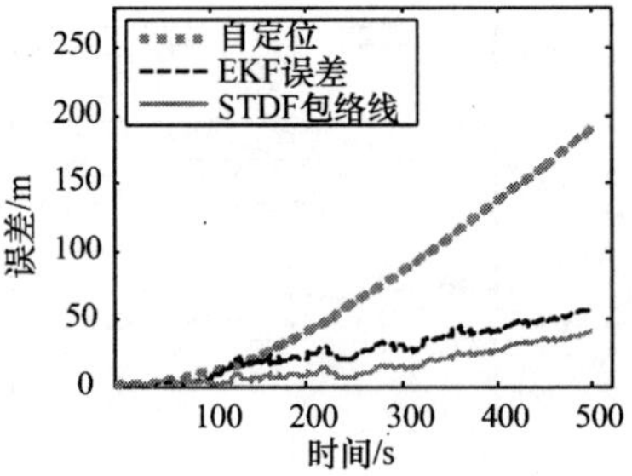

图 8－11　从 AUV2 的导航误差

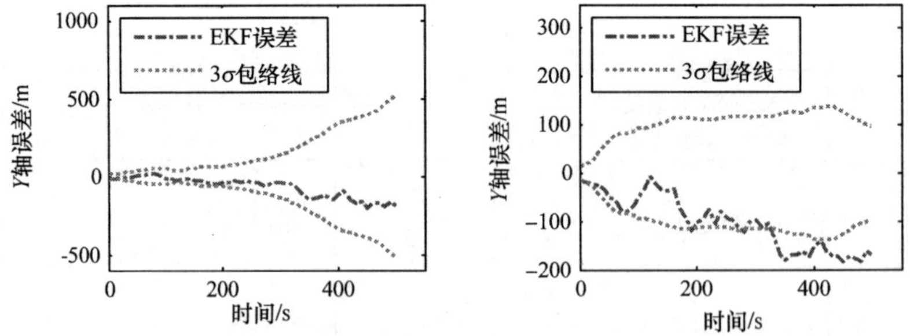

(a) X 轴误差及 3σ 置信区间　　(b) Y 轴误差及 3σ 置信区间

图 8－12　从 AUV2 的 EKF 导航误差及 3σ 置信区间

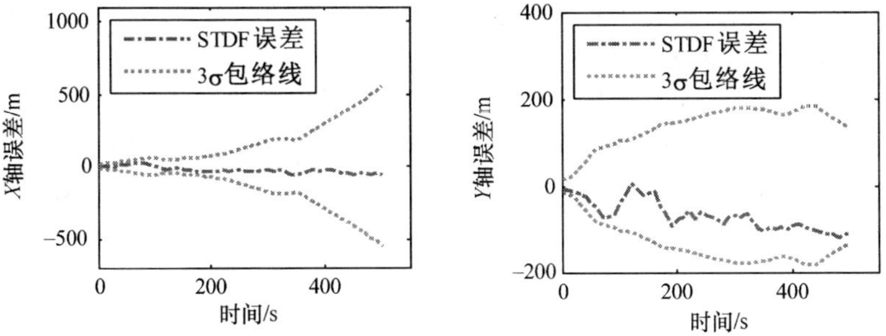

(a) X 轴误差及 3σ 置信区间　　(b) Y 轴误差及 3σ 置信区间

图 8－13　从 AUV2 的 STDF 导航误差及 3σ 置信区间

仿真 3：本实验验证延迟时间以及时延统计分布对延迟滤波器Ⅰ定位性能的影响。首先分析延迟时间的影响，考察仿真 1 中所述 3 种定位方法在通信量测时延 τ_{12}^{m} 较长或较短下的定位效果。设置 τ_{12}^{m} 的非传播部分服从正态分布 $N(8\text{s},(0.01\text{s})^2)$ 或者 $N(8\text{s},(0.01\text{s})^2)$，其他参数设置参考仿真 1。仿真结果如图 8－14 和图 8－15 所示。

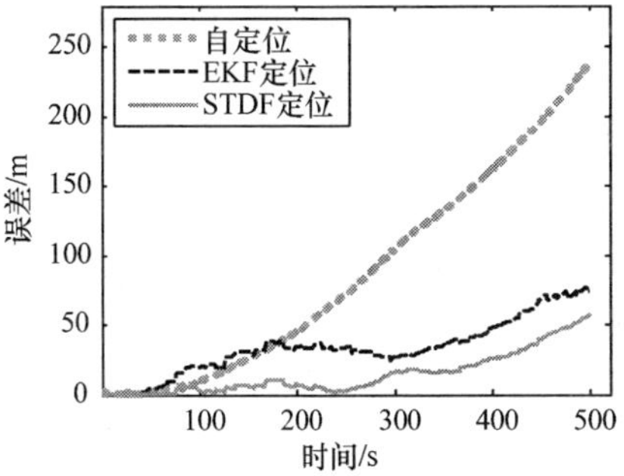

图 8－14　延迟 $\tau_{12}^{m}=8\text{s}$ 的从 AUV 的导航误差

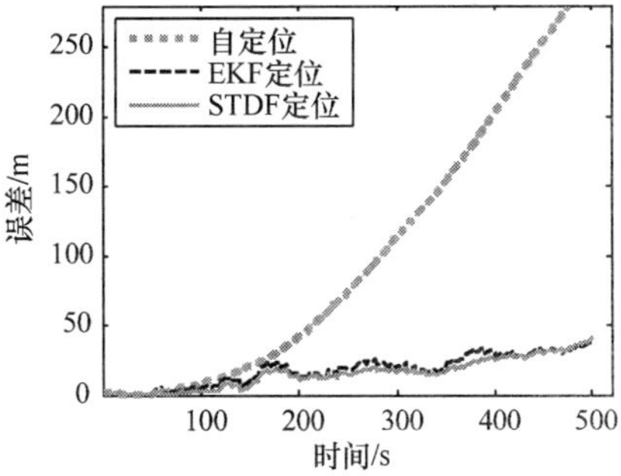

图 8－15　延迟 $\tau_{12}^{m}=1\text{s}$ 的从 AUV 的导航误差

图 8－14 为长时延下三种定位算法的 50 次蒙特卡罗统计平均误差图，图 8－15 为短时延下三种定位算法的 50 次蒙特卡罗统计平均误差图。可以看出，相比于其他两种定位算法，时延时间越长延迟滤波器 STDF 的优势越明显，从而证明了存在通信时延时该算法的有效性。

其次，研究通信时延的统计分布对延迟滤波器的影响。通过前面对延迟滤波器 I 的讨论可知，当通信时延的非传播部分呈随机分布时，利用 8.2 节的时延在线辨识算法无法得出较准确的时延值，且由于距离量测值的估计方差与其实际方差不一致，导致该观测量的融合无法有效地提高导航精度，甚至可能降低原有的自主导航精度。实验设置如下：

（1）AUV 1 沿直线航行，AUV 2 沿直线或曲线航行，航速皆为 8kn。

（2）通信时延 τ_{12}^{c} 的非传播部分服从区间[9s,15s]上的均匀分布；

（3）通信量测时延 τ_{12}^{m} 的非传播部分服从正态分布 $N(4\text{s},(0.01\text{s})^2)$。

考察如下 3 种定位算法：

（1）从 AUV 2 独自定位，不与主 AUV 1 进和通信。

（2）不考虑通信延迟的影响，无论主 AUV 1 还是从 AUV 2 都在延迟通信包到达时认为是实时的，采用 EKF 算法进行滤波。

（3）考虑通信延迟的影响，采用本节设计的延迟滤波器 I：STDF 算法进行定位估计。

分别进行 50 次蒙特卡罗仿真，得到从 AUV 2 在直线和曲线航行下的定位统计平均误差结果，如图 8－16 所示。可以看出，在通信存在时延且时延的非传播部分呈随机分布的情况下，基于 OWTT 测距方法所得到的距离观测量误差较大，AUV 的位置估计经观测融合后，不仅没有提高精度，反而误差更大。针对此问题，8.3.2 节中，将采用另外一种协同导航方式来设计延迟滤波器。

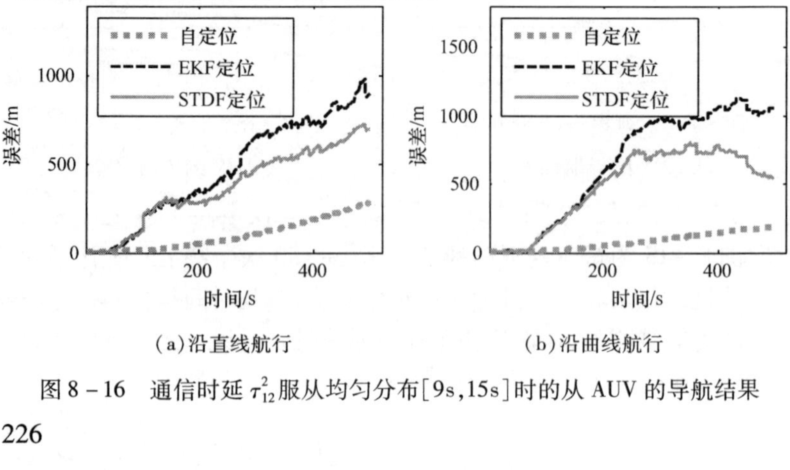

（a）沿直线航行　　（b）沿曲线航行

图 8－16　通信时延 τ_{12}^{2} 服从均匀分布[9s,15s]时的从 AUV 的导航结果

8.3.2 解相关的一致延迟滤波算法

本节针对8.3.1节OWTT测距时由于通信时延较长且随机不确定带来的测距误差较大和建模不准确问题，考察了一种新的协同导航方式，即通信和探测分开实现的时延导航算法，设计了基于该协同方式的延迟滤波器Ⅱ：解相关的一致延迟滤波器（Uncorrelated Consistent Delay Filte，UCDF）[14,23]。

1. 问题描述

实际工程应用中的多AUV协同导航系统具有如下特征：

（1）主AUV装备高精度、高可靠性的传感器，且推带有更充足的电源。

（2）无论是水声通信还是水声探测，发射声波的一方比接收声波的一方需要更多的能源。

（3）相较于探测波的时延，水声通信由于低传输率、窄带宽的影响使得数据包的发送、传输和接收会产生更长的时延。

考虑上述因素，本节研究如下协同导航方式：

（1）多AUV系统时间同步。

（2）通信和探测过程采用分时工作模式。

（3）主AUV以预先约定的时间间隔向外发射固定频率的声信号脉冲，且在间隔一段时延后，通过水声Modem将自身位置、方差及传感器信息广播出去。

（4）从AUV由测得的声信号脉冲可得到其与主AUV的相对距离（OWTT测距）信息，且在获得主AUV的广播通信包后进行相应的量测更新，以提高定位精度。

协同方式原理如图8－17所示，同样以一主二从多AUV的组合为例，分别为主AUV1、从AUV2、从AUV3。在图8－17所示协同方式下，存在两类时延：一是通信数据包由主AUV广播通信至从AUV的通信时延；二是主AUV发射探测信号到从AUV检测接收信号的探测时延。

如图8－18所示，初始t_0时刻，AUV浮出水面利用GPS进行时钟同步校正，当AUV在水下航行时，彼此之间进行水声通信和水声探测，探测1和探测2分别表示主AUV发射的探测信号到达从AUV2和从

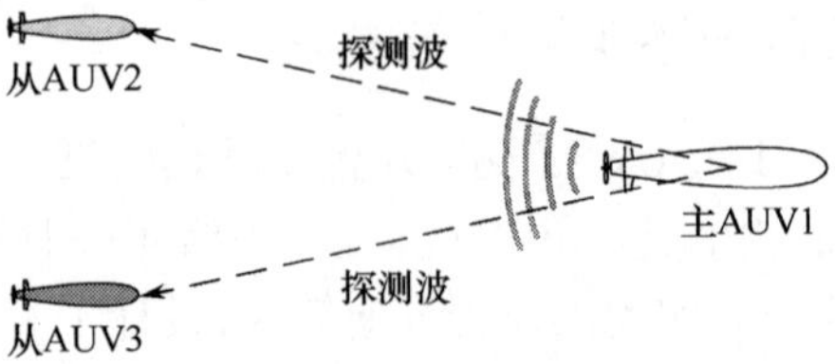

图 8－17　协同方式示意图

AUV3 的过程，存在着探测时延 Δt_1 和 Δt_3，通信 1 和通信 2 分别表示通信包由主 AUV 广播至从 AUV2 和从 AUV3 的过程，存在着通信时延 Δt_2 和 Δt_4。其中，探测 1、探测 2、通信 1、通信 2 为一个周期的信息交互过程。预定通信探测周期为 T_c，即主 AUV 发射的探测信号（如探测 1）和下一周期的探测信号（如探测 3）的相隔时间。

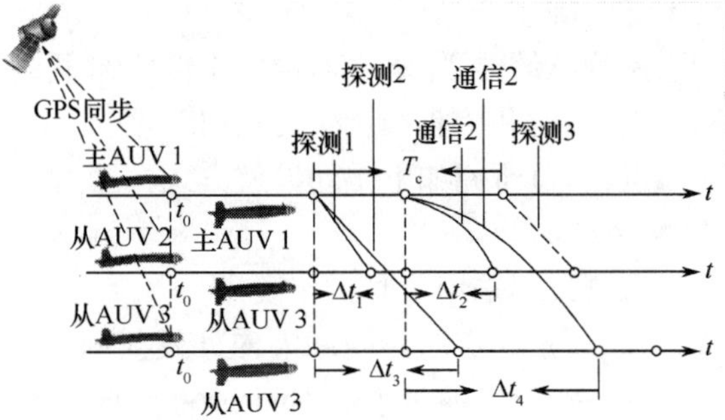

图 8－18　时延示意图

针对上述通信和探测时延问题，本节设计了延迟滤波器 Ⅱ：UCDF 延迟算法，以在时延随机不确定分布时消除时间延迟对多 AUV 协同定位滤波的影响。

2. 算法设计

针对前述协同模式下的通信和探测时延问题，本节设计 UCDF 延迟滤波器，其核心思想是在主 AUV 的延迟通信包到达后进行从 AUV 的位置信息融合，将通信的时延转换为量测的时延，且在延迟量测与当前从 AUV 状态解相关后，设计无偏一致的解相关状态估计算法。以从 AUV2 的导航系统为例，延迟滤波器设计如下：

步骤 1：输入

t_k 时刻，从 AUV2 获得了如下信息：

(1) 自主定位传感器信息；

(2) 主 AUV1 发出的延迟广播通信包 $\{\hat{\boldsymbol{X}}_1(r),\boldsymbol{P}_1(r)\}$；

(3) 带有时延的相对距离观测量 $\boldsymbol{Z}(r,l)$，表示 t_r 时刻的主 AUV 与 t_l 时刻从 AUV 的相对距离。

由于通信时延长于探测时延，存在如下时刻关系：$t_r < t_l < t_k$。

步骤 2：状态预测

基于从 AUV 自主定位传感器的状态预测，一步预测状态及方差为

$$\begin{cases}\hat{\boldsymbol{X}}_2(k,k-1)=\boldsymbol{\Phi}_2(k,k-1)\hat{\boldsymbol{X}}_2(k-1)\\ \boldsymbol{P}_2(k,k-1)=\boldsymbol{\Phi}_2(k,k-1)\boldsymbol{P}_2(k-1)\boldsymbol{\Phi}_2(k,k-1)^{\mathrm{T}}+\\ \qquad\qquad \boldsymbol{\Gamma}_2(k-1)\boldsymbol{Q}_2(k-1)\boldsymbol{\Gamma}_2(k-1)^{\mathrm{T}}\end{cases} \tag{8.32}$$

步骤 3：解相关的量测更新

基于延迟通信包和延迟量测的位置更新。

定理 8.1：已知 t_k 时刻从 AUV 的状态预测估计为 $\hat{\boldsymbol{X}}_2(k)$，$t_r$ 时刻主 AUV 的状态估计为 $\hat{\boldsymbol{X}}_1(r)$，$t_r$ 时刻主 AUV 与 t_l 时刻从 AUV 的相对距离为 $\boldsymbol{Z}(r,l)$，且 $t_l < t_r < t_k$，则关于从 AUV 运动状态的解相关无偏滤波器为

$$\boldsymbol{S}(k)=\boldsymbol{h}_1(r)\boldsymbol{P}_1(r)\boldsymbol{h}_1(r)^{\mathrm{T}}+\boldsymbol{R}_\rho(l)+\boldsymbol{h}_2(l)\boldsymbol{\Phi}_2(k,l)^{-1}$$
$$(\boldsymbol{P}_2(k,k-1)-\boldsymbol{\Gamma}_2(l)\boldsymbol{Q}_2(l)\boldsymbol{\Gamma}_2(l)^{\mathrm{T}})(\boldsymbol{h}_2(l)\boldsymbol{\Phi}_2(k,l)^{-1})^{\mathrm{T}}$$
$$\boldsymbol{K}(k)=(\boldsymbol{P}_2(k,k-1)-\boldsymbol{\Gamma}_2(l)\boldsymbol{Q}(l)\boldsymbol{\Gamma}_2(l)^{\mathrm{T}})(\boldsymbol{h}_2(l)\boldsymbol{\Phi}_2(k,l)^{-1})^{\mathrm{T}}(\boldsymbol{S}(k))^{-1}$$
$$\hat{\boldsymbol{X}}_2(k)=\hat{\boldsymbol{X}}_2(k,k-1)+\boldsymbol{K}(k)(\boldsymbol{Z}(r,l)-\boldsymbol{h}_1(r)\hat{\boldsymbol{X}}_1(r)-$$
$$\boldsymbol{h}_2(l)\boldsymbol{\Phi}_2(k,l)^{-1}\hat{\boldsymbol{X}}_2(k))$$
$$\boldsymbol{P}_2(k)=\boldsymbol{P}_2(k,k-1)-(\boldsymbol{P}_2(k,k-1)-\boldsymbol{\Gamma}_2(l)\boldsymbol{Q}(l)\boldsymbol{\Gamma}_2(l)^{\mathrm{T}})(h_2(l)$$
$$\boldsymbol{\Phi}_2(k,l)_{-1})^{T}\boldsymbol{K}(k)^{\mathrm{T}}-\boldsymbol{K}(k)\boldsymbol{h}_2(l)\boldsymbol{\Phi}(k,l)^{-1}(\boldsymbol{P}_2(k,k-1)-$$
$$\boldsymbol{\Gamma}_2(l)\boldsymbol{Q}(l)\boldsymbol{\Gamma}_2(l)^{\mathrm{T}})^{\mathrm{T}}+\boldsymbol{K}(k)\boldsymbol{S}(k)\boldsymbol{K}(k)^{\mathrm{T}} \tag{8.33}$$

证明：1) 新息求解

t_k 时刻,从 AUV 的真实状态为 $\boldsymbol{X}_2(k)$,预测状态为 $\hat{\boldsymbol{X}}_2(k,k-1)$,预测误差为

$$\hat{\boldsymbol{X}}_2(k,k-1)=\boldsymbol{X}_2(k)-\hat{\boldsymbol{X}}_2(k,k-1) \tag{8.34}$$

真实状态可表示为

$$\boldsymbol{X}_2(k)=\boldsymbol{\Phi}_2(k,l)\boldsymbol{X}_2(l)+\boldsymbol{\Gamma}_2(l)\overline{\boldsymbol{\omega}}_2(l) \tag{8.35}$$

根据状态的可逆性,t_l 时刻从 AUV 的真实状态可表示为

$$\boldsymbol{X}_2(l)=\boldsymbol{\Phi}_2(k,l)^{-1}(\boldsymbol{X}_2(k)-\boldsymbol{\Gamma}_2(l)\overline{\boldsymbol{\omega}}_2(l)) \tag{8.36}$$

估计状态为

$$\hat{\boldsymbol{X}}_2(l)=\boldsymbol{\Phi}_2(k,l)^{-1}\hat{\boldsymbol{X}}_2(k,k-1) \tag{8.37}$$

估计误差为

$$\begin{aligned}\tilde{\boldsymbol{X}}_2(l)&=\boldsymbol{X}_2(l)-\hat{\boldsymbol{X}}_2(l)\\&=\boldsymbol{\Phi}(k,l)^{-1}(\tilde{\boldsymbol{X}}_2(k,k-1)-\boldsymbol{\Gamma}_2(l)\overline{\boldsymbol{\omega}}_2(l))\end{aligned} \tag{8.38}$$

类似地,t_r 时刻主 AUV 的真实状态为 $\boldsymbol{X}_1(l)$,估计状态为 $\hat{\boldsymbol{X}}_1(r)$,估计误差为

$$\tilde{\boldsymbol{X}}(r)=\boldsymbol{X}_1(r)-\hat{\boldsymbol{X}}_1(r) \tag{8.39}$$

测距方程如式(8.14),可知其与主 AUV 状态有关,定义主 AUV 的位置向量为 $\boldsymbol{p}_1(r)=[x_1(r)\ \ y_1(r)]^{\mathrm{T}}$,位置向量方差为 $D[\boldsymbol{p}_1(r)]=P_1^{xy}(r)$,则实际量测可表示为

$$\boldsymbol{Z}(r,l)=\boldsymbol{h}_2(l)\boldsymbol{X}_2(l)+\boldsymbol{h}_1(l)\boldsymbol{X}_1(r)+\boldsymbol{\nu}_\rho(l) \tag{8.40}$$

其中,$\boldsymbol{h}_2(l)$ 和 $\boldsymbol{h}_1(r)$ 为测距函数关于误差状态的 Jacobian 矩阵。预测量测为

$$\hat{\boldsymbol{Z}}(r,l)=\boldsymbol{h}_1(r)\hat{\boldsymbol{X}}_1(r)+\boldsymbol{h}_2(l)\hat{\boldsymbol{X}}_2(l) \tag{8.41}$$

将主 AUV 的估计误差作为观测量的系统误差进行滤波处理,则量测误差方程为

$$\begin{aligned}\tilde{\boldsymbol{Z}}(r,l)&=\boldsymbol{Z}(r,l)-\hat{\boldsymbol{Z}}(r,l)\\&=\boldsymbol{h}_2(l)\tilde{\boldsymbol{X}}_2(l)+\boldsymbol{h}_1(r)\tilde{\boldsymbol{X}}_1(r)+\boldsymbol{\nu}_\rho(l)\end{aligned} \tag{8.42}$$

式(8.42)可进一步写为

$$\tilde{\boldsymbol{Z}}(r,l)=\boldsymbol{h}_2(l)\tilde{\boldsymbol{X}}_2(l)+\boldsymbol{G}(r,l)\boldsymbol{\nu}(r,l) \tag{8.43}$$

将式(8.38)代入,则量测新息可表示为

$$\begin{aligned}\tilde{\boldsymbol{Z}}(r,l)&=\boldsymbol{h}_2(l)\tilde{\boldsymbol{X}}_2(l)+\boldsymbol{G}(r,l)\boldsymbol{\nu}(r,l)\\&=\boldsymbol{h}_2(l)\boldsymbol{\Phi}_2(k,l)^{-1}\tilde{\boldsymbol{X}}_2(k,k-1)-\\&\quad\boldsymbol{h}_2(l)\boldsymbol{\Phi}_2(k,l)^{-1}\boldsymbol{\Gamma}_2(l)\overline{\boldsymbol{\omega}}_2(l)+\boldsymbol{G}(r,l)\boldsymbol{\nu}(r,l)\end{aligned} \tag{8.44}$$

2）新息方差求解

由新息表达式(8.44),可推得新息方差

$$\begin{aligned}\boldsymbol{S}(k)&=E[\tilde{\boldsymbol{Z}}(r,l)\tilde{\boldsymbol{Z}}(r,l)^{\mathrm{T}}]\\&=\boldsymbol{h}_2(l)\boldsymbol{\Phi}_2(k,l)^{-1}E[\tilde{\boldsymbol{X}}_2(k,k-1)\tilde{\boldsymbol{X}}_2(k,k-1)^{\mathrm{T}}](\boldsymbol{h}_2(l)\boldsymbol{\Phi}_2(k,l))^{\mathrm{T}}+\\&\quad\boldsymbol{h}_2(l)\boldsymbol{\Phi}_2(k,l)^{-1}\boldsymbol{\Gamma}_2(l)E[\overline{\boldsymbol{\omega}}_2(l)\overline{\boldsymbol{\omega}}_2(l)^{\mathrm{T}}](\boldsymbol{h}_2(l)\boldsymbol{\Phi}(k,l)^{-1}\boldsymbol{\Gamma}_2(l))^{\mathrm{T}}-\\&\quad\boldsymbol{h}_2(l)\boldsymbol{\Phi}_2(k,l)^{-1}E[\tilde{\boldsymbol{X}}_2(k,k-1)\overline{\omega}_2(l)^{\mathrm{T}}](\boldsymbol{h}_2(l)\boldsymbol{\Phi}_2(k,l)^{-1}\boldsymbol{\Gamma}_2(l))^{\mathrm{T}}-\\&\quad\boldsymbol{h}_2(l)\boldsymbol{\Phi}_2(k,l)^{-1}\boldsymbol{\Gamma}_2(l)E[\overline{\boldsymbol{\omega}}_2(l)\tilde{\boldsymbol{X}}_2(k,k-1)^{\mathrm{T}}](\boldsymbol{h}_2(l)\boldsymbol{\Phi}_2(k,l)^{-1})^{\mathrm{T}}+\\&\quad\boldsymbol{G}(r,l)E[\boldsymbol{\nu}(r,l)\boldsymbol{\nu}(r,l)^{\mathrm{T}}]G(r,l)^{\mathrm{T}}\end{aligned} \tag{8.45}$$

其中

$$\begin{aligned}&E[\tilde{\boldsymbol{X}}_2(k,k-1)\tilde{\boldsymbol{X}}_2(k,k-1)^{\mathrm{T}}]=\boldsymbol{P}_2(k,k-1)\\&E[\overline{\boldsymbol{\omega}}_2(l)\overline{\boldsymbol{\omega}}_2(l)^{\mathrm{T}}]=\boldsymbol{Q}_2(l)\\&E[\boldsymbol{\nu}(r,l)\boldsymbol{\nu}(r,l)^{\mathrm{T}}]=\mathrm{blkdiag}(\boldsymbol{P}_1(r),\boldsymbol{R}_\rho(l))\end{aligned} \tag{8.46}$$

$$\begin{aligned}E[\overline{\boldsymbol{\omega}}_2(l)\tilde{\boldsymbol{X}}_2(k,k-1)^{\mathrm{T}}]&=E[\overline{\boldsymbol{\omega}}_2(l)(\boldsymbol{X}_2(k))-\hat{\boldsymbol{X}}_2(k,k-1)^{\mathrm{T}}]\\&=E[\overline{\boldsymbol{\omega}}_2(l)\boldsymbol{X}_2(k)^{\mathrm{T}}]\\&=E[\overline{\boldsymbol{\omega}}_2(l)(\boldsymbol{\Phi}_2(k,l)\boldsymbol{X}_2(l)+\boldsymbol{\Gamma}_2(l)\overline{\boldsymbol{\omega}}_2(l))^{\mathrm{T}}]\\&=\boldsymbol{Q}_2(l)\boldsymbol{\Gamma}_2(l)^{\mathrm{T}}\end{aligned} \tag{8.47}$$

类似地,可推得

$$E[\tilde{\boldsymbol{X}}_2(k,k-1)\overline{\boldsymbol{\omega}}_2(l)^{\mathrm{T}}]=\boldsymbol{\Gamma}_2(l)\boldsymbol{Q}_2(l) \tag{8.48}$$

将式(8.46)、式(8.47)及式(8.48)代入式(8.45),可得到化简后

的新息方差为

$$\begin{aligned}\boldsymbol{S}(k) = &\boldsymbol{h}_2(l)\boldsymbol{\Phi}_2(k,l)^{-1}(\boldsymbol{P}_2(k,k-1) - \\ &\boldsymbol{\Gamma}_2(l)\boldsymbol{Q}_2(l)\boldsymbol{\Gamma}_2(l)^{\mathrm{T}})(\boldsymbol{h}_2(l) \\ &\boldsymbol{\Phi}_2(k,l)^{-1})^{\mathrm{T}} + \boldsymbol{h}_1(r)\boldsymbol{P}_1(r)\boldsymbol{h}_1(r)^{\mathrm{T}} + \boldsymbol{R}_{\rho}(l)\end{aligned} \tag{8.49}$$

3）滤波状态及方差求解

根据正交投影定理，可得基于延迟量测的从 AUV 状态的线性最小方差估计为

$$\begin{aligned}\hat{\boldsymbol{X}}_2(k) &= E[\boldsymbol{X}_2(k) | \boldsymbol{Z}(r,l)] \\ &= \hat{\boldsymbol{X}}_2(k,k-1) + E[\hat{\boldsymbol{X}}_2(k,k-1)\tilde{\boldsymbol{Z}}(r,l)^{\mathrm{T}}] \\ &\quad (E[\tilde{\boldsymbol{Z}}(r,l)\tilde{\boldsymbol{Z}}(r,l)^{\mathrm{T}}])^{-1}\Delta\boldsymbol{Z} \\ &= \hat{\boldsymbol{X}}_2(k,k-1) + \boldsymbol{K}(k)\Delta\boldsymbol{Z}\end{aligned} \tag{8.50}$$

其中

$$\Delta\boldsymbol{Z} = \boldsymbol{Z}(r,l) - \boldsymbol{h}_1(r)\hat{\boldsymbol{X}}_1(r) - \boldsymbol{h}_2(l)\boldsymbol{\Phi}_2(k,l)^{-1}\hat{\boldsymbol{X}}_2(k,k-1)$$

由式(8.34)及式(8.44)可得，式(8.50)中

$$\begin{aligned}E[\tilde{\boldsymbol{X}}_2(k,k-1)\tilde{\boldsymbol{Z}}(r,l)^{\mathrm{T}}] &= \boldsymbol{P}_2(k,k-1)(\boldsymbol{h}_2(l)\boldsymbol{\Phi}_2(k,l)^{-1})^{\mathrm{T}} - \\ &\quad \boldsymbol{\Gamma}_2(l)\boldsymbol{Q}(l)\boldsymbol{\Gamma}_2(l)^{\mathrm{T}}(\boldsymbol{h}_2(l)\boldsymbol{\Phi}_2(k,l)^{-1})^{\mathrm{T}} \\ &= (\boldsymbol{P}_2(k,k-1) - \boldsymbol{\Gamma}_2(l)\boldsymbol{Q}(l)\boldsymbol{\Gamma}_2(l)^{\mathrm{T}}) \\ &\quad (\boldsymbol{h}_2(l)\boldsymbol{\Phi}_2(k,l)^{-1})^{\mathrm{T}}\end{aligned} \tag{8.51}$$

则根据式(8.45)、式(8.50)及式(8.51)，滤波增益为

$$\begin{aligned}\boldsymbol{K}(k) = &(\boldsymbol{P}_2(k,k-1) - \\ &\boldsymbol{\Gamma}_2(l)\boldsymbol{Q}(l)\boldsymbol{\Gamma}_2(l)^{\mathrm{T}})(\boldsymbol{h}_2(l)\boldsymbol{\Phi}_2(k,l)^{-1})^{\mathrm{T}}(\boldsymbol{S}(k))^{-1}\end{aligned} \tag{8.52}$$

从而可得最小方差估计为

$$\begin{aligned}\hat{\boldsymbol{X}}_2(k) = &\hat{\boldsymbol{X}}_2(k,k-1) + \boldsymbol{K}(k)(\boldsymbol{Z}(r,l) - \boldsymbol{h}_1(r)\hat{\boldsymbol{X}}_1(r) - \\ &\boldsymbol{h}_2(l)\boldsymbol{\Phi}_2(k,l)^{-1}\hat{\boldsymbol{X}}_2(k,k-1))\end{aligned} \tag{8.53}$$

其中，$\boldsymbol{K}(k)$如式(8.52)所示。

下面求解滤波方差，预测量测可由下式求得：

$$\begin{aligned}\hat{\boldsymbol{Z}}(r,l) &= \boldsymbol{h}_1(r)\hat{\boldsymbol{X}}_1(r) + \boldsymbol{h}_2(l)\hat{\boldsymbol{X}}_2(l)\\ &= \boldsymbol{h}_1(r)\hat{\boldsymbol{X}}_1(r) + \boldsymbol{h}_2(l)\boldsymbol{\Phi}_2(k,l)^{-1}\hat{\boldsymbol{X}}_2(k,k-1)\end{aligned} \tag{8.54}$$

根据状态滤波(8.50),滤波误差为

$$\begin{aligned}\tilde{\boldsymbol{X}}_2(k) &= \boldsymbol{X}_2(k) - \hat{\boldsymbol{X}}_2(k)\\ &= \tilde{\boldsymbol{X}}_2(k,k-1) - \boldsymbol{K}(k)\tilde{\boldsymbol{Z}}(r,l)\end{aligned} \tag{8.55}$$

则滤波方差可由下式计算

$$\begin{aligned}\boldsymbol{P}_2(k) &= E[\tilde{\boldsymbol{X}}_2(k)\tilde{\boldsymbol{X}}_2(k)^{\mathrm{T}}]\\ &= E[\tilde{\boldsymbol{X}}_2(k,k-1)\tilde{\boldsymbol{X}}_2(k,k-1)^{\mathrm{T}}] - E[\tilde{\boldsymbol{X}}_2(k,k-1)\tilde{\boldsymbol{Z}}(r,l)^{\mathrm{T}}]\boldsymbol{K}(k)^{\mathrm{T}} -\\ &\quad \boldsymbol{K}(k)E[\tilde{\boldsymbol{Z}}(r,l)\tilde{\boldsymbol{X}}_2(k,k-1)^{\mathrm{T}}] + \boldsymbol{K}(k)E[\tilde{\boldsymbol{Z}}(r,l)\tilde{\boldsymbol{Z}}(r,l)^{\mathrm{T}}]\boldsymbol{K}(k)^{\mathrm{T}}\\ &= \boldsymbol{P}_2(k,k-1) - (\boldsymbol{P}_2(k,k-1)\boldsymbol{\Gamma}_2(l)\boldsymbol{Q}(l)\boldsymbol{\Gamma}_2(l)^{\mathrm{T}})(h_2(l)\\ &\quad \boldsymbol{\Phi}_2(k,l)^{-1})^{\mathrm{T}}\boldsymbol{K}(k)^{\mathrm{T}} - \boldsymbol{K}(k)\boldsymbol{h}_2(l)\boldsymbol{\Phi}_2(k,l)^{-1}(\boldsymbol{P}_2(k,k-1) -\\ &\quad \boldsymbol{\Gamma}_2(l)\boldsymbol{Q}(l)\boldsymbol{\Gamma}_2(l)^{\mathrm{T}})^{\mathrm{T}} + \boldsymbol{K}(k)\boldsymbol{S}(k)\boldsymbol{K}(k)^{\mathrm{T}}\end{aligned} \tag{8.56}$$

步骤4:输出

由式(8.33)可得从AUV的位置估计。

3. 讨论分析

1）估计的无偏性和一致性分析

若不考虑时延,即认为 $t_l = t_k$,则基于EKF的滤波器如下:

$$\begin{cases}\boldsymbol{S}'(k) = \boldsymbol{h}_2(k)\boldsymbol{P}_2(k,k-1)\boldsymbol{h}_2(k)^{\mathrm{T}} + \boldsymbol{h}_1(r)\boldsymbol{P}_1(r)\boldsymbol{h}_1(r)^{\mathrm{T}} + \boldsymbol{R}_\rho(k)\\ \boldsymbol{K}'(k) = \boldsymbol{P}_2(k,k-1)\boldsymbol{h}_2(k)^{\mathrm{T}}(\boldsymbol{S}'(k))^{-1}\\ \hat{\boldsymbol{X}}'_2(k) = \hat{\boldsymbol{X}}_2(k,k-1) + \boldsymbol{K}'(\boldsymbol{Z}(r,l) - \boldsymbol{h}_1(r)\hat{\boldsymbol{X}}_1(r) - \boldsymbol{h}_2(k)\hat{\boldsymbol{X}}_2(k,k-1))\\ \boldsymbol{P}'_2(k) = \boldsymbol{P}_2(k,k-1) - \boldsymbol{K}'(k)\boldsymbol{h}_2(k)\boldsymbol{P}_2(k,k-1)\end{cases} \tag{8.57}$$

此时的新息为

$$\tilde{\boldsymbol{Z}}'(r,l) = \boldsymbol{h}_1(r)\boldsymbol{X}_1(r) + \boldsymbol{h}_2(l)\boldsymbol{X}_2(l) + \boldsymbol{\nu}(l) - \boldsymbol{h}_1(r)\hat{\boldsymbol{X}}_1(r) -$$

$$\begin{aligned}&\boldsymbol{h}_2(k)\hat{\boldsymbol{X}}_1(r)-\boldsymbol{h}_2(k)\hat{\boldsymbol{X}}_2(k,k-1)\\=&\boldsymbol{h}_1(r)\tilde{\boldsymbol{X}}_1(r)+\boldsymbol{h}_2(l)\boldsymbol{\Phi}_2(k,l)^{-1}\tilde{\boldsymbol{X}}_2(k,k-1)-\\&\boldsymbol{h}_2(l)\boldsymbol{\Phi}_2(k,l)^{-1}\boldsymbol{\Gamma}_2(l)\overline{\boldsymbol{\omega}}_2(l)+(\boldsymbol{h}_2(l)\boldsymbol{\Phi}_2(k,l)^{-1}-\\&\boldsymbol{h}_2(k))\hat{\boldsymbol{X}}_2(k,k-1)+\boldsymbol{\nu}_\rho(l)\end{aligned} \tag{8.58}$$

则实际的新息均值和方差为

$$\boldsymbol{M}_{\tilde{Z}}=E[\tilde{\boldsymbol{Z}}'(r,l)]=(\boldsymbol{h}_2(l)\boldsymbol{\Phi}_2(k,l)^{-1}-\boldsymbol{h}_2(k))\hat{\boldsymbol{X}}_2(k,k-1) \tag{8.59}$$

$$\begin{aligned}\boldsymbol{V}_{\tilde{Z}}&=E[(\tilde{\boldsymbol{Z}}'(r,l)-\boldsymbol{M}_{\tilde{Z}})(\tilde{\boldsymbol{Z}}'(r,l)-\boldsymbol{M}_{\tilde{Z}})^{\mathrm{T}}]\\&=\boldsymbol{h}_2(l)\boldsymbol{\Phi}_2(k,l)^{-1}(\boldsymbol{P}_2(k,k-1)-\boldsymbol{\Gamma}_2(l)\boldsymbol{Q}_2(l)\boldsymbol{\Gamma}_2(l)^{\mathrm{T}})\\&\quad(\boldsymbol{h}_2(l)\boldsymbol{\Phi}_2(k,l))^{\mathrm{T}}\boldsymbol{h}_1(r)\boldsymbol{P}_1(r)\boldsymbol{h}_1(r)^{\mathrm{T}}+\boldsymbol{R}_\rho(k)\end{aligned} \tag{8.60}$$

由式(8.60)可看出,此时的所谓新息已不是零均值变量,这就意味着该新息与实际量测提供的信息不一致,则使用该新息对系统状态进行校正会带来位置状态估计的不一致,最终导致所估计的状态变量成为有偏估计,如式(8.57)所示,此时的状态估计存在偏差 $\boldsymbol{K}'(k)(\boldsymbol{h}_2(l)\boldsymbol{\Phi}(k,l)^{-1}-\boldsymbol{h}_2(k))\hat{\boldsymbol{X}}_2(k,k-1)$。此外,由于未考虑时延的影响,式(8.57)中对实际新息方差 $\boldsymbol{V}_{\tilde{Z}}$ 的计算也不准确,即 $\boldsymbol{V}_{\tilde{Z}}\neq\boldsymbol{S}'(k)$,从而导致式(8.57)中滤波方差的不一致。

根据8.3.1节设计的延迟滤波器Ⅰ,量测新息为

$$\tilde{\boldsymbol{Z}}_I(r,l)=\boldsymbol{h}_2(l)\tilde{\boldsymbol{X}}_2(l)+\boldsymbol{G}(r,l)\boldsymbol{\nu}(r,l) \tag{8.61}$$

新息方差为

$$\begin{aligned}\boldsymbol{S}(k)&=E[\tilde{\boldsymbol{Z}}_I(r,l)\tilde{\boldsymbol{Z}}_I(r,l)^{\mathrm{T}}]\\&=\boldsymbol{h}_2(l,k)\boldsymbol{P}_2(k,k-1)\boldsymbol{h}_2(l,k)^{\mathrm{T}}+\\&\quad\boldsymbol{h}_2(r)\boldsymbol{P}_1(r)\boldsymbol{h}_1(r)^{\mathrm{T}}+\boldsymbol{R}_\rho(l)\end{aligned} \tag{8.62}$$

此时,新息均值为

$$\boldsymbol{M}_{\tilde{Z}}=E[\tilde{\boldsymbol{Z}}_I(r,l)]=0 \tag{8.63}$$

根据式(8.49),实际的新息方差为

$$
\begin{aligned}
\boldsymbol{V}_{\tilde{Z}} &= E[(\tilde{\boldsymbol{Z}}_I(r,l)-\boldsymbol{M}_{\tilde{Z}})(\tilde{\boldsymbol{Z}}_I(r,l)-\boldsymbol{M}_{\tilde{Z}}{}^{\mathrm{T}}] \\
&= \boldsymbol{h}_2(l,k)(\boldsymbol{P}_2(k,k-1)-\boldsymbol{\Gamma}_2(l)\boldsymbol{Q}_2(l)\boldsymbol{\Gamma}_2(l)^{\mathrm{T}})(\boldsymbol{h}_2(l,k))^{\mathrm{T}} \\
&\quad \boldsymbol{h}_1(r)\boldsymbol{P}_1(r)\boldsymbol{h}_1(r)^{\mathrm{T}}+\boldsymbol{R}_\rho(l)
\end{aligned}
\tag{8.64}
$$

比较式(8.62)和式(8.64),可以看出,延迟滤波器Ⅰ中,进行状态回推时,由于未考虑过去时刻的系统噪声与当前估计误差的相关性,使得新息方差的求解不准确,且求得的新息方差大于实际新息方差,使得量测新息在系统状态更新中的权重降低。

由以上分析可知,不考虑时延的 EKF 滤波器是有偏且方差不一致的估计,8.3.1 节提出的 STDF 滤波算法虽为无偏估计,但由于对新息的方差估计不正确,使得对新息的利用率降低。本节提出的 UCDF 算法考虑了过去时刻的系统噪声与当前估计误差之间的相关性,推导得到准确的新息方差,有效地利用新息进行状态更新,因此该滤波器为解相关的无偏一致估计器,后面的仿真试验也验证了其方差一致性。

2) 算法流程(表 8-4)

表 8-4　延迟滤波器Ⅱ:UCDF 算法

1:Initialize:定位初始化
2:loop{AUV 航行,定位解算}
3:　if 检测到主 AUV 发射的声脉冲信号
4:　　OWTT 距离信息解算
5:　　if 收到主 AUV 发出的通信包
6:　　　延迟量测更新,参考式(8.33)
7:　　end if
8:　end if
9:　基于从 AUV 自主定位传感器的状态预测,式(8.32)
10:end loop//(航行结束,定位解算结束)

4. 仿真实验

为验证本节 UCDF 延迟滤波算法的性能,进行了一系列仿真实验。在下述实验中,考察 1 个主 AUV 和 1 个从 AUV 组成的主从式协同导航系统,运动模型如式(8.12)所示。仿真参数设置如下:

(1) 主 AUV1 装备高精度的定位传感器,其传感器测量精度为

$\sigma_{V_1}^2=(0.5\text{kn})^2,\sigma_{\omega_1}^2=(0.5°/\text{s})^2$；从 AUV2 装备低精度的定位传感器，传感器精度为 $\sigma_{V_2}^2=(3\text{kn})^2,\sigma_{\omega_2}^2=(2°/\text{s})^2$。

（2）单 AUV 的自主定位传感器采样频率皆为 1Hz，AUV 之间的水声测量频率为 0.1Hz。

（3）水声测量过程中的时间测量误差为 $\sigma_\eta^2=(0.02\text{s})^2$。

（4）单次仿真运行时间为 500s。

（5）蒙特卡罗仿真次数为 50 次。

定义 τ_{12}^m 为主 AUV 发出的探测信号由主 AUV 发送至从 AUV2 检测的水声探测时延，τ_{12}^c 为从 AUV2 接收到主 AUV 过去时刻的广播通信包的通信时延。

仿真 1：主 AUV1 和从 AUV2 沿直线航行，航速皆为 10kn。通信时延 τ_{12}^c 的非传播部分服从区间[9s,15s]上的均匀分布，量测时延 τ_{12}^m 的非传播部分服从正态分布 $N(2\text{s},0.01\text{s}^2)$。

考察如下 3 种算法：

（1）从 AUV 独自定位，不与主 AUV 进行通信。

（2）采用 8.3.1 节设计的延迟滤波器 Ⅰ：STDF 算法进行延迟滤波处理。

（3）采用本节设计的延迟滤波器 Ⅱ：UCDF 算法进行定位估计。

仿真结果如下。

图 8－19 为从 AUV 直线航行下，采用 3 种定位方法的仿真结果。可以看出，随机分布的通信时延没有造成 STDF 和 UCDF 定位的大幅度发散，但是，相较于 STDF 算法，UCDF 算法的定位精度显然更高。这是因为，STDF 算法中对观测新息方差的估计大于实际新息方差，导致观测在状态更新中的权重降低，减小了观测量对状态估计的校正作用，而 UCDF 算法对观测新息方差估计较准确。

图 8－20 为 STDF 和 UCDF 两种算法下从 AUV2 的导航结果及相应的 95% 置信协方差椭圆，其中图 8－20(b) 为图 8－20(a) 中 $t=340\text{s}$ 时的放大置信协方差椭圆，可以看出，真实位置在 STDF 估计的协方差椭圆之外，但在 UCDF 估计的协方差椭圆之内，即 STDF 定位的实际方差与估计方差不一致。

为进一步分析两种延迟滤波导航算法下的位置估计协方差，采用

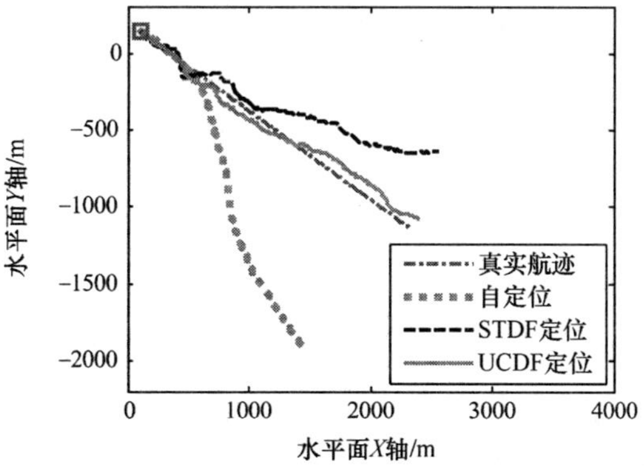

图 8－19　从 AUV 的导航结果

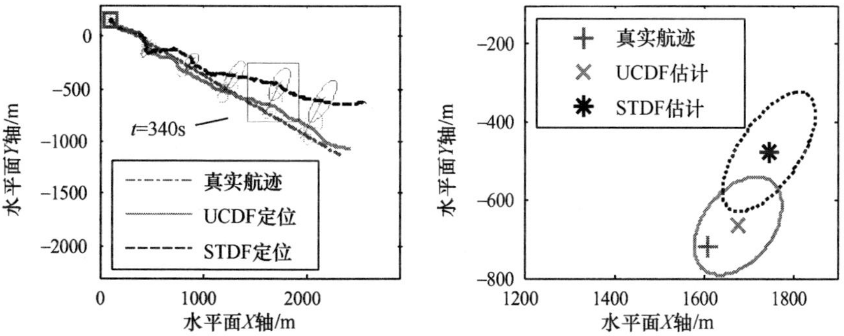

(a)定位结果及 95% 置信协方差椭圆　　(b) $t=340$s 时的协方差椭圆

图 8－20　从 AUV2 的导航结果及 95% 置信协方差椭圆

状态滤波一致性检验方法，AUV 位置估计的归一化估计方差(Normalized Estimation Error Squared，NEES)可由下式计算得到

$$\boldsymbol{\varepsilon}(k)=\tilde{\boldsymbol{p}}(k)^{\mathrm{T}}\boldsymbol{P}_{\tilde{p}}(k)^{-1}\tilde{\boldsymbol{p}}(k) \tag{8.65}$$

其中，$\tilde{\boldsymbol{p}}(k)$为位置估计误差，$\tilde{\boldsymbol{p}}(k)=[\tilde{x}(k)\quad\tilde{y}(k)]^{\mathrm{T}}$；$\boldsymbol{P}_p(k)$为相应的位置估计协方差。使用检验水平为 $\alpha=5\%$ 的双边检验方法，则方差一致性条件为

$$\boldsymbol{\varepsilon}(k)\in[\chi^2_{0.975}(2),\chi^2_{0.025}(2)] \tag{8.66}$$

由此,可知估计方差一致时其相应的 NEES 上下界为[0.0506 7.3780]。一致性检验结果如图 8-21 和图 8-22 所示,分别为 UCDF 和 STDF 算法的协方差一致性检验结果。此外,采用如上 3 种算法分别进行 50 次蒙特卡罗仿真,得到如图 8-23 所示从 AUV2 导航的统计平均误差结果。

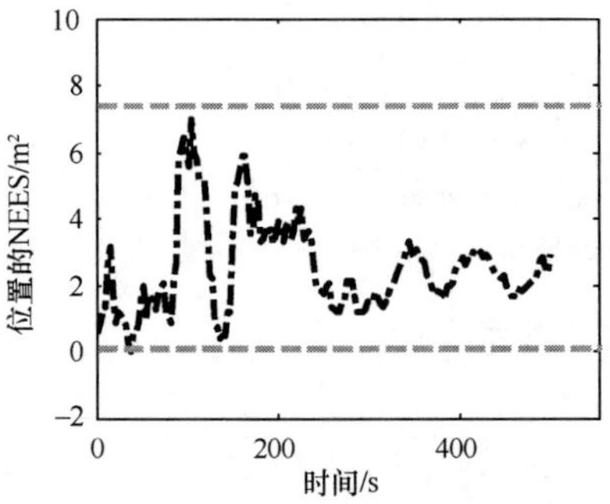

图 8-21 UCDF 导航的位置估计 NEES

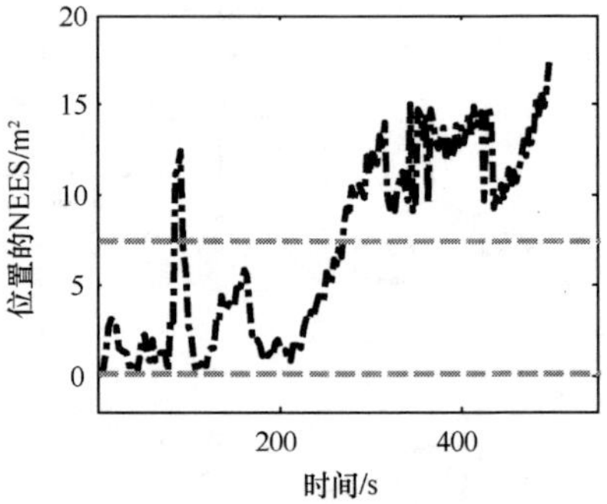

图 8-22 STDF 导航的位置估计 NEES

由图 8-21 和图 8-22 的一致性仿真结果可以看出 STDF 算法的 NEES 超出了一致性检验上界,即 STDF 估计不满足方差一致性假设。而由 100 次蒙特卡罗仿真结果(图 8-23)同样也可得到在通信存在延迟情况下,UCDF 算法优于 STDF 算法的结论。

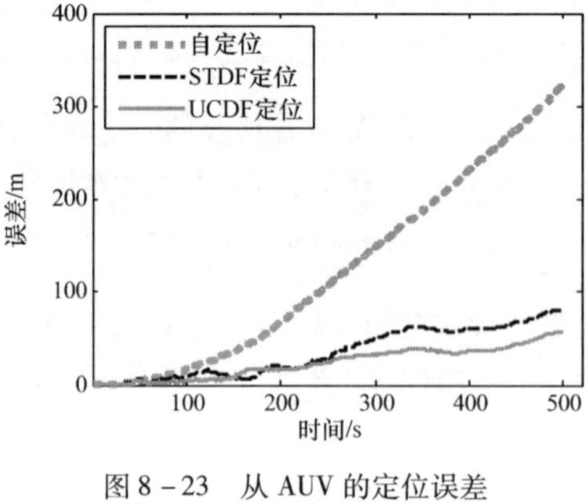

图 8-23 从 AUV 的定位误差

仿真 2：主 AUV1 沿直线航行，从 AUV2 沿曲线航行，航速皆为 10kn。通信时延的非传播部分服从区间[9s ，15s]上的均匀分布，量测时延的非传播部分服从正态分布 $N(2s, 0.01s^2)$。考察仿真 1 中所述 3 种算法，即自主导航估计、STDF 估计和本节提出的 UCDF 估计。

图 8－24 为从 AUV 在曲线航行下，采用 3 种导航方法的仿真结果。

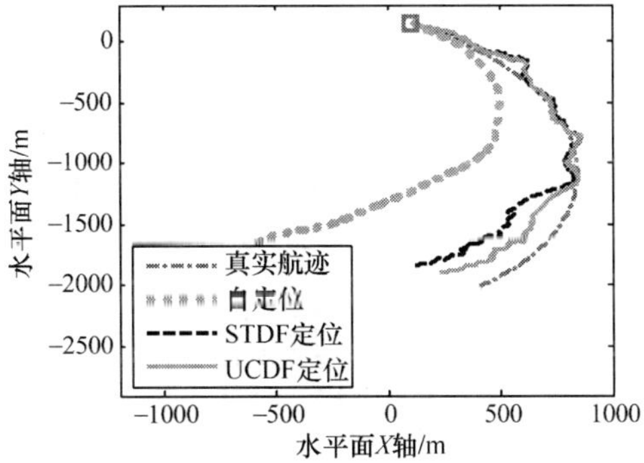

图 8－24　从 AUV 的定位结果

图 8－25 为 STDF 和 UCDF 两种算法下从 AUV 的导航结果及相应的 95% 置信协方差椭圆，其中图 8－25(b) 为图 8－25(a) $t = 340$s 中时的放大置信协方差椭圆。

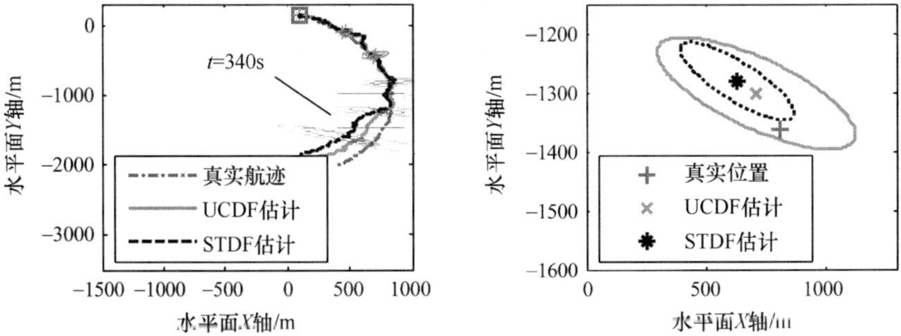

(a)定位结果及95%置信协方差椭圆　(b) t=340s时的协方差椭圆

图 8－25　从 AUV2 的导航结果及 95% 置信协方差椭圆

图 8－26 和图 8－27 分别为 UCDF 和 STDF 算法的位置估计 NEES。图 8－28 为从 AUV50 次蒙特卡罗仿真的统计平均误差。

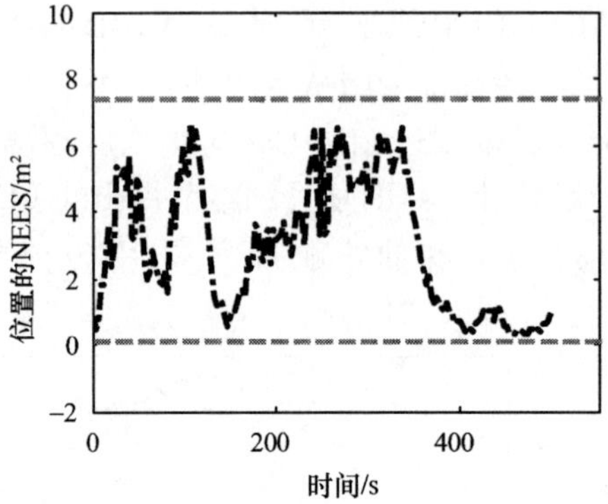

图 8 - 26　UCDF 定位的位置估计 NEES

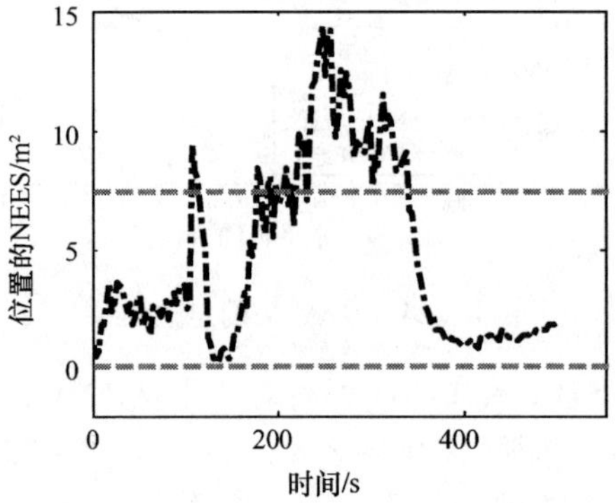

图 8 - 27　STDF 定位的位置估计 NEES

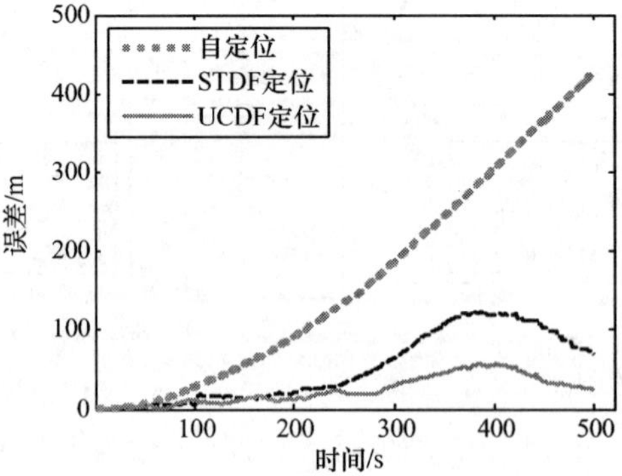

图 8 - 28　从 AUV 的导航误差

仿真结果表明在从AUV曲线航行下，该延迟滤波器仍具有较好的导航效果，要优于STDF定位滤波器。

仿真3：主AUV1沿直线航行，从AUV2沿曲线航行，航速皆为10kn。本实验考察通信时延的长短对导航算法的影响。实验设置为

（1）通信时延的非传播部分服从区间[15s,25s]上的均匀分布。

（2）量测时延的非传播部分服从正态分布$N(2s,0.01s^2)$。

针对仿真1中所述3种算法进行50次蒙特卡罗仿真。图8－29和图8－30分别为长通信时延下从AUV的导航结果和定位误差图。

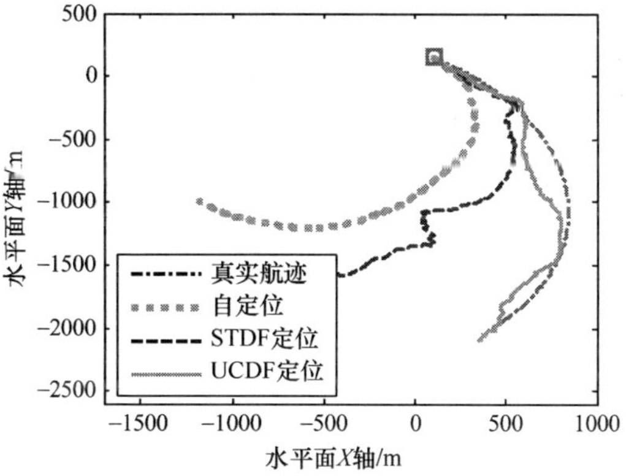

图8－29　从AUV的导航结果

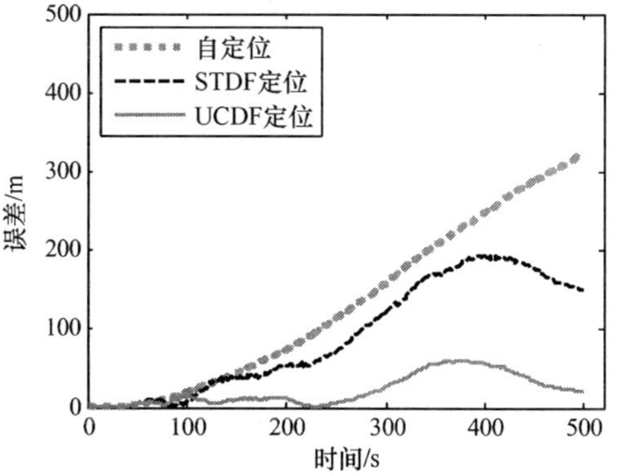

图8－30　从AUV的定位误差

与图8－24、图8－28相比，可以看出，通信时延越长，UCDF与STDF的导航性能差别越大，UCDF越优于STDF导航。

8.4 本章小结

本章主要研究由于通信带宽受限及通信质量和距离受限等原因造成的水声通信时延和水声探测时延情况下的多 AUV 协同导航及其滤波技术。首先建立了水声通信和水声探测网络的时延模型;并对水声探测网络中存在的定常时延,设计了在线辨识算法;最后重点针对通信和探测时延问题,分别设计了两种依次改进的延迟滤波器:STDF 和 UCDF,有效减弱了通信延迟对协同导航性能的影响。其中:

(1) 延迟滤波器Ⅰ:STDF,采用主 AUV 广播通信,与主 AUV 时间同步的从 AUV 通过广播通信包的到达时间实现 OWTT 测距的协同方式,并基于状态转换,将过去时刻的信息转换为当前时刻的信息进行滤波,从而消弱通信延迟对定位系统的影响。

(2) 延迟滤波器Ⅱ:UCDF,采用水声通信和水声探测分开执行的协同方式,设计了解相关的无偏一致延迟滤波器,相较于 STDF 算法,UCDF 准确地估计了量测的新息方差,信息利用率较高,尤其在长时延的情况下明显优于 STDF 定位。

参考文献

[1] Klein Daniel J, Bettale Patrick K, Triplett Benjamin I, et al. Autonomous underwater vehicle control with limited communication: theory and experiment. Proceedings of the 2008 IFAC Workshop on Navigation, Guidance and Control of Underwater Vehicles, 2008.

[2] An E, Beaujean P P, Baud B, et al. Multiple communicating autonomous underwater vehicles. IEEE International Conference on Robotics and Automation (ICRA), IEEE, 2004, 4461 - 4464.

[3] Freitag L, Johnson M, Grund M, et al. Integrated acoustic communication and navigation for multiple UUVs. Oceans Conference Record(IEEE), IEEE, 2001, 2065 - 2070.

[4] Partan J, Kurose J, Levine B N. A survey of practical issues in underwater networks. ACM SIGMOBILE Mobile Computing and Communications Review, 2007, 11(4): 23 - 33.

[5] Chitre M, Shahabudeen S, Freitag L, et al. Recent advances in underwater acoustic communications & networking. IEEE/MTS OCEANS'08, IEEE, 2008.

[6] Stojanovic M. On the relationship between capacity and distance in an underwater acoustic com-

munication channel. WUWNet'06,ACM,2006.

[7] Cuff T R,Wall R W. Support platform and communications to manage cooperative AUV operations. OCEANS 2006 – Asia Pacific,2006,1 –8.

[8] Singh S,Grund M,Bingham B,et al. Underwater acoustic navigation with the WHOI micro – modem. OCEANS 2006,IEEE,2006,1 –4.

[9] Freitag L,Grund M,Singh S,et al. The WHOI micro – modem:an acoustic communications and navigation system for multiple platforms,2005,1086 – 1092.

[10] 田坦. 水下定位与导航技术. 北京:国防工业出版社,2006.

[11] 姚尧,徐德民,张立川,等. 通信延迟下的多 UUV 协同定位——基于航迹预测的实时更新算法. 机器人,2011,33(1):161 –168.

[12] Stojanovic M,Preisig J. Underwater acoustic communication channels propagation models and statistical characterization. IEEE Communications Magazine. 2009,47(1):84 –89.

[13] 朱昌平,韩庆邦,李建,等. 水声通信基本原理与应用. 北京:电子工业出版社,2009.

[14] 姚尧. 多 UUV 协同定位技术研究. 西安:西北工业大学,2010.

[15] Tae – Gyoo Lee. Centralized Kalman filter with adaptive measurement fusion:its application to a GPS/SDINS integration system with an additional sensor. International Journal of Control, Automation, and Systems,2003,1(4):444 –452.

[16] Suman Nath,Yan Ke,Phillip B. Gibbons and et al. A distributed filtering architecture for multimedia sensors. In First Workshop on Broadband Advanced Sensor Networks,2004.

[17] Larsen T, Andersen N, Ravn O, et al. Incorporation of time delayed measurements in a discrete – time Kalman filter. Proceedings of the 37th IEEE Conference on Decision and Control,1998,3972 –3977.

[18] Choi M,Choi J,Park J,et al. State estimation with delayed measurements considering uncertainty of time delay,IEEE Press,2009,4467 –4472.

[19] Lu X, Zhang H, Wang W, et al. Kalman filtering for multiple time – delay systems. Automatica. 2005,41(8):1455 –1461.

[20] Lu X,Xie L,Zhang H,et al. Robust Kalman filtering for discrete – time systems with measurement delay. IEEE Transactions on Circuits and Systems Ⅱ:Express Briefs. 2007,54(6):522 –526.

[21] Eustice R M,Whitcomb L L,Singh H,et al. Experimental results in synchronous – clock one – way – travel – time acoustic navigation for autonomous underwater vehicles. International Conference on Robotics and Automation,2007:4257 –4264.

[22] Eustice R M,Whitcomb L L,Singh H,et al. Recent advances in synchronous – clock one – way – travel – time acoustic navigation. Proceedings of the 2006 IEEE/MTS Oceans Conference,2006:1 –6.

[23] Yao Yan,Xu Demin,Yan Weisheng. Cooperative localization with communication delays for MAUVs. IEEE International Conference on Intelligence Computing and Intelligent Systems, 2009:244 –249.

内容简介

水下航行器协同导航技术是最近十年发展起来的新兴技术，也是水下航行器研究领域的热点。国内对协同导航的科研究尚处于初始阶段，目前还没有一本专著对其进行系统论述。本书结合作者的科研成果，重点对多自主水下航行器协同导航滤波算法设计，协同导航系统可观测性、稳定性分析，洋流影响及通信受限下的协同导航方法等问题进行了深入的探讨与研究。

本书内容新颖，特色鲜明，论述严谨，重点突出。在理论研究的基础上兼顾实际应用中存在的问题，同时具备理论参考和工程应用价值。本书可作为高等院校相关专业本科和研究生的教材或参考书，也可为从事水中兵器和水下航行器研制工作的技术人员提供学习参考。

Cooperative navigation technology for underwater vehicles is an emerging technology in the last decade, which is also a hot research area of underwater vehicles. However, research on cooperative navigation is still in an infantile stage, there is no one monograph that has discussed this problem systematically. This book includes the author's research achivements in the last few years, which mainly focuses on the cooperative navigation filter algorithm design for autonomous underwater vehicles, observability and stability analysis of cooperative navigation system, as well as the cooperative navigation method under ocean current disturbance and communication constrains.

The content of this book is novel, distinctive and rigorous. It both focus on the theoretical basis and practical issues, which is of great value in theoretical reference and engineering application. This book can be used as the text book or reference book for both undergraduate and graduate students, which is also useful for engineers working on underwater ordnance or autonomous underwater vehicles.